21世纪法学系列教材

知识产权法系列

知识产权法学

杜颖 著

图书在版编目(CIP)数据

知识产权法学/杜颖著. —北京:北京大学出版社,2015.6
(21 世纪法学系列教材)
ISBN 978-7-301-25868-2

I. ①知… II. ①杜… III. ①知识产权法学—中国—高等学校—教材 IV. ①D923.401

中国版本图书馆 CIP 数据核字(2015)第 109123 号

书　　　名	知识产权法学
著作责任者	杜　颖　著
责 任 编 辑	郭薇薇
标 准 书 号	ISBN 978-7-301-25868-2
出 版 发 行	北京大学出版社
地　　　址	北京市海淀区成府路 205 号　100871
网　　　址	http://www.pup.cn
电 子 信 箱	law@pup.pku.edu.cn
新 浪 微 博	@北京大学出版社　@北大出版社法律图书
电　　　话	邮购部 62752015　发行部 62750672　编辑部 62752027
印 刷 者	北京宏伟双华印刷有限公司
经 销 者	新华书店
	730 毫米×980 毫米　16 开本　22.75 印张　433 千字
	2015 年 6 月第 1 版　2020 年 4 月第 2 次印刷
定　　　价	45.00 元

未经许可,不得以任何方式复制或抄袭本书之部分或全部内容。
版权所有,侵权必究
举报电话: 010-62752024　电子信箱: fd@pup.pku.edu.cn
图书如有印装质量问题,请与出版部联系,电话: 010-62756370

目 录

第一编 总 论

第一章 知识产权法概论 (3)
 第一节 知识产权的概念和范围 (3)
 第二节 知识产权的性质与特征 (6)
 第三节 知识产权法的形成和发展 (13)
 第四节 知识产权法的作用、功能和特点 (15)
 第五节 知识产权法面临的困境与发展趋势 (19)

第二编 著作权法

第二章 著作权法概述 (25)
 第一节 著作权概述 (25)
 第二节 著作权与著作权法 (25)

第三章 著作权的主体 (30)
 第一节 著作权主体概述 (30)
 第二节 著作权的归属 (31)

第四章 著作权的客体 (46)
 第一节 作品的概念和要件 (48)
 第二节 作品的种类 (50)
 第三节 不受著作权法保护的作品 (58)

第五章 著作权的内容 (62)
 第一节 著作人身权 (62)
 第二节 著作财产权 (68)
 第三节 邻接权 (75)

第四节 著作权的限制 ……………………………………………（77）

第六章 著作权的利用与管理 …………………………………（92）
第一节 著作权的转让 ……………………………………………（92）
第二节 著作权的许可使用 ………………………………………（92）
第三节 著作权集体管理制度 ……………………………………（93）

第七章 著作权的保护 …………………………………………（96）
第一节 侵犯著作权的行为 ………………………………………（96）
第二节 著作权的侵权救济 ………………………………………（100）

第三编 专 利 法

第八章 我国专利制度的发展 …………………………………（109）

第九章 专利权的主体 …………………………………………（111）

第十章 专利权的客体 …………………………………………（115）
第一节 专利的概念 ………………………………………………（115）
第二节 不能授予专利权的成果 …………………………………（120）
第三节 专利的构成要件 …………………………………………（123）

第十一章 专利的申请与授权 …………………………………（131）
第一节 专利申请的原则 …………………………………………（131）
第二节 专利申请的程序 …………………………………………（135）

第十二章 专利权的宣告无效、保护期和终止 ………………（140）

第十三章 专利权的内容 ………………………………………（144）

第十四章 专利权的限制 ………………………………………（147）
第一节 专利的指定实施 …………………………………………（147）
第二节 专利权的强制实施许可 …………………………………（148）
第三节 不视为专利侵权的行为 …………………………………（155）

第十五章 专利权的侵权与救济 ………………………………（161）
第一节 专利权的保护范围 ………………………………………（161）
第二节 专利权侵权的判断 ………………………………………（162）
第三节 专利侵权的救济 …………………………………………（165）

第四编 商标法

第十六章 商标概述 (171)
- 第一节 商标的概念与发展历史 (171)
- 第二节 商标的功能 (174)
- 第三节 商标立法及其宗旨 (176)

第十七章 商标的构成要件 (179)
- 第一节 显著性 (179)
- 第二节 合法性 (182)
- 第三节 标志的非功能性 (184)
- 第四节 在先性 (188)

第十八章 商标的种类 (198)
- 第一节 商品商标、服务商标 (198)
- 第二节 平面商标、立体商标与商业外观 (199)
- 第三节 音响商标与气味商标 (202)
- 第四节 集体商标、证明商标与地理标志 (203)
- 第五节 特殊标志 (205)

第十九章 商标权的取得与注册 (210)
- 第一节 商标权取得模式 (210)
- 第二节 我国《商标法》规定的商标注册原则 (214)
- 第三节 我国商标注册申请流程 (217)

第二十章 商标权的内容 (224)
- 第一节 商标专用权、商标使用许可权、转让权及商标专用权质押 (224)
- 第二节 商标权的限制 (229)

第二十一章 商标使用的管理 (236)
- 第一节 违反商标使用管理规定的行为类型和后果 (236)
- 第二节 不服商标撤销决定的复审和诉讼 (241)

第二十二章 商标权侵权与救济 (243)
- 第一节 商标假冒、仿冒行为 (244)
- 第二节 销售侵犯商标专用权的商品的行为 (259)
- 第三节 侵犯他人商标标识的行为 (261)

第四节　以商品名称或商品装潢侵害商标专用权行为 …………（262）
　　第五节　商标帮助侵权行为 ……………………………………（265）
　　第六节　驰名商标淡化行为 ……………………………………（266）
　　第七节　网络服务提供者的商标侵权行为 ……………………（275）
　　第八节　侵犯商标专用权的责任 ………………………………（290）

第五编　其他类型知识产权

第二十三章　反不正当竞争法 …………………………………（299）
　　第一节　反不正当竞争概述 ……………………………………（299）
　　第二节　假冒、仿冒 ……………………………………………（301）
　　第三节　虚假宣传 ………………………………………………（303）
　　第四节　商业诋毁 ………………………………………………（307）
　　第五节　商业秘密 ………………………………………………（309）
　　第六节　域名 ……………………………………………………（315）

第二十四章　集成电路布图设计权 ……………………………（325）
　　第一节　集成电路布图设计的概念 ……………………………（325）
　　第二节　集成电路布图设计权的取得 …………………………（325）
　　第三节　集成电路布图设计权的内容 …………………………（328）
　　第四节　集成电路布图设计权的限制 …………………………（330）
　　第五节　集成电路布图设计权的侵权及救济 …………………（331）

第二十五章　植物新品种权 ……………………………………（334）
　　第一节　植物新品种的概念 ……………………………………（334）
　　第二节　植物新品种权的取得 …………………………………（336）
　　第三节　植物新品种权的内容和限制 …………………………（338）

第六编　知识产权国际保护

第二十六章　知识产权国际保护制度的发展 …………………（343）

第二十七章　知识产权保护国际公约 …………………………（348）
　　第一节　有关知识产权保护的国际公约 ………………………（348）
　　第二节　知识产权国际公约确定的一些原则 …………………（350）

第一编 总论

第一章 知识产权法概论

第一节 知识产权的概念和范围

迄今为止,国际条约、大多数国家的法理专著、法律都没有给知识产权作过明确的定义,而是以列举的方式划定知识产权概念所涵盖的权利范围。总体来看,对知识产权可做广义的和狭义的两种理解。

根据世界知识产权组织所列举的项目,广义的知识产权包括一切人类智力创作的成果。《建立世界知识产权组织公约》在其第2条第8款规定,知识产权包括下列权利:

1. 与文学、艺术及科学作品有关的权利,主要指作者权和版权;
2. 与表演艺术家的表演活动、与录音制品及广播有关的权利,主要指邻接权;
3. 与人类创造性活动的一切领域的发明有关的权利,主要指专利发明、实用新型及非专利发明享有的权利;
4. 与科学发现有关的权利;
5. 与工业品外观设计有关的权利;
6. 与商品商标、服务商标、商号及其他商业标记有关的权利;
7. 与防止不正当竞争有关的权利;
8. 一切其他来自工业、科学及文学艺术领域的智力创作活动所产生的权利。

世界贸易组织对知识产权也做了一个分类,在《与贸易有关的知识产权协定》(以下简称TRIPs协定)中,其第一部分第1条规定了协定所包含的知识产权的范围:

1. 版权与邻接权;
2. 商标权;
3. 地理标志权;
4. 工业品外观设计;
5. 专利权;
6. 集成电路布图设计(拓扑图)权;
7. 未披露过的信息专有权。

广义知识产权的这种划分方法在学术上存在很大争论,真正把它的内容全部当做知识产权对待的也不多。例如,世界上大多数国家都没有将科学发现界定为知识产权。

狭义和传统的知识产权则包括工业产权与版权两部分。工业产权包括专利权、商标权、禁止不正当竞争权等;版权则包括作者权与传播者权(即邻接权)。

我国学者吴汉东教授将知识产权定义为:知识产权(Intellectual Property)是人们基于自己的智力活动创造的成果和经营管理活动中的标记、信誉而依法享有的权利。他认为知识产权又有广义和狭义的划分方法,狭义的知识产权仅包括工业产权(Industrial Property)和文学产权(Literature Property)。①

刘春田教授认为,根据《中华人民共和国民法通则》的规定,知识产权属于民事权利,是基于创造性智力成果和工商业标记依法产生的权利的统称。②

总的来看,人们对于传统的狭义的知识产权的认识是一致的,即知识产权包括工业产权和著作权(包括邻接权)。

 思考题

如何认识知识产权的概念和范围?

 案例分析

女子十二乐坊案

原告张铁军诉称,他在探索国际文化艺术市场的基础上,经过两年多的思考,于1998年4月正式形成《中华女子乐坊创意策划文案》(以下简称《策划文案》)和《北京中华女子乐坊文化发展有限公司整合报告》(以下简称《整合报告》)。

张铁军与王晓京相识,张铁军曾向王晓京介绍其关于成立"中华女子乐坊"乐队演奏民乐的创意。张铁军希望王晓京投资,双方合作,为此,王晓京接触了《策划文案》和《整合报告》。此后,王晓京未就成立"中华女子乐坊"与张铁军进行合作。2001年5月,王晓京与案外人孙毅刚为被上诉人世纪星碟公司创作完成了《"女子十二乐坊"项目实施计划》(以下简称《实施计划》),随即世纪星碟公司成立了"女子十二乐坊"乐队,演奏新民乐,产生一定社会影响。

同时,王晓京对《整合报告》片断经过选择或者编排、对文字顺序加以前后调整、对个别表达加以扩展解释或缩写后,形成了《实施计划》。世纪星碟公司网站上和2004年3月第27期《中演月讯》杂志上所刊载的文章也是改编和汇编

---

① 参见吴汉东:《知识产权法学》,北京大学出版社2000年版,第1—3页。
② 参见刘春田:《知识产权法》,中国人民大学出版社2000年版,第3页。

《整合报告》而成。王晓京及世纪星碟公司未经张铁军许可,对张铁军享有著作权的《整合报告》进行改编和汇编,且没有给张铁军署名,侵犯了张铁军对《整合报告》享有的署名权、改编权和汇编权。故张铁军诉至法院,请求法院判令王晓京和世纪星碟公司:停止侵权行为;在《中演月讯》上向张铁军公开赔礼道歉;赔偿张铁军经济损失43.27元。

一审法院认为,《实施计划》和《整合报告》的内容完全不同,二者的篇章结构和具体的表达形式也不相同,虽然二者中都出现了"女子"和"乐坊"等字样,但"女子"是通用词语,而"乐坊"二字并非张铁军独创,故《实施计划》并非改编《整合报告》而成。王晓京和世纪星碟公司未侵犯张铁军对《整合报告》享有的改编权,同时,本案中的《实施计划》中不包括《整合报告》的内容或其中的片断,并非通过选择或编排《整合报告》或其中的片断汇集而成。王晓京和世纪星碟公司也未侵犯张铁军对《整合报告》享有的汇编权。根据现有证据不能证明《中演月讯》刊载的涉案文章是王晓京或世纪星碟公司所发表。王晓京和世纪星碟公司未侵犯张铁军对《整合报告》享有的署名权。[1]

一审判决后,张铁军不服,上诉至北京市第二中级人民法院。北京市第二中级人民法院认为,作品包括思想与表达,由于人的思维和创造力是无法限定的,因此著作权不延及思想,只延及思想的表达。在著作权法的保护范围中,不包括思想、方法、步骤、概念、原则或发现,无论上述内容以何种形式被描述、展示或体现。由此可见,著作权法不保护创意或构思,著作权人不能阻止他人使用其作品中所反映出的思想或信息。在著作权法意义上,不能认定《实施计划》对《整合报告》构成剽窃、改编或汇编。

关于涉案作品中的"乐坊"一词,其词义本身表明一种音乐机构或同等含义,以是否包含独创的思想表达为标准加以判断,涉案作品中的"乐坊"一词,不受我国著作权法的保护。"女子乐坊"反映了女子乐队组合的特点,在有限的乐队组合形式中,"女子"与"乐坊"组词的表达方式,容易为常人所想到,因此,仅就涉案"女子乐坊"词汇而言,其仍不能受到我国著作权法的保护。鉴于此,不能因被上诉人王晓京和世纪星碟公司的涉案文章中使用了"乐坊"和"女子乐坊"文字而认定其侵犯了上诉人张铁军对《整合报告》享有的著作权。[2]

✎ **思考**

如何区分不同类型的知识产权的保护范围?著作权保护与专利权、商业秘密的保护等有何联系与区别?

---

[1] 参见北京市朝阳区人民法院民事判决书(2004)朝民初字第21158号。
[2] 参见北京市第二中级人民法院民事判决书(2005)二中民终字第00047号。

第二节 知识产权的性质与特征

一、知识产权的性质

知识产权的权利属性界定,既关涉对知识产权的保护标准的理解,确定知识产权保护的适当强度和合理保护方式问题,也涉及对知识产权国际公约的理解和适用问题,同时还决定发展中国家通过知识产权制度实现创新保护及产业发展的具体路径,因此,这个问题极为重要。

在对知识产权私权属性的理解上面,发达国家和发展中国家存在着很大的分歧。一般说来,发达国家希望对知识产权提供一种强保护,倾向于将知识产权的"私权"属性视为一种自然权利的延伸。因此,知识产权作为自然权利具有"天赋性",就不应该有任何限制。私人知识产权的保护具有压倒一切其他价值考量的地位。发展中国家从本国产业发展的需要出发,认为作为知识产权的私权属性不是绝对的,知识产权保护在追求私人经济利益时应该有所节制甚至是受到限制,知识产权法律制度要充分考虑社会公共利益及经济整体发展的需要。必要时,作为私权的知识产权应受到一定限制。因对知识产权属性的认识不同,发达国家和发展中国家就知识产权保护上如何在私人(知识产权中的)财产权、知识创新和公共利益三者之间取得平衡的问题,也有不同的处理。

《与贸易有关的知识产权协定》序言中提及,"认识到知识产权是私权"。但序言又确认:"承认在保护知识产权方面存在于国内体系中的根本性的公共政策目标,包括发展的和技术的目标。"如何认识知识产权私权属性与公共政策目标之间的关系?承认知识产权是私权[①],但是,专利权、商标权、动植物新品种权利、集成电路布图设计权等都需要国家知识产权行政管理部门的审查,权利才能产生。那么,私权属性理论前提下,又该如何认识知识产权行政主管当局的确权行为呢?近年来,我国越来越多的学者开始关注并探讨知识产权的权利属性问题,并从不同视角分析上述两个问题。其中有一种观点是私权公权化说,例如有学者提出知识经济时代的知识产权正由传统意义上的私权蜕变为一种私权公权化的权利。私权性是知识产权的本质属性,知识产权私权的公权化趋向乃是建构知识产权法的利益平衡机制、保障知识产权人的专有权、实现知识产权法的公共利益价值之所需。知识产权私权的公权化表明知识产权兼具有私权属性和公权属性,二者对立又统一。还有学者认为,受"公""私"概念的历史演变的影响,知识产权制度逐渐呈现出社会化和公法化的发展趋势。知识产权越来越多地突

---

① 参见冯晓青、刘淑华:《试论知识产权的私权属性及其公权化趋向》,载《中国法学》2004年第1期。

破传统私法的领域,其公权性质的体现已甚是明显,突出表现为国家(或政府)的公权力干预不断强化。① 但坚持知识产权私权属性的学者则认为,"知识产权公权化"理论是在社会思潮运动影响下对知识产权权利客体特殊性的一种误读。知识产权作为私权的根本属性不应该因为知识产权所呈现出的某些独特性而被改变。②

其实,尽管存在一些学术之争,《与贸易有关的知识产权协定》在序言中提出"知识产权是私权",成员国也必须将其作为私权来保护。我国《民法通则》也是在第五章第三节规定民事权利的部分列出了知识产权。承认知识产权的私权属性,意味着对知识产权的保护遵循私权保护的基本规律,适用私权保护的一般原则,如主体制度、法律行为制度、责任制度等等。同时,承认知识产权的私权属性也决定了知识产权的享有和行使最大限度地排除国家公权力的干涉,在很多情况下可以比照适用私有财产权的保护规则。否定知识产权的私权属性,会把知识产权拉回到特权概念阶段。我们必须认识到,知识产权从特权到权利的转变,不仅仅是一个字的替换问题,不是技术上的文字转换,而是权利根本性质的变化问题,国家在其中的地位不同。承认知识产权的私权属性并非要将知识产权的保护绝对化,知识产权发挥的公共政策目标功能也必须得到充分认识并加以强调。在确定知识产权权利类型和权利保护范围时,国家要考虑产业发展状况和政策目标,让知识产权能够间接发挥政策引导作用。同时,要充分认识知识产权保护与社会文化发展和技术创新之间存在的矛盾关系,设计合理的知识产权限制制度,让知识产权制度更好地服务于社会进步和科技发展的总体目标。

总之,基于知识产权的"私权"属性,我们要鼓励技术创新和文学艺术创造,强化知识产权的保护。但另一方面,知识产权的私人权利保护也不应极端化,而必须兼顾与公共利益保护之间的合理平衡问题。这对于发展中国家,尤其如此。在关贸总协定埃斯特角会议之前,12 家美国企业联合组建了知识产权委员会(IPC),它们迅速与日本经济团体联合会、欧洲工业与雇佣者联合体联合会取得联系。IPC 和它们的日本和欧洲同行就以贸易为基础解决知识产权问题达成了共识,他们认为有必要在 GATT/WTO 框架内制定具有强制力的知识产权国际规则。接下来,它们凭借其强大的经济实力和政治影响力,游说政府决策部门相信,知识产权的国际保护是如此重要。TRIPs 协定的制定就是一小部分掌握知识产权的行业私人部门借助制定国际法的契机扩大其经济利益的过程。③ 知识

---

① 参见李永明、吕益林:《论知识产权之公权性质——对"知识产权属于私权"的补充》,载《浙江大学学报》2004 年第 4 期。
② 参见孙海龙、董倚铭:《知识产权公权化理论的解读和反思》,载《法律科学》2007 年第 5 期。
③ 〔美〕苏姗·K. 塞尔:《私法、公法——知识产权的全球化》,董刚、周超译,王传丽审校,中国人民大学出版社 2008 年版,第 59 页。

产权制度虽然能够起到推动创新的作用,但是,这种作用发挥实际效果的前提是适宜的经济发展水平。最不发达国家几乎没有创新能力,不存在知识产权保护需求的问题;当收入和技术能力达到中等水平以后,国家才倾向于采用弱保护政策,但其主要精力仍旧在于模仿;当收入和技术能力达到发达水平后,才开始重视知识产权的保护。知识产权保护强度与国民经济发展并不是简单的线性关系。由于中国仍旧属于中低收入水平的国家,知识产权表现出复杂的双重性,既激励创新,又可能妨碍技术扩散。① 因此,在知识产权制度设计中,我们既要立足于知识产权制度的私权属性这一根本前提,又要充分考虑到中国产业发展的总体状况,选择适中的知识产权保护强度。

二、知识产权的特征

知识产权相对于其他权利而言,主要有下述特点:

(一) 知识产权客体的无形性

知识产权的第一个,也是最重要的特点,就是它的客体的"无形性"。这一特点把它们同有形财产权区别开来。对于知识产权无形性特征的认识,需要借助罗马法上的"无体物"概念。罗马法认为,有体物是具有实体存在,并且可以凭人们感官而触觉的物,如土地、房屋、牛马等;无体物则是指没有实体存在,而仅由法律所拟制的物,如债权、用益权等。罗马法没有创造智力成果财产权制度,但为扩展财产权体系提供了关键性概念和分析工具。知识产权的客体是智力成果②,有人也称之为知识产品,它是一种没有形体的精神财富,是非物质的。而有形财产权的权利客体是物质的,权利人可以对其进行有形控制和占有,对其使用也会造成有形损耗。知识产权权利人对知识产品的使用不会造成外部有形损耗,行使权利也不以对知识产品进行有形控制和有形占有为要件。

由于客体具有的无形性这一特点,使得知识产权保护的客体可以被不同的主体、在同一时间、不同空间进行利用,这种非竞争性使用对权利保护客体的利用来说是有利的。例如,同一作品,其载体的复制件可以在不同地点被不同主体欣赏或阅读。客体的非竞争性使用奠定了知识产权的公共产品属性。同时,非损耗性使用的特征,也决定了知识产权的边际成本递减、边际收益递增的特点。这一特点很好地解释了为什么知识产权面临着更大的侵权风险,因为侵权人往往会以很低的成本获得很大的收益。而一旦侵权泛滥,会导致知识产权人的沉没成本无法收回,结果其创新热情就会受到打击,最终会阻滞科技进步。

---

① 张平:《知识产权制度对国民经济发展的作用》,载《中国科技产业》2009年第5期。
② 关于知识产权保护的客体究竟为何,我国学者是有争论的,主要有智力成果权说、信息产权论和无形财产权论。笔者认为,智力成果说更容易解释知识产权客体的特殊性。

"无形性"这一特点,同样带来了知识产权侵权感知和查处的困难,也使得知识产权被侵权的可能性高于有形财产。而从权利的实现来看,由于客体的无形,也方便知识产权权利人以"一女两嫁"、一个权利多次许可或转让等方式滥用权利。由此可见,因为无形性这一特点,知识产权保护、知识产权侵权认定及知识产权贸易等问题,比有形财产要复杂得多。

(二) 知识产权的专有性

有形财产权也具有专有性特点,所有权所具有的专有排他属性即为典例。但有形财产的专有性主要体现为对有形财产的独占性持有,而知识产权的专有性有自己的特点,它是权利人对于自己的智力创造成果所享有的一种专属于自己的排他性权利,主要体现为垄断性。以产品专利为例,专利权人垄断专利产品的制造、使用、销售等,除法律规定的阻却违法事由外,非经专利权人同意,其他主体不得制造、使用、销售专利产品等。这种专有性的结果就是法律允许专利权人在权利有效期间内垄断专利技术。

另外,与有形财产专有性不同,知识产权的专有性主要体现为消极排除特征,即它赋予权利人一种排斥其他主体进入市场的权利,如专利权人有权禁止他人制造、使用相同技术成果,商标权人有权禁止他人以相同标识进入相同或类似商品市场,等等。而从专有性的积极层面来看,只有知识产权权利人才有权许可他人对作品、技术、商业标识等进行使用,任何其他主体都没有此种权利。

知识产权的专有性又是把知识产权与公共领域中的人类智力成果相区分的一个重要特点。知识产权固然是人类智力成果中的专有权,但并非一切人类智力成果均是专有的。已经过了知识产权权利保护期的智慧成果以及一开始就被划定在知识产权保护范围之外的智力成果,是属于人人可得用之的公共领域。例如,《三国演义》《水浒传》等作品已经进入公有领域,著作财产权的专有性丧失,任何人都可以在尊重作品作者精神权利的前提下自由利用作品,不必经过任何人的同意,也不需要支付作品使用许可费。但现代作者的作品则仍处于"专有领域"之中,它们具有知识产权的专有性特征。

(三) 知识产权的地域性

知识产权的地域性特征可以从主权原则角度来理解。知识产权制度的萌芽出现在封建社会,当时专利制度和著作权制度的雏形均是国王通过敕令等授予特定主体的特权,这些敕令等官文的效力有特定地域范围的限制,一旦超出国王管辖的地域范围,这些官文的效力丧失,由此特定主体的特权也便没有了。现代知识产权实现华丽转身后,知识产权丧失了特权性质,它们不再是君主赐予的"特权",而演化成一种私权,成为依法产生的民事权利,但地域性的特点却保留了下来,即知识产权保护仅在发布知识产权保护法律的一国疆域范围内有效。

今天,我们理解知识产权的地域性质,它至少有四个含义:

1. 一国的知识产权由这个国家的法律规定,独立于其他国家的法律对相同对象规定的权利,不照搬也不趋同。也就是说,一国有权决定自己保护的知识产权的范围以及每一个类型的权利保护哪些客体。

2. 权利仅影响发生在权利赋予地域内的行为,这一地域界限由相关的国界决定。这是属地原则的要求,特别是知识产权确权和侵权,通常都由权利赋予地和侵权发生地的法律来决定。

3. 权利只能由赋予权利的国家的本国人或法律所包括的人来主张。这是属人原则的要求,通常一国民事立法或知识产权立法都规定法律的适用范围,其中对本国人以及本国法律承认的外国人或外国组织的适用问题会作出具体规定。

4. 权利只能在赋予权利的一国法院主张。尽管有些时候,纠纷管辖法院有可能适用他国的法律规定作为准据法,但具体诉讼程序是由该管辖法院所在地的诉讼法律规定的。

当然,随着知识产权一体化进程的加快,经济全球化的深入,有关知识产权公约影响范围的进一步扩大,知识产权的地域性特征将越来越不明显,公约的规定使得各国知识产权法律保护水平和具体规定越来越趋同。

但是,也不能就此而否定地域性特点的存在。因为,国际公约往往只是规定了成员国对某一类或某几类知识产权保护的最低水平,成员国可以选择高于这些公约规定的保护水平。只要存在着主权国家,只要允许对公约进行保留,就不能完全消除各国在知识产权保护上的差别存在;而只要这种差别存在,知识产权的地域性特点就不会消失。这在专利和商标等工业产权领域表现得突出,在版权领域不明显。但是,即使是在版权领域,也存在着地域性特点,例如,在作品的划分范围上各国就有不同。像日本这样的国家规定,"作品能够表现出来""深藏在内心而没有表示出来的思想是构不成作品的",但它不要求思想、感情等"必须固定在有形的物体上"。① 然而,英国就要求作品具有永久的形式(permanent form for the work),要求在作品获得著作权之前都必须以永久的方式存在。这样,在头脑中构思演讲并从记忆中输出,但没有将其记载下来的,在英国不构成作品。② 在美国,口头作品如果没有以文字、计算机储存或录音方式加以固定,就只能被视为表演,从而只受州一级法律保护,不受联邦版权法保护。③ 我国采日本的立法模式,将口述作品也规定在著作权中。

---

① 〔日〕纹谷畅男:《无体财产法概论》(第6版),有斐阁1996年版,第4页。
② W. R. Cornish, *Intellectual Property*: *Patents*, *Copyright*, *Trademarks and Allied Rights*, London, Sweet and Maxwell, 1996, 345.
③ 郑成思:《知识产权论》(第2版),法律出版社2001年版,第218页。

另外，各国对于版权保护期和侵权构成上的规定也有差别。所以，包括著作权在内的知识产权的地域性特点依然存在。

（四）知识产权的时间性

知识产权的时间性有两重含义。其一，知识产权保护出现的时间性。知识产权保护不是随着人类社会出现法律之后随即出现的一种制度，而是随着科学技术及市场经济的发展，在封建社会中、后期出现的一种制度，因此，与很多其他民事制度相比，知识产权制度年轻很多。知识产权制度在我国飞速发展则是20世纪70年代以后，中国开始实行改革开放之后的事情了。知识产权是为垄断销售自制产品利益服务的一种权利，因此必须具有制作产品的技术，以及比较其他产品进行选购的顾客，就是说必须具有商品的市场。如果市场处于不发达状态，也就不需要建立知识产权制度。①

"时间性"还有另一方面的含义，就是人们一般讲起的"法定时间性"，就是权利的有效期或保护期。法律通常不对有形财产规定保护期，从逻辑上说，有形财产的保护是无限期的。就像一块宝石，甲拥有所有权，他死后可以将权利转移给儿子、孙子、重孙子……代代相传。但实际上，大部分有形财产是有保护期的，因为有形财产具有消耗性的特点，因为自然的作用、物理的作用，财产会自然消失，财产自然毁失以后，所有权便消失了。但是，著作权等知识产权具有无形性的特点，它不受磨损，只是会随着社会的进步，技术和艺术的发展，渐渐丧失其先进的地位，从物理的角度讲，它不会自然消失。有鉴于此，法律规定著作权等知识产权的保护期。主要原因有两个：其一，法律保护知识产权的目的在于鼓励科学创造和艺术创作，为激励创作人的行为，有必要给予他们一定的回报，这样，法律规定他们对于自己成果的专有权，以此来享有对于自己智力成果的独占利益。但是，权利人对于社会的贡献毕竟是有限的，在一定期限之后，可以说社会给他的回报已经足以抵偿他对于社会所做的贡献了。在这种情况下，规定权利的有效期实际上是规定了社会的回报期。其二，我们以著作权为例，对权利的保护客观上抑制了创作阶层对于信息的利用，在一定程度上是阻碍文化的发展的，规定权利人的无限期保护会造成文化艺术领域的垄断。

因此，知识产权的保护都是有期限的，例如，我国著作权法关于著作权的保护期限的规定中，虽然作者的精神权利中的署名权、修改权、保护作品完整权的保护期不受限制；公民作品的发表权、经济权利的权利保护期为作者终生及其死亡后50年，截止于作者死亡后第50年的12月31日；如果是合作作品，截止于

---

① 〔日〕富田彻男：《市场竞争中的知识产权》，廖正衡、金路、张明国译，商务印书馆2000年版，第64页。

最后死亡的作者死亡后第 50 年的 12 月 31 日。

但是,商标权的情况比较特殊。因为与成功的产品或服务的结合,或通过长期的宣传甚至通过新奇的设计,商业标志有可能成为商业资产的一个主要组成部分。然而,商业标志本身并不具有阻止竞争者以自己的产品或服务进入市场的权能。它只不过是阻止其未经许可而使用受保护的标志,使得其轻易地打入市场。所以没有任何理由为此权利设定保护期。因此,虽然我国的商标法规定商标保护期为 10 年,但商标保护期满可以申请续展。申请续展没有次数限制,因此,只要商标权人愿意,商标可以永久地受保护。

(五) 知识产权客体的可复制性

知识产权客体的可复制性是保护知识产权的基础动因,因为如果知识产权客体不具有可复制性,则不会发生侵权的可能,也就没有保护知识产权的必要了。而知识产权权利所要控制的行为说到底是"复制",严格意义上说是控制以各种形式或借助各种媒介表现出来的复制。例如,著作权保护著作权人的"复制",这既体现为不得将作品的载体进行复制,他人未经许可不得将作品制成一份或者多份,如作品体现为纸质书籍的,不得将书籍进行复制;同时也体现为不得以其他方式再现作品,如将作品以电影的方式展示出来。

知识产权客体的可复制性与知识产权无形性的特征并不冲突,因为无形性并不必然意味着客体不能固定在永久载体上,只要有固定和复制的可能,就可以作为知识产权保护的客体。例如,一段激情澎湃的即兴演说,虽然现场没有以有形载体的方式加以固定,但它仍具有固定和复制的可行性,因此,仍然可以作为知识产权保护的客体。

 思考题

1. 如何理解知识产权的私权属性?
2. 知识产权的基本特征有哪些?

第三节 知识产权法的形成和发展

知识产权法是规范有关知识产权关系的法律,说到底,知识产权法是保护知识产权、制止和制裁侵犯知识产权行为的法律。

知识产权法的产生和发展可以从两个层面来理解,其一是国内法层面,其二是知识产权的国际保护层面。从国内法层面来看,现代知识产权制度出现在人类社会发展到封建社会后期、资本主义社会初期之时。现代意义上的知识产权制度最早出现在专利保护中,1421年,意大利的佛罗伦萨对建筑师布伦内莱希发明的"装有吊机的驳船"授予3年的垄断权。1443年威尼斯也授予一个具有现代发明专利所有特点的专利。与此同时,英国也陆续颁布了许多专利。世界上最早的知识产权保护法规诞生于1474年的威尼斯,该法规针对发明创造给予专利保护。从英国知识产权法演进的历史经验来看,专利保护最初体现为对具体技术的保护,例如英国1690年《鼓励从玉米中蒸馏白兰地和酒精法》、1735年《通过规定时间内授予发明人和雕工以财产权而鼓励设计、雕刻、蚀刻历史性以及其他印版之技术法》[1],后来专利法律逐渐抽象出一般保护客体,开始针对发明、实用新型等不同的技术方案提供保护。

在现代专利制度出现之后,接着出现了现代意义上的著作权法。著作权法萌芽于对图书印刷者专有印刷权利的保护,这种特权来自王室的授权,它使图书印刷者保护自己出版的图书不被其他人盗版,实际上是一种印刷出版垄断权。1556年,出于对宗教反对势力的恐惧,玛丽女王把出版特权授予由伦敦主要出版商组成的书商公司(Stationers' Company),只要作者将自己的书在书商公司那里进行注册登记,就可以获得永久的保护,尽管这种保护仅仅限于图书。世界上第一部现代意义的版权法是1709年英国议会通过的《为鼓励创作而授予作者及购买者就已经印制的图书在一定期间内享有权利的法》(An Act for the Encouragement of Learning, by Vesting the Copies of Printed Books in the Authors or Purchasers of Such Copies, during the Times therein mentioned),由于这部法名称太长,后人便以当时在位的英国女王的名字命名该法,称其为《安娜法》(Statute of Anne)。该法在序言中就明确,图书商和其他主体通过印刷、重印、出版等方式侵害作者权利的现象严重,有鉴于此,为鼓励有识之士创造有益的作品,特制定本法。这样,该法第一次明确了对作者权利的着重保护,将作者专有出版作品的权利限定为14年。《安娜法》的最大贡献在于它强调著作权制度对作者权利的

---

[1] 参见〔澳〕布拉德·谢尔曼、〔英〕莱昂内尔·本特利:《现代知识产权法的演进——1760—1911英国的历程》,北京大学出版社2006年版,第7页。

保护,而不仅保护出版商的权利,这标志着现代意义上的著作权法的诞生。

商标保护制度出现较晚,在世界各国商标立法中,对商标用法律加以保护,最早见于法国。1803 年法国就制定了《关于工厂、制造场和作坊的法律》,该法第 16 条把假冒商标定为私自伪造文件罪。1857 年 6 月,法国又制定了《关于以使用原则和不审查原则为内容的制造标记和商标的法律》,这是世界上最早的一部商标法。1992 年 7 月 1 日,法国颁发 92-597 号法律,将当时 23 个与知识产权有关的单行立法汇编整理成统一的《知识产权法典》,从而形成世界上保护知识产权领域的第一个法典,该法典在形成后历经很多次修订,逐渐完备。在法典的第 2 部分第 7 卷规定了"制造、商业及服务商标和其他显著性标记"。[①]

随着各国国内法的不断完善以及知识产权与贸易的联系愈加紧密,有关知识产权保护国际合作的国际条约出现,这为我们认识知识产权制度提供了另外一个角度。自 19 世纪下半叶以来,各国间先后签订了一系列保护知识产权的国际公约。经过一个世纪的发展,一系列知识产权的国际保护标准得以确立,并出现了知识产权国际组织,知识产权国际保护体系基本形成。

知识产权国际保护制度始于 1883 年《保护工业产权巴黎公约》(以下简称《巴黎公约》)与 1886 年《保护文学艺术作品伯尔尼公约》(以下简称《伯尔尼公约》)。两大条约的出现带来了知识产权国际保护两大联盟:巴黎联盟和伯尔尼联盟,知识产权国际保护制度也正式建立。1967 年,《巴黎公约》和《伯尔尼公约》的缔约国在瑞典斯德哥尔摩签订了《成立世界知识产权组织公约》,根据该公约的规定,1970 年世界知识产权组织正式成立,并设立"知识产权国际局"取代原两大联盟的联合国际局。1974 年,总部在瑞士日内瓦的世界知识产权组织成为联合国组织系统的特别机构之一。世界知识产权组织建立后,通过其管辖的一系列条约将知识产权国际保护制度引向了一个飞速发展的时期。1994 年 4 月 15 日,关税及贸易总协定发起的"乌拉圭回合"谈判的最后文件在摩洛哥的马拉喀什签署。"乌拉圭回合"谈判的一揽子协定有两项主要成果:一是宣布建立世界贸易组织,结束了关税及贸易总协定的临时适用状态;二是达成包括《与贸易有关的知识产权协定》在内的"一揽子协定",并由世界贸易组织管辖。

世界贸易组织的建立与《与贸易有关的知识产权协定》的形成,标志着知识产权国际保护制度进入到一个更高水平、更一体化保护的新的历史时期。世界知识产权组织和世界贸易组织在知识产权国际保护领域发挥着越来越重要的作用,知识产权国际保护制度也越来越丰满。

---

① 参见《法国知识产权法典》,黄晖译、郑成思校,商务印书馆 1999 年版,译者序。

> **思考题**
>
> 知识产权法形成的历史基础是什么？

第四节　知识产权法的作用、功能和特点

一、知识产权法的作用与功能

知识产权法的作用与功能体现在知识产权制度本身要发挥的作用，即为什么要保护知识产权的问题，从哲学基础的角度分析是知识产权存在的正当性依据问题。目前关于知识产权存在的合法性解释主要有五种学说，即劳动说、人格说、社会契约说、激励说以及产业政策说。

劳动说是将洛克的劳动财产权理论延伸至解释知识产权，认为洛克主张的劳动导致财产权并没有区分体力劳动与脑力劳动。洛克认为，上帝将整个世界赐予全人类共有；每个人对自己的身体拥有财产权；每个人的劳动属于他自己；当一个人将自己的劳动添加到公共物时，该物就属于他的财产。依据该说，知识产权权利人因为将自己的创造性劳动作用于客观外部世界而获得了主张权利的正当性。[1]

黑格尔的人格说对著作权保护的解释最具有说服力，他认为精神产品可以转让；作为可转让所有权的精神产品的类别，黑格尔还将精神产品分为四类，即艺术作品、著作品、技术装置发明和在艺术作品和工匠产品这两极之间的各种不同阶段，如工业品外观设计等；精神产品转让后，受让者占有作为单一物的样品的完全使用权和价值，而转让方依然是复制这种作品或物品的普遍方式和方法的所有人。[2]

社会契约说的根据是卢梭的社会契约论。卢梭认为，人类由于社会契约而丧失的，乃是他的天然的自由以及对于他所企图的和所能得到的一切东西的那种无限权利；而他所获得的，乃是社会的自由以及对于他所享有的一切东西的所有权。[3] 将社会契约说运用到解释知识产权保护的正当性，简单地说就是技术公开补偿说，以专利为例，专利权人获得专利保护是以向社会公开专利技术为代价的。

激励说可以被称为主流观点，该说认为，对权利人的智力创造成果进行保护

---

[1] 〔英〕洛克：《政府论》（下篇），叶启芳、瞿菊农译，商务印书馆1964年版，第19页。
[2] 〔德〕黑格尔：《法哲学原理》，范扬、张企泰译，商务印书馆1961年版，第76页。
[3] 〔法〕卢梭：《社会契约论》，何兆武译，商务印书馆1982年版，第30页。

的目的是激励创造者作出创造,社会以一定期限专有权的方式回报创造人,创造人因此愿意在创造阶段投入智力和精力,其最终结果会带来整个社会文化的繁荣和科技的进步。

从经济发展的视角审视知识产权法的功能和作用,近来出现的产业政策说更具有现实意义。该说认为,知识产权法是一种社会政策工具,即政府以国家的名义,通过制度配置和政策安排对知识产权资源的创造、归属、利用以及管理等进行指导和规则。知识产权是经济增长的有力工具,是经济、社会及文化发展的重要工具。从产业政策的目标看,它是对国内社会整体利益的维护;在国际层面上,则是为了增加和维持本国经济整体在国际竞争中的有利地位,其实质体现了国家之间的经济竞争。各国纷纷将知识产权带动整个国家经济发展战略目标提到国家战略层面,就是因为各国政府充分意识到了知识产权法律制度本身会对产业发展产生的重大影响。

二、知识产权法的特点

谈到知识产权法的特点,应该从两个角度进行分析,其一,从历史发展的纵向坐标来看知识产权法的特点;其二,从知识产权法保护的对象特征看知识产权法的特点。

(一)历史分析视角下知识产权法的特点

从知识产权法的构成与发展来看,它突出体现为两大特点:第一,知识产权法欠缺体系化。第二,知识产权法受科学技术发展影响明显。

1. 知识产权法欠缺体系化。

知识产权法欠缺体系化源于知识产权法的类型化发展,即知识产权法律制度体系是随着其保护权利类型的增加而不断充实和丰富起来的,因此知识产权法欠缺体系化是指其构成分散,按照一个一以贯之的标准作出分类难度很大,只能做一个总括的分类:工业产权与版权两部分。工业产权包括专利权、商标权、禁止不正当竞争权等;版权则包括作者权与传播者权(即邻接权)。或者分为"创作性成果权"与"识别性标记权",前一类如发明专利权、集成电路权、植物新品种权、Know-How权(也称技术秘密权)、工业品外观设计、版权、软件权;后一类如商标权、商号权(也称厂商名称权)、其他与制止不正当竞争有关的识别性标记权。

欠缺体系化首先表现为对知识产权进行概括式定义难度大。一般来讲,国际条约、大多数国家的法理专著、法律都没有给知识产权作过明确的定义,而是以列举的方式去划定知识产权概念所涵盖的权利范围。例如,《建立世界知识产权组织公约》在其第2条第8款规定,知识产权包括下列权利:与文学、艺术及科学作品有关的权利,主要指作者权和版权;与表演艺术家的表演活动、与录音制品及广播有关的权利,主要指邻接权;与人类创造性活动的一切领域的发明有关的权利,主要指专利发明、实用新型及非专利发明享有的权利;与科学发现有关的权利;与工业品外观设计有关的权利;与商品商标、服务商标、商号及其他商业标记有关的权利;与防止不正当竞争有关的权利;一切其他来自工业、科学及文学艺术领域的智力创作活动所产生的权利。世界贸易组织对知识产权也做了一个分类,在《与贸易有关的知识产权协定》中,其第一部分第 1 条规定了协定所包含的知识产权的范围:版权与邻接权;商标权;地理标志权;工业品外观设计;专利权;集成电路布图设计(拓扑图)权;未披露过的信息专有权。

欠缺体系化还表现在知识产权立法采取分散模式,一般以单行法的方式。目前,世界上除极少数国家(如法国)制定了统一的《知识产权法典》外,大多数国家都对专利、商标、著作权、植物新品种权等权利的保护分别立法。因为各个单行法保护对象各异,将他们统合到一部法律中的难度很大,即便是《法国知识产权法典》也不得不按照专利、商标、著作权等分类各设专章进行规制。

从形式上看,知识产权法和其他法律分支不同,具有突出的分散化、碎片化的欠缺体系化特征。这一特征产生的根源在于知识产权产生演进本身就是一个类型化发展的过程,法律不断发现并吸收新的权利类型进入知识产权保护大家族中。因此,知识产权法中的具体法律就体现了多样化、去中心化这样一个特点。尽管传统知识产权法确立的三足鼎立模式——著作权、商标权、专利权,在今天依然占据非常重要的地位,但新型知识产权中的植物新品种权、集成电路布图设计权等也越来越受到人们的重视。而且,传统知识产权构成的三个部分也在不断增添新的内容。

2. 知识产权法受科学技术发展影响明显。

人类社会每一次技术进步都会带来知识产权保护制度的重要变革,以著作权法的发展历程为例,古登堡印刷术带来了现代意义上的著作权法制度,广播电视使著作权法保护的客体由文字扩展到影音作品,数字技术则从作品类型、传播途径、利用方式等方面给予著作权法以全面冲击,网络技术发展后,传统著作权保护理念正面临着前所未有的挑战。可以说,著作权法是传播技术的产物,著作权法的演进与蜕变受制于传播技术的更新换代。

技术对知识产权技术性提出的挑战表现在知识产权经常因技术的进步而被淘汰。主要从机器和化学过程发展起来的专利法必然要吸收电子工程、计算机制造、原子能、微生物生产技术和现在的生物工程。起初对印刷出版反应迟缓的著作权也转向现在极具先端性的数字复制和传送技术。

(二)知识产权法保护的权利的特点

如前所述,知识产权具有无形性、专有性、地域性、时间性和客体可复制性的特征。这些特征成就了知识产权权利的特殊性:它是一种无形财产权,有公共产品的属性,可非竞争性使用;但知识产权的客体又必须具有可复制性,由此才能产生权利保护的可能性和必要性。

知识产权权利内容主要体现为法律认可并维持权利人的垄断地位,但为协调公共利益与社会利益之间的平衡,知识产权法律制度又设定了保护期限等权利限制措施。知识产权本身是一种垄断,是法律许可权利人在一定期限专有使用其成果的权利,从一定程度上说,它会造成信息流通阻碍、技术垄断甚至妨碍自由竞争。因此,在实施知识产权保护制度过程中,必须将利益平衡问题放于首位,处理好绝对性权利与再创造自由、垄断权利与言论自由、个人权利与公共教育政策、独占权利与经济发展、控制权与贸易自由之间的关系。从国际范围来看,知识产权保护与发展中国家寻求民族产业发展的渴望相冲突。在围绕国际公约开展的谈判中,发达国家极力主张提高知识产权保护水平,而发展中国家囿于本国产业发展水平往往争取将知识产权保护降到适宜的水平。因此,我们看到,在发展中国家的努力下,国际公约在内容方面会向发展中国家作出一定的倾斜。发展中国家也经常运用公共利益原则维护自己的利益。公共利益原则,是指知识产权的保护和权利行使,不得违反社会公共利益,应保持公共利益和权利人利益之间的平衡。TRIPs协定在序言中确认知识产权保护制度所奉行的公共利益目标包括发展目的与技术目的。当公共利益需要时,权利人的权利要受到限制。例如,对于植物新品种权,为了国家利益或者公共利益,农业、林业行政主管部门可以作出实施植物新品种强制许可的决定,对授权品种进行推广使用。在国家出现紧急状态或者非常情况时,为了公共利益的目的,国务院专利行政部门可以给予实施发明专利或者实用新型专利的强制许可。

从国内法层面来看,强调创造者权利的同时必须兼顾社会公众利用信息、获取技术以及关怀整个社会的进步与发展。因此,与其他权利保护制度相比,知识产权法突出体现了对专利权、著作权以及商标权等知识产权的权利限制。

知识产权权利存在明显的地域性特征,但知识产权国际保护制度的发展又逐渐消解地域性。知识产权的特殊性,导致它和有形财产权制度之间呈现出一种若即若离的特殊关系样态,权利保护规则可以比照有形财产权制度规定,但又不能照搬挪用。例如,在物权保护制度中,物权法定。知识产权也是法定的。而且,知识产权法定的内涵与物权法定的内涵大同小异。知识产权法定主义是指知识产权的种类、权利以及诸如获得权利的要件及保护期限等关键内容必须由法律统一确定,除立法者在法律中特别授权外,任何人不得在法律之外创设知识产权。[①] 但知识产权法定原则和物权法定原则的基础不同。物权法定原则是为

[①] 参见郑胜利:《知识产权法定主义》,载《北大知识产权评论》(第2卷),法律出版社2004年版。

了防止信息成本外部化，避免财产权的细化、泛化妨害流转。知识产权的法定原则产生于传统，从历史发展来看，只有法律明确规定为知识产权权利的，才能作为知识产权受到保护，而且其保护强度如何也必须由法律规定。这实际上是法律在公共利益与个人权利之间划了一条清晰的边界。知识产权法定主义从知识的公共性特点出发，体现了对公共利益的关怀。

 思考题

1. 保护知识产权的正当性基础是什么？
2. 知识产权法具有哪些特点？

第五节　知识产权法面临的困境与发展趋势

一、知识产权在经济生活中的重要地位日益凸显

知识产权制度的主要目的是保护具有商业价值的思想或信息在现实生活中的合理应用，它在经济生活中显得越来越重要。在工业化国家尤为如此，因为可开发的智力资源变得越来越复杂，而这些国家能否在经济上取得成功取决于它们能否在新技术和流行潮流中占据优越地位。最近，在维护和加强思想保护方式方面，政治领域和法律领域都出现了积极活跃的动向。这种动向的出现是基于人们对于知识产权权利本质的一个共同认识，那就是所有类型的知识产权所具有的一个共同特征——这种权利的否定本质。虽然，分析起来，知识产权也具有肯定的性质和积极的权能，如发明人有被赋予专利的权利；商标标识的使用者在符合条件的情况下有注册商标的权利。但是，这些本质上都是辅助性的。从根本上说，知识产权是一种否定他人对智力成果进行利用的权利，它们阻止他人为某些行为，阻止盗版者、伪造者、假冒者，在某些情况下甚至会阻止独立获得同一构思的第三人未经权利人许可进行营利。这样，知识产权实际上是一种控制他人行为的权利，而不像有形财产权利那样，更多地体现为权利人对自己的财产进行支配和处分。知识产权的实现方式具有隐蔽性，人们很难充分理解它。对于权利人来说，这种权利并非是其开发产品或开拓服务市场所必需的；专利权也并非是发明人实施发明的前提条件。进一步分析，享有权利并非赋予权利人忽视他人权利(包括这些人的知识产权)或超越公共义务的自由；注册商标并不会使商标权人所做的违法广告合法化。知识产权也不会使权利产品在国际贸易中享有任何特权或使其不受贸易限额等方面的限制。影片具有著作权后也不意味着它可以不受某个国家出于弘扬民族文化的目的对节目编排等作出的限制。

由这些分析我们可以得出结论,知识产权是一种否定性的权利,它所具有的功能主要是消极性的。正因为如此,各国都意识到知识产权的占有量实际上关涉到一个国家在未来经济世界所能占有的资源份额,对经济的长足发展起决定作用。

二、知识产权的概念需要不断更新与发展

技术对知识产权技术性提出的挑战表现在知识产权经常因技术的进步而被淘汰。一个世纪以来,新技术领域相继出现了录音、电影、广播、电缆、卫星转播和惊人的现代复制技术,这不断冲击着文化、教育和娱乐世界的著作权制度,给著作权的扩张带来了压力,产生了对邻接权和娱乐构思的保护。著作权制度中的两大主要构成部分,抵制海盗行为的法律制度和权利集体管理制度也承受着空前的压力。计算机技术与电信技术的结合,网络的出现带来了一场多媒体革命,使原有的知识产权概念无法很好地服务于时下的科学技术所支撑的现实世界。因此,在著作权领域出现了"信息网络传播权""数字化权"等新的概念。可以预见,随着技术革命的深入,新的权利类型还会出现。

三、知识产权保护中发达国家和发展中国家都面临着两难选择

在知识产权保护中,无论是发展中国家还是发达国家都面临着两难选择,一方面它们有着加强知识产权保护的要求,另一方面又对知识产权的保护存在着不同程度的怀疑和批判。

首先,发展中国家刚刚开始开发自己的知识产权,这一开发过程比发达国家迟了许多年。发达国家知识产权方面的所有保护,都很容易被看成是一种以工业、技术和文化使用费的形式,榨取发展中国家有限资源的法律借口。然而,在发展竞争中,发展中国家确实需要发达国家的技术,它们同样需要带有西方财富诱惑的产品。因此,在这些国家中,它们必须给发达国家知识产权提供专利权、著作权和商标权等保护,以吸引外国企业。[①] 20年来,发展中国家一直在努力,试图使国际社会认识到它们在这种自由的财产权中受到的损害。它们主张,对技术资源和教育资源必须进行更加自由的利用,而国内商业也必须寻求自力更生。这些主张受到了以美国为首的发达国家的强烈反对,而发展中国家接受TRIPs协定的约束就意味着对尊重知识产权作出了国际保证。该公约的广泛性和深度在10年前看来也许纯粹是一个奇迹,但现在则不然,这源于发展中国家态度的转变。毋庸置疑,这一转变一方面是因为美国单方面施加压

---

① See W. R. Cornish, *Intellectual Property: Patents, Copyright, Trademarks and Allied Rights*, London, Sweet and Maxwell, 1996.

力的结果,另一方面是由于环太平洋国家迅速工业化的成功例子的诱惑,以及世界范围内政治组织的忠诚观念的急剧转变。这一系列的原因使发展中国家与发达国家过去存在的对抗消解,发展中国家树立了对技术进步和民族发展起关键作用的财产权利的信任。然而这种信任还需要通过结果来不断地检验。

其次,在以美国为首的发达资本主义国家出现了反托拉斯法,以限制个人成功企业的垄断趋势。知识产权制度是可以形成垄断格局的,至少可以说它能够为反竞争联合体的形成提供制度基础。因为知识产权的目的就是赋予一种排除竞争者的权利,最后必然会形成某种市场力量的累积。但这种后果明显违反构建知识产权制度的最初目的。因此,立法者、有关竞争当局和法院认为必须做出必要限制,以避免这种负面效果的出现。至少要防止因知识产权制度的保护而形成垄断目的下的明显超规模联合体,例如,通过积蓄专利、构建著作权集团、均分权利或限制被许可实施者的主动性和独立性来划分国际或地区性的市场区域。①

农业经济时代以土地为核心,工业经济时代以资本为核心,知识经济时代则以知识为核心。在知识经济条件下,知识产权法酝酿着一场新的变革。

首先,知识产权法律对于其保护客体的保护将更全面化、深入化。技术的发展使得侵权的方式越来越复杂,相对应的,法律也必须对权利人提供更完备的保护措施。法律对于知识的生产和流通的保护越来越全面,权利人的手也越伸越长,直至禁止所有可能威胁自己知识产权的行为,甚至不论是否造成了实际的损害。

其次,知识产权法保护的社会性逐步削弱,法律对于知识产权的保护趋向绝对化。在传统知识产权法上,由于保护期的制约,知识产权事实上具有一定的社会公益性,在一定期限过后,所有的人都可以自由使用原来具有权利的知识和技术。而在知识经济时代,由于技术发展十分迅速,知识更新的速度非常之快,因此,对于社会来讲,知识产权法上的期限已经不具备公益的意义。

但是,毋庸置疑的是,在以知识为基础的社会里,在知识经济环境下,知识产权法律的地位将越来越重要。

思考题

谈谈发展中国家在知识产权保护方面应如何选择适宜自己发展的路径。

---

① See W. R. Cornish, *Intellectual Property: Patents, Copyright, Trademarks and Allied Rights*, London, Sweet and Maxwell, 1996.

第二编

著作权法

第二章 著作权法概述

第一节 著作权概述

著作权又称版权,是创作者就文学、艺术、自然科学、社会科学和工程艺术作品等享有的专有权利。这是狭义的著作权的概念,实际上,广义的著作权还包括邻接权,即作品的传播者和加工者,如出版者、表演者、录制者、广播组织等,对经过其传播、加工的作品享有的相应的权利。

著作权人往往是通过第三人来公开和发行作品的,因此,与其说著作权是一种专有权,毋宁说它事实上是许可他人使用自己作品的权利。① 正因为如此,作品的利用过程中,存在着一种三角关系,权利持有人一方是创作者和文化产品的开发商,而作品使用者构成第三方。相对于使用者来说,创作者和文化产品的开发商的利益是一致的,他们都希望确保作品被使用,并达到作品使用回报最大化。但他们之间也存在着一种紧张关系,就如何使用作品、如何分割回报,他们的利益是对立的。② 这样,著作权法律关系中,除了要考虑创作者的利益需要,还要考虑作品的传播。这就要求,著作权法既要保证创作者的利益不受侵犯,维护其创作热情;同时,要兼顾文化产品开发者、经营者的利益,这样才能刺激作品的传播。但不同国家有不同的著作权法律制度,在采取作品传播重于创作者利益保护的国家中,如美国,著作权法是围绕着作品如何市场化、如何最大限度地保障文化产业界的利益而建立的,著作权法律制度也不可避免地向他们一方倾斜。

第二节 著作权与著作权法

活字印刷术的出现为著作权制度的诞生提供了土壤,因为它使翻印图书利润丰厚,而在此前,复制图书的成本非常高,无利可图。正因为如此,可以说,著作权制度萌芽于授予出版商或者出版者的特权,而不是对于作品的保护。15世纪末,威尼斯共和国授予印刷商冯·施贝叶以印刷出版的专有权,有效期5年。

---

① 〔日〕纹谷畅男:《无体财产法概论》(第6版),有斐阁1996年版,第3页。
② See W. R. Cornish, *Intellectual Property: Patents, Copyright, Trademarks and Allied Rights*, London, Sweet and Maxwell, 1996, 317.

这是西方世界第一个由统治政权颁发的保护翻印权的特许令。在此之后的16世纪初叶，罗马教皇、法国国王和英国国王等，先后向出版商颁发过禁止他人擅自翻印其书籍的特许令。① 资产阶级革命时期的天赋人权思想使作者利益的保护进入了著作权制度的视野，它实现了著作权制度从印刷特权制度到保护创造者个人利益的转变。

一、世界著作权法的历史发展

著作权法萌芽于对图书印刷者专有印刷权利的保护，这种特权来自王室的授权，它使图书印刷者保护自己出版的图书不被其他人盗版，实际上是一种印刷出版垄断权。世界上第一部现代意义的版权法是1709年英国议会通过的《安娜法》。《安娜法》的最大贡献在于它强调著作权制度对作者权利的保护，而不仅保护出版商的权利。

《安娜法》制定后，英国又通过了1734年的《雕刻著作权法》等法令，将著作权的保护从图书逐渐扩展到雕刻、音乐、戏剧和艺术作品，著作权的保护期也从最初的14年不断延长。

在法国，所有的特许权都在法国大革命期间被废除，在1791年颁布的《表演法令》和1793年颁布的《复制法令》认可了根据自然法所产生的文学与艺术财产权，作者和作者的权利是这两部法保护的核心。1866年，这种文学与艺术财产权的保护期又从10年被延长到了50年。

德国第一部现代的著作权法典是1837年的普鲁士王国关于保护作品、科学与艺术方面的财产权的法律，该法不但用刑罚的手段制止翻印之类的行为，而且它也保护著作权人。同时，它对戏剧和音乐类作品的表演权提供了保护。1871年，德意志帝国统一后，宣布1870年6月11日颁布的《北德意志同盟关于文字作品、美术、音乐作品与戏剧作品所享有的著作权之法律》为帝国法律。1876年1月6日，《关于表演艺术作品的著作权法》对此法进行了补充，这两部法律被1901年6月19日的《关于文学作品与音像作品的著作权法》以及1907年1月9日的《关于美术作品与摄影作品的著作权法》所废止，在这两部法律的基础上，德国现行1965年著作权法典得以形成。②

美国第一部著作权法是1790年5月31日的《联邦著作权法令》，该法以《安娜法》为蓝本，将作者权利保护限定为14年，保护的客体为"地图（map）、图表（chart）和图书（book）"。而后，著作权法保护的客体不断扩大，1802年4月29日加进了拓印（prints），1831年2月3日加进了音乐作品（musical composi-

---

① 参加李明德、杜颖：《知识产权法》，法律出版社2007年版，第31页。
② 〔德〕M.雷炳德：《著作权法》，张恩民译，法律出版社2005年版，第21—23页。

tions),1856年加进了戏剧作品(dramatic compositions),1865年加进了照片、绘画、图画、雕刻等美术作品(photographs paintings drawings sculpture models or designs for works of fine arts)。1909年,美国修改了著作权法,将著作权的保护时间从作品进行版权登记之时提前到作品发表版权声明之时,同时将著作权续展保护期间延长,使著作权最长可以受到56年的保护,规定著作权版权登记证书是证明作品权利的初步证据。但是,该法是几个法案妥协与混合的产物,其内部存在着很多相互冲突和模棱两可的规定,在推行了将近70年的时间后,该法被1976年的《著作权法》替代。1976年的《著作权法》将著作权的保护统一为作品固定在有形表达载体之上之时,除了雇佣作品外,著作权保护期统一为作者终生加死后50年,规定了对著作权的合理使用的限制,等等。1990年以后,随着国际著作权保护条约的影响日益加深,美国又不断地修改其著作权法,包括1990年的《视觉艺术家权利法》《建筑作品著作权保护法》《计算机软件出租修正案》、1992年的《家庭音响录制法》、1998年的《数字千年著作权法》和《索尼波诺著作权保护期延长法案》。

日本在明治八年(1875年)和明治二十年(1887年)曾先后制定过两个版权条例,旨在保护图书出版商的权利。1899年3月4日,日本政府将《版权法》《剧本乐谱条例》及《照片版权条例》废止而统一颁布《著作权法》,于同年7月15日实施。随后,日本不断修改著作权法,但从精神实质来看,日本著作权法体现了以德国为代表的大陆法系的"作者权法"概念,强调对作者权利的保护。

二、中国著作权法的发展

早在汉朝时期,我国蔡伦就发明了造纸术;及至宋代,毕昇创造了活字印刷术。造纸术和印刷术的出现刺激了书本的供应和需求,也使专门的印书商出现。但我国并没有像西方国家那样,萌生早期的著作权保护制度来保护印书商的利益。我国有学者称,这是因为中国缺少产生著作权制度的思想基础——天赋人权思想。[①] 1910年,清政府颁布了《大清著作权律》,这是中国历史上的第一部著作权法。该律共5章,由55个条文构成,主要是参照日本和德国等国家的著作权法制定的。由于清王朝的迅速灭亡,这部法律并没有实施,但它对后来民国时期的著作权法的影响却很大。1915年的《北洋政府著作权法》和1928年的《中华民国著作权法》都是以此律为蓝本的。

中华人民共和国成立以后,由于当时废除了国民党政府的"六法全书",南京政府的《著作权法》也作为旧法统被废除了。当时强调对著作权进行保护的主要是一些决议和规定,如1950年全国第一次出版工作会议作出的《关于改进

---

① 参见郭寿康主编:《知识产权法》,中共中央党校出版社2002年版,第28—29页。

和发展出版工作的决议》、1953年国家出版总署作出的《关于纠正任意翻印图书现象的规定》都提到了尊重版权和作家权利。但由于当时受苏联版权制度的影响,作者的权利主要是获得稿酬的权利。在1961年后,作者有限的稿酬权也被逐渐削弱,及至1966年"文化大革命"开始后,稿酬制度被完全废除。

中国现行的著作权法于1979年开始起草,当时,政府主管部门设立专门的著作权法起草小组进行这项工作。经过十多年的努力,1990年9月7日,《中华人民共和国著作权法》(以下简称《著作权法》)获得全国人民代表大会常务委员会通过,于1991年6月1日起生效实施。而此前于1986年颁布的《中华人民共和国民法通则》在第94条已经就著作权的权利地位作出了明确规定:"公民、法人享有著作权(版权),依法有署名、发表、出版、获得报酬等权利。"

随着国际和国内经济条件、社会形势的变化,1991年制定的《著作权法》已经不能充分适应现实需要,其漏弊和不完善的地方逐渐凸显。中国在1992年10月加入了《伯尔尼公约》《世界版权公约》,在1993年4月加入了《保护录音制品制作者防止未经授权复制其制品公约》,特别是,中国在为加入世界贸易组织与美国等进行谈判时承诺提高我国的知识产权保护水平。为扫清加入世界贸易组织的障碍,中国的立法机关很快就修改了包括《著作权法》在内的知识产权单行法。2001年10月27日,全国人大常委会通过了"著作权法修正案",并于同日开始实施。相应的,2002年8月,国务院发布了修改后的《中华人民共和国著作权法实施条例》,并于2002年9月15日起实施。2009年1月26日,世界贸易组织争端解决机构专家组裁定我国《著作权法》第4条第1款"依法禁止出版、传播的作品,不受本法保护"的规定,违反了著作权国际公约《伯尔尼公约》和TRIPs协定。我国为严格履行入世承诺及国际条约义务,在2010年修改《著作权法》,删除了该规定,但明确了"著作权人行使著作权,不得违反宪法和法律,不得损害公共利益。国家对作品的出版、传播依法进行监督管理"。同时,增加一条,作为第26条:"以著作权出质的,由出质人和质权人向国务院著作权行政管理部门办理出质登记。"2013年,中华人民共和国国务院令第633号通过了《国务院关于修改〈中华人民共和国著作权法实施条例〉的决定》,将第36条修改为:"有著作权法第四十八条所列侵权行为,同时损害社会公共利益,非法经营额5万元以上的,著作权行政管理部门可处非法经营额1倍以上5倍以下的罚款;没有非法经营额或者非法经营额5万元以下的,著作权行政管理部门根据情节轻重,可处25万元以下的罚款。"这样,著作权侵权行政处罚力度加强。

三、我国著作权立法的目的

我国著作权法的立法目的规定在《著作权法》第1条,该条规定:"为保护文学、艺术和科学作品作者的著作权,以及与著作权有关的权益,鼓励有益于社会主义精神文明、物质文明建设的作品的创作和传播,促进社会主义文化和科学事业的发展与繁荣,根据宪法制定本法。"该条第一部分规定的"为保护文学、艺术和科学作品作者的著作权",针对的是对创作者权利的保护;"以及与著作权有关的权益"是指与狭义著作权相关的"邻接权";"鼓励有益于社会主义精神文明、物质文明建设的作品的创作和传播"是针对鼓励创作者创作和鼓励作品传播来说的,这既涉及对作者创作积极性的推动,又涉及刺激邻接权人和作品传播媒介对传播的作品。而此法的最终目的是要促进整个社会文化事业和科学事业的发展繁荣。

 思考题

1. 简述著作权的概念和特征。
2. 简述我国著作权法的历史发展脉络。
3. 我国著作权法的立法目的是什么?

第三章 著作权的主体

第一节 著作权主体概述

关于著作权主体,我国《著作权法》规定在第9条,该条规定,著作权人包括:(1)作者;(2)其他依照本法享有著作权的公民、法人或者其他组织。

从逻辑上说,只有自然人才能创作,因此,作者应该都是自然人。但是,在我国,除了自然人作者外,还有法人和其他组织。我国《著作权法》第11条规定,由法人或其他组织主持,代表法人或其他组织意志创作,并由法人或其他组织承担责任的作品,法人或其他组织被视为作者。该条规定的是法人作品,也有学者认为,考虑到有一部分主体是非法人单位,即其他组织,因此,更精确一点说,该条规定的应该是单位作品。① 该法第16条规定:"公民为完成法人或者其他组织工作任务所创作的作品是职务作品,除本条第二款的规定以外,著作权由作者享有,但法人或者其他组织有权在其业务范围内优先使用。作品完成两年内,未经单位同意,作者不得许可第三人以与单位使用的相同方式使用该作品。"该条规定的是职务作品。《著作权法》第17条规定:"受委托创作的作品,著作权的归属由委托人和受托人通过合同约定。合同未作明确约定或者没有订立合同的,著作权属于受托人。"所以,如果委托人是法人或其他组织,而合同明确约定著作权归属于委托人的,则此时的著作权人就是法人或其他组织。综合上述三条规定,可以认为,在单位作品、职务作品或者委托作品的情况下,法人或其他组织都有可能成为著作权人。

如果我们类比所有权的取得方式来分析,著作权也可以有原始取得、传来或继受取得两种方式。原始取得方式主要是创作,也即劳动取得。继受取得的方式主要是继承和转让,当然还有赠与等方式。相应的,我们也可以说,著作权人包括原始著作权人和继受著作权人。如果法人或其他组织通过赠与、受让的方式从著作权人那里获得著作权,则它也会成为著作权的主体。并非作者都是著作权人,在英美法国家,有些作品的作者在作品出版之时保留了著作权,而有些作者却将著作权转让给了出版社,在后种情况下,作品的著作权人就不是作者,而是出版社。例如,《知识产权:专利、著作权、商标和相关权利》一书,其作者为W.R. Cornish,该作者在出版著作之时将著作权留在了自己手中,因此,在该书

---

① 韦之:《著作权法原理》,北京大学出版社1998年版,第36页,注释3。

的版权页上,版权声明写的是 W. R. Cornish。但在另一例中,我们却看到不同的情形,如《著作权案例:不正当竞争与其他保护文学、音乐及艺术作品之问题》的作者是 Ralph S. Brown 和 Robert C. Denicola,但是著作权人是该书的出版社 The Foundation Press,因此,我们会看到,在版权声明中它是这样表示的:COPYRIGHT © 1990 By The Foundation Press, INC.。当然,这里涉及立法对于著作权转让在认识上的不同,笔者将在他处做详细论述。

但是,对于法人和其他组织是否享有精神性权利,即著作人身权,理论界存在争论。反对者认为,只有自然人才能创作,创作是人特有的机能,法人和其他组织是一种组织,不能进行智力创作的,它不能成为作者。作品不可能体现法人的"个性",在法人代表更换而法人依旧的情形下,无法体现一贯的"法人精神"。法人原本依版权法已经可能享有某种"署名权"(例如商号权、商标权等等),一旦把它们与版权领域精神权利中的"署名权"相混,在实践和理论上就会抽掉精神权利的根基。① 赞成者认为,著作权本质上是一种财产权,它同作者的财产利益密不可分,它的人身性质不像普通人身权那样强烈。而从著作人身权(精神性权利)的内容来看,它包括发表、署名、修改、保护作品完整等项权利。如果法人对自己拥有的作品不享有这几项权利,这将不利于保护法人的利益。一旦法人拥有的作品遭他人篡改,法人若无这些权利则只能转请创作的自然人来保护,这在实务中不可能,也不经济。②

笔者认为,从法人实在论的理论依据出发,法人可以有"法人精神",也可以有自己独立的意志,能够享有著作人身权。如果我们结合其他法律来分析,法人既然可以成为犯罪主体,也就无妨从法律上承认其著作权上的精神权利主体地位。同时,从实践操作角度来看,如果不承认法人具有精神权利主体资格,对法人著作权的保护不利。

第二节 著作权的归属

我国《著作权法》第 11 条规定,著作权属于作者,本法另有规定的除外。创作作品的公民是作者。由法人或者其他组织主持,代表法人或者其他组织意志创作,并由法人或者其他组织承担责任的作品,法人或者其他组织视为作者。如无相反证明,在作品上署名的公民、法人或者其他组织为作者。从该条规定来看,著作权归属的原则有二:第一,作者或者视为作者的法人或其他组织为著作权人;第二,法律特殊规定了著作权的归属主体的,从其法律规定。这种规定方

---

① 郑成思:《版权法》,法律出版社 1997 年版,第 36 页。
② 谭启平、蒋拯:《论著作人身权的可转让性》,载《现代法学》2002 年第 4 期。

式贯彻了著作权法上一个著名的原则——创作人原则。

一、作者

根据我国《著作权法》第 11 条的规定,作者是创作作品的公民,如无相反证明,在作品上署名的公民、法人或者其他组织为作者。这是我国著作权法对作者认定所做的规定。2002 年 10 月 12 日,《最高人民法院关于审理著作权民事纠纷案件适用法律若干问题的解释》(以下简称《解释》)第 7 条第 2 款规定,在作品或者制品上署名的自然人、法人或者其他组织视为著作权、与著作权有关权益的权利人,但有相反证明的除外。当事人提供的涉及著作权的底稿、原件、合法出版物、著作权登记证书、认证机构出具的证明、取得权利的合同等,可以作为证据。

首先需要明确的是,作者的地位是通过"创作"行为取得的,根据《中华人民共和国著作权法实施条例》(以下简称《实施条例》)第 3 条的规定,著作权法所称创作,是指直接产生文学、艺术和科学作品的智力活动。为他人创作进行组织工作、提供咨询意见、物质条件,或者进行其他辅助工作,均不视为创作。

其次,在从形式上确定作者身份方面,我国《著作权法》和《解释》的规定有失严谨,因为在作品上署名的人很多,有顾问、编辑、责任编辑等。例如,1997 年中国人民大学出版社出版的郑成思教授所著《版权法》,在该书上署名的人有作者郑成思、出版单位人民大学出版社、责任编辑熊成乾、封面设计续蓓虹,那么,这些主体都是作者吗?显然,只有郑成思教授才是文字作品的作者,而封面设计的作者应该是续蓓虹。因此,严格意义上说,作者应该是在版权页或版权声明中署名的人,该条应该相应地修改为:"如无相反证明,在作品版权页或版权声明中署名的公民、法人或者其他组织为作者。"

二、视为作者的法人或其他组织

何为"其他组织"?《著作权法》《实施条例》及《解释》都没有具体规定。1991 年的《中华人民共和国商标法实施细则》在第 9 条对 1990 年《著作权法》中规定的"非法人单位"作出了解释,"不具备法人条件,经核准登记的社会团体、经济组织或者组成法人的各个相对独立的部门,为非法人单位"。2001 年修改《著作权法》之时,改用了"其他组织",而放弃了"非法人单位"的提法。这实际上是针对该条在适用中所产生的现实问题所做的规定。因为只有满足下列条件,单位作品才能成立:第一,必须是由法人或者其他组织主持创作的;第二,必须是代表法人或者其他组织意志创作的;第三,必须是由法人或者其他组织承担责任的作品;第四,必须是以法人或者其他组织的名义署名的。这四个条件中,相对重要和关键的是第三个条件,即能够自己承担责任。如果从字面意义上看,非法人单位不计其数,除法人外的所有组织都为非法人单位,如法人内部相对独立的单位,包括车间、科室,甚至临时成立的课题组、编委会等等。但这些单位可能没有独立的活动场所,没有独立的财产,没有独立承担责任的能力。因此,现行著作权法改用民事诉讼法中"其他组织"的概念,实际上是缩小了"非法人单位"的范围。因为依据1992年《最高人民法院关于适用〈中华人民共和国民事诉讼法〉若干问题的意见》第40条的规定:"《民事诉讼法》第四十九条规定的其他组织是指合法成立、有一定的组织机构和财产,但又不具备法人资格的组织。具体包括如下组织:(1)依法登记领取营业执照的私营独资企业、合伙组织;(2)依法登记领取营业执照的合伙型联营企业;(3)依法登记领取我国营业执照的中外合作经营企业、外资企业;(4)经民政部门核准登记领取社会团体登记证的社会团体;(5)法人依法设立并领取营业执照的分支机构;(6)中国人民银行、各专业银行设在各地的分支机构;(7)中国人民保险公司设在各地的分支机构;(8)经核准登记领取营业执照的乡镇、街道、村办企业;(9)符合本条规定条件的其他组织。"如此规定,其他组织的概念比非法人单位的范围要小得多。

但是,作品造成侵权而承担责任的毕竟为少数情况,因此,现实生活中,仍然存在大量以课题组、大学里的某个研究中心或编写组为署名作者的情况。其意义似乎重在宣示作者的身份,至于责任,则鲜有发生。但一旦发生,则可能会出现问题。笔者认为,如果出现纠纷则宜将责任落实到具体个人,而非以组织形式承担。

三、特殊情况下的著作权归属

在一些特殊情况下,法律特别规定了著作权的权利主体的确定原则。归纳起来,主要有如下几种特殊情况。

(一)合作作品

我国《著作权法》第13条规定,两人以上合作创作的作品,著作权由合作作者共同享有。没有参加创作的人,不能成为合作作者。合作作品可以分割使用的,作者对各自创作的部分可以单独享有著作权,但行使著作权时不得侵犯合作作品整体的著作权。

从该条规定来看,我国著作权法上的合作作品存在于两种情况下:其一,合作作品不能分割使用;其二,合作作品可以分割使用。这和德国以及法国的规定不同。在德国,如果作品是由多人创作的、可以单独使用的数个部分组成的,它们不被视为合作作品,而被称为"作品联合"(Werkverbindung),其各个部分的保护期单独计算。① 法国法规定了合作作品(work of collaboration)、共同作品(common work)和集体作品(collective work),合作作品是指一个以上的自然人参与创作的作品,而集体作品是在一个自然人和法人指导下,并以其名义编辑、出版的作品,各个参加人的创作混合在一起而无法给每个作者分别确定就作品某个部分享有各自的权利。合作作品是作者们的共同财产,对于作品共同行使权利,如果合作作品的作者们无法就作品的使用达成一致,则由法院确定。共同作品被放在合作作品之下规定,属于合作作品的一种特殊形式,如果合作作者对作品的贡献不同,则构成共同作品,在不损害共同作品利用的情况下,各个作者可以自己利用自己创作的部分,除非作者之间有特别约定。集体作品的著作权属于主持创作活动的自然人或法人所有,除非另有约定。

不能分割使用的合作作品,其成立要有合作作者的共同创作意图和共同创作行为,对于那些不参与创作,但给创作提供了辅助工作的人,如文字录入和编排人员,则不能成为合作作品的作者。合作作品不可以分割使用的,其著作权由各合作作者共同享有,并通过协商一致行使。在不能协商一致的情况下,《实施条例》规定任何一方无正当理由不得阻止他方行使除转让以外的其他权利,但是所得收益应当合理分配给所有合作作者。不能分割的合作作品有很多,例如,多人完成并署名发表的论文,如果是多数作者反复讨论提纲并修改内容而写就的,则该文章就属于无法分割的合作作品。在其中一人或几人确定写作大纲而其他人具体撰稿成文的情况下,也属于无法分割的合作作品。

可以分割使用的合作作品之上存在双重著作权,合作作者可以单独使用自己创作的部分,无须经过其他合作作者的同意,但是,对自己创作部分的利用不能侵害合作作品的使用。例如,一部知识产权教材,由不同的人撰写专利权、著作权、商标权等篇章,各撰稿人对各篇章享有独立的著作权,它们可以独立使用,但该使用不能损害整部教材的利用。

《实施条例》还规定,合作作者之一死亡后,其对合作作品享有的《著作权法》第10条第1款第(五)项至第(十七)项规定的权利无人继承又无人受遗赠的,由其他合作作者享有。笔者认为,该条规定不应该适用于可以分割使用的合作作品的情况,如果作品可以分割使用,在权利的继承方面,合作作品中各部分的著作权应该按照单独成立的著作权来处理。

(二) 职务作品

我国《著作权法》第16条规定:"公民为完成法人或者其他组织工作任务所创作的作品是职务作品,除本条第二款的规定以外,著作权由作者享有,但法人

---

① 参见韦之:《欧盟著作权保护期指令评介》,载《中外法学》1999年第6期。

或者其他组织有权在其业务范围内优先使用。作品完成两年内,未经单位同意,作者不得许可第三人以与单位使用的相同方式使用该作品。

有下列情形之一的职务作品,作者享有署名权,著作权的其他权利由法人或者其他组织享有,法人或者其他组织可以给予作者奖励:(一)主要是利用法人或者其他组织的物质技术条件创作,并由法人或者其他组织承担责任的工程设计图、产品设计图、地图、计算机软件等职务作品;(二)法律、行政法规规定或者合同约定著作权由法人或者其他组织享有的职务作品。"

《实施条例》第11条规定,《著作权法》第16条第1款关于职务作品的规定中的"工作任务",是指公民在该法人或者该组织中应当履行的职责。《著作权法》第16条第2款关于职务作品的规定中的"物质技术条件",是指该法人或者该组织为公民完成创作专门提供的资金、设备或者资料。第12条规定,职务作品完成两年内,经单位同意,作者许可第三人以与单位使用的相同方式使用作品所获报酬,由作者与单位按约定的比例分配。作品完成两年的期限,自作者向单位交付作品之日起计算。

综合我国《著作权法》第16条、《实施条例》第11条以及第12条的规定,我们可以得出,职务作品的权利归属可能有以下两种情形:

第一,职务作品的著作权属于单位,而创作者只享有署名权和获得一定的报酬与奖励的权利。例如,单位为创作人员完成创作专门提供了资金、设备或者资料;单位和创作人员通过合同约定,或者在单位内部的制度中规定,作品的著作权属于单位。

第二,职务作品的著作权由设计者享有,但单位在其业务范围内享有优先使用权;而且作品完成两年内,作者如果要许可给第三人以与单位相同的使用方式使用该作品,必须经单位同意。

《实施条例》第11条规定,"工作任务",是指公民在该法人或者该组织中应当履行的职责。如果作品是由单位的专职创作人员完成的,则实践中出现纠纷的可能性很小。实践中,一旦出现相关纠纷,法院还会考虑自然人所在单位的规章制度。例如,在陈俊峰与中国人民解放军总后勤部金盾出版社著作权纠纷案中,原审原告陈俊峰为金盾出版社的职工。涉案的《跨世纪万年历》《袖珍实用万年历》和2002年至2008年《工作效率手册》9本图书,均属于汇编作品,均是陈俊峰为完成单位工作任务而汇编。金盾出版社在《关于对编辑实行量化考核的暂行规定》《关于在编辑人员中实行激励机制的暂行办法》等文件中规定,编辑图书工作量指标按版面字数乘相应系数,并规定经社领导同意或授意,由责编自己编写的书按照版面字数乘以3或2.5计算,各类手册按照版面字数乘以1.5计算。陈俊峰接受了金盾出版社对涉案图书按上述规定乘以相应的系数计算工作量并发放相应的工作量酬金、奖励的模式,并实际领取了按照上述规定计算的涉案图书相应的酬金、奖励。在1999年至2007年涉案图书编写及出版发行期间,陈俊峰并未提出过著作权问题和稿酬问题。金盾出版社的文件规定意味着出版社不需要向编写此类书稿的编辑支付稿酬,也意味着出版社与编辑之间以特定的方式约定了此类书稿著作权的归属,即编辑对这种书稿不得主张除署名权以外的著作权。[①]

但如果作品由非专职人员,甚至短期聘用的人员完成的,创作行为是否属于职务行为则会存在争议。我国新颁布的《中华人民共和国劳动合同法》(以下简称《劳动合同法》)在第12条规定,劳动合同分为固定期限劳动合同、无固定期限劳动合同、以完成一定工作任务为期限的劳动合同以及非全日制用工。这样,根据《劳动合同法》,用工形式多样化,如何确定在工作中产生的知识产权,成为一个很重要的问题。如果劳动合同的双方当事人有约定,则从约定;但是,如果合同对这个问题没有约定,该如何处理?我国《著作权法》对这个问题尚没有具体细化,其规范重点还停留在传统的全日制劳动用工合同关系上,对此问题的处理更多地需要由司法实践解决。在判断是否存在著作权权利归属意义上的雇佣关系以及是否属于"工作人员(雇员)"方面,美国判例法确定了四种判断标准:

第一,最狭义的标准——职务作品中的雇员(employee)仅仅指"正式的(formal)、受薪的(salaried)"受雇者。美国第九巡回法院即采用这种标准。[②]

第二,以雇佣方是否对创作的成果享有控制权为标准。[③]

第三,以雇佣方对于创作者实际进行的监督和控制的多少为标准。[④] 第二巡回法院、第七巡回法院、第四巡回法院都采用这种标准。

第四,运用代理法中(agency law)的雇员标准来认定。第五巡回法院采用这种标准。[⑤]

因为各巡回法院观点不一,美国最高法院在1989年Reid案(Community for Creative Non-violence v. Reid)中,马歇尔(Marshall)大法官对每种标准进行利弊分析,而后得出结论认为,关于"雇员"应该是代理法上的概念,在具体认定时要综合考虑下面一些因素:完成工作所要求的技能、资料和工具的来源、作品所处的位置、当事人之间关系维系的时间、雇佣方是否有权向受雇方再分派其他任务、雇佣方决定何时工作以及工作多长时间的权利大小、工资支付方式、受雇方是否有权雇佣并付酬给助手、雇佣方是否在进行经营、雇员福利的规定、受雇方

[①] 参见中华人民共和国最高人民法院民事裁定书(2009)民监字第361号。
[②] See Dumas v. Gommerman, 865 F.2d 1093, 1105 (9th Cir. 1989).
[③] See Peregrine v. Lauren Corp., 601 F. Supp. 828, 829 (D. Colo. 1985).
[④] See Aldon Accessories Ltd. v. Spiegel, Inc., 738 F.2d 548, 553 (5th Cir.1984).
[⑤] See Easter Seal Society for Crippled Children and Adults of Louisiana, Inc. v. Playboy Enterprises, 815 F.2d 323, 334—335 (5th Cir. 1987).

税收的处理方式;等等。① 当然,最高法院的这个判决并没有给这个问题画上一个圆满的句号。最高法院这个判决一出,即有学者进行口诛笔伐,认为从文义解释、逻辑解释以及立法发展历史来看,最高法院的解释都有问题。② 当然,也有支持者认为最高法院采用的这一标准是忠实于立法本意的。③ 另有观点认为,最高法院采用代理法中的雇员标准是对的,可是需要作出修正;而在具体认定要素中,有些要素是不相关的,有些重复,有些实际上是一个问题。④ 可见,关于此问题的争论还远未结束。

从我国《劳动合同法》规定的四种劳动合同来看,美国法院就此问题所做的探讨对于在非全日制用工形式下产生的作品的著作权归属的认定意义尤重。因为在固定期限合同、无固定期限合同和以完成一定工作任务为期限的合同的情况下,当事人双方通常会就工作过程中产生的知识产权的权利归属作出约定,职务作品的属性也容易判定。而在非全日制用工情况下,如果双方当事人没有明确的合同约定,则问题就很难处理。例如,发生在1999年的"快乐大本营案"就反映了这样一个问题。

该案原告为罗胜利,1997年下半年,他在观看了湖南电视台制作的"快乐大本营"节目后,打电话给该节目的制片人兼总导演汪炳文,建议以摄影的形式将该节目保存起来,并要求去拍摄。汪接受了该建议,并询问罗胜利要多少报酬。罗胜利表示不要报酬,只要为其"每场节目提供一个彩卷、冲洗费和一个前排座位"。后双方商定每场拍摄一卷,向电视台提供三十五张左右的彩色照片。电视台每场给罗胜利报销胶卷费、冲洗费68元。"快乐大本营"每周制作、播出一次,从1997年11月16日至1998年12月5日,罗胜利参加了每期"快乐大本营"的现场拍照,共65期,即从第18期到第76期。罗胜利交给电视台照片两千多张,底片仍由其保管。电视台每期给罗胜利报销68元(有时加洗,则按实际加洗数报销),礼品一份。1998年4月17日,电视台给罗胜利500元作酬劳。1998年11月18日,罗胜利交给汪炳文书信一封,主要内容:为拍出更好的照片,自己购买了相机、镜头等近万元的摄影器材;电视台所给的每场68元及劳务

---

① See Community for Creative Non-violence v. Reid, 490 U.S. 730 (1989).

② See Winbeig, Leathy, Christine, "Community for Creative Non-violence v. Reid: A Specious Solution to 'The Works Made for Hire' Problem", *Boston College Law Review*, Vol.32, 1991, pp.663—702. 该作者认为,应该采用最狭义的"正式的、受薪的"雇员标准; also see Landau, B., Michael, "'Works Made for Hire' after Community for Creative Non-violence v. Reid: the Need for Statutory Reform and the Importance of Contract", 9 *Cardozo Arts and Entertainment Law Review* 107 (1990).

③ See Tepper, Maury, "Works Made for Hire and the Copyright Act of 1976—We are Finally Back Where We Started: Community for Creative Non-violence v. Reid", 109 S. Ct. 2166 (1989), 59 *Cincinnati Law Review* 299 (1990).

④ See Kreiss, A., Robert, "Scope of Employment and Being an Employee under the Work-Made-for Hire Provision of the Copyright Law: Applying the Common Law Agency Tests", 40 *Kansas Law Review* 119 (1991).

费都已用于购买胶卷、冲洗照片、闪光灯电池和交通费等。其朋友在电视台其他节目组每场摄影的劳务费为150元至200元。要求电视台以后按每场120元（包括胶卷和冲洗费）付给其劳务费。此后,电视台按每期200元付给罗胜利劳务费,持续了三期后,电视台便将罗胜利辞退。后湖南电视台与海南出版社签订了《出版合同》,于1999年3月出版了《走进"快乐大本营"》一书,主要内容是介绍"快乐大本营"节目组的主持人、编导及其他台前幕后的工作者,众嘉宾的一些趣闻逸事等。书中采用了大量的照片,其中有罗胜利拍摄的照片114幅,对书中所有摄影者均未署名。该案便因此而起。罗胜利认为,《走进"快乐大本营"》一书引用了他的摄影作品,没有署名,侵犯了他的著作权,为此,要求判令被告公开赔礼道歉,恢复其对摄影作品的署名权;支付使用原告作品的使用费10万元等。

审理该案的长沙市中级人民法院认为,本案讼争的114幅摄影作品系法人作品,著作权归湖南电视台。罗胜利不享有诉争作品的著作权,因而其诉讼请求不能成立。[①] 终审法院湖南省高级人民法院认为,上诉人罗胜利与被上诉人湖南电视台通过口头约定,达成了由电视台提供胶卷、场地,罗胜利自愿来"快乐大本营"剧组拍照协议。在协议履行一段时间后,双方又达成由电视台每场提供200元劳务费的补充协议。罗胜利根据约定,利用"快乐大本营"提供的剧场灯光、舞美等摄影背景及电视台编导组织的表演节目等前提条件,拍摄出来的摄影作品,内容是否合法、能否发表均应由湖南电视台承担责任。上述作品符合《著作权法》第16条第2款规定,属于职务作品,著作权应由湖南电视台享有。但是,摄影作品具有相对独立性,并不能等同于"快乐大本营"的表演节目,罗胜利在拍摄上述作品时并非完全代表湖南电视台的意志创作,且摄影作品所具有的艺术性、创造性由罗胜利创作。故罗胜利应享有署名权。[②]

笔者认为,湖南省高级人民法院对于作品属于职务作品的定性是正确的,因为尽管罗胜利与湖南电视台之间没有正式的、全日制用工关系,但不能否认的是,罗胜利的工作就是为湖南电视台的快乐大本营节目现场进行录制工作。但是,笔者不赞同湖南省高级人民法院对于摄影作品的性质认定,不能说对于表演的动态录像属于职务作品,而静态摄影就是可以独立的非职务作品。摄影作品在这里也应该属于职务作品,其著作权应该归湖南电视台享有。但是,我们不能忽视的一点是,即使是在职务作品的情况下,作者也享有署名权。因此,在该案中,尽管节目录影的著作权属于湖南电视台,湖南电视台在利用作品时不能忽略创作者的署名权。如此一来,湖南电视台无论如何的确是侵犯了原告的著作权。

---

① 参见长沙市中级人民法院民事判决书(2000)长中经二初字第163号。
② 参见湖南省高级人民法院民事判决书(2001)湘高经二终字第11号。

（三）影视作品

电影作品和以类似摄制电影的方法创作的作品,是指摄制在一定介质上,由一系列有伴音或者无伴音的画面组成,并且借助适当装置放映或者以其他方式传播的作品。电影作品除故事片外,还包括动画片、木偶片、无声片,等等。

影视作品的著作权归属问题比较复杂,因为一部电影的录制完成需要很多创作主体的参与,从导演到摄影、布景、美工、服装设计、剪辑等等,可以说,这些主体都是作者。但出于维持电影文化产业的需要,大多数国家都将影视作品的著作权归属于制片人,以此保证制片公司能够收回摄制成本,鼓励其对电影业进行更多的投入。这样,参与了影片创作的各作者仅仅享有著作权法意义上的署名权。

这种处理方式被很多学者批判,因为他们认为这样的规定忽视了影视导演的权利。值得一提的是,不是所有的国家都是这种立法模式,这是英国模式,爱尔兰、卢森堡、荷兰等国家仿效了这种规定,但在法国则不同。法国《知识产权法典》在 L113-7 规定,影视作品的著作权属于实施作品创作的自然人(们)。除非另有规定,下述人员为影视作品的合作作者:剧本的作者、改编、台词作者、专门为影片创作的音乐作品(有词与无词)的作者、导演。

我国《著作权法》第 15 条规定,电影作品和以类似摄制电影的方法创作的作品的著作权由制片者享有,但编剧、导演、摄影、作词、作曲等作者享有署名权,并有权按照与制片者签订的合同获得报酬。我国《著作权法》采用的基本上是英国模式。依据合同获得报酬的权利则不是著作权法的调整范畴,而是合同法要规范和解决的问题。

电影作品和以类似摄制电影的方法创作的作品中的剧本、音乐等可以单独使用的作品的作者有权单独行使其著作权,因为这些作品可以从电影中分离出来单独使用而不影响电影作品的完整性和利用。

（四）委托作品

委托作品是通过委托创作的形式产生的作品,在作品创作之前创作者和委托人之间往往是通过委托合同来规定双方之间的权利、义务关系。在以委托形式创作作品的情况下,创作者接受委托创作作品,按照合同约定将作品成果交付给委托人;而委托人接受作品成果后,按照合同约定支付给受托人报酬。但是,委托创作出来的作品著作权如何归属?这是一个很难确定的问题。根据我国著作权法的规定,受委托创作的作品,著作权的归属由委托人和受托人通过合同约定。合同未作明确约定或者没有订立合同的,著作权属于受托人。

表面来看,该条内容很合理,但是细细纠问起来,此种规定经不起推敲。

其一,委托创作作品的,当事人双方并不一定缔结一个条款非常详尽的合同,在这种情况下,如果一揽子地将著作权判定为归属于受托人是有问题的。因为合同如果没有著作权归属条款,我们应该结合合同其他条款来看合同当事人的具体意图究竟是什么。例如,如果合同表明,委托人参与作品的具体设计过程,并保留对作品进行修改的权利;创作的原材料、材料以及辅助人员都由委托方提供;在报酬方面,合同规定了委托人支付给受托人很高的佣金,等等。在这种情况下,尽管合同没有明确著作权的归属,也应该通过合同具体条款确定归委托人,而不是受托人,或者至少确定委托人是合作作者。

其二,该条没有明确著作权归属与署名权的关系。有人认为,委托作品中可以约定的著作权只能是经济权利,创作作品的人至少应该保留署名权,否则不足以维护作者的基本利益。也有人认为,对于那些主要发生在法人之间的,创作以大量人力、物力、财力投入为条件的工程技术作品、实用艺术作品,约定人身权利归属委托人并无不妥。至于那些主要是由自然人创作,物质投入并不是创作的决定因素,作品的完成主要取决于作者个人智慧的文学、艺术作品,则关于其人身权利归属的约定应受到适当的限制,即使发表权、修改权可以约定归委托人,但是其中的署名权还不宜约定归委托人享有,否则与整部法律保护作者利益之精神格格不入。[①]

笔者认为,关于委托作品的规定,我们可以参照现行著作权法关于职务作品的规定。在职务作品中,我国著作权法规定,不论著作权属于作者还是属于单位,作者都享有署名权;在关于委托作品的规定中,著作权法却没有做这样的区分,而采取和法人作品一样的处理方式,把著作权作为一个整体进行处理。其实,虽然同为著作人身权,署名权和修改权以及保护作品完整权的意义不同,署名权更多的是一种宣示性权利,重在表明是谁创作了作品。它不像其他著作人身权那样,更不像著作财产权那样,会影响作品的实质利用。在委托作品的情况下,也应该充分尊重作者的署名权,即使著作权中的其他权利判定为属于委托人所有,也并不妨碍把著作权中的署名权保留给作者,因为署名权不会像修改权和保护作品完整权那样对作品的利用构成威胁。如此规定既可以表明创作者身份,又能体现对创作者劳动的尊重。

在委托作品中,如果作品的著作权由受托人享有,但是由委托人对作品进行实际利用,就会发生作品的著作权与作品利用之间的冲突关系,二者的利益关系需要平衡,因此,《解释》在第12条规定,按照《著作权法》第17条规定委托作品著作权属于受托人的情形,委托人在约定的使用范围内享有使用作品的权利;双方没有约定使用作品范围的,委托人可以在委托创作的特定目的范围内免费使用该作品。

---

① 参见韦之:《著作权法原理》,北京大学出版社1998年版,第53页。

与委托作品相关的情形,《解释》还有两条规定,其一是关于执笔人的规定,其二是关于历史人物的自传体作品的规定。关于执笔人,《解释》认为,除《著作权法》第11条第3款规定的法人或其他非法人组织作为著作权人的情形外,由他人执笔,本人审阅定稿并以本人名义发表的报告、讲话等作品,著作权归报告人或者讲话人享有。著作权人可以支付执笔人适当的报酬。关于历史人物,《解释》规定,当事人合意以特定人物经历为题材完成的自传体作品,当事人对著作权权属有约定的,依其约定;没有约定的,著作权归该特定人物享有,执笔人或整理人对作品完成付出劳动的,著作权人可以向其支付适当的报酬。

笔者认为,上述两条规定都违背了我国著作权法中所强调的著作权属于创作者的基本精神,它不以创作活动为判断作者的标准,而是从责任者和对象人物的角度对著作权归属所进行认定,其错误逻辑会给实践操作带来许多问题。被称为"天字第一号"著作权纠纷案的"《我的前半生》案"就反映了这一问题。

溥仪在东北抚顺战犯管理所时,由其口述,其弟溥杰执笔,写了一份题为《我的前半生》的自传体悔罪材料。1960年,群众出版社将此材料少量印刷成册,供有关部门参阅。有关领导阅后认为,这件事说明了新中国劳动改造政策的一大成功,要求公安部派人帮助整理该材料并予出版,以宣传我们国家的劳改政策。公安部及群众出版社在征得了溥仪的同意后,指定当时在群众出版社工作的李文达与溥仪一起对该材料进行整理、修改。在征得有关领导同意后,李文达于1960年7、8月到抚顺战犯管理所及溥仪生活过的地方实地调查,澄清了一些讹误的历史事实。1961年8月15日,群众出版社的几位编委召开《我的前半生》修改情况汇报会。李文达汇报了修改计划和该书应反映的主题思想。最后会议对该书的主题、叙述的形式、对溥仪思想性格的反映、强调内容的真实性等方面提出了重要的意见。此后溥仪与李文达开始在新的主题思想指导下重新撰写,经二人密切配合,1962年初完成了初稿,后二人在广泛征求领导和清史专家意见的基础上又几次修改。1964年,该书正式出版,书名仍为《我的前半生》,署名:溥仪。

1984年,由于电影《末代皇帝》的授权问题,引起了溥仪的妻子李淑贤、《我的前半生》的编辑李文达、群众出版社之间的著作权争议。1987年,李淑贤以李文达侵害溥仪《我的前半生》一书著作权为由,向法院起诉,要求确认溥仪是该书唯一作者,而她是该书著作权的合法继承人。

北京市中级人民法院认为,《我的前半生》一书是溥仪的自传体作品,在该书的写作出版过程中,李文达根据组织的指派,曾帮助溥仪修改出书,李文达在该书的成书过程中付出了辛勤的劳动,但李文达与溥仪之间不存在共同创作该书的合作关系。因此应认定溥仪为《我的前半生》一书的作者,并享有该书的著作权。① 李文达不服一审判决,上诉至北京市高级人民法院。

北京市高级人民法院认为,《我的前半生》一书从修改到出版的整个过程都是在有关部门的组织下进行的,李文达是由组织指派帮助溥仪修改出书,故李文达与溥仪不存在合作创作的事实。《我的前半生》一书既是由溥仪署名,又是溥仪以第一人称叙述亲身经历为内容的自传体文学作品;该书的形式及内容均与溥仪个人身份联系在一起,它反映了溥仪思想改造的过程和成果,体现了溥仪的个人意志;该书的舆论评价和社会责任也由其个人承担;因此,溥仪应是《我的前半生》一书的唯一作者和著作权人。②

如果抛开该书的政治影响不谈,仅认定李文达的"执笔人"地位是不合理的。因为最后出版成书的《我的前半生》从叙述风格、主题思想到具体文字无一不是由李文达参与确定;而且,是李文达亲自到抚顺战犯管理所及溥仪生活过的地方实地调查,澄清一些讹误的历史事实,其地位和作用已经远非执笔人所能及。尽管最高法院在《解释》中有明确规定,由他人执笔,本人审阅定稿并以本人名义发表的报告、讲话等作品,著作权归报告人或者讲话人享有。著作权人可以支付执笔人适当的报酬。当事人合意以特定人物经历为题材完成的自传体作品,当事人对著作权权属有约定的,依其约定;没有约定的,著作权归该特定人物享有,执笔人或整理人对作品完成付出劳动的,著作权人可以向其支付适当的报酬。但是,如果执笔人或者整理人付出的劳动远远超出了报告人或特定人物,该种规定则不尽合理。

(五) 汇编作品

若干作品、作品的片段或者不构成作品的数据或者其他材料,对其内容的选择或者编排体现独创性的作品,为汇编作品,其著作权由汇编人享有,但行使著作权时,不得侵犯原作品的著作权。

汇编作品属于双重版权的作品,汇编者对于作品所做的创造性劳动体现在对内容的选择和编排上,因此,他就新形成的作品享有新的著作权。但是,汇编的内容都是原来已经存在的作品或作品的片段等,其上也有著作权,汇编作品的著作权人在行使著作权时不能侵犯原作品著作权人的权利,同时,必须尊重原著作权人的著作权。出版改编、翻译、注释、整理、汇编已有作品而产生的作品,应当取得改编、翻译、注释、整理、汇编作品的著作权人和原作品的著作权人许可,并支付报酬。

---

① 参见北京市中级人民法院民事判决书(1989)中民字第 1092 号。
② 参见北京市高级人民法院民事判决书(1995)高知终字第 18 号。

思考题

1. 著作权的主体有哪些?
2. 什么是合作作品?其著作权归属如何确定?
3. 什么是职务作品?其著作权归属如何确定?
4. 什么是委托作品?其著作权归属如何确定?
5. 什么是影视作品?其著作权归属如何确定?

 案例分析

蛇年邮票案

白秀娥称,2000年2月底,她将自己近六十张有关蛇的剪纸作品送到国家邮票印制局李某处备做邮票图案。但是,2000年11月她到国家邮票印制局领取劳务费时并没被告知一幅剪纸已被用于制作生肖邮票,更不知被修改一事。可是2001年1月5日,她发现自己的一幅剪纸作品的确被采用,只是进行了少许的修改,但是设计者竟成了呼某(被告单位的设计师),由于其行为属于职务行为,所以将二被告告上法庭,索赔100万元。

被告国家邮政局、国家邮票印制局辩称:民间剪纸属于民间艺术作品,因而不适用现行的《著作权法》。另外,选中的剪纸作品是呼某参考原告的剪纸资料而设计的,同时也在国家邮政局的文件及相关的媒体报道中指明了白秀娥的剪纸作者身份。因此,原告要求的100万元经济损失更是没有道理。

北京市第一中级人民法院认为,原告的剪纸图案,是原告运用我国民间传统剪纸技艺,将其对生活、艺术及民间美学的理解,通过创作的剪纸图案表达出来,具有独创性,应受著作权法保护;民间文学艺术作品应为民间世代相传的、长期演变、没有特定作者,通过民间流传而逐渐形成的带有地域色彩、反映某一社会群体文学艺术特性的作品,本案剪纸是原告运用民间剪纸技法创作完成的,不属于民间文学艺术作品。邮票设计的创作应体现为整体的构思、布局、色彩搭配等,但被告已经为白秀娥署名,所以没有侵犯其著作权。然而,邮票印制局以前向原告支付的资料费不能认为是作品使用费,因此判决被告给付白秀娥4685元。案件受理费15010元,由白秀娥负担13000元,被告国家邮政局邮票印制局负担2010元。①

白秀娥不服一审判决,上诉至北京市高级人民法院。北京市高级人民法院判决进一步指出:该剪纸作品虽然采用了我国民间传统艺术中"剪纸"的表现形

---

① 参见北京市第一中级人民法院民事判决书(2001)一中知初字第185号。

式,但其并非对既有同类题材作品的简单照搬或模仿,而是体现了作者的审美观念,表现了独特意象空间,是借鉴民间文学艺术表现形式创作出来的新的作品,是对民间文学艺术的继承和发展,应受著作权法保护。在本案中,白秀娥将自己制作的剪纸交予邮票印制局参加邮票评选,此举只能认为白秀娥已许可将自己的作品在邮票评议委员会成员、相关活动组织者这一特定范围内展示,而国家邮政局、邮票印制局将该剪纸图案复制、发行,使得该作品公之于众,违背了作者白秀娥的意愿,故已构成对白秀娥发表权的侵犯。本院已经查明,国家邮政局、邮票印制局设计、印制、发行的辛巳蛇年生肖邮票第一图是在白秀娥的作品进行修改的基础上完成,且改动非常明显,该修改未经白秀娥许可,且无其他法律依据,故已构成对白秀娥修改权的侵犯。同时,白秀娥创作的涉案剪纸,其图案中的各个组成部分为一和谐整体,作者所选取的各种素材有其特定内涵,国家邮政局、邮票印制局对该作品进行的不适当的修改,在一定程度上有损于作者所要表达的思想,故同时构成了对白秀娥保护作品完整权的侵犯。据此,白秀娥关于国家邮政局、邮票印制局侵犯其发表权、修改权、保护作品完整权之主张,本院予以支持。①

思考

通过向社会公众征集作品、有奖征作等方式获得的作品,其著作权权利归属应如何确定?

案例分析

沙雕作品案

2004年9月,原告王力君与被告沙雕公司订立协议,约定原告为第六届全球通中国舟山国际沙雕节制作沙雕作品,该《协议书》明确约定由沙雕公司根据设计图纸分配给王力君雕刻任务,沙雕公司支付原告工作报酬每天400元,由沙雕公司负担王力君的膳食住宿费用、差旅费用,《协议书》对王力君的工作期间、差旅费用的标准也作了具体规定,但未约定沙雕作品著作权的归属。2005年10月,在两被告举办的第七届"互联星空"中国舟山国际沙雕节上,原告发现两被告出售的游览券和赠送的入场券的背景图案上印有原告在第六届沙雕节制作的沙雕作品《铁达尼号》局部图形照片。原告经与被告协商未果,由此成讼。

王力君主张,沙雕作品属于委托作品,因《协议书》未对著作权归属作出明确约定,因此应该适用《著作权法》第17条委托作品的著作权归属处理规定,沙

---

① 参见北京市高级人民法院民事判决书(2002)高终字第252号。

雕作品的著作权归受托人所有。旅游公司、沙雕公司则认为,王力君是被告出资雇佣的为沙雕节雕刻沙雕作品的雇员,其所创造的行为是职务行为,所制作的沙雕作品是职务作品,不属于委托创作作品,本案应按《著作权法》第16条的规定予以调整。①

✎ **思考**

该案的著作权归属应该如何确定?

---

① 参见浙江省高级人民法院民事判决书(2006)浙民三终字第62号。

第四章 著作权的客体

对著作权进行单独分类保护的基础在于其保护客体的特殊性。著作权法要保护的是构成作品的特殊表达方式而非构思。因此,著作权法必须明确"表达"与"思想"的区别意义和程度,而这经常是不定型的。这在著作权触及实用性客体后,特别是将计算机软件作为"文学作品"处理后,变得极难区别。然而,没有某种这样的区别,著作权的范围又将无限扩展,很难判断其存在的长远性。

但是,著作权意义上的"表达"与"思想"究竟为何?这种二分法带来的著作权理解和适用上的问题越来越多。"只保护作品的形式,不保护作品的内容",这条原则避免了把本应该由专利法保护的东西放进专有领域来保护,而且在一定程度上防止了把公有领域的东西列进专有领域之中。但如果对此原则不加限制、不加考察地适用,不仅会把本来属于著作权保护的东西排除在著作权保护之外,为"原文照抄"以外的侵权行为大开绿灯[①],也会把本不属于著作权保护的东西硬生生地拉进著作权法保护之中,阻碍文学创作的开展。发生在我国20世纪末文学界的一件轰动全国的大事凸显了"思想"与"表达"、"内容"与"形式"二分法在适用中的困境,笔者将该事件称为"马桥词典"事件。该事件缘起于《马桥词典》。《马桥词典》的作者为韩少功,该词典集录了湖南汨罗县马桥人日常用词,计115个词条。它以这些词条为引子,讲述了古往今来一个个丰富生动的故事,引人入胜,回味无穷。这部长篇小说没有采取传统的创作手法,而是巧妙地糅合了文化人类学、语言社会学、思想随笔、经典小说等诸种写作方式,用词、典构造了马桥的文化和历史,使读者在享受到小说巨大魅力的同时,领略到每个词语和词条后面的历史。《马桥词典》与塞尔维亚作家米洛拉德·帕维奇在1984年出版的一部著名小说《哈扎尔辞典》的创作形式相同,也是采用词典的形式,以词条为引子,讲述了哈扎尔这个民族在中世纪突然从世界上消失的谜,被公认为一部奇书。由于《马桥词典》与《哈扎尔辞典》在创作形式上相同,因此张颐武在《为您服务报》上撰文断言《马桥词典》无论形式和内容都很像,而且是完全照搬《哈扎尔辞典》,肯定《马桥词典》是一部抄袭、剽窃之作。王干、曹鹏也做了人身攻击性评论。韩少功将五名被告起诉至法院,认为他们的行为违法,侵犯其名誉权,要求判决他们承担相应的民事责任。1998年8月23日,海南省高级人民法院就有关韩少功长篇小说《马桥词典》的名誉侵权案作出终审判决。关

---

① 参见郑成思:《版权法》(第2版),法律出版社1997年版,第41页。

于与著作权相关的问题,这份判决书称,"关于一部作品'完全照搬'另一部作品的判断,已不是单纯的文学批评上的判断,而是对作品有关于独创性(或原创性)所作的判断。按照著作权法的原则,'完全照搬'即抄袭、剽窃,该行为是要受到法律和道德的否定评价的"。① 从形式上看,《马桥词典》与《哈扎尔辞典》的确相同,但能否就此下结论说《马桥词典》是抄袭之作呢?在年冠鼐与徐文耀、西安启域汉字桥研究所、陕西启域教育研究公司著作权纠纷案中,法院则非常明确地指出,在自然科学与社会科学著作中,根据他人的思想、观点、方法进行创作,不属于剽窃。因此,《汉字桥》与《育璞字典》表现形式不相同,对识字法的表述文字也不同,不属于剽窃,不构成侵犯著作权。②

从这些事件我们也可以看出,著作权要保护的客体非一句"表达"而非"思想"、"形式"而非"内容"所能概括得了的。2004年,张铁军诉王晓京等侵犯著作权案也反映了简单的思想与表达的划分方式并不能满足实践中分析问题的需要。在该案中,张铁军说,"女子十二乐坊"这种组合形式的创意来自于他的一份策划文案——《中华女子乐坊创意策划文案》,而王晓京剽窃了他的创意,侵犯了他的著作权。③ 如果说,创意属于思想观念的范畴,因而不受著作权法保护,这未免是将问题进行过于简单的处理了。

德国学者将表达手段所采取的表达形式做了进一步划分,认为表达手段采取的表达形式有两种,一种为外在的表达形式,一种为内在的表达形式。外在的表达形式是按照表达手段采取的一种造型,如书面作品的各个句子、某个音乐作品的音符先后顺序与音符连结、某个雕塑的造型结构。而内在的表达形式存在于计划、存在于思想的连贯性、存在于科学著作的证明过程、存在于事物的发展过程、存在于一部小说对人物形象的勾勒、存在于一部电影或戏剧的场景与构图的发展、存在于一幅画作的构思与构图、存在于建筑结构设计、存在于音乐作品的各个句子与节奏之中。④ 如果按照这种分类和定义方式,则内在的表达形式和作品的内容区别非常微妙,作品内在的表达形式已经很难从作品的内容中剥离出来。

我国有学者认为,内容和形式的划分,是不科学的。事实上,当代德国学者

---

① 参见海南省高级人民法院(1998)琼民终字第39号民事判决书。
② 该案涉及两部字典《育璞字典》与《汉字桥》。两本书的识字方法、原理相同,方法相似;但字数收编、收字依据、音序排列、对汉字的说明、口诀编写、标示符号不同;《育璞字典》与《汉字桥》中关于识字方法的表述的文字、段落均不相同。虽然双方均通过"口诀"实现对音节的页码进行定位记忆,但从细节分析,二者是有所区别的,因此,陕西省高级人民法院认为,《汉字桥》系上诉人独立完成,属作者的创作活动,享有独立的创作权。参见陕西省高级人民法院(2006)陕民三终字第8号民事判决书。
③ 该案案情见知识产权概论部分介绍的"女子十二乐坊案",涉案文件参见北京市朝阳区人民法院民事判决书(2004)朝民初字第21158号、北京市第二中级人民法院民事判决书(2005)二中民终字第00047号。
④ 参见〔德〕M.雷炳德:《著作权法》,张恩民译,法律出版社2005年版,第42—43页。

已经放弃了这样的二分法,转而区别作品中的个性与属于公有领域的因素,只有前者受著作权的保护。并由此归纳为,"哪里有独创哪里就有著作权",如果思想具有独创性,那么可以就思想享有著作权;如果内容和形式有独创性,那么就可以就内容或形式享有著作权;但这并不等于禁止别人去理解、接受甚至实施作品中所包含的思想。而且,作品的形式是否只限于文字符号还需要进一步研究,因为有些学者认为,作品的结构和情节实际上已经是内容的一部分了。[①] 从上文德国学者的论述来看,我国学者的这种判断的确成立。

第一节　作品的概念和要件

我国《著作权法》没有从抽象概括的角度规定作品,而是从外延的角度规定了作品的范围,其中包括以文字作品、口述作品等形式创作的文学、艺术和自然科学、社会科学、工程技术等作品。但《实施条例》却给出了作品的定义,著作权法所称作品,是指文学、艺术和科学领域内具有独创性并能以某种有形形式复制的智力成果。根据该条规定,我们得出作品的实质构成要件,然后再分析各种类型的作品。

一、作品的实质要件

什么样的作品才能受著作权法保护,换句话说,著作权法保护的作品必须满足什么样的实质要件,这是著作权法首先要解决的问题。从作品的实质构成来看,著作权法上的作品应该满足下列几个要素:

第一,作品是文学、艺术和科学领域的智力性创作。

这是从类型化的角度对著作权中的作品所做的定义,也是著作权区别于其他知识产权的根本,因为著作权与其他知识产权保护的客体存在的领域是不同的。工业产权所要保护的是存在于工业领域的智力创造,著作权保护的作品则是艺术性的表现,往往不涉及实用。但是,现在随着将软件等作品纳入到著作权的保护范围下,原来的著作权存在范围有所突破,作品也附带有实用性。故而,我国现行著作权法律中的作品是文学、艺术和科学领域的创作。

第二,作品具有独创性。

在日本法里,这被定义为"是思想、感情的创造性表现",日本法认为"虽然思想感情本身是不需要独创性的,但表达的过程中要有创造性",所以"单纯的事实罗列除外"。[②] 在英美国家,这一要件由两个方面构成,其一必须是创造性的智力活动;其二,对于这种创造性活动投入的努力必须达到最低标准的要求。

[①] 参见韦之:《著作权法原理》,北京大学出版社1998年版,第20页。
[②] 〔日〕纹谷畅男:《无体财产法概论》(第6版),有斐阁1996年版,第4页。

因此,权利人在创作过程中必须投入了足够的"技巧(skill)、判断(judgment)和劳动(labor)"或"选择(selection)、判断和经验(experience)",或"劳动、技巧与资金(capital)"。①

判断独创性的标准主要有两个,一为创作高度标准,即作品除了必须是独立完成的,还必须具备一点创作上的高度。二为"额头流汗原则"(sweat of brow),即只要创作者在表现形式方面付出了劳动,就认为具备了独创性。大陆法系国家强调作品要具有一定的创作高度,而英美法系国家最初采用的是额头流汗原则,强调特定作品只要来源于特定作者即可。美国的经典案例Batlin案(Batlin & Son v. Snyder)对该问题做了详细的分析。该案中,一审原告L. Batlin & Son, Inc.(以下简称Batlin)提起诉讼,要求Snyder撤销其"山姆大叔"机械玩具储蓄罐的著作权登记,并阻止其实施著作权。在一审判决中,纽约东区法院认为,Snyder的塑料制储蓄罐与已经进入公有领域的铸铁储蓄罐只是存在一些"微不足道的"(trivial)差别,其上的"原创性"(original)不足,不能获得著作权保护。②第二巡回法院维持了一审法院的判决,Oakes法官指出,著作权法意义上的作品独创性(originality)和专利的新颖性(novelty)是不同的,它不要求发明的明确唯一性、独立创造性和新颖性,但它必须是独立创作(independent creation)。③ Batlin案关于著作权独创性的判断标准被认为是美国法院所采取的一个严格标准。学者认为,Batlin案设定的这个标准很难说就是主流观点,即使是在第二巡回法院,他们作出的判决也不完全一致。④ 在另外一个有影响的案件Bell案(Alfred Bell & Co., v. Catalda Fine Arts)中,一审法院认为原告用铜版雕刻的方式再现进入公有领域的名家巨作,因其体现了雕刻者的个人理解、判断,在雕刻中对于深度、角度等都有自己的选择,任何两个雕刻者都不可能就一幅油画作出相同的雕刻,而认为原告的雕刻作品构成独立的作品,受著作权保护。第二巡回法院支持了一审法院的观点。⑤ 巡回法院在Bell案中采用的标准比Batlin案的标准要宽松。它实际上采用的是Burrow-Giles Lithographic Co. v. Sarony案的标准,按照该案确定的标准,著作权语境下的作品独创性是指特定作品"来源"于"某作者"。⑥

但近年来英美法系国家在独创性的判断上,逐渐开始向创作高度原则靠近。美国Rural案(Feist Publications v. Rural Telephone service Co.),被认为是美国

---

① W.R. Cornish, *Intellectual Property: Patents, Copyright, Trademarks and Allied Rights*, London, Sweet and Maxwell, 1996, 333.
② Batlin & Son v. Snyder, 394 F. Supp. 1389, 1390 (S.D.N.Y.1975).
③ Snyder v. Batlin & Son, 536 F.2d 486, 490 (2d Cir. 1976).
④ See Gorman, A., Robert & Ginsburg, C., Jane, *Copyright-Cases and Materials*, 6th Ed., New York: Foundation Press, 2002, pp.171—172.
⑤ Alfred Bell & Co., v. Catalda Fine Arts,191 F.2d 99(2d Cir. 1951).
⑥ Burrow-Giles Lithographic Co. v. Sarony, 111 U.S. 53, 58 (1884).

摒弃额头流汗原则,转而采用创作高度原则的里程碑式的判例。该案一审原告Rural电话服务公司编辑出版了包括白页部分(按字母顺序排列的用户名称、地址、电话号码)和黄页部分(按商业分类排列公司名称、地址、电话号码)的电话号码本。Feist出版公司也是电话服务公司,它的服务范围很大,其收集的电话资料包括11个电话公司的已有资料,在没有获得Rural公司许可的情况下,使用了其中的白页部分。Rural公司遂告Feist公司侵犯著作权。联邦地区法院认为,根据额头流汗原则,电话号码本的白页具有著作权性,被告的行为构成侵权。但美国最高法院认为,作品受保护的条件应当是在其内容的选择、协调或编排方面体现为某种程度的创作性。①

创作高度标准保证了作品质量,与著作权法鼓励创作的宗旨契合。但创作高度的标准本身又不好把握,法院在理解适用中往往会采取不同的判断。德国法院通过司法判例确定了独创性的创作高度标准——"小硬币"标准,认为作品的独创性只要达到小硬币的厚度,就满足著作权法上的独创性,而属于著作权法意义上的作品。用小硬币的厚度来衡量作品的创作高度,并以此为判断是否达到著作权法要求的独创性标准,水准非常低。根据这个标准,目录清单、菜单、电话号码簿等都属于著作权法上的作品。但是,德国联邦宪法法院却排斥小硬币的概念,认为著作权法上的创作不仅仅意味着自己创作出某种东西,而且还应该是某种具有想象力的特别东西。也有学者直接指出,既然反不正当竞争法能够为那些创作水准低的作品提供保护,就没有必要降低独创性的水准。② 额头流汗原则使作者利益得以最大化保护,但是额头流汗原则使保护作品范围无限扩大,易导致对事实本身的垄断。

第三,作品的可复制性。

著作权法中的作品必须是能够通过某种物质形式表现或固定下来,这一则可以满足作品可供人利用,二则因为其可以复制,便产生了对其进行专有保护的必要。但是,可复制性在这里只是对作品提出的一种可能,达到能够复制即可,而不要求作品已经以某种物质形式固定下来。

第二节 作品的种类

我国著作权法规定,中国公民、法人或非法人单位的作品,不论是否发表,依照本法享有著作权。中国参加的国际公约的成员国的作品亦受中国法律保护。中国著作权法所保护的作品分类如下。

---

① Feist Publications, Inc. v. Rural Telephone Service Co. 499 U.S. 340 (1991)
② 参见〔德〕M.雷炳德:《著作权法》,张恩民译,法律出版社2005年版,第115—117页。

一、文字作品

文字作品是著作权法保护的第一位的客体,是指小说、诗词、散文、论文等以文字形式表现的作品。从分类上说,文字作品属于语言作品,而相对于口述作品,它又是书面作品。网络流行之前,文字作品在现实生活中占绝对优势,作品大多也以文字作品的形式进行传播。

文字作品作为作品的一个类别没有什么问题,但是,文字作品并不等同于书面作品,因为并非所有形成文字的东西都会受到著作权法保护,前文我们已经论述,作品要受到著作权法的保护首先要具有独创性,因此,那些不具有最低独创水准的书面文字形成的东西不能构成著作权法意义上的文字作品。这一原则表述起来没有问题,但适用起来却很困难。例如,在广西广播电视报诉广西煤矿工人报侵犯电视节目预告表一案中,电视节目预告表是否受著作权法保护就是两审法院乃至法学界认识不一的问题。一审法院将电视节目预告表视为时事新闻,不受著作权法保护;对于时事新闻,无论新闻单位或个人都不享有著作权,任何人都可以自由使用不受限制。二审法院则认为,它不是时事新闻,但也不属于著作权法上的作品,因为它缺乏独创性。当然,电视节目预告表是电视台通过复杂的专业技术性劳动制作完成的,电视台对其劳动成果,应享有一定的民事权利。①

二、口述作品

口述作品,是指即兴的演说、授课、法庭辩论等以口头语言形式表现的作品。口述作品在有些国家是不受版权法保护的。像日本这样的国家规定,"作品能够表现出来","深藏在内心而没有表示出来的思想是构不成作品的",但它不要求思想、感情等"必须固定在有形的物体上"。② 然而,英国就要求作品具有永久的形式(permanent form for the work),要求在作品获得著作权之前都必须以永久的方式存在。这样,在头脑中构思演讲并从记忆中输出,但没有将其记载下来的,在英国不构成作品。③ 在美国,口头作品如果没有以文字、计算机储存或录音方式加以固定,就只能被视为表演,从而只受州一级法律保护,不受联邦版权法保护。④ 我国采日本的立法模式,将口述作品也规定在著作权中。

---

① 该案具体情况及相关评论见梁慧星:《电视节目预告表的法律保护与利益衡量》,载梁慧星主编,《民商法论丛》(第3卷),法律出版社1995年版,第333—348页。
② 〔日〕纹谷畅男:《无体财产法概论》(第6版),有斐阁1996年版,第4页。
③ W. R. Cornish, *Intellectual Property*: *Patents, Copyright, Trademarks and Allied Rights*, London, Sweet and Maxwell, 1996, 345.
④ 郑成思:《知识产权论》(第2版),法律出版社2001年版,第218页。

三、音乐、戏剧、曲艺、舞蹈、杂技艺术作品

音乐作品,是指歌曲、交响乐等能够演唱或者演奏的带词或者不带词的作品;戏剧作品,是指话剧、歌剧、地方戏等供舞台演出的作品;曲艺作品,是指相声、快书、大鼓、评书等以说唱为主要形式表演的作品;舞蹈作品,是指通过连续的动作、姿势、表情等表现思想情感的作品;杂技艺术作品,是指杂技、魔术、马戏等通过形体动作和技巧表现的作品。

我国学者对戏剧作品、舞蹈作品的认识不同,有人认为,戏剧作品和舞蹈作品仅仅指戏剧剧本、舞谱设计,而不包括一整台戏或者舞蹈表演。① 但也有人认为,戏剧作品既包括剧本,也包括一整台戏;舞蹈作品则既包括舞谱设计,也包括舞蹈表演。②

关于杂技是否应该受版权法保护的问题是 2001 年《版权法》修改时存在争议的问题,有人认为不应该保护,因为著作权保护的智力作品,一旦赋予财产权,则作者有权禁止他人模仿,但杂技属于竞技性质,动作从设计上就是为了被超越,一旦别人达到标准就构成侵权,不合理。著作权法对杂技艺术作品的保护,主要是保护杂技艺术中的艺术成分,而非杂技表演中的技巧成分。否则,有人将这类技巧专有起来,排除他人使用,就会妨碍杂技艺术的发展,从而有悖于著作权保护的宗旨。在对于杂技艺术的保护中,不仅要注意保护杂技的艺术方面,还要注意这类艺术方面是否构成了作品,是否达到了独创性的要求。如果有关的杂技表演没有达到独创性的要求,没有构成著作权意义上的作品,则不能受到保护。③

在美国,杂技是一种表演,是并不表演已有作品的表演,体操和杂技在性质上相同,口头作品也与之相同,只不过,口头作品的表演表现在嘴上。因此,杂技是受州一级法律保护的表演。④

四、美术、建筑作品

美术作品,是指绘画、书法、雕塑等以线条、色彩或者其他方式构成的有审美意义的平面或者立体的造型艺术作品。

对美术作品中的绘画、书法等作品进行保护无可争议,对观赏艺术品提供保护也无可非议,但是,对实用美术品如何保护则存有争论的余地。观赏艺术品纯

---

① 参见李明德、杜颖:《知识产权法》,法律出版社 2007 年版,第 40—41 页;郑成思:《知识产权论》(第 2 版),法律出版社 2001 年版,第 213—214 页。
② 参见沈仁干、钟颖科:《著作权法概论》,商务印书馆 2003 年版,第 64—65 页。
③ 参见李明德、杜颖:《知识产权法》,法律出版社 2007 年版,第 41 页。
④ 参见郑成思:《知识产权论》(第 2 版),法律出版社 2001 年版,第 218 页。

粹出于观赏,如瓷器中的瓷观音;而实用艺术品则用于实用,如碗、杯等。①《伯尔尼公约》在第 2 条规定了保护的客体,其中该条第 7 款规定:"考虑到本公约第七条第四款的规定,本联盟成员国得以立法规定涉及实用美术作品及工业设计和模型的法律的适用范围,并规定此类作品,设计和模型的保护条件。在起源国单独作为设计和模型受到保护的作品,在本联盟其他成员国可能只得到该国为设计和模型所提供的专门保护。但如在该国并不给予这类专门保护,则这些作品将作为艺术品得到保护。"这也就是说,实用艺术作品的法律保护,由各国自定,如果不给予工业产权保护,则至少要给予著作权保护。因此,不论我国是否把实用美术作品放入版权保护范畴都不违反《伯尔尼公约》的规定。

根据修订前的《著作权法》,美术作品仅指不含任何实用功能的纯艺术作品。美术作品用于工业产品,且艺术部分能够和实用部分分离的,例如印有美术形象的文化衫,著作权保护其艺术部分;艺术部分与实用部分无法分离的,例如造型独特的花瓶、灯具、家具等,被称为实用艺术作品。实用艺术作品本不在修订前的我国《著作权法》保护之列。修订后的《著作权法》虽然没有明确实用艺术作品为著作权保护的客体,但是,根据著作权法对复制权的定义,应认为著作权法保护的美术作品不取决于作品是否具有实用功能,也就是说,纯美术或者实用艺术作品都属于美术作品。② 但是,不论是纯粹的美术作品,还是实用艺术品,要获得著作权法的保护,必须满足作品独创性要求。关于美术作品独创性的判断,我国最高人民法院在"乐高公司与广东小白龙动漫玩具实业有限公司、北京华远西单购物中心有限公司侵害著作权纠纷"的判决中曾给出过明确解释。最高人民法院指出,作品的独创性是指作品由作者独立完成并表现了作者独特的个性和思想。独创性是一个需要根据具体事实加以判断的问题,不存在适用于所有作品的统一标准。实际上,不同种类作品对独创性的要求不尽相同。对于美术作品而言,其独创性要求体现作者在美学领域的独特创造力和观念。因此,对于那些既有欣赏价值又有实用价值的客体而言,其是否可以作为美术作品保护取决于作者在美学方面付出的智力劳动所体现的独特个性和创造力,那些不属于美学领域的智力劳动则与独创性无关。该案涉案玩具积木块为两个相互垂直的面及其上的圆形凸起构成,乐高公司称其通过艺术加工和浓缩,高度概括了多项物品的主要特征,从而体现了独特的创意。根据乐高公司在原审程序中提交的产品设计图纸等证据,可以证明涉案玩具积木块由乐高公司独立完成,并为此付出了一定的劳动和资金。但独立完成和付出劳动本身并不是某项客体获得著作权法保护的充分条件。从涉案玩具积木块的设计来看,外表面具有圆形

---

① 参见郑成思:《知识产权论》(第 2 版),法律出版社 2001 年版,第 222 页。
② 参见郭寿康主编:《知识产权法》,中共中央党校出版社 2002 年版,第 41 页。

凸起的"L"形积木块是拼插型玩具积木块中的常见设计,并未赋予涉案玩具积木块足够的美学方面的独特性。据此,涉案玩具积木块不符合著作权法关于美术作品的独创性要求。①

建筑作品,是指以建筑物或者构筑物形式表现的有审美意义的作品。我国有学者认为,关于建筑作品同样受保护要分两个部分,首先建筑物本身要受著作权保护;其次,建筑设计图要受著作权法保护。前者是指建筑物的外观受著作权法保护,因此,就要求这种建筑的外观具有独创性,普通的建筑物没有什么可以保护的;后者又包括方案设计图和施工设计图。② 但也有人认为,建筑作品受到保护的,仅仅是有关建筑外观的设计,包括整体的外形、空间和设计中各种因素的排列、结合。③ 新颁布的《实施条例》把工程设计图放进了图形作品中,这说明,新《著作权法》是把建筑设计图纸作为图形作品,而非建筑作品保护的。

五、摄影作品

摄影作品,是指借助器械在感光材料或者其他介质上记录客观物体形象的艺术作品。是否所有的以传统照片形式表现出来的作品都要受到著作权法的保护?例如,用自动摄像机拍出的照片是否构成著作权法上的作品呢?我国对此没有作出限定,但学者和实践的一般理解认为,只有具有独创性的照片才受著作权法保护。因此,一些国家也规定,将著作权法保护的摄影作品限定在具有艺术性质和文献性质的范围内。

六、电影作品和以类似摄制电影的方法创作的作品

电影作品和以类似摄制电影的方法创作的作品,是指摄制在一定介质上,由一系列有伴音或者无伴音的画面组成,并且借助适当装置放映或者以其他方式传播的作品。电影作品在英语语系国家称为 motion pictures,包括动画片、纪录片、科教片、木偶片、无声片等等。也有学者认为,视听作品(audiovisual works)的提法更科学,能够把现代技术下制造的与电影作品相类似的作品都包括进去。④

七、工程设计图、产品设计图、地图、示意图等图形作品和模型作品

图形作品,是指为施工、生产绘制的工程设计图、产品设计图,以及反映地理现象、说明事物原理或者结构的地图、示意图等作品;模型作品,是指为展示、试

---

① 参见中华人民共和国最高人民法院民事裁定书(2013)民申字第1334号。
② 参见郑成思:《知识产权论》(第2版),法律出版社2001年版,第237—239页。
③ 参见李明德、杜颖:《知识产权法》,法律出版社2007年版,第41页。
④ 同注②,第234页。

验或者观测等用途,根据物体的形状和结构,按照一定比例制成的立体作品。

地图虽然是地形地貌的客观反映,制作者不可能在此之外任意发挥其"创造性",但是,由于在选点、选择比例尺以及颜色方面,地图制作者投入了劳动,在选择、判断以及取舍等方面体现了独创性,因此,地图也属于著作权法中的作品。

八、计算机软件

计算机软件是否由著作权法保护在国外曾经引起过很大的争论,这涉及思想与表达的冲突问题,还涉及是否妨碍软件业发展的问题。以菜单命令构成的软件语言是否具有独创性则更是难以判断,特别是在今天人们对计算机语言的选择已经趋于统一的背景下。1996年底世界知识产权组织产生的《世界知识产权组织版权条约》(以下简称 WCT)和《世界知识产权组织表演和录音制品条约》(以下简称 WPPT)主要是解决数字技术和互联网环境下的版权保护问题。《世界产权组织版权条约》第1条规定,该条约是《伯尔尼公约》第20条意义下的专门协定,缔约各方应适用于《伯尔尼公约》的实体条款。其中,第2条有关版权保护范围、第4条计算机程序保护、第5条数据汇编(数据库)的保护以及第10条有关限制与例外基本与TRIPs协定规定相一致。TRIPs协定没有重复《伯尔尼公约》关于保护客体的规定,而是增加了一些新的种类:计算机程序和数据库作品。该协定第10条第1款规定,无论以源代码或以目标代码表达的计算机程序,均应作为《伯尔尼公约》1971年文本所指的文字作品给予保护。这样,在TRIPs协定下,计算机软件属于著作权法保护的作品。我国《著作权法》第58条规定,计算机软件的保护办法由国务院另行规定。国务院于2001年12月颁布了《计算机软件保护条例》(以下简称《条例》),该条例自2002年1月1日起实施,条例对于计算机软件的保护,是比照文字作品规定的。

《条例》规定,中国公民、法人或者其他组织对其所开发的软件,不论是否发表,依照本条例享有著作权。但条例对软件著作权的保护不延及开发软件所用的思想、处理过程、操作方法或者数学概念等。

《条例》严格限制了合法复制品所有人的权利,规定软件的合法复制品所有人仅仅享有如下权利:根据使用的需要把该软件装入计算机等具有信息处理能力的装置内;为了防止复制品损坏而制作备份复制品。这些备份复制品不得通过任何方式提供给他人使用,并在所有人丧失该合法复制品的所有权时,负责将备份复制品销毁;为了把该软件用于实际的计算机应用环境或者改进其功能、性能而进行必要的修改;但是,除合同另有约定外,未经该软件著作权人许可,不得向任何第三方提供修改后的软件。而软件复制品的出版者、制作者不能证明其出版、制作有合法授权的,或者软件复制品的发行者、出租者不能证明其发行、出租的复制品有合法来源的,应当承担法律责任。

同时,《条例》规定了软件侵权承担赔偿责任的主观状态为故意:软件的复制品持有人不知道也没有合理理由应当知道该软件是侵权复制品的,不承担赔偿责任;但是,应当停止使用、销毁该侵权复制品。如果停止使用并销毁该侵权复制品将给复制品使用人造成重大损失的,复制品使用人可以在向软件著作权人支付合理费用后继续使用。

九、民间文学作品

民间文学的含义,不同的学者、各国法律和国际条约的理解各异,不仅仅是内涵,还有其外延也有广义狭义之分。关于此类客体,在国际条约、国家立法和我国学者的论文专著中大致有以下几个用语,这些用语在表达、含义、外延方面都有不同侧重。

1. 民间文学艺术作品(Works of Folklore)

我国《著作权法》第6条专门规定:"民间文学艺术作品的著作权保护办法由国务院另行规定。"在这里,民间文学的范围被限定为已经形成"作品"的一小部分,其余大部分没有固定形式或仅为素材或片断无法称之为"作品"的民间文学将无法获得著作权法的保护。

2. 民间文学艺术表达(Expressions of Folklore)

"民间文学艺术表达"是由1982年的联合国教育、科学及文化组织(以下简称联合国教科文组织)和世界知识产权组织(WIPO)审议并通过的《关于保护民间文学艺术表达以抵制非法利用和其他不法行为的国内法律示范条款》(以下简称《示范条款》)中规定的。《示范条款》对"民间文学艺术表达"作出了解释,是指由具有传统艺术遗产特征的要素构成、并由一国的某一群落或某些个人创制并维系、反映该群落之传统艺术取向的产品。在该《示范条款》中,受保护的客体被表述为"民间文学艺术表达",这也就是说民间文学艺术表达并不仅仅包含已固定在有形载体上的作品,还包括可以通过人的语言、行为、或多种、多件有形的艺术品加以传达的信息,它是一种表现形式或艺术风格。[①]

3. 民族民间文化

我国近年此方面的立法建议中,在文化部、全国人大教科文卫委员会、国家文物局主办的国际、国内研讨会中,根据我国的传统习惯和立法现状,将民间文学也称为"民族民间文化"。[②]

[①] 沈颖迪:《民间文学艺术表达之商标保护》,载《中华商标》2004年第7期。
[②] 郑成思等:《遗传资源、传统知识与民间文学艺术在研究什么》,载《中国知识产权报》2002年6月28日。

4. 传统知识(Traditional Knowledge)

根据世界知识产权组织的定义,传统知识是"基于传统产生的文学艺术或科学作品、表演、发明、发现、设计、标志、称号或象征、未披露信息,以及其他在工业、科学、文学艺术领域的活动中产生的以传统为基础的创新成果"。① 世界知识产权组织起初所说的传统知识可以分为传统技术知识和民间文学艺术表达两大类内容。由于世界知识产权组织的权威性,不少国家在国内有关立法中采纳了世界知识产权组织的这种界定,这也得到了许多学者的支持。目前学者们的主流观点是将民间文学作为传统知识保护的一部分,传统知识是民间文学的上位概念。②

5. 非物质文化遗产(Intangible Cultural Heritage)

我国于 2004 年 8 月批准了由联合国教科文组织通过的《保护非物质文化遗产公约》,该《公约》第 2 条将"非物质文化遗产"定义为:"被各群体、团体、有时为个人视为其文化遗产的各种实践、表演、表现形式、知识和技能及其有关的工具、实物、工艺品和文化场所。各个群体和团体随着其所处环境、与自然界的相互关系和历史条件的变化不断使这种代代相传的非物质文化遗产得到创新,同时使他们自己具有一种认同感和历史感,从而促进了文化多样性和人类的创造力。"

通过以上论述可以看出,与民间文学作品相关的概念内涵、外延均有差异,不同的情境下会使用不同的概念以求不同侧重。笔者主要从著作权角度来论述民间文学作品,因此,论述范围主要集中在以作品表现出来的民间传统知识。

在发展中国家,民间文学艺术的保护逐渐受到重视。从我国具体情况来看,目前,中国在知识产权、特别是"自主知识产权"的拥有及利用上,从总体看不占优势。这主要是因为发明专利、驰名商标、软件与视听作品等等的版权主要掌握在少数发达国家手中。因此,我们要力争把中国占优势而国际上还不保护(或者多数国家尚不保护)的有关客体纳入国际知识产权保护的范围,以及提高那些现有的知识产权制度仅仅给予弱保护而中国占优势的某些客体的保护水平。至少在三个方面我们可以做必要的争取工作:(1)强化地理标志的保护。(2)把"生物多样化"纳入知识产权保护。(3)把"传统知识"纳入知识产权保护。③

---

① 世界知识产权组织:《传统知识持有人的知识产权需求与期望:知识产权组织实况调查团调查报告 2001 年报告》(Identifying intellectual property needs and expectations of traditional knowledge holders, WIPO Report on fact-finding missions on intellectual property and traditional knowledge WIPO 2001 Report)。

② 符颖、冯晓青:《论传统知识寻求知识产权保护的正当性》,载《湘潭大学学报(哲学社会科学版)》2005 年第 2 期。

③ 参见郑成思:《传统知识与两类知识产权的保护》,载《中国工商管理研究》2002 年 12 月。

我国从1990年制定《著作权法》到2001年对《著作权法》进行修改,都在第6条规定了:"民间文学艺术作品的著作权保护办法由国务院另行规定。"从《著作权法》的规定可以看出,我国在1990年其实就意识到了民间文学保护的重要性,并试图将其纳入著作权体系内进行保护。而司法实践中,轰动全国的饶河县四排赫哲族乡政府诉郭颂等侵犯民间文学艺术作品乌苏里船歌著作权纠纷案(以下简称"乌苏里船歌著作权纠纷案")使人们对民间文学作品的保护有了更深的认识。该案中郭颂败诉,因为《乌苏里船歌》的曲调与赫哲族民歌《想情郎》《狩猎的哥哥回来了》曲调基本相同,其引子和尾声为创作。《乌苏里船歌》属改编或编曲,而不是作曲。

但是,我们也不得不承认,由于与一般的作品相比,民间文学作品具有主体的群体性和不确定性、传统性和时间上的延续性、传承性和变异性等特征,其保护范围和保护方式很难确定,直到今天,我们还没有见到著作权法里所说的国务院制定的"另行规定"。云南、福建、贵州等省都相继制定了适用于本辖区范围内的条例,但翻开这些条例的规定,我们不难看出,这些规定都主要是从行政管理的角度制定的,立法的宗旨是挽救和保存民族民间文化。至于如何从利用的角度弘扬和发展民族民间文化,并未见条例有什么规定。这造成民族民间文化的保护方面的可操作性立法付之阙如。在轰动全国的乌苏里船歌著作权纠纷案的判决中,法院最终也只是认定了侵权事实成立,但是并没有就如何付酬作出解释,并拒绝给原告提供任何损害赔偿的救济。①

十、法律、行政法规规定的其他作品

这是关于作品类型的口袋性规定,随着科学技术的发展,会有新类型的作品出现,为了及时接纳这些新作品进入著作权保护的视野,体现著作权法的开放性特征,增强著作权法回应社会发展的能力,并进而保持著作权法的稳定性,作此条款规定。

第三节 不受著作权法保护的作品

在我们的现实生活中,以文字、音乐、口述、美术等形式体现出来的作品有很多,但是否这些作品都受著作权法保护呢?当然不是,最简单的例子就是已经过了保护期、进入公有领域的作品不受著作权法保护。除此之外,一般来说,著作权法都根据本国的实际情况、民族的价值观对作品的保护范围进行限制。TRIPs协定第9条第2款规定,版权保护应延及表达,而不延及思想、工艺、操作方法或

---

① 参见《中华人民共和国最高人民法院公报》2004年第7期。

数学概念之类。我国《著作权法》则在第 5 条规定了不受著作权法保护的作品的范围。

一、法律、法规，国家机关的决议、决定、命令和其他具有立法、行政、司法性质的文件，及其官方正式译文

《伯尔尼公约》第 2 条之四规定，本联盟成员国得以立法确定对立法、行政或司法性质的官方文件及这些文件的正式译本的保护。这样，成员国既可以规定著作权法保护这些法律，也可以规定将这些作品排除在著作权法的保护之外。由于法律法规和政府文件制定和发布的目的就是让公众知晓并得以执行，因此，将这些作品作为专有的东西保护起来是不符合其发布的初衷的，有鉴于此，各国一般都将法律法规和政府文件排除在著作权法的保护之外。

但是，关于法律法规和国家机关的有关决议、命令的译文是否受保护，这要分情况对待。我国著作权法规定，只有官方正式译文才不受著作权法的保护，因此，社会团体、学术组织、个人等翻译的属于民间性质的译文同样要受到著作权法的保护。在这种情况下，翻译这些文件的翻译者就这些翻译文本享有著作权。

值得一提的是，尽管法律法规本身不享有著作权，但是，编辑法律法规并进行出版发行的，却有一个专门的行政法规进行调整。1990 年 7 月 29 日中华人民共和国国务院颁布了《法规汇编编辑出版管理规定》，该规定第 4 条规定："编辑法规汇编，遵守下列分工：（一）法律汇编由全国人民代表大会常务委员会法制工作委员会编辑；（二）行政法规汇编由国务院法制局编辑；（三）军事法规汇编由中央军事委员会法制局编辑；（四）部门规章汇编由国务院各部门依照该部门职责范围编辑；（五）地方性法规和地方政府规章汇编，由具有地方性法规和地方政府规章制定权的地方各级人民代表大会常务委员会和地方各级人民政府指定的机构编辑。"第 7 条规定："出版法规汇编，国家出版行政管理部门根据出版专业分工规定的原则，依照下列分工予以审核批准：（一）法律汇编由全国人民代表大会常务委员会法制工作委员会选择中央一级出版社出版；（二）行政法规汇编由国务院法制局选择的中央一级出版社出版；（三）军事法规汇编由中央军事委员会法制局选择的中央一级出版社出版；（四）部门规章汇编由国务院各部门选择的中央一级出版社出版；（五）地方性法规和地方政府规章汇编由具有地方性法规和地方政府规章制定权的地方各级人民代表大会常务委员会和地方各级人民政府选择的中央一级出版社或者地方出版社出版。"

这些规定的目的是为了保证法律法规编辑的准确性，但是，这些规定在实践中适用的情况如何却有待进一步考察。特别是该规定针对的是图书出版发行渠道对法律法规所做的汇编，而现实生活中大量存在的网站所进行的法规汇编该如何规范则不在此列。

二、时事新闻

时事新闻,是指通过报纸、期刊、广播电台、电视台等媒体报道的单纯事实消息。因为事实消息属于事实的范畴,不可能具有独创性特征;而新闻媒体存在的意义就是让公众尽快知道国内外发生的大事件,因此,时事新闻不能作为作品受著作权法保护。

但是,著作权法不保护的只是新闻中的时事新闻,并非所有的新闻都不受著作权法保护。时事新闻强调是单纯的事实消息,我国有学者将其称为"新闻的要素,例如时间、地点、原因、过程、结果等",记者撰写的新闻要素以外的部分,仍然受著作权法保护。① 新闻里往往包含两方面的内容,一方面是不受保护的时事新闻(事实),另一方面是受保护的报道时事新闻的作品(表述)。例如,关于国家领导人出访的详细报道,关于宏观经济形势的详细报道,以及类似新闻调查一类的节目,其中不仅有不受保护的时事新闻(事实)的要素,还有受保护的文学艺术的创作和加工。②

同时,还必须注意,通过大众传播媒介传播的单纯事实消息属于《著作权法》第 5 条第(二)项规定的时事新闻。传播报道他人采编的时事新闻,则应当注明出处。

三、历法、通用数表、通用表格和公式

历法、通用数表、通用表格和公式反映的是客观规律、计算方法等,其表现形式只是对其本身的直接记录,不属于著作权法上的作品。

但是,这里的历法是我们一般所使用的年月日的记数方式,至于在历法的计算中加进了其他内容,如星座运势等,这是创造性的劳动成果,需要保护。这里的数表和表格也指的是通用数表和表格,如果有人创造出功能更先进的统计数表、表格,则应该受到著作权法的保护。

 思考题

1. 思想与表达的区分对著作权法的意义是什么?
2. 著作权法中作品的实质构成要件有哪些?
3. 我国著作权法规定了哪些类型的作品?
4. 简述计算机软件的法律保护。

---

① 参见郭寿康主编:《知识产权法》,中共中央党校出版社 2002 年版,第 46 页。
② 参见李明德、杜颖:《知识产权法》,法律出版社 2007 年版,第 49 页。

5. 简述民间文学作品的法律保护。
6. 不受我国著作权法保护的作品有哪些？

 案例分析

五朵金花案

1959年，原告赵继康与王公浦共同创作了电影文学剧本《五朵金花》。1983年被告曲靖卷烟厂未经许可将"五朵金花"注册为香烟商标使用。2001年，原告以被告之行为侵犯其著作权并构成不正当竞争提起诉讼。

一审法院认为：仅就"五朵金花"四字而言，并不具备一部完整的文学作品应当具备的要素，"金花"作为白族妇女的称谓古已有之，并非原告独创；"五朵金花"一词并不构成《五朵金花》电影剧本的实质或者核心部分，若对其单独予以保护，则有悖社会公平，亦不利于促进文化繁荣。据此，驳回原告赵继康的诉讼请求。

二审法院认为：一部受著作权法保护的作品，除具有独创性外，还要能独立表达意见、知识、思想、感情等内容，使广大受众从中了解一定的讯息，不应当仅是文字的简单相加。"五朵金花"四字仅是该剧本的名称，是该剧本的组成部分，读者只有通过阅读整部作品才能了解作者所表达的思想、情感、个性及创作风格，离开了作品的具体内容，单纯的作品名称"五朵金花"因字数有限，不能囊括作品的独创部分，不具备法律意义上的作品的要素，不具有作品属性，不应受著作权法保护。据此，驳回上诉，维持原判。①

思考

如何认识新闻短标题、作品标题、电话号码本、广告语等作品的独创性问题？

---

① 云南省高级人民法院民事判决书(2003)云高民三终字第16号。

第五章　著作权的内容

著作权是一种复合型权利,其中既有财产权的内容,又有人身权的内容。我国有学者认为,中国著作权法上的人身权概念不精确,应该沿用国际公约中所使用的"精神权利"(moral rights)的概念。但由于立法和司法实践中我们已经习惯使用著作人身权的提法,笔者遵从在我国已经约定俗成的"著作人身权"习惯。①

第一节　著作人身权

当今世界,关于著作人身权的法律保护存在大陆法系和英美法系两大体例。从整体上看,理性主义的大陆法面向未来,注重法律的逻辑体系,在成文法中集中规定了著作人身权,并为该权利提供了强有力的保护。例如,自19世纪以来,法国法就明确规定了作者享有发表权、署名权、保护作品完整权和收回权四种著作人身权。但是,尽管大陆法系国家都认为著作权兼具人身权和财产权双重属性,以德国为代表的一元论强调人身权和财产权的一体保护,而以法国为代表的二元论,则承认人身权和财产权可以互相独立。相比之下,经验主义的英美法面向过去,注重于法律的实际运行,强调著作权的财产价值,长期以来采用分散的体例,基于普通法通过司法判例个案处理著作人身权。英国法直到1988年才规定了作者享有身份权、保护作品完整权、禁止假冒署名权以及私用照片与影片的隐私权四项著作人身权。美国法直到1990年才有限地承认视觉艺术作品的作者享有身份权和保护作品完整权。网络传播方式出现以后,著作权的实施受到了空前的挑战。自由开放、互动的网络为作品的创作和传播提供了多元生存和繁荣的场所,认定作者的信息可能不需要技术知识而被轻易消除,对作品的随意改动可以不留任何痕迹,侵权作品可以在全球范围内被广泛地传输且几乎不需要成本。人们尽管开发出了一些技术措施,如密码、密钥卡、程序加密技术、反拷贝技术、电子水印等,然而,这些所谓的反规避措施在技术上容易很快被淘汰,在网络数字技术迅猛发展的今天仅发挥有限的效用。这些现象使得人们认为,著作人身权可能是与数字时代文学艺术作品的创作和传播无关的命题。但更多的人认为,不能因为著作人身权在实践中难以实施,就在网络空间消灭著作人身

---

① 参见李明德、杜颖:《知识产权法》,法律出版社2007年版,第51页。

权,因为这将从整体上动摇整个著作权制度合理性的根基。① 我国《著作权法》在第 10 条规定了发表权、署名权、修改权和保护作品完整权四项著作人身权。

一、发表权

我国《著作权法》第 10 条对发表权做了如下定义:发表权即决定作品是否公之于众的权利。事实上发表权的内涵极其丰富,它不仅包括决定作品是否公之于众,还包括决定作品在何时公之于众以及以何种方式公之于众的权利。尽管发表不一定通过出版单位进行,也可以通过广播、电视、网络等传播方式发表,图书出版仍然是发表的主流途径。

《伯尔尼公约》对发表采用了一个非常严格的定义,其在第 3 条之三规定,"已发表作品"应理解为在其作者同意下出版的著作,不论其复制件的制作方式如何,但考虑到著作的性质,复制件的发行在数量和方式上需要满足公众的合理需要。戏剧、音乐戏剧或电影作品的上演,音乐作品的演奏,文学作品的当众朗诵,文学或艺术作品的广播或转播,美术作品的展出及建筑作品的建造不是发表。

发表权一次用尽,即作品一旦经著作权人或其授权的人发表,权利即行使完毕,著作权人不能再主张发表权侵权。在李长福与中国文史出版社著作权纠纷案中,最高法院指出,原审原告李长福已经签订合同将涉案图书书稿的专有出版权授权给原审被告文史出版社,他已经行使了发表权。由于发表权是一次用尽的权利,故李长福关于作品另外一版侵犯其发表权的主张不能成立。②

发表权被侵犯的作品往往是具有一定知名度的作者创作的作品,又通常与书信等具有隐私性质的作品相关。例如,在杨季康与中贸圣佳国际拍卖有限公司等侵害著作权及隐私权纠纷案中,法院指出,拍卖公司拍卖未发表的书信的行为,既构成发表权等著作权侵权,也侵害了发信人的隐私权。③ 两审法院均认为,中贸圣佳公司作为涉案拍卖活动的主办者,已通过召开研讨会等方式将钱钟书、杨季康及钱瑗的书信手稿向相关专家、媒体记者等披露、展示或提供,且未对相关专家、媒体记者不得以公开发表、复制、传播书信手稿等方式侵害他人合法权益予以提示,反而在网站中大量转载,其行为系对相关书信著作权中的发表权、复制权、发行权、信息网络传播权及获得报酬的权利的侵害,依法应当承担停止侵权、赔偿损失的法律责任。同时,涉案钱钟书、杨季康、钱瑗相关书信均为写给李国强的私人书信,内容包含学术讨论、生活事务、观点见解等,均为与公共利

---

① 参见何炼红:《网络著作人身权研究》,载《中国法学》2006 年第 3 期。
② 参见中华人民共和国最高人民法院民事判决书(2010)民提字第 117 号。
③ 该案一审情况参见北京市第二中级人民法院民事判决书(2013)二中民初字第 10113 号。二审情况参见北京市高级人民法院民事判决书(2014)高民终字第 1152 号。

益无关的个人信息、私人活动,属于隐私范畴,应受我国法律保护。钱钟书、杨季康、钱瑗各自有权保护自己的隐私权不受侵犯。死者同样有隐私,对死者隐私的披露必然给死者近亲属的精神带来刺激和伤痛,死者的近亲属具有与死者的隐私相关的人格利益,而该利益应当受到法律的保护。因此,杨季康作为钱钟书、钱瑗的近亲属和继承人有权就涉案隐私权问题提起本案诉讼。

作品无论是否发表都享有著作权,但发表与否会影响权利的保护,这种影响主要体现在如下方面:

第一,作品如未发表会影响其著作权的保护期。

法人或者其他组织的作品、著作权(署名权除外)由法人或者其他组织享有的职务作品,其发表权、财产权的权利保护期为五十年,截止于作品首次发表后第五十年的12月31日,但作品自创作完成后五十年内未发表的,就不能再受著作权法保护。电影作品和以类似摄制电影的方法创作的作品、摄影作品,也是如此。

第二,作品如发表会受到法定许可、合理使用等诸多限制;而作品如未发表,在很多情况下则会被排除在法定许可、合理使用之外。例如,广播电台、电视台播放他人已发表的作品,可以不经著作权人许可,但应当支付报酬;但是如果是播放他人未发表的作品,则应当取得著作权人许可,并支付报酬。再如,为个人学习、研究或者欣赏,使用他人已经发表的作品属于合理使用,但使用他人未发表的作品则不构成合理使用。

第三,公开出版未发表的作品的人可能会享有邻接权。欧盟规定,首次合法地将一未曾公开且保护期已经届满的作品公之于众的人,从公之于众时起享有25年与作者的财产权利相应的保护。德国《著作权法》第71条规定了对遗著的保护,该条规定,将著作权消灭后仍未出版的作品合法出版或者公开再现的人,享有对该作品进行利用的权利。该权利自作品出版之日起25年后或者自此前进行的第一次公开再现起25年后归于消灭。

二、署名权

署名权,即表明作者身份,在作品上署名的权利。该权利有几层含义:

第一,作者有权表明和确定自己的作者身份。在作品的创作过程中投入了创造性劳动的人都有权在作品上署名,表明自己的作者身份,该权利受侵害主要发生在合作作品、职务作品等情况下。

第二,作者有权署真名、笔名和艺名等,也可以不署名,即匿名,也可以署假名。在存在多数作者的情况下,还有决定排位顺序的权利。因作品署名顺序发生的纠纷,人民法院按照下列原则处理:有约定的按约定确定署名顺序;没有约定的,可以按照创作作品付出的劳动、作品排列、作者姓氏笔画等确定署名顺序。

但是,署假名或匿名会给作者在要求权利保护时带来不便,在证实作者身份时存在困难。同时,也存在着保护期间计算上的不利,因为大多数国家的著作权法都规定著作权的保护期以作者终生加死后多少年来确定,而在匿名或假名的情况下很难确定作者的死亡时间。例如,欧盟关于著作权的保护期限规定,对于匿名或假名作品,其保护期终止于它合法公之于众后第70年。但是在以下两种情况下,保护期仍依一般规定计算:(1)虽用假名但作者身份明确者;(2)匿名或假名作品在上述期限内,作者公开身份的(第1条第3款)。[①] 我国著作权法中,《实施条例》第18条也规定,作者身份不明的作品,其《著作权法》第10条第1款第(五)项至第(十七)项规定的权利的保护期截止于作品首次发表后第五十年的12月31日。

第三,作者不但有权禁止他人在自己的作品上署名,还有权禁止他人在他人的作品上署自己的名。

一般来说,作者署名权受侵害表现为他人在自己的作品上署他人的名字,如在钱钟书的《围城》上署自己的名字。但由于知名作者的名声本身就能带来越来越多的经济利益,很多人也在自己创作的作品上署名名人,以求谋取作品更大的市场,赚取更多的利益。有人认为,作者的姓名被他人用在其自己或第三人作品上的行为,由于并不涉及作者本人的作品因而不属于侵害署名权的行为,作者得根据姓名权或者竞争法的规定获得救济。[②] 也有学者认为,假冒他人署名的实质不在于冒用他人姓名,而在于通过冒用他人姓名来达到混淆原作的目的。因而这种行为侵害的客体不仅仅是作者姓名本身,而且在一定程度上直接指向作者的特定作品,或者某个作者的作品整体,其后果既毁损了作者的声誉也危及了其作品的市场价值。所以著作权法将此类行为作为署名权来规范未尝不可,而且类似规定在各国著作权法中并非罕见。[③] 我国《著作权法》在第47条第8项规定,制作、出售假冒他人署名的作品的属于侵犯著作权的行为。据此看来,我国著作权法对署名权进行了扩大解释,将一切和作品相关的姓名权的使用都列在署名权里面保护。从这个意义上说,不采用署名权的提法,而使用表明作者身份权更为贴切。

吴冠中诉上海朵云轩、香港永成古玩拍卖有限公司侵害著作权案就是假冒署名的一个典例。该案被告欲拍卖署名吴冠中的载有"炮打司令部"字样的《毛泽东肖像》画一幅,估价为30—35万港元。1993年10月中旬,吴冠中得知此消息后,声明其从未画过《毛泽东肖像》并向有关部门反映了此情况。但被告执意

---

① 韦之:《欧盟著作权保护期指令评介》,载《中外法学》1999年第6期。
② 参见吴汉东主编:《知识产权法》,法律出版社2004年版,第74页。
③ 参见韦之:《著作权法原理》,北京大学出版社1998年版,第147页。

进行拍卖。1993年11月22日,吴冠中向上海市中级人民法院民事审判庭提起侵害姓名权、名誉权之诉,1994年7月6日,吴冠中向上海市中级人民法院知识产权庭提起侵害著作权之诉。1995年9月28日一审法院依据《民法通则》《著作权法》的有关规定判决被告朵云轩、永成公司联合拍卖假冒吴冠中署名的《毛泽东肖像》画的行为,侵犯了原告吴冠中的著作权,应停止侵害、公开赔礼道歉、消除影响、赔偿原告损失。被告朵云轩不服一审判决,提起上诉。二审法院判决维持一审民事判决关于著作权侵权的判断。判决两被告停止侵害、赔礼道歉、消除影响、赔偿损失。①

署名权在某些情况下会受到限制。日本《著作权法》在第19条第3款规定,参照作品利用的目的和方式,认为不会损害著作权人主张创作者利益的,在不违背公正理念且惯例的情况下,可以省略著作权人署名。我国《著作权法实施条例》第19条也规定,使用他人作品的,应当指明作者姓名、作品名称;但是,当事人另有约定或者由于作品使用方式的特性无法指明的除外。因此,当作为手机铃声的音乐作品无法标注作者署名,雕塑作品署名后会破坏作品美感和意境的,或者其他按照惯例可以不署名的情况下,著作权人的署名权行使会受到限制。例如,在徐晓辉与《石油石化物资采购》杂志社、中国石油天然气股份有限公司吉林石化分公司著作权纠纷案中,原审原告徐晓辉在炼油厂担任宣传报道员,炼油厂委托原审被告之一的杂志社进行广告宣传,提供了5张照片和一份介绍吉林石化炼油厂的宣传文章。杂志社将上述5张照片及宣传文章刊登在杂志上。其中3幅照片系徐晓辉拍摄。最高法院认定照片属于单位有著作权、摄制者拥有署名权的职务作品。同时又指出,徐晓辉所在单位炼油厂将作品使用于广告宣传,而按惯例广告中使用作品可以不署作者姓名。故徐晓辉有关吉林石化未经许可使用侵犯其作品使用权及署名权等主张均不成立。②

著作权人也可以对署名权进行处分,如放弃署名权。在杨继国与四川省宜宾五粮液集团有限公司侵犯著作权纠纷一案中,最高人民法院指出,署名权是作者的权利,是否署名、以何种方式署名,权利人可以处分。本案中,杨继国在知晓作品用途的情况下,受委托创作了三幅书法作品,其未在作品原稿上署名。后杨继国在参与将涉案书法作品制作成涉案被控侵权物雕刻物的过程中,也从未对雕刻物未署名问题提出异议。在五粮液公司的展览物已经制作完成的情况下,杨继国要求重新为其署名的主张没有事实和法律依据。③

---

① 该案具体情况见上海市高级人民法院民事判决书(1995)沪高民终(知)字第48号和上海市第二中级人民法院民事判决书(1994)沪中民(知)初字第109号。
② 该案具体情况参见中华人民共和国最高人民法院民事裁定书(2009)民监字第556号。
③ 该案具体情况参见中华人民共和国最高人民法院民事裁定书(2010)民申字第18号。

三、修改权

修改权,即修改或者授权他人修改作品的权利。有人认为,修改权和保护作品完整权是一个问题的两个方面,因此把修改权和保护作品完整权放在一起进行讨论。但保护作品完整权主要是保护作品不受歪曲、篡改,这样,它主要保护的是一种抽象意义上对作品的使用,如改变作品用途,而修改权更关注对于作品客观构成部分的变动。报刊杂志一般保留对来稿进行文面处理的权利,但这主要体现为对文字进行的润色和完善。因此,我国著作权法规定,图书出版者经作者许可,可以对作品修改、删节。报社、期刊社可以对作品作文字性修改、删节。对内容的修改,应当经作者许可。

四、保护作品完整权

保护作品完整权,即保护作品不受歪曲、篡改的权利。上文已经提到,保护作品完整权主要是从抽象意义上改变作品,而不仅仅是从形式上对作品进行更动。因此,侵犯修改权往往表现为对作品的内容直接进行删减,而侵犯作品完整权则可能表现为歪曲作者的观点、将作品用于违背作者意愿的途径、在作品放映中以广告进行覆盖,等等。例如,当中央电视台第八套节目热播电视剧《康熙王朝》时,电视剧的片尾主题歌为《大男人》,每集电视剧结束后,电视剧背景里就会出现频频变换的广告画面,歌曲的演唱者腾格尔对插播了很多广告不满。其实,这是侵犯歌曲作品完整权的行为,因为广告的插入势必影响观众对电视以及歌曲的欣赏,尤其是不能领略到完整的片尾曲。

修改权和保护作品完整权经常与作品原件所有权人的所有权发生冲突,在著名的"赤壁之战壁画案"中,著作权人的著作权保护请求因作品原件所有人行使所有权而受到了限制。在该案中,原告四位画家受晴川饭店委托,在饭店装修的过程中创作完成了赤壁之战壁画,并用钢钉固定在晴川饭店二楼宴会厅的墙壁上。1995年8月,晴川饭店与外商合资成立了晴川公司,晴川饭店将部分评估资产作为出资,移交给晴川公司,其中包括《赤壁之战》壁画。1997年6月—7月份,晴川公司对饭店进行整体翻修的过程中,《赤壁之战》壁画被拆毁。原审原告蔡迪安等四位画家提起诉讼,主张晴川公司的行为侵犯了壁画的著作权。湖北省高级人民法院终审认为,晴川公司与蔡迪安等之间既无合同约定,更无法律规定晴川公司拆毁《赤壁之战》壁画原件前必须履行告知或协商的义务。晴川公司拆毁的是属于自己财产的美术作品原件,是对自己合法拥有的财产行使处分权,该行为不应属于侵犯著作权行为。[①] 该案属于作品原件所有权限制著

[①] 参见湖北省高级人民法院民事判决书(2003)鄂民三终字第18号。

作权人修改权和保护作品完整权的情况,但在何种条件下原件所有权人才能以所有权对抗著作权,各国法律规定不同。日本《著作权法》在第20条第2款规定了四种情况,分别是出于学校教育的目的而不得不对文字进行修改或其他改变的;建筑物的增建、改建、修缮或外观改变而做的改变;在特定计算机上不能使用的软件作品,为了能够在该计算机上使用,或者能够在该计算机上更有效地使用,而作出的必要改变;参照作品性质、利用目的及方式而不得不作出的改变。德国《著作权法》在第62条规定了可以对作品进行修改的几种情况,如根据使用目的的要求允许对作品进行翻译、节选或者转换成其他声调或音区的改动;对于美术作品和摄影作品允许改变作品的尺寸和因复制手段而带来的改动;对于为宗教、学校或教学使用的汇编物,还允许对文字作品根据宗教、学校或教学使用的需要加以改动。我国著作权法律制度在此方面还需要完善有关规定。

第二节 著作财产权

财产权又称经济权利,即著作权人为获得经济利益而对作品进行使用、处分的权利,主要包括:

一、复制权,即以印刷、复印、拓印、录音、录像、翻录、翻拍等方式将作品制作一份或者多份的权利

2001年《著作权法》的修改将临摹去掉,意味着临摹不属于复制的范围。我国学者也认为,如果临摹制品中具有独创性,则可以作为原作的演绎作品受到保护;如果临摹者临摹技巧高超且放弃个性,完全追求逼真,以至于临摹制品成为纯粹的复制件,则它可以通过邻接权受到保护。[①]

复制是再现作品的行为,但这种再现作品的行为与表演、放映、广播等再现行为是不同的,它是在有形物质载体上再现作品,并在相对稳定地固定在有形物质载体上。

关于复制,争议比较大的问题是计算机缓存中的临时复制行为是否为著作权法意义上的复制。支持派希望将这种行为纳入到复制权保护范畴;而代表发展中国家利益的反对派则认为,从目的与最终结果结合起来看,因为缓存行为不是以获得永久复制件为目的,同时也未形成一个永久复制件,因此,不属于复制权规制的行为。

目前,我国著作权法规定的复制方式为印刷、复印、拓印、录音、录像、翻录、翻拍等,这主要针对的是传统非数字化作品的复制方式,数字化技术以及数字化

---

① 韦之:《著作权法原理》,北京大学出版社1998年版,第65页。

作品出现后,非数字化作品的数字化以及数字化作品的数字化再现等也应该列入复制范畴。例如,在游戏天堂电子科技(北京)有限公司与威海市良一网吧有限公司侵害计算机软件著作权纠纷案中,山东省高级人民法院指出,原审被告良一网吧在其电脑中安装的被控侵权游戏软件与原审原告游戏天堂公司依法享有著作权的游戏软件一致,并且未能举证证明其商业使用行为取得了权利人许可。所以,良一网吧的行为侵犯了游戏天堂公司对涉案游戏软件享有的复制权。[1]

二、发行权,即以出售或者赠与方式向公众提供作品的原件或者复制件的权利

发行有有偿和无偿两种方式,有偿方式是通过销售方式进行,而无偿则是通过赠与方式。赠与既可以是单纯的赠与行为,也可以是随其他商品附赠。例如,在广东中凯文化发展有限公司与昆明国美电器有限公司吴井店著作权纠纷案中,昆明国美电器有限公司吴井店在销售DVD影碟机的过程中,向消费者赠送包含有电影作品《长江七号》光碟的行为,系著作权法意义上对该电影作品的发行行为。[2]

发行行为所转让的一般是作品复制件,但有些情况下也会出现转让作品原件的情况。发行既可以通过出售或者赠与有形作品载体原件或复制件的形式完成,也可以表现为提供数字化作品的复制件。例如在广东中凯文化发展有限公司与南京市鼓楼区心路永恒网络服务部著作权纠纷案中,江苏省高级人民法院指出,心路永恒服务部将该电影《无极》电子文件复制到局域网电脑当中,到网吧的上网人员可以通过下载的方式复制并取得该电影的电子文件,因此心路永恒服务部的行为还侵害了《无极》电影作品著作权人中凯公司的发行权,依法应当承担侵权民事责任。[3]

三、出租权,即有偿许可他人临时使用电影作品和以类似摄制电影的方法创作的作品、计算机软件的权利,计算机软件不是出租的主要标的的除外

依据发行权一次用尽的理论,著作权人的权利在作品发行之后就穷尽了,也就是说,他人在获得了作品的合法复制件以后,可以进一步销售、转借、转卖,或者以其他方式处置,著作权人不得干预。如果规定计算机软件和影视作品享有出租权,这意味着计算机软件和影视作品的权利不穷尽于发行,在发行之后,权利人仍可以控制作品的出租使用。为影视作品和计算机软件提供出租权特殊保

---

[1] 本案具体情况参见山东省高级人民法院民事判决书(2013)鲁民三终字第230号。
[2] 本案具体情况参见云南省高级人民法院民事判决书(2009)云高民三终字第93号。
[3] 本案具体情况参见江苏省高级人民法院民事判决书(2007)苏民三终字第0082号。

护,是由这两类作品的特殊性决定的。如果这两类作品的著作权人不能控制出租市场,作品使用者通常会通过出租行为获得作品的使用价值,作品的销售市场会受到严重影响,著作权人的利益无法实现。赋予著作权人控制影视作品和计算机软件的出租市场,一方面会让更多的消费者转向销售市场,另一方面也保障著作权人能够从出租市场获益。由此可见,著作权法是通过出租权立法,维护软件产业和影视产业的发展的。

四、展览权,即公开陈列美术作品、摄影作品的原件或者复制件的权利

美术作品、摄影作品都涉及作品原件所有权人和著作权人不同的情况,在这种情况下,美术等作品原件所有权的转移,不视为作品著作权的转移,但美术作品原件的展览权由原件所有人享有。

展览权有特定的含义,首先,该权利只适用于美术作品和摄影作品,展览的既可以是美术作品或摄影作品的原件,也可以是美术作品或摄影作品的复制件。其次,展览权控制的行为必须是"公开陈列"行为,例如将油画作品《毛主席观看哈尔滨市容》用于个人举办的纪念毛主席视察黑龙江60周年收藏珍品大型展览。[①] 而将其他公司的产品型录和宣传彩页中的照片收录在自己公司的宣传材料中,会构成署名权、复制权的侵权,但是,因不属于公开陈列行为,因此,不构成展览权侵权。[②]

五、表演权,即公开表演作品,以及用各种手段公开播送作品的表演的权利

表演既包括现场表演,也包括机械表演。现场表演主要以演唱会、选秀活动等形式对作品进行公开表演。例如,在中国音乐著作权协会与江苏广播电视集团有限公司、江苏盛世影视文化有限公司、江苏新天地演艺中心、南京中央商场股份有限公司著作权纠纷案中,江苏新天地中心江苏广播电视公司、盛世公司等邀请女子十二乐坊参加南京演奏会,演奏《阿拉木汗》《达坂城的姑娘》等曲目,就构成对这些作品的现场公开表演。[③] 而机械表演,既可以是餐饮娱乐中心点歌服务中的表演,如中国音乐著作权协会与泉州新世纪餐饮管理有限公司著作权纠纷案中,KTV经营者在KTV包房内安置的歌曲点播机上提供歌曲供消费者

---

① 参见宋翔申、刘惠民与吴滨生展览权、返回原物纠纷案黑龙江省高级人民法院民事判决书(2011)黑知终字第30号。
② 参见上海英泰塑胶有限公司与北京六水管业制造有限公司著作权纠纷案,北京市朝阳区人民法院民事判决书(2008)朝民初字第21404号。
③ 本案案情参见江苏省南京市中级人民法院民事判决书(2006)宁民三初字第384号。

卡拉OK使用,即属于机械表演。① 机械表演也可以是通过网络传播方式公开表演作品,如在中国音乐著作权协会与北京百度网讯科技有限公司著作权纠纷案中,百度公司提供在线浏览《爱我中华》等50首歌曲的歌词服务,用户点击进行歌曲"试听"时,歌曲播放的同时也有滚动全部歌词的内容。这种行为构成了歌词的公开表演。②

作者的表演权与表演者的表演者权是不同的,前者是作品的创作者允许他人以表演的方式再现作品并获得报酬的权利;后者则是表演者对自己的表演所享有的邻接权,他同时要尊重文字、音乐等作品作者所享有的表演权。

六、放映权,即通过放映机、幻灯机等技术设备公开再现美术、摄影、电影和以类似摄制电影的方法创作的作品等的权利

放映权适用的作品类型为美术、摄影和影视作品。影视作品既包括电影作品,也包括以电影方式摄制的作品,如音乐电视作品。在中国音像著作权集体管理协会与烟台幸福时光练歌有限公司著作权纠纷案中,烟台中级人民法院即指出,烟台幸福时光练歌有限公司未经中国音像著作权集体管理协会授权,亦未经涉案音像节目著作权人的授权,以营利为目的,擅自在其经营的场所内以卡拉OK方式向公众放映70首中国音像著作权集体管理协会被授权管理的MTV音乐作品,侵犯了中国音像著作权集体管理协会依法享有的放映权,依法应当承担民事侵权责任。③

从目前我国《著作权法》的规定来看,放映行为与机械表演行为很难区分,因此将来修法过程中还需要从整合权利类型的角度对此问题进行处理。

放映行为不仅受著作权法调整,还要受各国新闻出版审查制度约束。一般来说,各国都对电影等作品的放映规定审查通过后才能放映的制度,通过审查来确定电影等作品能否放映、对哪些对象可以放映。例如,美国的"美国电影协会(MPAA)"制定的影视作品的分级制度为G级——大众级、PG级——辅导级、PG-13级——特别辅导级(13岁以下儿童尤其要有父母陪同观看)、R级——限制级(17岁以下必须由父母或者监护陪伴才能观看)、NC-17级——17岁或者17岁以下观众禁止观看。

---

① 本案案情参见福建省高级人民法院民事判决书(2011)闽民终字第20号。
② 本案案情参见北京市第一中级人民法院民事判决书(2010)一中民终字第10275号。
③ 本案案情参见山东省烟台市中级人民法院民事判决书(2014)烟知终字第1号。认定侵害音乐电视作品放映权的案件还可见南京宏荣信知识产权咨询服务有限公司与南通崇川区菲芘欢乐园酒吧著作权纠纷案,江苏省高级人民法院民事判决书(2012)苏知民终字第0238号。

七、广播权,即以无线方式公开广播或者传播作品,以有线传播或者转播的方式向公众传播广播的作品,以及通过扩音器或者其他传送符号、声音、图像的类似工具向公众传播广播的作品的权利

我国《著作权法》关于广播权的规定实际上是承袭了《伯尔尼公约》的具体内容,将广播权控制的行为划分为三类:第一,以无线方式广播作品;第二,以有线传播或者转播的方式向公众传播广播作品;第三,通过扩音器或者其他传送信号、声音、图像的类似工具向公众传播广播作品。由此可见,广播权所能控制的行为并不限于无线广播,还包括有线广播和其他形式的广播。但是,这里有线广播的范围很窄,只包括以有线传播或转播广播作品的情况,直接进行的有线广播则不在此限。因此,这种以传播媒介定义广播权的方式一方面会产生法律规范的漏洞,如有线广播的行为如何规范?另一方面,法律意义上的广播权也无法适应新技术的发展,无法对其他类型的广播行为进行规范。因此,应该从权利控制的行为的性质的角度来定义和解释权利内容。广播权控制的行为应该是异地同时传播作品的行为,不具有因需传播的交互性质。这样,既可以将广播权与信息网络传播权区别开来,又使权利定义方式脱离媒介方式,使广播权的判定不受传播技术发展的影响。

八、信息网络传播权,即以有线或者无线方式向公众提供作品,使公众可以在其个人选定的时间和地点获得作品的权利

该项权利是我国在 2001 年修改《著作权法》新加进的内容。之所以新增添了这样一项权利,一是借鉴国际条约对相关权利的规定;二是适应国内网络信息技术的发展,规范新生事物,对作品新的利用方式进行规定。

早在 1996 年,《世界知识产权组织版权条约》(WCT)相对于《伯尔尼公约》和 TRIPs 协定就新增加了向公众传播的权利、关于技术措施的义务、关于权利管理信息的义务。WCT 在第 8 条增加了向公众传播的权利,规定在不损害《伯尔尼公约》第 11 条第(1)款第(ii)目、第 11 条之二第(1)款第(i)和(ii)目、第 11 条之三第(1)款第(ii)目、第 14 条第(1)款第(ii)目和第 14 条之二第(1)款的规定的情况下,文学和艺术作品的作者应享有专有权,以授权将其作品以有线或无线方式向公众传播,包括将其作品向公众提供,使公众中的成员在其个人选定的地点和时间可获得这些作品。

1999 年,王蒙等六作家分别诉世纪互联通讯技术有限公司侵犯著作权案对著作权的完善提出了新的要求。该案被告为世纪互联通讯技术有限公司,1998 年 4 月,世纪互联公司成立"灵波小组",并在其网站上建立了"小说一族"栏目,在该栏目中刊载了王蒙、张洁、张抗抗、毕淑敏、刘震云、张承志等六作家所创作的《坚硬的稀粥》《漫长的路》《白罂粟》《预约死亡》《一地鸡毛》《黑骏马》和《北方的河》。1999年5月31日，王蒙等六作家以世纪互联公司侵犯著作权为由，分别向北京市海淀区人民法院起诉。北京市海淀区人民法院经审理认为，王蒙等六位作家分别是案件涉及作品的著作权人。除法律规定外，任何单位和个人未经著作权人的授权，公开使用他人的作品，构成对他人著作权的侵害。随着科学技术的发展，新的作品载体的出现，作品的使用范围得到了扩张。因此，应当认定作品在国际互联网上传播是使用作品的一种方式。作品的著作权人有权决定其作品是否在国际互联网上进行传播使用。除依法律规定外，非著作权人对著作权人的作品在国际互联网上传播时，应当尊重著作权人对其作品享有的专有使用权，并取得作品著作权人的许可，否则无权对他人作品进行任何形式的传播使用。作品在国际互联网上进行传播，与著作权法意义上的将作品出版、发行、公开表演、播放等方式虽有不同之处，但本质上都是为实现作品向社会公众的传播使用，使观众或听众了解到作品的内容。作品传播方式的不同，并不影响著作权人对其作品传播的控制权利。因此，世纪互联公司作为网络内容提供服务商，其在国际互联网上将原告的作品进行传播，是一种侵权行为。[①] 当时，由于立法没有明确规定，法院只好采取了扩大解释著作权法对权利的规定的方式解决这个问题。

　　和传统的作品传播方式不同，信息网络传播权具有如下特点：

　　其一，向公众传播是因需传播，传播是依公众要求的时间、地点进行，有别于广播等其他传播方式。但如何理解因需传播，在实践层面尚有存在争议的复杂情况。在宁波成功多媒体通信有限公司诉北京时越网络技术有限公司著作权侵权案中，北京时越公司拥有悠视网（www.uusee.com）。从该网上下载"UUsee网络电视2007版"软件并安装后，桌面上出现标注为"UUsee网络电视"的快捷方式图标，点击该图标，打开"UUsee网络电视"的界面。"UUsee网络电视"界面上方显示"浏览""正在播放""录制"三个选项，右上方显示"所有频道（557）"，其下显示"电视台""海外电影""华语电影""内地电视剧""港台电视剧"等选项。点击"内地电视剧"，下方显示"给我一支烟16""亲兄热弟05""陆军特战队（央视热播）01""奋斗（李小璐、佟大为）"等选项。将鼠标移至"奋斗（李小璐、佟大为）"选项，出现一个显示框，显示《奋斗》第6集正在播放，并显示《奋斗》第9集于16：54播放，《奋斗》第10集于17：37播放，《奋斗》第11集于18：19播放。点击"奋斗（李小璐、佟大为）"选项，"UUsee网络电视"的界面开始播放《奋斗》第16集。在播放器的下方显示有广告，例如"口臭！口腔溃疡！彻底根治"。

　　北京时越公司主张，其对《奋斗》的使用不属于信息网络传播权规定的使用

[①] 参见北京市海淀区人民法院民事判决书（1999）海知初字第57号。

范围,因为网络用户不能在其选定的时间观看《奋斗》的任意一集,而只能看到网站定时播放的那一集。但法院认为,只要网络用户通过信息网络在其选定的时间可以获得作品的部分内容,作品传播者就构成了《著作权法》第10条第1款第12项所规定的"使公众可以在其个人选定的时间和地点获得作品"。法律并未规定要使公众在其选定的时间获得作品的全部或任意一部分内容,通过信息网络传播作品者才构成对作品信息网络传播权的行使。① 而在安乐影片有限公司诉北京时越网络技术有限公司案中,原告享有电影《霍元甲》在大陆地区的信息网络传播权。2008年2月28日,原告发现被告经营的网站提供电影《霍元甲》在线播放服务,网站上显示的播放时间为 07:18、08:58、10:37、12:16、13:56、15:35、17:15、18:54。原告以侵犯著作权为由将被告诉至北京市第二中级人民法院。经过审理,法院这次并未直接认定被告的行为侵犯信息网络传播权,而是认定被告向公众提供影片《霍元甲》的定时在线播放服务的行为,侵犯了原告对该影片享有的著作权中的"通过有线和无线方式按照事先安排之时间表向公众传播、提供作品的定时在线播放的权利"。②这反映了我国司法实践对"交互式"的理解还存在歧义。在《著作权法》的修改中,应该整合著作权中具体著作财产权的权利类型和每一项权利所控制的具体行为的内容,厘清网络定时播放行为以及网络直播行为究竟是属于广播权控制的行为,还是信息网络传播权控制的行为。

其二,向公众传播是向不特定的对象传播,通过互联网进行个人对个人或单位内部特定人群中的传播应排除或部分排除在向公众传播权之外。

九、摄制权,即以摄制电影或者以类似摄制电影的方法将作品固定在载体上的权利

摄制权是指文字等作品的作者有权许可其他人将作品改编后摄制成影视作品,并获得报酬。例如,钱钟书有权决定授权他人将其作品《围城》改编后拍摄成电影或电视剧,并从中获得报酬。一般情况下,摄制行为以改编行为为前提,从著作财产权体系的权利布局上,如何协调摄制权与改编权,则是我国《著作权法》修订中需要考虑的问题。

十、改编权,即改变作品,创作出具有独创性的新作品的权利

改编行为通常是将文字等作品改变成电影剧本、戏剧剧本等。改编要获得

---

① 参见北京市海淀区人民法院民事判决书(2008)海民初字第4015号;北京市第一中级人民法院民事判决书(2008)一中民终字第5314号。
② 参见北京市第二中级人民法院民事判决书(2008)二中民初字第10396号。

文字等作品原作者的同意,并向其支付报酬。

十一、翻译权,即将作品从一种语言文字转换成另一种语言文字的权利

翻译不仅涉及将本国作品翻译成外国作品,如从中文翻译为英文;还包括将作品从一国的某种语言文字翻译成另外一种语言文字,如从藏文翻译成朝鲜文。翻译者对翻译后的作品享有著作权,被翻译的作品的著作权人享有翻译权。例如,将《我的前半生》翻译成英文,翻译者必须取得《我的前半生》的作者的同意,并向其支付报酬,这时作者行使的就是翻译权。

十二、汇编权,即将作品或者作品的片段通过选择或者编排,汇集成新作品的权利

汇编权是指著作权人有权决定自己的作品是否汇集到新的作品中作为其中的一个组成部分。在汇编作品里存在着双重知识产权,汇编者对汇编后形成的作品享有新的著作权,而被汇编的作品的著作权人就原来的作品又享有著作权。

十三、应当由著作权人享有的其他权利

著作权法所明确的作品使用方式中,并没有穷尽所有的作品使用方式。随着科学技术的发展,新的作品使用方式会不断出现,出现了一种新的作品使用方式也就往往会伴随着产生一种新的权利表现形式,就像网络传播方式出现后产生的信息网络传播权一样。因此,著作权法必须保持一种开放的特征,随时接纳新的权利方式进入。

第三节 邻 接 权

邻接权,也被称为相关权、相关的权利或与著作权有关的权益,是指作品传播者、加工者对其传播作品过程中所创造的劳动成果所享有的权利。按照传统邻接权的种类,即指 1961 年 10 月 26 日缔结的《罗马公约》规定的邻接权,它包括三项,即表演者的权利、录音制作者的权利以及广播组织的权利。我国《著作权法》在第 4 章规定了四种邻接权,即图书出版者在出版过程中、表演者在表演过程中、录音录像制品生产者在录制过程中、电台电视台在播放过程中投入的创造性劳动成果所产生的权利。

一、图书出版者的权利

图书出版者享有的邻接权主要表现为两种:

其一为专有出版权,图书出版者对著作权人交付出版的作品,按照合同约定享有的专有出版权受法律保护,他人不得出版该作品。

其二为对图书版式设计享有的专有权,出版者有权许可或者禁止他人使用其出版的图书、期刊的版式设计。该权利的保护期为十年,截止于使用该版式设计的图书、期刊首次出版后第十年的12月31日。

相对于作者来说,图书出版者有权对作品进行文字性删改,而图书出版者重印、再版作品的,应当通知著作权人,并支付报酬。图书脱销后,图书出版者拒绝重印、再版的,著作权人有权终止合同。著作权人寄给图书出版者的两份订单在6个月内未能得到履行,视为图书脱销。

我国著作权法还对一稿多投做了规定,著作权人向报社、期刊社投稿的,自稿件发出之日起十五日内未收到报社通知决定刊登的,或者自稿件发出之日起三十日内未收到期刊社通知决定刊登的,可以将同一作品向其他报社、期刊社投稿。双方另有约定的除外。但现实生活中,稿件重复刊登并不少见,这一方面可能是由于作者一稿多投造成的,另一方面也可能是由于期刊社、报社没有及时向作者发出录稿通知。而且,实践中,各报社、期刊社一般都通过稿约或者声明的形式将等待录稿通知的期间延长,多为3个月。

二、表演者权

表演者就自己的表演享有两项权利:其一为表演者的人身权,包括表明表演者身份保护表演形象不受歪曲。其二为表演者的财产权,包括许可他人从现场直播和公开传送其现场表演,并获得报酬;许可他人录音录像,并获得报酬;许可他人复制、发行录有其表演的录音录像制品,并获得报酬;许可他人通过信息网络向公众传播其表演,并获得报酬。

三、录音录像制作者的权利

录音录像制作者对其制作的录音录像制品,享有许可他人复制、发行、出租、通过信息网络向公众传播并获得报酬的权利。同时,被许可人复制、发行、通过信息网络向公众传播录音录像制品,还应当取得著作权人、表演者许可,并支付报酬。

通常情况下,如果被控侵权录音录像制品与著作权人的录音录像制品的曲目或者节目相同,则著作权人的举证责任完成,由被控侵权人证明自己的音像制品非复制著作权人的制品而形成,否则被控侵权人人会承担败诉的危险。在北京天中文化发展有限公司与茂名市(水东)佳和科技发展有限公司、淄博金帝购物广场有限责任公司、辽宁广播电视音像出版社著作权纠纷案中,尽管被诉侵权光盘为VCD制品,天中文化公司的权利曲目为CD,但最高法院认为同一音源可以在不同格式之间相互转换。涉案被诉侵权光盘 VCD 中的涉案 9 首歌曲,均标明是孙悦演唱,与天中文化公司主张权利曲目的原唱相同。被控侵权人虽称其涉案曲目由网上下载,但未提供相关证据,也不能证明其复制的涉案歌曲具有合法来源,故应认定被诉侵权光盘中的 9 首曲目与天中文化公司制作的《孙悦—百合花》CD 专辑中的相同曲目系出自同一音源。① 当然,如果被控侵权人能够证明自己的录音制品是独立制作完成的,虽不构成侵犯录音制作者权,若不符合录音制品法定许可的条件,作品来源不合法,仍有可能侵犯音乐作品著作权人的权利。

四、广播电台、电视台的权利

广播电台、电视台在制作和播放节目时,要获得有关著作权人的授权。根据我国《著作权法》的规定,广播电台、电视台播放他人未发表的作品,应当取得著作权人许可,并支付报酬。广播电台、电视台播放他人已发表的作品,可以不经著作权人许可,但应当支付报酬。广播电台、电视台播放已经出版的录音制品,可以不经著作权人许可,但应当支付报酬。电视台播放他人的电影作品和以类似摄制电影的方法创作的作品、录像制品,应当取得制片者或者录像制作者许可,并支付报酬;播放他人的录像制品,还应当取得著作权人许可,并支付报酬。

广播电台、电视台有权禁止他人未经其许可将其播放的广播、电视转播、将其播放的广播、电视录制在音像载体上以及复制音像载体。

第四节 著作权的限制

权利都不是绝对的,出现一个权利就会有相应的权利限制。著作权的限制可以分两方面,一种为传统著作权的限制,一种为网络著作权的限制。2001 年,我国在修改《著作权法》的时候,对网络环境下著作权的限制把握不大,例如,数字图书馆和在线教育,是否也能进行传统的限制,没写进修正案。这里,根据我国的著作权法,笔者仅谈传统著作权的限制问题。

对著作权进行限制是为了使作品更大限度地为社会、公众所利用,以推动文化、教育、科学事业的发展。对著作权的限制主要指对著作权人行使财产权的限制,它在一定程度上损害了著作权人的某些财产权利,所以必须严格依法行事,不得任意扩大限制的范围。TRIPs 协定第 13 条规定了著作权限制的"三步检验标准":第一,必须在极特殊的情况下进行限制;第二,不能影响作品的正常利用;第三,无论如何,不能不合理地损害权利人的正当权利。三步检验法具体体现在我国《著作权法实施条例》第 21 条的规定中:"依照著作权法有关规定,使

---

① 参见中华人民共和国最高人民法院民事裁定书(2008)民申字第 453 号。

用可以不经著作权人许可的已经发表的作品的,不得影响该作品的正常使用,也不得不合理地损害著作权人的合法利益。"

综合我国著作权法的规定来看,关于著作权的限制规定主要有三方面。

一、著作权的时间限制

著作权的时间限制也就是著作权的保护期。从历史发展来看,著作权的保护期显逐渐延长之态势,这反映了社会经济的发展对著作权保护提出了越来越高的要求。以美国为例,1790 年,美国国会通过了《版权法》,规定著作权所有者享有 14 年的著作权期限(从作品出版之日开始计算),如果超过该期限,著作权所有者还未去世,著作权期限将自动顺延 14 年。从当时的社会发展情形来看,28 年乃至 14 年的保护期限是能够满足著作权人的权利保护要求的①,这可以通过一组数字体现出来。在美国建国的前十年里面创作出来的作品,其中只有百分之五的作品在联邦版权制度下受到登记。② 而且,极少的版权拥有者选择更新他们的版权。例如,1883 年注册的 25006 个版权中,只有 894 个在 1910 年更新了。③ 1831 年,美国修改了版权保护期的规定,将前段版权期限由 14 年增加到 28 年,于是整个版权期限的上限从 28 年扩展到了 42 年。在 1909 年,国会把续展版权时限由 14 年增加到 28 年,于是版权最高时限被扩展到了 56 年。1976 年美国《版权法》规定,对于 1978 年以后产生的作品,只适用一种最长保护期限的规定,而不再通过续展期来续展著作权的保护期限。④ 自然人的作品保护期限最长为终生加死后 50 年,而公司享有的著作权的保护期为 70 年。但 1978 年以前产生的作品必须遵循原来的续展规定,续展期由原来的 28 年延长到 47 年。1992 年,美国国会取消了对所有作品的续展要求。不论是 1978 年以前产生的作品还是这之后产生的作品,一律适用最长保护期限的规定。在 1962 年至 1998 年的这段时间里,国会曾十一次扩展原有版权(existing copyrights)⑤的时

---

① 为什么会出现如此结果,笔者认为是和当时人们对著作权的认识以及人们通过著作权所能获得的收益的大小相关,最初人们还没有普遍认识到作品之上的权利存在,也没有认识到权利本身潜存的巨大商业利益。

② 该组数字来源于 http://www.socialbrain.org/freeculture/? p = % u6CD5% u5F8B% uFF1A% u671F% u9650,2004 年 9 月 14 日最后访问。

③ See Barbara A. Ringer, "Study No. 31: Renewal of Copyright", *Studies on Copyright*, NY: Practicing Law Institute, 1963, p. 618;转引自 http://www.socialbrain.org/freeculture/? p = % u6CD5% u5F8B% uFF1A%u671F% u9650,2004 年 9 月 14 日最后访问。

④ 但这项规定并不意味着,美国自 1978 年开始实行著作权自动产生制度,著作权的取得虽然不需要在版权登记部门进行登记,但版权人仍需要在出版时附有版权声明,否则作品就进入公有领域。但是 1989 年后,自作品创作完成时开始,作品就自动获得著作权的保护。

⑤ 原有版权是指在 1978 年 1 月 1 日以前产生的版权,未来版权是指在 1978 年 1 月 1 日以后产生的版权。

限,有两次扩展了未来版权(future copyrights)的时限。起初,对原有版权的续展非常短,只有一到两年。上文提到的 1976 年的修改是幅度比较大的一次,原有版权的保护期限扩展了 19 年。1998 年,国会通过《松尼波诺版权条款延长法案》把原有版权和未来版权时限延长了 20 年。根据该法案,美国个人著作权保护期从著作人终身加 50 年延长为著作人终身加 70 年;如果是公司拥有版权,保护期从 75 年延长到 95 年,其生效日期为 1998 年 10 月 27 日。

从技术层面上看,由于科学技术的发展为作品的传播提供了更多、更方便的途径,也为延长著作权保护期限提供了充分的技术支持。从实质层面看,著作权保护期限的延长体现了著作权法向著作权人利益不断倾斜,因为作品保护时间越来越长,作品进入公有领域的时间就越来越晚。而在今天社会分工越来越专业化的情况下,延长著作权保护期间会表现为著作权法向部分产业利益、利益集团倾斜。1998 年,美国国会延长著作权保护期的法案就曾挑起了利益集团之间的诉讼较量,该法案也被质疑违宪。直接质疑这一问题的是埃里克·埃尔德。他经营一个网站,专门提供版权已经到期图书的免费下载。而 1998 年修改的版权法使埃尔德在网上出版一些早期诗集的计划告吹,并且看起来 20 年之内都无法实现。1999 年,郁闷之下的埃尔德决定到法庭讨个说法,状告国会 1998 年通过的这个法案违反了美国宪法。尽管有美国哈佛大学和斯坦福法学院法律教授劳伦斯·莱斯格的支持,埃尔德仍然在巡回法院和上诉法院败诉。但是,他们最终于 2002 年争取到了在最高法院举行听证会的机会。

原告方认为,一再延长版权实际等于变相使版权永久化,明显与宪法"一定期限"的规定相悖。虽然最高法院的法官们也同意这个逻辑,但法官们指出,此案的尴尬之处在于,宪法亦明确授权,由国会确定多长时间算是"一定期限";如果法院推翻国会法案,即属越权。最后,2002 年 1 月 15 日,美国最高法院以 7:2 的投票表决,支持了 1998 年的著作权期限延长法案。法庭判决书指出,1998 年著作权期限延长法案并未违反宪法规定,也没有违反言论自由的精神。由此一来,迪斯尼将可以继续拥有米老鼠等卡通明星。而好莱坞也可以雄心万丈地期待,互联网视频音频娱乐业将成为它的又一棵"摇钱树"。我国学者认为,尽管最高法院在判决书中说,这一结论的作出"符合美国利益",但实际上这一延长法案实际上是保护了美国一部分人或者说集团的利益。[①]

一般来说,各国对于作品著作权的保护期都采用了两段式加不定式的规定方式。两段式为作者终身加死后若干年,不定式体现在作者死亡时间的不确定性。对于邻接权的保护,则一般规定为一段式,起算点为作品发表之日。但是,在认为人身权和财产权可以分开的二元论国家,对人身权和财产权又规定了不

---

① 强世功等:《知识产权与法律移植》,载《读书》2004 年第 8 期。

同的保护期间。根据我国著作权法的相关规定,笔者总结著作权与邻接权的保护期间如下。

（一）著作人身权的保护期间

著作人身权中,作者的署名权、修改权、保护作品完整权的保护期不受限制。作者死亡后,其著作权中的署名权、修改权和保护作品完整权由作者的继承人或者受遗赠人保护。著作权无人继承又无人受遗赠的,其署名权、修改权和保护作品完整权由著作权行政管理部门保护。

公民的作品,其发表权的保护期为作者终生及其死亡后五十年,截止于作者死亡后第五十年的12月31日;如果是合作作品,截止于最后死亡的作者死亡后第五十年的12月31日。作者生前未发表的作品,如果作者未明确表示不发表,作者死亡后50年内,其发表权可由继承人或者受遗赠人行使;没有继承人又无人受遗赠的,由作品原件的所有人行使。法人或者其他组织的作品,其发表权截止于作品首次发表后第五十年的12月31日,但作品自创作完成后五十年内未发表的,著作权法不再保护。电影作品和以类似摄制电影的方法创作的作品、摄影作品,其发表权截止于作品首次发表后第五十年的12月31日,但作品自创作完成后五十年内未发表的,著作权法不再保护。

（二）著作财产权的保护期间

公民的作品,其财产权的保护期为作者终生及其死亡后五十年,截止于作者死亡后第五十年的12月31日。法人或者其他组织的作品,其财产权截止于作品首次发表后第五十年的12月31日,但作品自创作完成后五十年内未发表的,著作权法不再保护。

电影作品和以类似摄制电影的方法创作的作品、摄影作品,其财产权截止于作品首次发表后第五十年的12月31日,但作品自创作完成后五十年内未发表的,著作权法不再保护。这是我国对于电影作品著作权保护期间的规定,世界各国对电影作品的保护不尽相同,有采主导演终生加死后若干年的模式,有采若干创作人员中最后死亡者终生加死后若干年的模式。我国著作权法规定电影作品的著作权人为制片人,统一规定作品发表后第五十年的12月31日似乎也就是必然了。

（三）邻接权的保护期间

邻接权主要表现为出版者、表演者、音像制品以及电台、电视台就其出版的图书、进行的表演、灌制的音像制品、录制的节目等享有的权利。

出版者有权许可或者禁止他人使用其出版的图书、期刊的版式设计。该权利的保护期为十年,截止于使用该版式设计的图书、期刊首次出版后第十年的12月31日。

表演者表明表演者身份以及保护表演形象不受歪曲的权利没有保护期限制，但是表演者许可他人从现场直播和公开传送其现场表演，并获得报酬等财产权利的保护期为五十年，截止于该表演发生后第五十年的12月31日。

录音录像制作者对其制作的录音录像制品，享有许可他人复制、发行、出租、通过信息网络向公众传播并获得报酬的权利；权利的保护期为五十年，截止于该制品首次制作完成后第五十年的12月31日。

广播电台、电视台有权禁止未经其许可播放或录制其节目的权利的保护期为五十年，截止于该广播、电视首次播放后第五十年的12月31日。

（四）特殊类型的作品的保护期

作者身份不明的作品，其著作财产权利的保护期截止于作品首次发表后第五十年的12月31日。作者身份确定后，适用著作权法作者终生加死后五十年的规定。

合作作品的著作财产权，截止于最后死亡的作者死亡后第五十年的12月31日。合作作者之一死亡后，其对合作作品享有的著作财产权发生继承和遗赠，无人继承又无人受遗赠的，由其他合作作者享有。由于我国著作权法中规定的合作作品包括可以分割使用的作品联合的情况，而这些作品的保护期应该是单独计算。

二、合理使用制度

著作权合理使用制度是指，在特殊情况下使用作品，可以不经著作权人许可，不向其支付报酬，但是应当指明作者姓名、作品名称，并且不得侵犯著作权人依照本法享有的其他权利。合理使用制度是当今各国通行的一项制度，但由于其概念的抽象性，内涵和外延的不确定性，增加了该制度在理论和实务操作中的难度。

合理使用旨在平衡著作权人与使用者的利益，平衡保护著作权人的合法利益与促进社会科学文化的进步和发展，既保护著作权人利益，保证有充分的激励机制促使著作权人创造更多的知识成果，同时又通过一定的制度设计抑制不利于社会进步的因素。

从历史发展来看，英国的合理使用制度发端于"合理节略"（fair abrigement）。1841年美国法官Joseph Story在Folsom v. Marsh一案中，集以往相关判例法规则之大成，系统阐述了合理使用制度的基本思想，确定了著名的合理使用三要素，即：其一，使用作品的性质与目的。其二，使用作品的数量和价值。其三，使用对原作市场销售及存在价值的影响程度。1976年，美国《版权法》正式规定了合理使用制度。该法在第107条规定了判断合理使用的四要素："在任何特定情况下，确定对一部作品的使用是否合理使用，要考虑的因素应当包括：

(1)使用作品的目的和性质;(2)有版权作品的性质;(3)同整个有版权作品相比所使用的部分的数量和内容的实质性;(4)这种使用对有版权作品的潜在市场或价值所产生的影响。"

从合理使用制度的设计模式来看,目前主要有因素主义、规则主义和混合(折中)主义三种。《伯尔尼公约》是混合主义的典型代表,《公约》在第9条第2款规定,"本同盟成员国法律得允许在某些特殊情况下复制上述作品,只要这种复制不损害作品的正常使用也不致无故侵害作者的合法利益"。这就是著名的三步检验法规定。但同时,公约又明文规定了几种合理使用的方式,主要包括:(1)从一部合法公知于众的作品中摘出引文,包括以报刊提要形式引用报纸期刊上的文章,并注明了出处;(2)以出版物、广播、或录音录像形式为教学解说而使用作品并注明了出处;(3)通过广播、报刊,复制已在报刊上发表的有关经济、政治或宗教的时事文章,或具有同样性质的已经广播过的作品(只要原发表时未声明保留),并指明了出处;(4)用摄影、电影或其他报道时事新闻的传播方式,在报道中使用无法避免使用的有关作品等。美国是因素主义模式的典型代表,如上所述,其立法和司法判例都通过合理使用的构成要素来判断具体情形下对作品的使用是否构成合理使用。我国采取的是规则主义模式,在《著作权法》第22条明确列举规定了12种构成合理使用的行为。2001年,我国第二次修改《著作权法》时,对合理使用制度进行了进一步细化,使其规定愈加完善。

从对新技术环境的适应性来看,因素主义立法模式具有无可比拟的灵活性。但规则主义立法模式预期性强,司法裁量的空间小。从某种程度上说,采用成文法而非判例法的国家遵循知识产权法定主义原则,权利的内容、限制等都严格解释适用法律的具体规定,重视立法民主程序,不信任司法能动判断。因此,大陆法国家引入美国立法模式的合理使用一般条款面临重重困难。

(一)个人合理使用

个人合理使用是为个人学习、研究或者欣赏,使用他人已经发表的作品。西方国家著作权立法一般将个人使用的目的界定为"为个人学习、研究",即因非商业性目的而使用他人已发表的作品。该限制主要是为了促进文化的发展,维护社会的公共利益。我国也应当将为"个人欣赏"而对个人作品进行的无偿、自由的利用行为排除在个人合理使用范围之外,仅保留为"个人学习、研究"的个人合理使用。[①] 但有些学者认为,不应将个人以欣赏为目的的使用行为排除在外。但是,需要对个人合理使用的具体方式和如何防止滥用合理使用损害作者的权益等进行法律规制。[②] 技术的发展使得个人复制不仅成为可能,而且给现

---

① 吴汉东等:《知识产权基本问题研究》,中国人民大学出版社2005年版,第303页。
② 冯晓青:《知识产权法前沿问题研究》,中国人民公安大学出版社2004年版,第121页。

行的著作权法的适用带来困难,个人可以通过廉价的方式复制出与原作质量相差无几的复制品,这种私人性复制虽不具有商业营利目的,但过多的复制必然造成一种对原作品的替代消费,减少对原作品的市场需要,损害著作权人的复制权。由此,笔者认为,应该严格限制个人合理使用的范围。

(二)为介绍、评论某一作品或者说明某一问题,在作品中适当引用他人已经发表的作品

这里,首先必须明确的是,引用的作品是已发表的作品,对未发表的作品要进行引用还必须征得著作权人的同意。其次,该合理使用的目的特定——为介绍、评论某一作品或者说明某一问题,例如,对新出版的作品做书评、文评,等等。最后,从数量上看,所引用的内容必须适当,不能大段截取他人的作品放入自己的作品中。我国司法实践通过具体情况分析引用或评论是否超出"合理"范畴。例如,在中国画报出版社与杨洛书、杨福源侵犯著作权纠纷案中,对中国画报出版社在其出版发行的《杨家埠年画之旅》一书第七章中使用杨洛书的 16 幅年画行为是否构成合理使用,山东省高级人民法院从几个方面进行了分析判断:第一,从《杨家埠年画之旅》一书的整体内容分析,该书通篇内容并非对年画本身的具体介绍或评论,其中"年画'神话'杨洛书"一章,虽然涉及了对杨洛书年画作品的简单介绍,但篇幅极少,更多篇幅文字与具体作品的评价、介绍相去甚远,整体体现为对杨家埠年画制作人物、事件及作者游历的叙述、介绍。因此,从内容分析本案中对涉案作品的使用并非对年画作品本身的评价、介绍。第二,从作品使用的章节及数量看,该 16 篇作品所具体出现的位置,与该章节中对杨洛书年画作品的简单介绍联系性不强,同时选用作品的数量也超出了简单介绍的幅度。因此,从作品使用的章节及数量分析本案中对涉案作品的使用也超出了对年画作品本身的评价、介绍。第三,从上述 16 幅作品的使用效果看,上述年画作品的使用增强了《杨家埠年画之旅》一书的欣赏性、收藏性。从使用效果分析本案中上述作品的使用客观上阻碍了年画作品作者独立行使上述作品复制权并获得报酬的权利。因此,山东省高级人民法院认为,综合本案中《杨家埠年画之旅》一书对他人作品的使用情节,该书使用上述 16 篇涉案作品不属于对某一作品具体介绍或评价,超出了著作权法规定的对作品的合理使用范畴。[①] 从该案判决的推理来看,在判断引用或评论是否符合合理使用的规定时,法院要分析引用或评论对于作品整体的必要性和意义、引用或评论的量以及引用或评论对于被引用或评论部分作品使用的影响。在判断推理方面,该案的逻辑思路和美国立法与实践判断合理使用的方法非常类似。是否"适当",除了数量方面的考虑

---

① 本案具体情况参见山东省高级人民法院民事判决书(2007)鲁民三终字第 94 号。

外,还需要从质的角度衡量,换言之,如果引用数量不多,但引用了作品的核心内容,则仍可能构成侵权而非合理使用。例如在李强与于芬著作权纠纷案中,原告李强著有《西方理念是科学,东方思想是宗教》(以下简称《西》文),于2009年6月17日发表在其博客"西北风的空间—搜狐博客"(http://zhendaoli.blog.sohu.com)和"搜狐网梦幻主场——体育大看台"上。于芬曾多次访问该博客,并对文章进行评论。2009年8月2日,于芬在其博客"于芬的博客—搜狐博客"(http://yufenblog.blog.sohu.com)上发表了文章《如何突破难度与稳定的瓶颈,继续领跑世界跳坛》(以下简称《如》文),该文的第六段整段引用了《西》文第五段内容,却未注明作者和出处。法院认为,从《西》文和《如》文的研讨主旨及于芬在博客上的回复中可知,《如》文对《西》文的使用已构成对《西》文核心内容的使用,于芬的行为违反了著作权法的有关规定,构成侵权。①

(三)为报道时事新闻,在报纸、期刊、广播电台、电视台等媒体中不可避免地再现或者引用已经发表的作品

为了让公众知晓国内外发生的大事,而使用他人作品的,可以构成合理使用,但该合理使用构成要件严格:

第一,报道的必须是时事新闻,而非其他类新闻;第二,该合理使用的主体仅仅限于媒体;第三,所使用的作品必须是已经发表的作品;第四,引用或者再现是必需的,无法避免的。

(四)报纸、期刊、广播电台、电视台等媒体刊登或者播放其他报纸、期刊、广播电台、电视台等媒体已经发表的关于政治、经济、宗教问题的时事性文章,但作者声明不许刊登、播放的除外

新闻媒体合理使用体现了著作权保护作者权利的同时,要维护公众对信息的获得。该款合理使用仅针对的是时事性文章,而且将作者声明不许刊登、播放的排除在外,其范围非常窄。

(五)报纸、期刊、广播电台、电视台等媒体刊登或者播放在公众集会上发表的讲话,但作者声明不许刊登、播放的除外

(六)为学校课堂教学或者科学研究,翻译或者少量复制已经发表的作品,供教学或者科研人员使用,但不得出版发行

教学研究合理使用所面临的问题在我国比较多,现实生活中高校和科研机构侵犯著作权的现象很普遍。根据该款规定,为课堂教学或科学研究可以翻译或少量复制已经发表的作品,但多少才构成少量,立法没有明确。国外一般规定

---

① 该案情况参见北京市海淀区法院民事判决书(2010)海民初字第2197号。

百分之二十以下为合理使用。翻译或少量复制的目的仅限于课堂教学或者科研人员使用,不能将复制品进行发行。其次,何为"课堂教学"也颇有争议。在国家广播电影电视总局电影卫星频道节目制作中心与中国教育电视台侵犯著作权纠纷案中,国家广播电影电视总局电影卫星频道节目制作中心(以下简称电影频道中心)与中国人民解放军八一电影制片厂(以下简称八一电影制片厂)联合摄制了影片《冲出亚马逊》(简称《冲》片),系《冲》片的著作权人,中国教育电视台未经著作权人许可,播放了《冲》片。一审法院认为,我国《著作权法》第22条第1款第6项规定的学校课堂教学,应专指面授教学,不适用于函授、广播、电视教学,故即使认定中国教育电视台的播放行为是一种教育教学行为,亦不在《著作权法》第22条规定的12种情形之内。[①]由此可见,对课堂教学应该采取狭义解释。而《信息网络传播权保护条例》在第8条则对远程教育做了有关法定许可的规定,即为通过信息网络实施九年制义务教育或者国家教育规划,可以不经著作权人许可,使用其已经发表作品的片断或者短小的文字作品、音乐作品或者单幅的美术作品、摄影作品制作课件,由制作课件或者依法取得课件的远程教育机构通过信息网络向注册学生提供,但应当向著作权人支付报酬。由此规定可知,即使是为了实施九年制义务教育或国家教育规划使用以及发表的作品,如果是通过远程教育方式实施的,也不适用合理使用,在满足一定条件的情况下可以适用法定许可。

(七)国家机关为执行公务在合理范围内使用已经发表的作品

国家机关包括国家立法、司法、行政机关,这些机关为执行公务而在合理的范围内可以使用已经发表的作品。合理范围既包括对作品量的规定,也包括使用作品的方式。在国家广播电影电视总局电影卫星频道节目制作中心与中国教育电视台侵犯著作权纠纷案中,法院强调"国家机关"是特指法定的具有公共事务管理职能的国家机构,"执行公务"则是指执行与国家机关的法定职能直接相关的事务,而不能作扩大的解释。基于这样一个原则,法院结合该案事实认定,中国教育电视台并非执行法定的管理职能的国家机关,其播放《冲》片既不是执行与法定职能直接相关的事务,也不属于执行政府行政指令的行为。因此不能适用合理使用的规定。[②]

(八)图书馆、档案馆、纪念馆、博物馆、美术馆等为陈列或者保存版本的需要,复制本馆收藏的作品

为馆藏需要而复制已经要绝本的作品属于合理使用,但这里仅限于本馆已

---

① 参见北京市海淀区人民法院民事判决书(2006)海民初字第8877号。
② 参见北京市第一中级人民法院民事判决书(2006)一中民终字第13332号。

经收藏的作品,而且其目的必须是为陈列作品或者保存作品以便公众能够获得。

(九)免费表演已经发表的作品,该表演未向公众收取费用,也未向表演者支付报酬

免费体现在既不向公众收取费用,也不向表演者支付报酬。像一些赈灾义演等,由于其向观众收取费用,并不构成合理使用。从理解上看,这里的表演应该是现场表演,而不是机械表演。

(十)对设置或者陈列在室外公共场所的艺术作品进行临摹、绘画、摄影、录像

从该款的具体规定来看,其使用范围如下:

第一,作品限定,仅指艺术品。第二,作品所处位置限定——室外公共场所,室外首先指的是露天;其次,从公共场所的定义来看应该是公众可以自由出入的场所,例如街心花园、广场等地。第三,作品利用方式限定,仅适用于对艺术品进行临摹、绘画、摄影、录像而不包括拓印、雕塑等,而且,艺术作品的临摹、绘画、摄影、录像人,可以对其成果以合理的方式和范围再行使用,不构成侵权,但对作品利用后所产生的新的作品是不能出版发行的。

(十一)将中国公民、法人或者其他组织已经发表的以汉语言文字创作的作品翻译成少数民族语言文字作品在国内出版发行

该款规定的合理使用的构成要件非常严格:第一,必须是汉语言文字创作的作品翻译成少数民族语言文字的,少数民族语言文字之间的翻译不构成合理使用;第二,必须是中国国籍的作品,也即中国公民、法人或者其他组织的作品;第三,必须是已经发表的作品;第四,出版发行只能在国内,超过中国国境范围不构成合理使用。

(十二)将已经发表的作品改成盲文出版

和上款规定的合理使用相比,该款规定的情况相对宽松,它不限制作品的国籍,也不限制语种,中文、外文和少数民族语言文字的都可以,更不限制出版发行的地域。只要是已经发表的作品改成盲文出版的,就都构成合理使用。

三、非自愿许可

非自愿许可,指在某些特殊情况下,法律允许不经著作权人许可公开利用其作品,但应向其支付报酬的制度,也是一种对著作权的限制。"非自愿许可"一词是著作权界惯用的术语,包括强制许可和法定许可两种形式。总的来看,实行法定许可制度的以前东欧社会主义国家为主,西方发达国家在对著作权进行限制时,一般采取强制许可制度。我国著作权法没有强制许可制度,只有法定许可

制度,具体来讲,有以下规定。

(一)为实施九年制义务教育和国家教育规划而编写出版教科书,除作者事先声明不许使用的外,可以不经著作权人许可,在教科书中汇编已经发表的作品片段或者短小的文字作品、音乐作品或者单幅的美术作品、摄影作品,但应当按照规定支付报酬,指明作者姓名、作品名称,并且不得侵犯著作权人依照本法享有的其他权利。前款规定适用于对出版者、表演者、录音录像制作者、广播电台、电视台的权利的限制。

在编写九年制义务教育教材和国家教育规划教材时,可以不经作者同意使用部分作品的片段、短小的作品或单幅美术作品、摄影作品,但要向其支付报酬。如何确定国家教育规划教材?何为短小?如何计酬?为明确这些问题,2013年9月2日,国家版权局和改革委员会公布《教科书法定许可使用作品支付报酬办法》,自2013年12月1日起施行。该办法规定,教材法定许可适用于使用已发表作品编写出版九年制义务教育和国家教育规划教科书的行为。教科书不包括教学参考书和教学辅导材料。九年制义务教育教科书和国家教育规划教科书,是指为实施义务教育、高中阶段教育、职业教育、高等教育、民族教育、特殊教育,保证基本的教学标准,或者为达到国家对某一领域、某一方面教育教学的要求,根据国务院教育行政部门或者省级人民政府教育行政部门制定的课程方案、专业教学指导方案而编写出版的教科书。

作品片断或者短小的文字作品,是指九年制义务教育教科书中使用的单篇不超过2000字的文字作品,或者国家教育规划(不含九年制义务教育)教科书中使用的单篇不超过3000字的文字作品。短小的音乐作品,是指九年制义务教育和国家教育规划教科书中使用的单篇不超过5页面或时长不超过5分钟的单声部音乐作品,或者乘以相应倍数的多声部音乐作品。

教科书汇编者支付报酬的标准如下:(1)文字作品:每千字300元,不足千字的按千字计算;(2)音乐作品:每首300元;(3)美术作品、摄影作品:每幅200元,用于封面或者封底的,每幅400元;(4)在与音乐教科书配套的录音制品教科书中使用的已有录音制品:每首50元。支付报酬的字数按实有正文计算,即以排印的版面每行字数乘以全部实有的行数计算。占行题目或者末尾排印不足一行的,按一行计算。诗词每十行按一千字计算;不足十行的按十行计算。非汉字的文字作品,按照相同版面同等字号汉字数付酬标准的80%计酬。

(二)报刊之间互相转载在报刊上刊登的作品的规定。

作品刊登后,除著作权人声明不得转载、摘编的外,其他报刊可以转载或者作为文摘、资料刊登,但应当按照规定向著作权人支付报酬。关于报刊转载、摘编的付酬问题,国家版权局于1993年8月1日发布了《报刊转载、摘编法定许可付酬标准暂行规定》,明确了报刊转载、摘编作品的付酬标准为25元/千字;社会科学、自然科学纯理论、学术性专业报刊可适当降低,但不得低于10元/千字。500字以上不足千字的按千字计算;不足500字的按千字作半计算。1999年4月5日国家版权局发布《出版文字作品报酬规定》,提高了付酬标准,规定报刊转载、摘编其他报刊已发表的作品,应按每千字50元的付酬标准向著作权人付酬。社会科学、自然科学纯理论学术性专业报刊,经国家版权局特别批准可适当下调付酬标准。报刊转载、摘编其他报刊上已发表的作品,著作权人或著作权人地址不明的,应在一个月内将报酬寄送中国版权保护中心代为收转。到期不按规定寄送的,每迟付一月,加付应付报酬5%的滞付费。国家版权局、国家发展和改革委员会在2014年制定了《使用文字作品支付报酬办法》,再一次提高了付酬标准,规定报刊依照《中华人民共和国著作权法》的相关规定转载、摘编其他报刊已发表的作品,应当自报刊出版之日起2个月内,按每千字100元的付酬标准向著作权人支付报酬,不足五百字的按千字作半计算,超过五百字不足千字的按千字计算。报刊出版者未按前款规定向著作权人支付报酬的,应当将报酬连同邮资以及转载、摘编作品的有关情况送交中国文字著作权协会代为收转。中国文字著作权协会收到相关报酬后,应当按相关规定及时向著作权人转付,并编制报酬收转记录。报刊出版者按前款规定将相关报酬转交给中国文字著作权协会后,对著作权人不再承担支付报酬的义务。这样,报刊转载法定许可作品使用报酬的计算标准进一步提高,同时,除了转载的报刊直接付酬的方式外,中国文字著作权协会也承担转付职能。

(三)关于制作录音制品,录音制作者使用他人已经合法录制为录音制品的音乐作品制作录音制品,可以不经著作权人许可,但应当按照规定支付报酬;著作权人声明不许使用的不得使用。

录音制品法定许可的适用涉及与《著作权法》第42条规定的录音制作者权相协调以及限制原音乐作品著作权人(如音乐作品词著作权人和曲著作权人)的权利问题。在王海星、王海燕与广东大圣文化传播有限公司、广州音像出版社、重庆三峡光盘发展有限责任公司、联盛商业连锁股份有限公司、南昌百货大楼股份有限公司著作权纠纷案中,最高法院指出,录音录像制品制作者对其制作的录音录像制品,依法享有许可他人复制、发行、出租、通过信息网络向公众传播并获得报酬的权利。录音录像制品的制作者使用他人作品制作录音录像制品,或者许可他人通过复制、发行、信息网络传播的方式使用该录音录像制品,均应依法取得著作权人及表演者许可,并支付报酬。但是,《著作权法》第39条第3款(现为第40条第3款)设定了限制音乐作品著作权人权利的法定许可制度。该规定虽然只是规定使用他人已合法录制为录音制品的音乐作品制作录音制品可以不经著作权人许可,但该规定的立法本意是为了便于和促进音乐作品的传播,对使用此类音乐作品制作的录音制品进行复制、发行,同样应适用《著作权法》第 39 条第 3 款(现为第 40 条第 3 款)法定许可的规定,而不应适用第 41 条第 2 款(现为第 42 条第 2 款)的规定。经著作权人许可制作的音乐作品的录音制品一经公开,其他人再使用该音乐作品另行制作录音制品并复制、发行,不需要经过音乐作品的著作权人许可,但应依法向著作权人支付报酬;① 由此,我们可以得出以下结论:第一,录音制作者法定许可不仅仅适用于制作录音制品,也适用于复制、发行制作的录音制品;第二,法定许可适用的结果是新录音制品制作者不必经过原音乐作品著作权人的同意即可使用音乐作品,但需要向其支付报酬。第三,适用法定许可的前提是著作权人未曾作出过禁止未经其许可另行制作录音制品的声明。通常情况下,著作权人在作品载体上声明"未经许可不得翻录、再版及使用的"即表明未经著作权人同意不得使用作品。②

(四)广播电台、电视台使用作品的法定许可。

广播电台、电视台播放他人已发表的作品,可以不经著作权人许可,但应当支付报酬。广播电台、电视台播放已经出版的录音制品,可以不经著作权人许可,但应当支付报酬。当事人另有约定的除外。具体办法由国务院规定。

思考题

1. 著作人身权有哪些?
2. 著作财产权有哪些?
3. 邻接权的主要类型是什么?
4. 著作权的保护期如何规定?
5. 简评我国著作权法规定的合理使用制度。
6. 简评我国著作权法规定的法定许可制度。

案例分析

Napster 案

Napster 公司是位于加利福尼亚州硅谷的一家高科技公司,其创始人发明了一个"享用音乐"软件,利用一种通常称之为 P2P 的文件交换方式,使 Napster 公司的用户能够通过互联网与别人共享保存在自己硬盘上的音乐文件。具体来说,Napster 公司的用户不仅可以方便地搜索其他用户保存在各自硬盘上的 MP3 格式的音乐文件,还可以借助 Napster 公司系统的服务下载这些音乐。任何人只

---

① 本案具体情况参见中华人民共和国最高人民法院民事判决书(2008)民提字第 57 号。
② 参见吴颂今与广州市妙音文化传播有限公司、广东创科科技股份有限公司著作权纠纷案,广东省广州市中级人民法院民事判决书(2013)穗中法知民终字第 970 号。

要在 Napster 公司的网站下载、安装了这一免费的享用音乐软件，都可以登录到 Napster 公司的系统，免费注册成为 Napster 公司的用户，并同其他登录到该系统上的用户交流 MP3 文件。用户上传或下载任何 MP3 文件都不向对方、Napster 或音乐作品的版权所有者交付任何费用。

A&M 唱片公司等共 18 家唱片公司以侵犯版权为由向 Napster 公司正式提出诉讼。利用 Napster 公司的软件和系统可获得的 MP3 音乐作品中，大约有 87% 的作品可能是有版权的，而超过 70% 的作品的版权可能为原告所有。后又有数家唱片公司和音乐出版商陆续加入诉讼。2000 年 8 月 10 日，加利福尼亚北区地方法院应原告的要求，发出初步禁令，禁止被告 Napster 公司的用户利用 Napster 公司的软件和系统，上传和下载原告有版权的 MP3 格式的音乐作品。Napster 公司不服判决，向第九巡回法院提起上诉。2001 第九巡回法院作出裁决，基本上维持了地方法院的原判，要求 Napster 公司停止侵犯版权行为，将所有侵权作品进行清查并从搜索引擎中去除。

法院认为，Napster 网站为用户的直接侵权提供了技术支持，包括软件、中央服务器和检索服务等。中央服务器和检索服务为用户的直接侵权行为提供了极大的便利。如果没有 Napster 网站提供的服务和技术支持，用户就不能方便地检索和下载他们所需要的 MP3 音乐。因此 Napster 网站通过中央服务器的检索功能对于用户使用其提供的 P2P 软件进行 MP3 音乐的交换等侵犯著作权的行为是知晓的。Napster 的服务器虽然没有存储用户所需的文件本身，但是却能够获取在线用户电脑中的文件目录，并根据用户的请求对目录中的文件进行检索。中央服务器的经营管理者可以通过查看目录显而易见地发现其中的侵权文件，并可终止侵权用户的账号，使其无法继续侵权行为。但 Napster 在收到著作权人的多次警告后未采取措施，也没有删除系统中的侵权文件，并继续为用户提供技术和服务上的支持，从而构成帮助侵权。①

✎ **思考**

如何认定网络中介服务提供者的著作权侵权责任？

 案例分析

董永七仙女案

1984 年，原告杨林受孝感市政府城市建设委员会的委托，创作"董永与七仙女"雕塑作品。作品完成后，被安放于湖北省孝感市董永公园孝子祠内。2001

---

① A&M RECORDS, INC., Interscope Records; Sony Music Entertainment, Inc.; MCA Records, Inc.; Atlantic Recording Corp.; Island Records, Inc.; Motown Record Co.; Capitol Records, Inc. v. Napster, Inc., 239 F. 3d 1004 (9th Cir. 2001).

年至 2002 年期间,被告孙建国经营的孝感市国光麻糖米酒厂未经原告许可,将"董永与七仙女"雕塑作品的图片印刷在其生产、销售的"国光麻糖"食品的外包装盒上。被告孝商集团和被告绿叶超市对外公开销售"国光麻糖"食品,原告认为三被告的行为侵犯了原告的署名权、保护作品完整权、复制权、获得报酬的权利。

被告认为,孝感市董永公园是对外开放供人们游玩休息的地方,属于室外公共场所。原告杨林雕塑作品设置在董永公园内,融入周围的环境之中,成为公园景观的一部分,同样可以供游人随意观赏,拍照留影,其艺术作品本身就具有长期的公益性质。既然设置在公共场所,难免有人进行临摹、绘画或拍摄、录像,如果让使用人都要征得著作权人许可,并支付报酬是不可能的。《著作权法》因此界定了对设置在公共场所的艺术作品构成合理使用。

法院认为,麻糖的生产者和销售者生产、销售产品内容是麻糖食品,消费者购买的也是麻糖食品并非包装,更不是印刷在包装上的图片。因此,经营利益只能产生于产品本身。本案"国光麻糖"产品包装上使用原告杨林的雕塑作品图片,并不影响原告杨林对该作品的正常使用,也不存在不合理地损害原告杨林著作权项下的合法利益的问题,其生产和销售行为属于对原告杨林设置在公共场所雕塑作品的拍摄成果以合理的方式和范围再行使用,不构成侵犯原告杨林"董永与七仙女"雕塑作品著作权。

在合理使用作品中指明作者姓名和作品名称的问题,根据法律规定应当注明作品出处。但是,因原告杨林雕塑作品本身没有注明作品出处,拍摄出来的图片也不可能有反映。而麻糖包装上受包装设计条件和包装内容的限制,无法注明雕塑作品的作者姓名和作品名称。《著作权法实施条例》第 19 条规定:"使用他人作品的,应当指明作者姓名、作品名称;但是,当事人另有约定或者由于作品使用方式的特性无法指明的除外。"[①]

✎ 思考

如何认识室外公共场所艺术品合理使用中的"室外""公共场所"的概念?营利性和非营利性要素对该种合理使用判断的影响如何?

---

① 湖北省高级人民法院民事判决书(2008)鄂民三终字第 15 号。

第六章 著作权的利用与管理

第一节 著作权的转让

关于著作权中财产权的转移,存在着不同的立法理论。如在以"一元论"为立法指导思想的德国等国家,著作权由著作财产权和著作人身权结合组成,转让著作财产权也就意味着转让了著作人身权。因此,著作权法不承认著作财产权的转让,仅承认"用益权"的部分授予,即作者可将单项或全部使用著作的权利(用益权)授予他人,著作财产权在合同期满后又回归作者。法国则以"二元论"为立法指导思想,将著作权分为人身权、财产权两部分,彼此相对独立,著作人身权不可转让,但著作财产权可以转让。① 在我国《著作权法》起草过程中,起草人围绕着是否允许著作权的转让这一问题曾发生过激烈的争论。一种观点认为,著作权具有人身性质,因此不能转让,尤其是著作人身权更是绝对不能转让,另一种意见认为财产所有权的转让,就是卖绝,知识产权也不能例外。允许著作权的转让就是允许卖绝著作权。②

英美法系国家的著作权法构筑在"财产价值观"的基础上,奉行商业著作权说,认为著作权的实质,乃是为商业目的而复印作品的权利。

我国现行《著作权法》关于著作权的转让主要规定在第 25 条:"转让本法第十条第一款第(五)项至第(十七)项规定的权利,应当订立书面合同。权利转让合同包括下列主要内容:(一) 作品的名称;(二) 转让的权利种类、地域范围;(三) 转让价金;(四) 交付转让价金的日期和方式;(五) 违约责任;(六) 双方认为需要约定的其他内容。"

从该条规定来看,著作权法中允许转让的仍然是著作财产权,而不包括著作人身权。

第二节 著作权的许可使用

根据我国著作权法的规定,除了图书出版者可以在合同约定享有专有出版权外,其他使用者与作者签订使用作品的合同,可以是专有许可,也可以是非专

---

① 参见吴汉东等:《西方诸国著作权制度研究》,中国政法大学出版社 1998 年版,第 120—122 页。
② 参见沈仁干:《关于中国著作权法制定的回顾》,载刘春田:《中国知识产权二十年》,北京专利文献出版社 1998 年版,第 40 页。

有许可。使用他人作品应当同著作权人订立许可使用合同,许可使用的权利是专有使用权的,应当采取书面形式,但是报社、期刊社刊登作品除外。但专有使用权是排他性质的还是独占性质的,则由合同约定,合同没有约定或者约定不明的,视为被许可人有权排除包括著作权人在内的任何人以同样的方式使用作品;除合同另有约定外,被许可人许可第三人行使同一权利,必须取得著作权人的许可。

第三节 著作权集体管理制度

在西方,著名的集体管理组织已经运行了上百年,取得了较好的效果。世界上的作者协会起源于法国。1777年,著名的戏剧家博马舍创立了法国戏剧作者和作曲者协会(SACD)。后来,在法国著名作曲家比才和其他一些音乐家的倡导下,成立了世界上第一个管理音乐作品著作权的组织,这就是现在的法国音乐作者、作曲者出版者协会(SACEM)。随后,德国、意大利、奥地利、英国以及北欧、东欧各国纷纷成立了类似的组织。1926年,18个国家的音乐作品著作权集体管理机构联合组成了国际作词者作曲者协会联合会(CISAC)。到2004年,CISAC的会员协会包括109个国家,208家集体管理组织,代理着超过200万名各类音乐作者,成为真正世界性音乐著作权人的组织。同时,其他作品的著作权集体管理组织也相继设立,如德国文字与科学作品集体管理协会、法国多媒体作者协会等。著作权集体管理组织管理作品的范围从最初的文学、音乐等领域逐步扩大到美术、摄影、电影、多媒体等领域,管理的权利也从传统的表演权、复制权扩大到广播权、出租权以及信息网络传播权等。在我国,直到20世纪80年代,集体管理组织才被引进国内。中国的著作权集体管理制度始于20世纪的90年代。"版权集体管理"一词最早在新中国法律中使用,是在1991年5月24日由国务院批准的《著作权法实施细则》。中国政府非常重视著作权集体管理制度的建立与完善。1990年《中华人民共和国著作权法》颁布后,1992年就批准成立了第一家著作权集体管理组织——中国音乐著作权协会。她已于1994年被国际作者、作曲者协会联合会接纳为会员。根据该会章程,只有那些版权集体管理组织才能成为其会员。2005年3月1日《著作权集体管理条例》实施后,国家版权局加快了著作权集体管理组织审批的工作,2005年12月,批准成立了中国音像集体管理协会。2008年10月24日,经国家版权局、民政部正式批准成立的中国文字著作权协会在京举行成立大会。这是继中国音乐著作权协会、中国音像著作权集体管理协会之后国家批准成立的第三家著作权集体管理组织,也是我国负责文字作品著作权集体管理的唯一组织。

集体管理来自英文 Collective Administration,但把从事此类活动的组织称作

"版权集体管理组织"却有不妥。首先,这个名称并没有恰当地表明该组织活动的性质。其次,"管理"一词令人生厌,一些权利人对冠以"集体管理"名义的组织望而却步。实际上,此类组织的管理工作,主要为版权报酬的收集与分配。所以,对从事此类活动的组织,如果为其正名的话,似宜采用"版权报酬集体收集与分配组织"。

《著作权集体管理条例》已经自2005年3月1日起施行。根据该条例,我国著作权集体管理制度规定如下。

(一)著作权集体管理组织属于社会团体

著作权集体管理组织,是指为权利人的利益依法设立,根据权利人授权、对权利人的著作权或者与著作权有关的权利进行集体管理的社会团体。可以发起设立著作权集体管理组织的是依法享有著作权或者与著作权有关的权利的中国公民、法人或者其他组织。这说明,著作权集体管理组织在我国是属于民间性质的。各国的著作权集体管理组织都是非营利组织,收到的收入在扣除少量佣金后,应将其余部分百分之百地分配给权利人。

(二)著作权集体管理组织开展的活动是著作权集体管理活动

著作权集体管理活动是便于著作权人和与著作权有关的权利人(以下简称权利人)行使权利和使用者使用作品,著作权集体管理组织经权利人授权,集中行使权利人的有关权利并以自己的名义进行的下列活动:与使用者订立著作权或者与著作权有关的权利许可使用合同(以下简称许可使用合同)、向使用者收取使用费、向权利人转付使用费、进行涉及著作权或者与著作权有关的权利的诉讼、仲裁等。

(三)会员向集体管理组织转移作品使用方面的管理权

权利人与著作权集体管理组织订立著作权集体管理合同后,不得在合同约定期限内自己行使或者许可他人行使合同约定的由著作权集体管理组织行使的权利。目前,在我国尚未形成著作权集体管理传统的国家,要求作为会员的作者授权集体管理组织独占享有与作品有关的诉讼的诉权以及许可作品使用等方面的管理权,这会使很多作者有所顾忌。

(四)著作权集体管理组织分行业设立

设立著作权集体管理组织,不仅要有著作权集体管理组织的章程草案、使用费收取标准草案和向权利人转付使用费的办法、发起设立著作权集体管理组织的权利人不少于50人且能在全国范围代表相关权利人的利益,而且,要设立的集体管理组织不能与已经依法登记的著作权集体管理组织的业务范围交叉、重合。这表明,我国的著作权集体管理组织采用的是分行业设立模式。

思考题

1. 著作权转让的条件如何?
2. 著作权使用许可的条件是什么?
3. 简述著作权集体管理制度在我国的发展。

 案例分析

A与B为同事。某年,A为晋升教授,求B为其写论文两篇,并以每篇10000元的价格作为酬劳。B写完后交与A。A将两篇文章在其领域核心期刊发表,署名为A。B后悔,诉A侵犯其著作权。A抗辩称与B系合同关系,二人之间达成了著作权转让协议,20000元为对价,B已经将两篇文章的著作权转移给A。

✎ 思考

法院该如何处理A、B二人之间的著作权纠纷?

第七章 著作权的保护

从著作权的保护手段来说,我国法律体系中对著作权提供保护的有民事手段、行政手段和刑事手段。侵犯著作权要承担的也就分别是民事责任、行政责任和刑事责任。从法律规范的种类来说,对著作权提供保护不仅需要实体法的规范,还需要民事诉讼法、行政诉讼法和刑事诉讼法的配套程序性规定。

第一节 侵犯著作权的行为

著作权侵权行为有侵犯著作人身权的,也有侵犯著作财产权的,侵犯著作人身权的主要表现为未经著作权人许可,发表其作品的;未经合作作者许可,将与他人合作创作的作品当做自己单独创作的作品发表的;没有参加创作,为谋取个人名利,在他人作品上署名的、歪曲、篡改他人作品的。这些行为侵犯的是作者发表权、署名权、修改权以及保护作品完整权。

一、承担民事责任的著作权侵权行为类型

侵犯著作权首先要承担的是民事责任,我国《著作权法》第 47 条规定:"有下列侵权行为的,应当根据情况,承担停止侵害、消除影响、赔礼道歉、赔偿损失等民事责任:

(一)未经著作权人许可,发表其作品的;

(二)未经合作作者许可,将与他人合作创作的作品当做自己单独创作的作品发表的;

(三)没有参加创作,为谋取个人名利,在他人作品上署名的;

(四)歪曲、篡改他人作品的;

(五)剽窃他人作品的;

(六)未经著作权人许可,以展览、摄制电影和以类似摄制电影的方法使用作品,或者以改编、翻译、注释等方式使用作品的,本法另有规定的除外;

(七)使用他人作品,应当支付报酬而未支付的;

(八)未经电影作品和以类似摄制电影的方法创作的作品、计算机软件、录音录像制品的著作权人或者与著作权有关的权利人许可,出租其作品或者录音录像制品的,本法另有规定的除外;

(九)未经出版者许可,使用其出版的图书、期刊的版式设计的;

（十）未经表演者许可,从现场直播或者公开传送其现场表演,或者录制其表演的;

（十一）其他侵犯著作权以及与著作权有关的权益的行为。"

著作权侵权行为的传统类型是剽窃行为或抄袭行为,认定是否剽窃了他人的作品,首先要看作品是否是根据同一素材独立创作的。由不同作者就同一题材创作的作品,作品的表达系独立完成并且有创作性的,应当认定作者各自享有独立著作权。其次,排除作品使用属于合理使用的情形,如果对作品的使用构成合理使用则不能认定为著作权侵权。再次,通过合理的方式认定作品的相似性。现实生活中存在着赤裸裸的剽窃行为,在不构成合理使用的情况下完全照搬作品或者作品的片段,也不指明出处。但是,还有一些侵权行为采取比较隐蔽的形式,很难直观地发现作品的相似性。

在美国的司法实践中,确认作品是否侵权,普遍使用着一个"两步法":"接触"加"实质性相似"(access plus substantial similarity)。"接触"是指原告的作品可为公众接触获得,作品已出版,或者由于与原告有特殊关系而使被告有机会获得原告的作品。"实质性相似"是指被告的作品与原告的作品在表达上存在着实质性相似。在判定"实质性相似"的方法上,美国司法中主要采用以下方法:

1."三段论"侵权认定法

"三段论"侵权认定法是由美国第二巡回上院1992年Walker法官在审理AC诉阿尔Computer Assocs. Inf'l, Inc. v. Altai, Inc.一案中创造的,对以后的版权侵权认定具有重要的意义。"三段论"侵权认定法的第一步是抽象法,首先要把原告、被告作品于不受保护的"思想"本身,从思想的表达中删除出去。如果两部作品只是创作或设计本身相同,即使这种相同十分明显也不构成侵权。然后是过滤法,即将不受保护的资料与受保护的表达分离开,以限定原告作品著作权保护。最后是对比法,即在通过第一步的"抽象"和第二步的"过滤"后,对所利用的材料进行对比,如果被告的作品与原告的作品仍旧有"表达"上的"实质性相似"时,则可以认定被告侵犯原告的版权。[1]

2."摘要层次"测试法(Levels of Abstraction Test)

"摘要层次"测试法又有人称之为抽象检验法(abstractions test),是由法官Hand在1930年的Nichols v. Universal Pictures Corp.一案中提出。[2] 他认为对他人作品的挪用分为两种。第一种是文字性的挪用,即逐字逐句地抄袭。此种方式如果挪用得少,则有可能是合理使用,如果挪用得多,则有可能构成侵权。第二种挪用是非文字性的挪用,即拿走整部作品的摘要。对于整部作品的摘要,究

---

[1] See Computer Assocs. Inf'l, Inc. v. Altai, Inc., 982 F. 2d 693(2d Cr. 1992).
[2] Nichols v. Universal Pictures Corp., 45 F. 2d 119(2d Cr. 1930).

竟是"思想"抑或是"表达",这对是否构成侵权至关重要。由此,在该问题上,Hand 法官提出了著名的"摘要层次"测试法,即将原告的作品和被告的作品作出一系列抽象层次不等的摘要,然后对之进行比较。如果两者的相似或一致是在高层次的思想观念上,就不存在着实质性相似的侵权。如果两者的相似或一致是在低层次的表达上,则构成实质性的相似即构成侵权。自 30 年代提出以来,"摘要层次"检验法就是美国法院中占支配地位的判定实质性相似的方法。直到今天仍然如此。①

我国司法实践中,法院也运用接触加实质相似的方法判断是否存在抄袭或剽窃的著作权侵权行为。例如,在上海微博电脑有限公司与肖剑业、上海颂惠成电子科技有限公司著作权纠纷案中,法院指出,虽然原被告双方的两个软件的界面和图标有所不同,但这些都不涉及软件的实质性部分;虽然两个软件的编写开发语言不同,但两者的上述相同之处是该软件独创性的核心内容,使用不同的语言编写程序并不能掩盖两者之间的内在联系。因此,两个软件构成实质性相似。其次,肖剑业在原告处工作期间的职责正是负责编写包括原告儿童保健电脑管理系统软件在内的多个医疗管理软件,其有充分的机会能够接触原告相关软件的源代码等核心内容,从其笔记本电脑中也查获了原告这一软件的源代码。再次,肖剑业对从原告处离职后短时间内就能够提供较为完备的同类软件交颂惠成公司推广销售的事实未能作出合理解释,也未能提供任何证据证明颂惠成公司的儿童保健管理系统软件是其独立开发完成。② 由此可见,如果原告证明被控侵权人有接触原告作品的机会,且原告作品与被告作品构成实质相似,则举证责任转移至被控侵权人。只有能够证明作品不构成实质相似,或者作品是独立创作完成的情况下,被控侵权人才可能证明不存在著作权侵权行为。

二、可能同时承担民事责任、行政责任和刑事责任的侵犯著作权的行为

侵犯著作权,除了要承担民事责任外,还可能根据具体情节,要求侵害人承担行政和刑事责任。我国《著作权法》第 48 条规定:"有下列侵权行为的,应当根据情况,承担停止侵害、消除影响、赔礼道歉、赔偿损失等民事责任;同时损害公共利益的,可以由著作权行政管理部门责令停止侵权行为,没收违法所得,没收、销毁侵权复制品,并可处以罚款;情节严重的,著作权行政管理部门还可以没收主要用于制作侵权复制品的材料、工具、设备等;构成犯罪的,依法追究刑事责任:

---

① 参见康佑发:《版权侵权认定方法探究》,载《广东广播电视大学学报》2005 年第 2 期。
② 参见上海市高级人民法院民事判决书(2007)沪高民三(知)终字第 14 号。

（一）未经著作权人许可，复制、发行、表演、放映、广播、汇编、通过信息网络向公众传播其作品的，本法另有规定的除外；

（二）出版他人享有专有出版权的图书的；

（三）未经表演者许可，复制、发行录有其表演的录音录像制品，或者通过信息网络向公众传播其表演的，本法另有规定的除外；

（四）未经录音录像制作者许可，复制、发行、通过信息网络向公众传播其制作的录音录像制品的，本法另有规定的除外；

（五）未经许可，播放或者复制广播、电视的，本法另有规定的除外；

（六）未经著作权人或者与著作权有关的权利人许可，故意避开或者破坏权利人为其作品、录音录像制品等采取的保护著作权或者与著作权有关的权利的技术措施的，法律、行政法规另有规定的除外；

（七）未经著作权人或者与著作权有关的权利人许可，故意删除或者改变作品、录音录像制品等的权利管理电子信息的，法律、行政法规另有规定的除外；

（八）制作、出售假冒他人署名的作品的。"

这些侵犯著作权的行为包括信息网络传播过程中的侵权行为，也包括破坏作品权利保护技术措施和权利管理信息的行为。

随着作品在网络上传播的范围越来越大，一些权利人采取了技术加密措施来防止他人不经其许可利用作品，但是有人通过反技术措施来破解，达到不法利用作品的目的。针对这种现象，我国著作权法规定，未经著作权人或者与著作权有关的权利人许可，故意避开或者破坏权利人为其作品、录音录像制品等采取的保护著作权或者与著作权有关的权利的技术措施的，属于侵犯著作权的行为。

关于权利管理电子信息，《世界知识产权组织版权条约》第12条第2款规定："'权利管理信息'系指识别作品、作品的作者、对作品拥有任何权利的所有人的信息，或有关作品使用的条款和条件的信息，和代表此种信息的任何数字或代码，各该项信息均附于作品的每件复制品上或在作品向公众进行传播时出现。"《世界知识产权组织表演和录音制品条约》第19条第2款规定："'权利管理信息'系指识别表演者、表演者的表演、录音制品制作者、录音制品、对表演或录音制品拥有任何权利的所有人的信息，或有关使用表演或录音制品的条款和条件的信息，和代表此种信息的任何数字或代码，各该项信息均附于录制的表演或录音制品的每件复制品上或在录制的表演或录音制品向公众提供时出现。"

权利管理电子信息属于作品的一个组成部分，未经著作权人或者与著作权有关的权利人许可，故意删除或者改变作品、录音录像制品等的权利管理电子信息的，属于侵犯著作权人的修改权和保护作品完整权的行为。

关于邻接权的保护，我国《著作权法》第48条规定了侵犯图书专有出版权与电台、电视台播放权的行为。出版他人享有专有出版权的图书的行为，主要是针对盗版行为所做的规定,但实践中也存在出版者不知道是他人享有专有出版权的图书而出版的情况。出版者、制作者应当对其出版、制作有合法授权承担举证责任,举证不能的,依据《著作权法》第47条、第48条的相应规定承担法律责任。出版者对其出版行为的授权、稿件来源和署名、所编辑出版物的内容等未尽到合理注意义务的,依据《著作权法》第49条的规定,承担赔偿责任。出版者尽了合理注意义务,著作权人也无证据证明出版者应当知道其出版涉及侵权的,依据《民法通则》第117条第1款的规定,出版者承担停止侵权、返还其侵权所得利润的民事责任。出版者所尽合理注意义务情况,由出版者承担举证责任。

未经许可,播放或者复制广播、电视的,也侵犯著作权人的权利。例如,将中央电视台《今日说法》节目制作成录像带而在市场上销售的行为。

第二节 著作权的侵权救济

著作权受到侵犯后,加害人有可能承担民事责任、行政责任或刑事责任,除此之外,为了及时保全权利人的权利免受侵害,在纠纷解决过程中,权利人还可以要求采取临时措施。

一、民事责任

著作权民事纠纷案件,由中级以上人民法院管辖。各高级人民法院根据本辖区的实际情况,可以确定若干基层人民法院管辖第一审著作权民事纠纷案件。因侵犯著作权行为提起的民事诉讼,由《著作权法》第47条、第48条所规定侵权行为的实施地、侵权复制品储藏地或者查封扣押地、被告住所地人民法院管辖。侵权复制品储藏地,是指大量或者经常性储存、隐匿侵权复制品所在地;查封扣押地,是指海关、版权、工商等行政机关依法查封、扣押侵权复制品所在地。对涉及不同侵权行为实施地的多个被告提起的共同诉讼,原告可以选择其中一个被告的侵权行为实施地的人民法院管辖;仅对其中某一被告提起的诉讼,该被告侵权行为实施地的人民法院有管辖权。

侵犯著作权的诉讼时效为二年,自著作权人知道或者应当知道侵权行为之日起计算。权利人超过二年起诉的,如果侵权行为在起诉时仍在持续,在该著作权保护期内,人民法院应当判决被告停止侵权行为;侵权损害赔偿数额应当自权利人向人民法院起诉之日起向前推算二年计算。

承担民事责任的具体方式为停止侵害、消除影响、赔礼道歉、赔偿损失等。著作权侵权责任构成要件中不要求侵权人主观过错,也就是说,只要出现了侵权行为,行为人必须承担民事责任;但如果是承担损害赔偿责任,则行为人主观上有过错方可成立。出版物侵犯他人著作权的,出版者应当根据其过错、侵权程度及损害后果等承担民事赔偿责任。但是,如果出版者对其出版行为的授权、稿件来源和署名、所编辑出版物的内容等未尽到合理注意义务的,则依据《著作权法》第49条的规定,承担赔偿责任;如果出版者尽了合理注意义务,著作权人也无证据证明出版者应当知道其出版涉及侵权的,依据《民法通则》第117条第1款的规定,出版者承担停止侵权、返还其侵权所得利润的民事责任。由是观之,出版者承担赔偿责任的前提是主观上有过错——没有尽到合理注意义务;而对于停止侵害等责任来说,则不论出版者主观上是否已经尽到合理注意义务,责任都成立。

2001年著作权法修改的重点之一是侵权损害赔偿责任的确定以及损害赔偿数额的计算。关于损害赔偿,我国著作权法规定了如下原则:

第一,以实际损失与非法所得为第一考虑。

侵犯著作权或者与著作权有关的权利的,侵权人应当按照权利人的实际损失给予赔偿;实际损失难以计算的,可以按照侵权人的违法所得给予赔偿。

权利人的实际损失,可以根据权利人因侵权所造成复制品发行减少量或者侵权复制品销售量与权利人发行该复制品单位利润乘积计算。发行减少量难以确定的,按照侵权复制品市场销售量确定。

第二,赔偿包括合理开支。

赔偿数额还应当包括权利人为制止侵权行为所支付的合理开支。侵权行为所支付的合理开支,包括权利人或者委托代理人对侵权行为进行调查、取证的合理费用。人民法院根据当事人的诉讼请求和具体案情,可以将符合国家有关部门规定的律师费用计算在赔偿范围内。

第三,无法计算损失或者违法所得的,则适用法定赔偿数额。

权利人的实际损失或者侵权人的违法所得不能确定的,由人民法院根据侵权行为的情节,判决给予50万元以下的赔偿。人民法院在确定赔偿数额时,应当考虑作品类型、合理使用费、侵权行为性质、后果等情节综合确定。

法定赔偿额的规定有利于解决案件久拖不决给权利人带来的不利。著作权侵权案件的发现和查处难,确定责任更难。权利人虽然胜券在握,但无法证明自己所受到的损失有多大,而侵权人的违法所得数额又难以确定时,法院以前疲于寻找证据来为损害赔偿额立证,案件无法及时处理,效率正义无法实现,权利人的权利更无法得到及时维护。

二、行政责任

侵犯著作权,如果同时损害公共利益的,可以由著作权行政管理部门责令停止侵权行为,没收违法所得,没收、销毁侵权复制品,并可处以罚款;情节严重的,著作权行政管理部门还可以没收主要用于制作侵权复制品的材料、工具、设备等。

根据 2013 年修改后的《著作权法实施条例》的规定，著作权侵权行政处罚力度加强，有《著作权法》第 48 条所列侵权行为，同时损害社会公共利益，非法经营额 5 万元以上的，著作权行政管理部门可处非法经营额 1 倍以上 5 倍以下的罚款；没有非法经营额或者非法经营额 5 万元以下的，著作权行政管理部门根据情节轻重，可处 25 万元以下的罚款。

三、刑事责任

侵犯著作权，构成犯罪的，依法追究刑事责任。根据我国《刑法》第 217 条的规定："以营利为目的，有下列侵犯著作权情形之一，违法所得数额较大或者有其他严重情节的，处三年以下有期徒刑或者拘役，并处或者单处罚金；违法所得数额巨大或者有其他特别严重情节的，处三年以上七年以下有期徒刑，并处罚金：（一）未经著作权人许可，复制发行其文字作品、音乐、电影、电视、录像作品、计算机软件及其他作品的；（二）出版他人享有专有出版权的图书的；（三）未经录音录像制作者许可，复制发行其制作的录音录像的；（四）制作、出售假冒他人署名的美术作品的。"第 218 条规定："以营利为目的，销售明知是本法第二百一十七条规定的侵权复制品，违法所得数额巨大的，处三年以下有期徒刑或者拘役，并处或者单处罚金。"

近年，由于知识产权犯罪呈上升趋势，为遏止这种势头，最高人民法院、最高人民检察院在 2004 年联合发布了《关于办理侵犯知识产权刑事案件具体应用法律若干问题的解释》对刑法中的知识产权犯罪规定做了进一步解释，同时把一些刑法没有明确规定的行为纳入到犯罪中来。其中，对《刑法》第 217 和 218 条规定的侵犯著作权犯罪、销售侵权制品罪做了明确解释。

"以营利为目的，实施刑法第二百一十七条所列侵犯著作权行为之一，违法所得数额在三万元以上的，属于'违法所得数额较大'；具有下列情形之一的，属于'有其他严重情节'，应当以侵犯著作权罪判处三年以下有期徒刑或者拘役，并处或者单处罚金：（一）非法经营数额在五万元以上的；（二）未经著作权人许可，复制发行其文字作品、音乐、电影、电视、录像作品、计算机软件及其他作品，复制品数量合计在一千张（份）以上的；（三）其他严重情节的情形。"

"以营利为目的，实施刑法第二百一十七条所列侵犯著作权行为之一，违法所得数额在十五万元以上的，属于'违法所得数额巨大'；具有下列情形之一的，属于'有其他特别严重情节'，应当以侵犯著作权罪判处三年以上七年以下有期徒刑，并处罚金：（一）非法经营数额在二十五万元以上的；（二）未经著作权人许可，复制发行其文字作品、音乐、电影、电视、录像作品、计算机软件及其他作品，复制品数量合计在五千张（份）以上的；（三）其他特别严重情节的情形。"

"以营利为目的，实施刑法第二百一十八条规定的行为，违法所得数额在十万元以上的,属于'违法所得数额巨大',应当以销售侵权复制品罪判处三年以下有期徒刑或者拘役,并处或者单处罚金。"

《解释》还对将"非法经营数额"进行了定义,是指行为人在实施侵犯知识产权行为过程中,制造、储存、运输、销售侵权产品的价值。从该条解释来看,知识产权犯罪行为已经突破了刑法的规定,那些对制作和销售的直接犯罪行为提供储存和运输条件的也属于知识产权犯罪。而且,《解释》在第16条明确规定,明知他人实施侵犯知识产权犯罪,而为其提供贷款、资金、账号、发票、证明、许可证件,或者提供生产、经营场所或运输、储存、代理进出口等便利条件、帮助的,以侵犯知识产权犯罪的共犯论处。这样,所有为犯罪提供帮助条件的都可能会被以知识产权共同犯罪论处。

2007年,为维护社会主义市场经济秩序,依法惩治侵犯知识产权犯罪活动,加大惩罚力度,最高人民法院、最高人民检察院通过并公布了《关于办理侵犯知识产权刑事案件具体应用法律若干问题的解释(二)》,在第1条规定,以营利为目的,未经著作权人许可,复制发行其文字作品、音乐、电影、电视、录像作品、计算机软件及其他作品,复制品数量合计在500张(份)以上的,属于刑法第217条规定的"有其他严重情节";复制品数量在2500张(份)以上的,属于《刑法》第217条规定的"有其他特别严重情节"。同时,又在第4条规定,对于侵犯知识产权犯罪的,人民法院应当综合考虑犯罪的违法所得、非法经营数额、给权利人造成的损失、社会危害性等情节,依法判处罚金。罚金数额一般在违法所得的1倍以上5倍以下,或者按照非法经营数额的50%以上1倍以下确定。该司法解释一方面降低了"严重情节"和"特别严重情节"的门槛,另一方面又提高了罚金刑的倍数,可以说是从两个方向加大了刑法处罚力度。

四、保全措施

为依法保护著作权人的权利,在诉讼开始前或诉讼进行中可以对证据、财产或权利进行保全,以防止证据灭失或权利受到不可逆转的侵害。

著作权人或者与著作权有关的权利人有证据证明他人正在实施或者即将实施侵犯其权利的行为,如不及时制止将会使其合法权益受到难以弥补的损害的,可以在起诉前向人民法院申请采取责令停止有关行为和财产保全的措施。

为制止侵权行为,在证据可能灭失或者以后难以取得的情况下,著作权人或者与著作权有关的权利人可以在起诉前向人民法院申请保全证据。人民法院可以责令申请人提供担保,申请人不提供担保的,驳回申请。

思考题

1. 承担民事责任的著作权侵权行为有哪些？
2. 哪些行为属于侵犯著作权需要承担行政责任的？
3. 著作权犯罪行为有哪些？
4. 简要评价著作权法规定的法定赔偿制度。

 案例分析

庄羽诉郭敬明案

2002年8月14日，小说《圈里圈外》（以下简称《圈》）在天涯社区网站发表。2003年2月，《圈》由中国文联出版社出版，其版权页署名作者庄羽。《圈》以主人公初晓与现男朋友高源及前男朋友张小北的感情经历为主线，在描写初晓与高源之间的爱情生活及矛盾冲突的同时，描写了初晓与张小北之间的感情纠葛，同时还描写了初晓的朋友李穹与张小北的婚姻生活以及张小北与情人张萌萌的婚外情，高源与张萌萌的两性关系及合作拍戏等。2003年8月19日，郭敬明与春风出版社就出版郭敬明的《梦里花落知多少》（简称《梦》）一书订立图书出版合同。2003年11月，春风出版社出版了郭敬明的《梦》一书。《梦》以主人公林岚与现男朋友陆叙及前男朋友顾小北的感情经历为主线，在描写林岚与陆叙的爱情生活及矛盾冲突的同时，交替描写了林岚与顾小北的感情纠葛，顾小北与现女友姚姗姗的感情经历，林岚、闻婧、微微及火柴之间的友情以及她们和李茉莉的冲突等。

庄羽诉郭敬明、春风文艺出版社、北京图书大厦有限责任公司侵犯其著作权。

一审法院认定被告侵权，原被告均不服一审判决，提出上诉。北京市高级人民法院作为二审法院，审理后认为，对于郭敬明创作的小说《梦》是否抄袭了庄羽的作品《圈》，首先要结合庄羽的指控对涉案两部作品的部分内容进行对比。

关于"主要情节侵权事实"部分，庄羽对两部作品的相应内容进行的概括个别内容不完全准确，但从整体而言，其所列的12个主要情节的概括与原作中的描写基本相符。因此，对郭敬明关于上述情节没有独创性，且情节的表达形式完全不同的主张不予支持。

关于庄羽二审诉讼中坚持指控的57处"一般情节侵权和语句"中，部分内容明显相似，例如：《圈》中有"怕什么来什么，怕什么来什么，真的是怕什么来什么"，《梦》中有"怕什么来什么，怕什么来什么，真是怕什么来什么啊！！"部分内容比较相似，例如：《圈》中有"我特了解李穹，她其实是个纸老虎，充其量也就是个塑料的"，《梦》中有"像我和闻婧这种看上去特二五八万的,其实也就嘴上贫,绝对纸老虎,撑死一硬塑料的"。郭敬明虽然辩称上述情节、语句是一般文学作品中的常见描写,但未提供充分证据予以证明,本院对其主张不予支持。

小说是典型的叙事性文学体裁,长篇小说又是小说中叙事性最强、叙事最复杂的一种类型。同时,文学创作是一种独立的智力创造过程,更离不开作者独特的生命体验。因此,即使以同一时代为背景,甚至以相同的题材、事件为创作对象,尽管两部作品中也可能出现个别情节和一些语句上的巧合,不同的作者创作的作品也不可能雷同。本案中,涉案两部作品都是以现实生活中青年人的感情纠葛为题材的长篇小说,从以上本院认定的构成相似的主要情节和一般情节、语句的数量来看,已经远远超出了可以用"巧合"来解释的程度,结合郭敬明在创作《梦》之前已经接触过《圈》的事实,应当可以推定《梦》中的这些情节和语句并非郭敬明独立创作的结果,其来源于庄羽的作品《圈》。

同时,对被控侵权的上述情节和语句是否构成抄袭,应进行整体认定和综合判断。对于一些不是明显相似或者来源于生活中的一些素材,如果分别独立进行对比很难直接得出准确结论,但将这些情节和语句作为整体进行对比就会发现,具体情节和语句的相同或近似是整体抄袭的体现,具体情节和语句的抄袭可以相互之间得到印证。例如,《圈》中有主人公初晓的一段心理活动:"(高源)一共就那一套一万多块钱的好衣服还想穿出来显摆,有本事你吃饭别往裤子上掉啊。"(见原作第79页)这一情节取自生活中常见的往衣服上掉菜汤的素材,同时加上了往高档服装上掉菜汤的元素,因此使其原创性有所提高。而相应的,在《梦》中,也有主人公林岚的一段心理活动:"我看见他那套几万块的Armani心里在笑,有种你等会儿别往上滴菜汤。"(见原作第38页)显然,如果单独对这一情节和语句进行对比就认为构成剽窃,对被控侵权人是不公平的。但如果在两部作品中相似的情节和语句普遍存在,则应当可以认定被控侵权的情节构成了抄袭。故本院认定《梦》中多处主要情节和数十处一般情节、语句系郭敬明抄袭庄羽《圈》中的相应内容。

在小说创作中,人物需要通过叙事来刻画,叙事又要以人物为中心。无论是人物的特征,还是人物关系,都是通过相关联的故事情节塑造和体现的。单纯的人物特征,如人物的相貌、个性、品质等,或者单纯的人物关系,如恋人关系、母女关系等,都属于公有领域的素材,不属于著作权法保护的对象。但是一部具有独创性的作品,以其相应的故事情节及语句,赋予了这些"人物"以独特的内涵,则这些人物与故事情节和语句一起成为了著作权法保护的对象。因此,所谓的人物特征、人物关系,以及与之相应的故事情节都不能简单割裂开来,人物和叙事应为有机融合的整体,在判断抄袭时亦应综合进行考虑。本案中,庄羽在《圈》中塑造了初晓、高源、张小北等众多人物形象,围绕这些人物描写了一个个具体的故事情节,通过这些故事情节表现出了人物的特征和人物关系。例如,在《圈》中,男主人公高源出车祸受伤昏迷,住进医院,女主人公初晓来看望,高源苏醒,两人开玩笑,初晓推了高源脑袋一下,导致高源昏迷。这一情节既将人物的个性表现出来,同时也将二人的恋人关系以独特的方式表现出来。而在《梦》中,在男女主人公之间也有几乎相同的情节,只是结果稍有不同。将两本作品整体上进行对比,《梦》中主要人物及其情节与《圈》中的主要人物及情节存在众多雷同之处,这进一步证明了郭敬明创作的《梦》对庄羽的作品《圈》进行了抄袭。故本院对郭敬明和春风出版社关于《梦》系郭敬明完全独立创作的作品的主张,不予支持。

因此,一审判决认定郭敬明未经许可,在其作品《梦》中剽窃了庄羽作品《圈》中具有独创性的人物关系的内容及部分情节和语句,造成《梦》文与《圈》文整体上构成实质性相似,侵犯了庄羽的著作权,应当承担停止侵害、赔礼道歉、赔偿损失的民事责任是正确的。春风出版社作为专业的出版机构,应当对其出版的作品是否侵犯他人著作权进行严格审查,但其并未尽到应有的注意义务,导致侵权作品《梦》得以出版,与郭敬明共同造成了对庄羽著作权侵害结果的发生,因此,春风出版社不仅应当承担相应的民事责任,还应当与郭敬明承担连带赔偿责任。

北京市高级人民法院判决:郭敬明、春风文艺出版社于判决生效之日起立即停止侵权,即停止《梦里花落知多少》一书的出版发行;郭敬明、春风文艺出版社于判决生效之日起十五日内,共同赔偿庄羽经济损失二十万元;郭敬明、春风文艺出版社于判决生效之日起十五日内,在《中国青年报》上公开向庄羽赔礼道歉(致歉内容须经北京市第一中级人民法院审核,逾期不履行,北京市第一中级人民法院将刊登本判决的主要内容,费用由郭敬明、春风文艺出版社承担);北京图书大厦有限责任公司于判决生效之日起停止销售《梦里花落知多少》一书;郭敬明、春风文艺出版社于判决生效之日起十五日内,共同赔偿庄羽精神损害抚慰金一万元。①

✎ 思考

法院在判断两部作品相似时,采用了什么方法?为什么要判决被告进行赔礼道歉和精神损害赔偿?

---

① 参见北京市高级人民法院民事判决书(2005)高民终字第539号。

第三编

专利法

第八章 我国专利制度的发展

专利制度是知识产权保护制度中最具有鲜明特色的制度,从保护创造性成果的角度来看,它和著作权制度是同源的。而从保护客体的应用领域来看,它和主要满足大众精神需求和感官愉悦的著作权制度又是不同的,却和商标法律制度一样,主要是存在于工商业经营领域的。从主要是对技术改进和技术创造提供垄断性保护的角度来看,它又和技术秘密有着密切联系。因此,一项先进技术的研究者,在技术开发完成后,甚至在着手实施技术研究开发前,就应该考虑对技术采取何种知识产权保护模式。通常来说,开发者一般要考虑的是技术先进性的寿命、可替代性、工业应用度等,可以选择一种保护模式,也可以采取叠加的知识产权保护。这就需要技术开发者了解知识产权各种保护模式的特点。

相对于其他知识产权保护制度,专利权保护强度高。例如,一项发明只能申请一项专利,并且在后完成发明者即使独立完成发明,也不能享有任何权利,而且,如果在后独立发明人制造使用发明产品或发明方法的,同样也构成专利侵权。这个商业秘密保护不同,商业秘密所有人以外的其他主体通过反向破解商业秘密,而后在生产经营中利用商业秘密的,不构成商业秘密侵害。即使是在先发明人能够获得的保护也是极其有限的,他除非依法享有先用权,才能够在原有范围内使用、实施发明,否则也构成专利侵权。另外,专利制度对发明专利的保护覆盖从制造到使用、从许诺销售到销售的各个环节,权利保护范围广。正因为专利保护强度大,能够创造高额垄断利润,人们才会更容易追逐专利技术,不惜进行重复研究,开展专利竞赛,造成社会技术资源的极大浪费。

从权利保护范围的确定来看,专利的权利范围相对明确。在提交专利申请时,申请文件对专利的权利要求书和说明书以及附图等,构成确定专利权范围的重要依据。权利保护范围不仅确定,而且明确记载在专利申请文件中,予以公开,供同业竞争者和社会公众查询。这不仅使公众获知技术已经达到的发展水平,还公示了专利权人自己所主张的权利保护要求。

但是,专利权保护也有自己难以克服的劣势。例如专利权的获得和维持费用相对较高。著作权遵循自动产生原则,作品创作完成,著作权自动产生。商标注册申请费用也不高,商业秘密的保护则不需要审批和核准,除了维护秘密性的管理成本外,也没有其他显性的费用。专利权的获得要经过审查和授权,申请人要支付专利申请费。专利授权后,专利权人还要缴纳专利维持费用来维持专利的有效性。因此,相对来说,保护强度强的专利权的获得及维持费用是客观的。

其次，专利对专利技术公开的要求高。专利申请文件必须对专利进行描述，使得相关领域具有一般知识的普通技术人员能够理解并实施。专利申请人未经公开的内容不能纳入其专利权的保护范围。从这个角度来说，商业秘密具有不可替代的优越性。因此，如果技术持有人判断自己的技术会在很长的一段时间内都能保持先进性，专利保护也许不是最好的选择。正像可口可乐的配方一样，它可以通过商业秘密保护，维持百年以上的独占地位，只要没有人破解成功，这个配方就始终处于商业秘密的保护之下，为可口可乐公司所独占和使用。

再次，专利须经申请才能获得授权，且审查时间较长。通常来说，专利申请人首先要考虑申请的经济成本，主要是申请费和年费；同时，专利申请人还要考虑授权审查时间的长短，如果一项技术很快会被市场淘汰，甚至在专利申请授权前就会失去市场，选择专利保护申请就不是最优的。

最后，专利权非常强大，容易被滥用。专利保护强度高，排斥同类竞争者进入同类技术市场。而专利权人也常常会基于此点，对专利许可中的被许可人的行为进行各种限制，以巩固和强化自己的技术垄断地位。这就是专利制度有可能产生的负面效果。

1978 年，新中国开始正式着手建立我国的专利制度。同年底重新印发了1963 年颁布的《技术改进条例》，并修改颁发了《发明奖励条例》。1979 年 3 月国务院批准起草《专利法》，同年 11 月颁布了《自然科学奖励条例》，正式开始受理发明奖励申请。1984 年 3 月 12 日，第六届全国人民代表大会第四次会议通过了《中华人民共和国专利法》，自 1985 年 4 月 1 日起施行。《专利法》的颁布和施行是我国专利制度建立并开始运作的主要里程碑，标志着我国专利制度已进入一个新的时期。《专利法》后来经过了 1992 年、2000 年、2008 年三次修改，我国的专利保护制度也逐渐走向成熟。

我国专利授权行政管理部门原来为中国专利局，现在是国家知识产权局。中国专利局于 1980 年 1 月成立。1998 年国务院机构改革中，原中国专利局更名为国家知识产权局，成为国务院主管专利工作和统筹协调涉外知识产权事宜的直属机构；原中国专利局对专利申请的受理、审批、复审工作和专利权的无效宣告业务，委托国家知识产权局下属事业单位承担。

在专利类型方面，我国专利法将发明、实用新型和外观设计纳入一部法典，采取的是统一立法模式。这是我国在专利立法中较有特色的地方。2000 年《专利法》的修改中，虽然有人提出要改变这种立法模式而采用分散式的立法模式，但未被采纳进立法。

 思考题

我国几次修改《专利法》的背景是什么？

第九章 专利权的主体

从权利不同阶段的形态来看,广义的专利权的主体有专利申请人、专利申请权人和专利所有人。专利申请人行使的是申请专利的权利,体现为决定向专利行政主管部门提交申请的权利,通常为发明人或设计人或者其所在的单位。专利申请权人可能是专利申请人,也可能是专利申请人转让专利申请后的受让人,在专利申请提交以后,获得授权之前,专利申请权人决定是否继续完成申请程序。专利权所有人就是狭义的专利权人,是国家专利行政主管部门最后授予专利权的主体或者是从这些主体受让了的授权专利的人。这里,我们主要分析的是狭义的专利权人。

从国籍上划分,专利权的主体有中国主体和外国主体;从形态上划分,专利权的主体有自然人、法人及其他组织;从权源划分,专利权的主体有原始专利权人和传来取得专利权人;从发明创造的产生方式来划分,又有职务发明创造专利权人、共同发明创造专利权人和委托发明创造专利权利人。

外国主体和中国主体申请专利的程序稍有不同,即在中国没有经常居所或者营业所的外国人、外国企业或者外国其他组织在中国申请专利和办理其他专利事务的,应当委托依法设立的专利代理机构办理。而中国单位或者个人在国内申请专利和办理其他专利事务的,可以委托依法设立的专利代理机构办理,也可以自己办理。

除特殊情况外,专利权的主体为发明人或设计人。当然,专利法所称发明人或者设计人,是指对发明创造的实质性特点作出创造性贡献的人。在完成发明创造过程中,只负责组织工作的人、为物质技术条件的利用提供方便的人或者从事其他辅助工作的人,不是发明人或者设计人。但是,发明创造的产生方式不同,会有职务发明创造和委托发明创造,其权利主体的确定比较复杂。如果是非职务发明创造,申请专利的权利属于发明人或者设计人;申请被批准后,该发明人或者设计人为专利权人。但是,在职务发明和委托创造的发明的情况下,专利权的归属遵循特殊规则。

关于职务发明,我国《专利法》规定,执行本单位的任务或者主要是利用本单位的物质技术条件所完成的发明创造为职务发明创造。职务发明创造申请专利的权利属于该单位;申请被批准后,该单位为专利权人。《专利法实施细则》第12条规定:"专利法第六条所称执行本单位的任务所完成的职务发明创造,是指:(一)在本职工作中作出的发明创造;(二)履行本单位交付的本职工作之外的任务所作出的发明创造;(三)退休、调离原单位后或者劳动、人事关系终止后一年内作出的,与其在原单位承担的本职工作或者原单位分配的任务有关的发明创造。"其中,《专利法》第6条所称本单位,包括临时工作单位;《专利法》第6条所称本单位的物质技术条件,是指本单位的资金、设备、零部件、原材料或者不对外公开的技术资料等。

但是,如果职务发明创造是利用本单位的物质技术条件完成的,而不是因为执行本单位的任务完成的,单位与发明人或者设计人可以订立合同,对申请专利的权利和专利权的归属作出约定,权利最终归属从其约定。

对于职务发明创造的权利归属问题的确定,有不同的模式。一般来说,发明人和设计人的实施能力较差,但发明和设计的源头却是发明人和设计人。各国都希望根据本国的具体情况,作出合理的制度设计,既激励发明创造的积极性,又能保障发明创造的有效实施。因此,从制度安排上,就需要考虑职务发明的确定、权利归属规则及后续收益的分配等因素。下表所示的内容为一些西方发达国家对职务发明创造规则的制度安排。我国和英国、法国的模式同源,即看重单位将成果转化的能力,把职务发明的专利权首先归于单位,但同时为了激励发明和设计人的创造性,又规定了发明和设计人的报酬请求权以及发明人和设计人的署名权。

雇主所有	没有对发明的补偿、报酬等相关规定(瑞士)	瑞士《债务法》规定,雇主根据雇佣契约,被赋予雇员创造的所有发明的权利。对此情况并没有规定对雇员进行追加性的补偿。
	有对发明的补偿、报酬等相关规定(英国、法国、俄罗斯、荷兰、中国)	采用职务发明原始归属于雇主的制度。但是,所有国家都承认雇员的对价请求权等,试图平衡雇主与雇员之间的利益。
发明人雇员所有	没有对于发明的补偿、报酬等相关规定(美国)	没有职务发明规定。获得专利的权利原始归属于发明人。雇主从雇员那里承继专利权的,交给契约来处理,一般是在缔结雇佣契约时,在薪酬的约定中包含了权利承继的对价。
	有对于发明的补偿、报酬等相关规定(德国、韩国、日本)	职务发明相关的权利原始归属地归属于雇员。对雇员的补偿金计算标准,德国规定了详细的指南。

对于两个以上单位或者个人合作完成的发明创造、一个单位或者个人接受其他单位或者个人委托所完成的发明创造,申请专利的权利属于完成或者共同完成的单位或者个人;申请被批准后,申请的单位或者个人为专利权人。但是,如果共同发明人或委托人和受托人对发明创造的权利归属作出了特殊约定的,则从其约定。

思考题

1. 发明人和专利权人的区别与联系是什么?
2. 职务发明人的权利有哪些?

案例分析

陈鸿奇与光华公司职务发明案

1997 年,一审被告、二审上诉人陈鸿奇到一审原告、二审被上诉人光华公司工作,2003 年 3 月 15 日,陈鸿奇在光华公司最后一次领取了 2002 年 12 月份的工资 6000 元。在光华公司工作期间,陈鸿奇曾多次代表光华公司与其他厂家签订合同,销售了多台塑料挤出覆膜机组、纸塑成筒黏合制袋机组、制袋机组中的立式印刷机、吹膜机等光华公司生产的机器设备。2003 年 1 月 22 日,陈鸿奇以本人为设计人和专利权人,向国家知识产权局申请"一种自动印刷机的印刷和印刷输送装置"的实用新型专利。2003 年 3 月 10 日,陈鸿奇成立了汕头市欧格包装机械有限公司(以下称欧格公司)并任法定代表人,公司类型属私营有限责任公司,主要经营包装机械、印刷机械和塑料工业专用设备的制造和销售。2004 年 2 月 18 日,国家知识产权局作出授予被告实用新型专利权的决定并予以公告。2004 年 7 月,光华公司向汕头市中级人民法院提起诉讼,要求法院判定陈鸿奇"一种自动印刷机的印刷和印刷输送装置"实用新型专利属于职务发明创造,专利权归光华公司所有。

汕头市中级人民法院对此案进行了开庭审理。审理后,法院认为,本案是一起专利权属纠纷案件,而《专利法》及其《实施细则》对职务发明创造有明确的规定,陈鸿奇的"一种自动印刷机的印刷和印刷输送装置"专利申请日为 2003 年 1 月 22 日,而陈鸿奇在 2003 年 1 月份离开光华公司,其专利是在其离开原单位一年内完成的。陈鸿奇在光华公司处工作近 6 年,并从事与该专利技术领域有关产品的销售,由此推断陈鸿奇在其本职岗位上,已获得该专利技术领域有关的知识、技术、经验和信息,其中也包括了光华公司在该技术领域中不向外公开的技术资料。

2005 年初,汕头市中级人民法院作出一审判决,判定涉案专利属于职务发明创造,专利权人应变更为汕头市光华机械实业有限公司。

陈鸿奇不服一审判决,上诉到广东省高级人民法院。二审法院认为,在本案中,光华公司提供的证据仅能证明陈鸿奇是从事产品销售工作,而没有证据表明曾安排陈鸿奇从事技术开发工作,如果仅依据"销售人员必须对产品的技术特征、结构非常了解,并反馈客户对产品的意见"来推断陈鸿奇在光华公司从事技术开发工作于法无据。因此,根据现有证据不能认定陈鸿奇离职后一年内所作出的发明创造是与其在原单位承担的本职工作或者原单位分配的任务有关,不属于执行本单位的任务而完成的发明创造。另外,为了保护劳动者的生存权利,只要不违反法定或合同约定的义务,任何单位都无权限制劳动者离职后一般享有和利用其在受雇期间所掌握的技术、技能、经验和知识。陈鸿奇离职后从事发明创造的过程中,自然会运用到其在光华公司工作期间所积累的技术、技能、经验和知识,但并不能因此推定陈鸿奇的发明创造属于职务发明创造。原审法院因为"陈鸿奇在光华公司处工作近6年,并从事与该专利技术领域有关产品的销售,在其履行职务的过程中,应该对所销售的产品的技术性能、技术标准和质量要求等有充分的了解",同时根据"陈鸿奇在申请实用新型专利时提交的说明书中的关于专利技术设计过程的表述可以看出,陈鸿奇是在'总结多项实验研究成果与多年的工作经验'的基础上才设计出本案争议的专利技术",推断"陈鸿奇在其本职岗位上,已获得该专利技术领域有关的知识、技术、经验和信息,其中也包括了光华公司在该技术领域中不向外公开的技术资料。此外,陈鸿奇在2003年1月才离职,但在同月22日前就完成了技术方案并向国家知识产权局申请实用新型专利,在如此短时间内完成某项发明创造,如果没有获取该技术领域相关的技术知识、资料和经验,有违常理",从而得出陈鸿奇的发明创造是职务发明创造的结论。原审法院的上述推理不符合根据法律规定或者已知事实和日常生活经验法则能推定出的另一事实的规定,不予认可。

综上所述,陈鸿奇设计的"一种塑料编织袋双面印刷机的翻面装置"不符合职务发明创造的法定标准,应属于非职务发明创造,陈鸿奇有权行使专利申请权和专利权。[①]

思考

如何判断职务发明创造的具体构成要件?

---

① 参见广东省高级人民法院民事判决书(2005)粤高法民三终字第58号。

第十章 专利权的客体

专利权的客体就是被授予专利权保护的专利。出于公共政策的考虑,各国都规定了专利权保护的客体的范围,也就是说,能够获得专利权的技术等是有限定的。尽管美国联邦最高法院曾在判决中认为,"国会本来是要让在这个世界上,凡是人能够造出来的东西,都可以获得专利保护"(Congress intended statutory subject matter to include anything under the sun that is made by man);但美国最高法院同时承认,《专利法》101条不是无限定地保护一切发明和发现,自然法则、物理现象和抽象概念就不能获得专利保护。① 也正是基于这样一种先例,美国最高法院在2010年的一则判决中认定,商业方法属于抽象概念,不能获得专利保护。② 我们认识专利权保护的客体也从以下角度展开:其一,专利的概念和类型;其二,不能获得专利保护的成果;其三,专利的构成要件。

第一节 专利的概念

我国《专利法》第2条规定,本法所称的发明创造是指发明、实用新型和外观设计。该条规定首先界定了专利法所保护的专利即发明创造,同时又从分类的角度指出发明创造又细分为三类,即发明、实用新型和外观设计。

一、发明

发明,是指对产品、方法或者其改进所提出的新的技术方案。发明的技术主题可以是方法、产品、设备或材料,其中包括这些技术主题的使用或应用方

---

① Diamond v. Chakrabarty, 447 U.S. 303, 309(1981). 该案涉及一项微生物学家的专利申请,专利请求保护的对象是人造基因工程菌,能分解原油中的多种成分。法院认定,申请人可以获得专利权,驳斥了美国专利局上诉委员会的观点——认为美国《专利法》101条对专利客体的规定不包括活的生物,如实验室制造的微生物。美国最高法院认为,申请人的微生物是"产品"(manufacture)或"物质成分"(composition of matter),所以,可以获得专利保护。法院认为,申请人制造出了一种新的细菌,与自然界中发现的任何一种细菌都具有显著的不同,而且具有潜在的巨大实用性。

② Bernard L. Bilski and Rand A. Warsaw v. David J. Kappos, 130 S. Ct. 3218; 177 L. Ed. 2d 792; 2010 U.S. LEXIS 5521; 78 U.S.L.W. 4802 (2010). 该案涉及一项能源品买家和卖家规避价格变化风险的发明。专利审查员、专利上诉委员会和美国第二巡回法院均认为该发明不能获得专利保护。美国最高法院调卷后复审认为,方法(process)仅在两种情况下能够获得专利保护:其一,体现在某一机器或设备上;其二,转换为不同状态的特定物品或其他物体。机器或转换标准是检验方法能否获得专利保护的唯一途径。本案中的商业方法不能通过这种标准检验,它是一种抽象概念,不能获得专利保护。

式。应当以最宽泛的含义来理解这些技术主题的范围。(1)方法。例如:聚合、发酵、分离、成形、输送、纺织品的处理、能量的传递和转换、建筑、食品的制备、试验、设备的操作及其运行、信息的处理和传输的方法。(2)产品。例如:化合物、组合物、织物、制造的物品。(3)设备。例如:化学或物理工艺设备、各种工具、各种器具、各种机器、各种执行操作的装置。(4)材料。例如:组成混合物的各种组分。材料包括各种物质、中间产品以及用于制造产品的组合物。

技术方案是对要解决的技术问题所采取的利用了自然规律的技术手段的集合。技术手段通常是由技术特征来体现的。发明不同于发现,科学发现是指对自然界中客观存在的物质、现象、变化过程及其特性和规律的揭示。科学发现是对自然界中客观存在的东西的认识,而发明不是自然界中本来就存在的东西,是人类利用自然规律等创造出来的新事物。例如,万有引力定律就是牛顿的科学发现,而蒸汽机则是瓦特的发明。万有引力定律就不是我国专利法意义上的发明创造;而蒸汽机则是利用水受热汽化后膨胀,推动活塞运动,热能转化为动能的原理创造的发明,蒸汽机是可获得专利保护的技术。气味或者诸如声、光、电、磁、波等信号或者能量也不属于《专利法》第2条第2款规定的客体。但利用其性质解决技术问题的,则不属此列。

其次,发明还必须是一种技术方案,未采用技术手段解决技术问题,即使是获得符合自然规律的技术效果的方案,也不属于《专利法》第2条第2款规定的客体。如通过向空气中输入一种特殊物质来治理雾霾,消解雾霾对健康的伤害,就是一种技术方案。减少外出或户外活动,甚至戴口罩,也可以减轻雾霾对健康的影响,但这些都不是技术方案,不能视为发明。

在发明的定义中,还有"新的"技术方案的要求,但《专利法》第2条第2款只是对可申请专利保护的发明客体的一般性定义,不是判断新颖性、创造性的具体审查标准。因此,这里的"新的"不能理解为"新颖性"要件,只是强调不是所有的技术方案都能获得专利权保护。

从分类来看,发明可以是产品发明、方法发明,也可以是针对产品或方法做出改进的改进发明。

1. 产品发明:产品发明是指人工制造的具有特定性质的可移动的有形体,如机器、设备、测试仪器等发明。像蒸汽机、电灯、计算机等,都属于产品发明。

2. 方法发明:方法发明是指把一种物品变为另一种物品所使用的或制造一种产品的具有特性的方法和手段。如一种离子膜的生产方法、一种测试电脑硬盘配置的方法等,都属于方法发明。

3. 改进发明:人们就已有产品或方法所提出的具有实质性革新的技术方

案。改进发明是与开创性发明相对的一个概念,它并不是一个全新的、从无到有的技术方案,而是对已有的技术方案的改进。例如,洗衣机是一种产品发明,而智能型节水节能的节能型洗衣机就是一种改进发明。改进既可以体现在产品上,也可以体现在方法上,因此,改进发明既可以是产品改进发明,也可以是方法改进发明。

二、实用新型

实用新型,是指对产品的形状、构造或者其结合所提出的适于实用的新的技术方案。

与发明一样,实用新型也是一种技术方案,产品的形状以及表面的图案、色彩或者其结合的新方案,没有解决技术问题的,不属于实用新型专利保护的客体。产品表面的文字、符号、图表或者其结合的新方案,不属于实用新型专利保护的客体。例如仅改变按键表面文字、符号的计算机或手机键盘,以十二生肖形状为装饰的开罐刀等。但实用新型技术方案只是针对产品作出的,因此,实用新型又与发明不同,它不存在于方法领域。

产品的形状是指产品所具有的、可以从外部观察到的确定的空间形状。对产品形状所提出的改进可以是对产品的三维形态所提出的改进,例如对凸轮形状、刀具形状作出的改进;也可以是对产品的二维形态所提出的改进,例如对型材的断面形状的改进。无确定形状的产品,例如气态、液态、粉末状、颗粒状的物质或材料,其形状不能作为实用新型产品的形状特征。

产品的构造是指产品的各个组成部分的安排、组织和相互关系。例如一款新型的榨汁机,改变了既有榨汁机中出渣装置和榨汁体之间的结构安排。产品的构造可以是机械构造,也可以是线路构造。但物质的分子结构、组分、金相结构等不属于实用新型专利给予保护的产品的构造。例如,仅改变焊条药皮组分的电焊条不属于实用新型专利保护的客体。

三、外观设计

外观设计,是指对产品的形状、图案或者其结合以及色彩与形状、图案的结合所作出的富有美感并适于工业应用的新设计。

外观设计所要保护的不是一种技术方案,这是它与发明以及实用新型不同的地方。外观设计保护的是一种产品设计,这种产品设计体现为形状、图案、形状与图案的结合或者是色彩与形状、图案的结合。外观设计保护的是设计,这种设计的价值主要体现为"富有美感"。"富有美感"可以从两个角度认识,首先,表明外观设计保护的是一种从装饰角度让人感到耳目一新的外观;其次,它又排除了从技术、功能方面考虑作出的外观设计。这也是为什么 TRIPs 协定第 25 条第1款规定,"成员国可以规定,这种保护不延及主要是根据技术或功能的考虑而作出的外观设计"的原因。

外观设计的专利保护与著作权法保护实用艺术作品有交叉。《伯尔尼公约》第2条第1款在列举文学艺术作品的类型时规定,文学艺术作品包括实用艺术作品。第7条第4款规定:"本联盟成员国有权以法律规定摄影作品及作为艺术品加以保护的实用艺术作品的保护期限;但这一期限不应少于自该作品完成时算起二十五年。"第2条第7款又规定:"考虑到本公约第七条第四款的规定,本联盟成员国得以立法规定涉及实用艺术作品及工业设计和模型的法律的适用范围,并规定此类作品、设计和模型的保护条件。在起源国单独作为设计和模型受到保护的作品,在本联盟其他成员国可能只得到该国为设计和模型所提供的专门保护。但如在该国并不给予这类专门保护,则这些作品将作为艺术品得到保护。"《伯尔尼公约》明确了实用艺术作品既可以以外观设计受到保护,也可以以作品受到保护的态度;同时,要求各国至少要给予实用艺术作品版权保护,而且版权保护的最短期限是25年。实用艺术作品版权保护和外观设计保护两种模式各有特点。从权利的取得来看,版权自动产生,无需申请,而外观设计需要申请,获得授权后权利才能产生。从权利的效力来看,外观设计的保护强度要高,因为版权不能排斥其他人的独立创作。从保护期限来看,版权保护期限要长于外观设计专利保护期限。因此,在允许对实用艺术品提供叠加保护的国家,权利人就要根据自己成果的特点选择确定合适的保护模式和保护策略。

我国《著作权法》中没有"实用艺术作品"或者"实用美术作品"的概念。1992年7月1日,我国声明加入《伯尔尼公约》。但是,当时施行的1990年版的《著作权法》并没有对"实用艺术作品"的保护作出规定,而我国又必须履行《伯尔尼公约》第7条规定的保护义务。因此,1992年9月25日,国务院发布《实施国际著作权条约的规定》,在第1条明确规定:"为实施国际著作权条约,保护外国作品著作权人的合法权益,制定本规定。"第6条第1款规定:"对外国实用艺术作品的保护期,为自该作品完成起二十五年。"这条规定创造了我国保护外国人实用艺术作品25年,而对本国国民的相关作品不提供类似保护的超国民待遇。但该条第2款规定,"美术作品(包括动画形象设计)用于工业制品的,不适用前款规定"。这实际上又将实用艺术作品与工业品外观设计做了区分。司法实践中,我国法院认可实用艺术作品的保护,主要依据的是《著作权法实施条例》第4条第8项的规定,"美术作品,是指绘画、书法、雕塑等以线条、色彩或者其他方式构成的有审美意义的平面或者立体的造型艺术作品"。例如,在胡三三与裘海索、中国美术馆侵犯著作权纠纷案中,北京市第二中级人民法院认为,我国著作权法规定的美术作品不单指纯艺术性的美术作品,还包含了实用艺术作品在内,故对服装艺术作品的保护,应当可以适用对美术作品的保护规定。① 北京市高级人民法院也认为,以线条、色彩或其他方式构成的有审美意义的平面或者立体的造型艺术品属于我国著作权法所保护的美术作品范畴。② 目前正在起草的著作权法修改草案,考虑将实用艺术作品明确列入著作权法的条文规定。

外观设计的专利保护也与商标法保护富有美感的标识有重叠。如何划分外观设计保护与商标保护的界限,我国《专利法》在第25条第1款第6项规定,"对平面印刷品的图案、色彩或者二者的结合作出的主要起标识作用的设计",不授予专利权。如果一件外观设计专利申请同时满足下列三个条件,则认为所述申请属于《专利法》第25条第1款第6项规定的不授予专利权的情形:(1)使用外观设计的产品属于平面印刷品;(2)该外观设计是针对图案、色彩或者二者的结合而作出的;(3)该外观设计主要起标识作用。在依据上述规定对外观设计专利申请进行审查时,审查员首先审查使用外观设计的产品是否属于平面印刷品。其次,审查所述外观设计是否是针对图案、色彩或者二者的结合而作出的。再次,审查所述外观设计对于所使用的产品来说是否主要起标识作用。主要起标识作用是指所述外观设计的主要用途在于使公众识别所涉及的产品、服务的来源等。这样的标识应该通过商标法保护,而不是专利法。这样,外观设计与平面印刷品商标的保护有了明确的区分,但它和立体商标标识的保护之间的关系如何处理,则仍然是一个立法没有明确规定的问题。

从目前的司法实践来看,我国最高人民法院认为,外观设计过保护期以后,即使是未注册为商标的,如果商品已经成为知名商品,外观设计又成为一种商品来源标识的,则它可以作为商品的包装和装潢,获得反不正当竞争法的保护。最高人民法院认为,商品的装潢一般可以分为如下两种类型:一类是文字图案类装潢,即外在于商品之上的文字、图案、色彩及其排列组合;另一类是形状构造类装潢,即内在物品之中,属于物品本体但是具有装饰作用的物品的整体或局部外观构造。若商品的形状构造具有区别于一般常见设计的显著特征,通过在市场上的使用,相关公众已经将该形状构造与特定生产者、提供者联系起来,即该形状构造通过使用获得了第二含义,则该形状构造就可以根据《反不正当竞争法》第

---

① 参见北京市第二中级人民法院民事判决书(1999)二中知初字第145号。
② 参见北京市高级人民法院民事判决书(2001)高知终字第18号

5 条第 2 项的规定获得保护。① 由此可见,在我国,外观设计可以获得专利法、商标法、著作权法和反不正当竞争法等多渠道的保护。

第二节 不能授予专利权的成果

并非所有的技术成果都能获得专利权的保护,各国基于公共政策的考量,都会将一些技术排除出专利权的保护范围。同时,根据专利保护客体的性质,专利法也会将一些不符合专利保护范畴或本应由其他知识产权制度保护的对象排除出去,如上文我们提到的图案和色彩结合且主要起到标识商品来源作用的平面印刷品,专利法就明确规定不能获得外观设计的保护。还有一些技术成果,因其来源素材特殊,所以,专利法规定了特别程序,违反程序性规定申请专利权保护的,将不被授予专利权。关于不能授予专利权的成果,我国《专利法》规定在第 5 条和第 25 条。

一、发明创造的公开、使用、制造违反了法律、社会公德或者妨害了公共利益的,不能被授予专利权

法律是指由全国人民代表大会或者全国人民代表大会常务委员会依照立法程序制定和颁布的法律,不包括行政法规和规章。发明创造与法律相违背的,不能被授予专利权。例如,《中华人民共和国中国人民银行法》第 18 条规定,人民币由中国人民银行统一印制、发行。第 19 条规定,禁止伪造、变造人民币。禁止出售、购买伪造、变造的人民币。禁止运输、持有、使用伪造、变造的人民币。禁止故意毁损人民币。禁止在宣传品、出版物或者其他商品上非法使用人民币图样。因此,伪造人民币的设备等都属于违反法律的发明创造,不能被授予专利权。

---

① 参见中华人民共和国最高人民法院民事裁定书(2010)民提字第 16 号。最高法院的这个裁定是针对宁波微亚达制笔有限公司与上海中韩晨光文具制造有限公司擅自使用知名商品特有名称、包装、装潢纠纷一案作出的。该案一审原告是中韩晨光公司。2002 年 7 月 19 日,中韩晨光公司向专利局申请了名称为"笔(事务笔)"的外观设计专利,该专利于 2003 年 2 月 19 日获得授权公告,专利号为 ZL02316156.6,案件进行审理时专利的状态为终止。经对比,中韩晨光公司的 K-35 型按动式中性笔的外观与前述外观设计专利相同。中韩晨光公司于 2004 年 9 月 21 日经受让取得注册商标"晨光",商标证号为第 1815587 号,注册有效期自 2002 年 7 月 28 日至 2012 年 7 月 27 日,核定使用商品为第 16 类的笔、笔记本等。2005 年 1 月,"晨光"商标被上海市工商行政管理局认定为上海市著名商标,有效期自 2005 年起至 2007 年止。2005 年 12 月 30 日,国家工商行政管理总局商标局(以下简称国家商标局)认定在第 16 类商品上的"晨光"注册商标为驰名商标。此外,"晨光"牌中性笔于 2003 年和 2007 年还多次获得"名牌"产品称号,中韩晨光公司对其产品也进行了广告宣传。被控侵权的 681 型水笔是由微亚达制笔公司和微亚达文具公司生产、销售,该笔的结构与上述 K-35 型按动式中性笔相同,笔夹上印有"WEIYADA""681"等字样,环形不干胶上印有"WEIYADA""E681"等字样,从整体上看,两者外观基本相同。该案争议的焦点为:产品外形和构造是否可以作为装潢来保护。被告认为,装潢是附加、附着在笔上的,特有装潢不是笔的本体,不是笔的零部件。

《专利法实施细则》第 10 条规定,《专利法》第 5 条所称违反法律的发明创造,不包括仅其实施为法律所禁止的发明创造。因此,如果仅仅是发明创造的产品的生产、销售或使用受到法律的限制或约束,则该产品本身及其制造方法并不属于违反法律的发明创造。例如,用于国防的各种武器的生产、销售及使用虽然受到法律的限制,但这些武器本身及其制造方法仍然属于可给予专利保护的客体。

违反社会公德,是指违反公众普遍接受的伦理道德观念和行为准则。社会公德具有历史性和地域性,不同时代、不同地区,人们普遍接受的伦理观念不同,社会公德的内容也有所区别。我国《专利法》规定的社会公德主要是指专利申请同时代的中国疆域内的道德观念和行为准则。例如,带有暴力凶杀或者淫秽的图片或者照片的外观设计,与社会公德相违背,不能被授予专利权。

妨害公共利益,是指发明创造的实施或使用会给公众或社会造成危害,或者会使国家和社会的正常秩序受到影响。例如,发明创造的实施或使用会严重污染环境、严重浪费能源或资源、破坏生态平衡、危害公众健康的,不能被授予专利权。

二、对违反法律、行政法规的规定获取或者利用遗传资源,并依赖该遗传资源完成的发明创造不授予专利权

遗传资源,是指取自人体、动物、植物或者微生物等含有遗传功能单位并具有实际或者潜在价值的材料;专利法所称依赖遗传资源完成的发明创造,是指利用了遗传资源的遗传功能完成的发明创造。遗传功能是指生物体通过繁殖将性状或者特征代代相传或者使整个生物体得以复制的能力。遗传功能单位是指生物体的基因或者具有遗传功能的 DNA 或者 RNA 片段。发明创造利用了遗传资源的遗传功能是指对遗传功能单位进行分离、分析、处理等,以完成发明创造,实现其遗传资源的价值。

TRIPs 协定第 27 条第 1 款规定,在符合本条下述第 2 款至第 3 款的前提下,一切技术领域中的任何发明,无论产品发明或方法发明,只要其新颖、含创造性并可付诸工业应用(本条所指的"创造性"及"可付诸工业应用",与某些成员使用的"非显而易见性"、"实用性"系同义语),均应有可能获得专利。在符合第 65 条第 4 款、第 70 条第 8 款及本条第 3 款的前提下,获得专利及享有专利权,不得因发明地点不同、技术领域不同及产品之系进口或系本地制造之不同而给予歧视。该款规定的是专利保护的技术非歧视原则。外国学者质疑我国关于遗传资源的专利授权规定有违反非歧视原则之嫌。但笔者认为,对遗传资源,我国专利法并不否定其可专利性,只是对其专利授权程序作出了特殊要求,而这些特殊要求主要体现在法律、行政法规关于获取或利用遗传资源的特殊规定中,往往表

现为需要事先获得有关行政管理部门的批准或者相关权利人的许可。例如，按照《中华人民共和国畜牧法》和《中华人民共和国畜禽遗传资源进出境和对外合作研究利用审批办法》的规定，向境外输出列入中国畜禽遗传资源保护名录的畜禽遗传资源应当办理相关审批手续，某发明创造的完成依赖于中国向境外出口的列入中国畜禽遗传资源保护名录的某畜禽遗传资源，未办理审批手续的，该发明创造不能被授予专利权。再如，《中华人民共和国种子法》第 8 条规定，国家依法保护种质资源，任何单位和个人不得侵占和破坏种质资源。禁止采集或者采伐国家重点保护的天然种质资源。因科研等特殊情况需要采集或者采伐的，应当经国务院或者省、自治区、直辖市人民政府的农业、林业行政主管部门批准。如果发明人违反种质资源的采集规定，擅自采集种质资源完成的发明，同样也不能获得专利权。

值得注意的是，法律、行政法规因时间、地区的不同而有所变化，有时由于新法律、行政法规的颁布实施或原有法律、行政法规的修改、废止，会增设或解除某些限制，因此，遗传资源的获得程序也会发生变化，专利申请和审查的要求就相应地需要作出调整。

就依赖遗传资源完成的发明创造申请专利，申请人应当在请求书中对于遗传资源的来源予以说明，并填写遗传资源来源披露登记表，写明该遗传资源的直接来源和原始来源。申请人无法说明原始来源的，应当陈述理由。对于不符合规定的，审查员应当发出补正通知书，通知申请人补正。期满未补正的，审查员应当发出视为撤回通知书。补正后仍不符合规定的，该专利申请应当被驳回。

三、智力活动的规则和方法

智力活动的规则和方法是指导人们进行思维、表述、判断和记忆的规则和方法。由于其没有采用技术手段或者利用自然规律，也未解决技术问题和产生技术效果，因而不构成技术方案。如九九乘法口诀即属于此类不授予专利权的主题。

四、疾病的诊断和治疗方法

疾病的诊断和治疗方法，是指以有生命的人体或者动物体为直接实施对象，进行识别、确定或消除病因或病灶的过程。出于人道主义的考虑和社会伦理的原因，医生在诊断和治疗过程中应当有选择各种方法和条件的自由。另外，这类方法直接以有生命的人体或动物体为实施对象，无法在产业上利用，不属于专利法意义上的发明创造。因此疾病的诊断和治疗方法不能被授予专利权。如 X 光透视法、中医把脉确定病情的方法、针灸治疗方法等，都不能获得专利权。但是,用于实施疾病诊断和治疗方法的仪器或装置,以及在疾病诊断和治疗方法中使用的物质或材料属于可被授予专利权的客体。

五、动物和植物品种

专利法所称的动物不包括人,所述动物是指不能自己合成,而只能靠摄取自然的碳水化合物及蛋白质来维系其生命的生物。专利法所称的植物,是指可以借助光合作用,以水、二氧化碳和无机盐等无机物合成碳水化合物、蛋白质来维系生存,并通常不发生移动的生物。

但是,植物新品种可以通过《植物新品种保护条例》规定的植物新品种权获得保护。

六、原子核变换方法和用该方法获得的物质

原子核变换方法,是指使一个或几个原子核经分裂或者聚合,形成一个或几个新原子核的过程。原子核变换方法以及用该方法所获得的物质关系到国家的经济、国防、科研和公共生活的重大利益,不宜为单位或私人垄断,因此不能被授予专利权。

此外,专利法还规定了科学发现不属于专利法保护的智力成果,由图案和色彩构成并主要发挥识别来源的平面印刷品不属于专利法的保护范畴,因前文已经论述过,这里不再赘述。

第三节 专利的构成要件

一项技术或设计,即使属于专利主题范围,符合《专利法》第 2 条的规定,不属于《专利法》第 5 条和第 25 条规定的专利保护排除的范围,也不必然被授予专利权。这是因为,专利对成果的先进性、创造性有严格的要求,只有符合法律规定条件的技术和设计才可能获得专利权保护。为此,各国专利法都对发明和实用新型专利规定了新颖性、创造性和实用性的要件。对外观设计专利,有的国家规定了新颖性要件,有的还在新颖性要件之外规定了创造性和/或非冲突性要件。我国《专利法》在第 22 条规定了发明和实用新型专利的新颖性、创造性和实用性要件,在第 23 条规定了外观设计的新颖性、创造性和非冲突性要件。

一、发明和实用新型的专利构成要件

我国《专利法》第 22 条规定,授予专利权的发明和实用新型,应当具备新颖性、创造性和实用性。

（一）新颖性

新颖性，是指该发明或者实用新型不属于现有技术；也没有任何单位或者个人就同样的发明或者实用新型在申请日以前向国务院专利行政部门提出过申请，并记载在申请日以后公布的专利申请文件或者公告的专利文件中。因此，判断新颖性需要从两个角度进行：其一，发明和实用新型不属于现有技术；其二，不存在抵触申请。

《专利法》第 22 条同时规定了"现有技术"的概念，"本法所称现有技术，是指申请日以前在国内外为公众所知的技术"。2008 年修改前的《专利法》对新颖性的规定是不同的，当时《专利法》没有具体规定现有技术的概念，关于新颖性的规定区别不同的公开方式分别进行规定。"新颖性，是指在申请日以前没有同样的发明或者实用新型在国内外出版物上公开发表过、在国内公开使用过或者以其他方式为公众所知，也没有同样的发明或者实用新型由他人向国务院专利行政部门提出过申请并且记载在申请日以后公布的专利申请文件中。"从该条规定来看，发明和实用新型专利的新颖性，主要通过技术公开方式作出具体判断，如果是以出版方式公开的，则地域范围是国内外，即只要是通过出版物公开的，不论是在国内出版物上还是在国外出版物上，都破坏专利新颖性。而如果是使用方式公开技术的，则仅在国内使用破坏新颖性，也就是说，如果技术是在国外公开的，则不破坏新颖性。因此，如果一项技术在国外使用，但未在国内使用，也没有通过出版物公开过，则这项技术仍属于我国《专利法》上具有新颖性的技术。这种规定方式也成为相对新颖性的标准。随着《专利法》的实施，在我国申请专利的技术越来越成熟，以前我们放宽专利门槛、刺激专利申请和专利存量的考虑越来越没有必要性。同时，相对新颖性的标准事实上容易造成国外过气的专利到我国寻求市场的客观结果，在国外已经不具有先进性的技术在中国被视为专利，作为专利保护，这影响我国技术的整体竞争力。因此，2008 年修改《专利法》时，将相对新颖性标准改为绝对新颖性标准，即不论公开的方式如何，只要是在国内外为公众所知的技术都不具有新颖性。

当然，这里的"为公众所知"并非是公众实际知晓的意思，应该理解为公众可以获得或者公众有通过合法渠道获得的可能性。一项技术，虽然不为公众实际知晓，但已经记录在某种文件中，公众可以查阅，就是"为公众所知"。同时，公众可以获得必须是通过合法途径，如果是一种保密的技术，只有通过窃取等非法手段获得，也不构成"为公众所知"，不丧失新颖性。

关于"抵触申请"，其构成要件如下：第一，就同样的发明或者实用新型先后有两个专利申请，即在先申请和在后申请。第二，在先申请和在后申请的主体可以相同，也可以不同。2008 年《专利法》扩大了抵触申请的范围，将原来规定的申请主体由"他人"改为"任何单位和个人",这就更好地防止了重复授权现象的出现。第三,在后申请提出后,在先申请记载在专利局公布的专利申请文件中。如果是在后申请提出前或提出之时,在先申请已经记载在专利局公布的文件中了,则在后申请的技术本身就属于现有技术,不具有新颖性,不必再考虑抵触申请的问题了。

在某些情况下,专利技术公开并不必然导致新颖性丧失。根据《专利法》第24条的规定,申请专利的发明创造在申请日(享有优先权的指优先权日)之前六个月内有下列情况之一的,不丧失新颖性:(1)在中国政府主办或者承认的国际展览会上首次展出的;中国政府主办的国际展览会,包括国务院、各部委主办或者国务院批准由其他机关或者地方政府举办的国际展览会。中国政府承认的国际展览会,是指国际展览会公约规定的由国际展览局注册或者认可的国际展览会。所谓国际展览会,即展出的展品除了举办国的产品以外,还应当有来自外国的展品。(2)在规定的学术会议或者技术会议上首次发表的;规定的学术会议或者技术会议,是指国务院有关主管部门或者全国性学术团体组织召开的学术会议或者技术会议,不包括省以下或者受国务院各部委或者全国性学术团体委托或者以其名义组织召开的学术会议或者技术会议。(3)他人未经申请人同意而泄露其内容的。他人未经申请人同意而泄露其内容所造成的公开,包括他人未遵守明示或者默示的保密信约而将发明创造的内容公开,也包括他人用威胁、欺诈或者间谍活动等手段从发明人或者申请人那里得知发明创造的内容而后造成的公开。

(二)创造性

创造性,是指与现有技术相比,该发明具有突出的实质性特点和显著的进步,该实用新型具有实质性特点和进步。

专利权利很强大,具有很强的独占性,因此,专利对技术的要求也要高,与现有技术相比,进步性不大,不具有创造性的,不能获得专利的独占保护。

与实用新型相比,发明要求更高的创造性,实用新型的创造性体现在和现有技术相比,它具有"实质性特点和进步",而发明则要求具有"突出的实质性特点和显著的进步"。因此,实用新型也被称为"小发明"。

(三)实用性

实用性,是指该发明或者实用新型能够制造或者使用,并且能够产生积极效果。与著作权保护的作品不同,发明和实用新型的功能不是欣赏,而是实际应用。实用性首先是指发明和实用新型存在于工业领域中。其次,发明和实用新型必须能够反复实现。如果发明和实用新型不能够通过利用自然规律再现和制造出来,则没有保护的基础。例如针对特定个体的技术解决方案、利用物体的自然形状设计出来的构造,不具有反复再现可能,因此不能获得专利或实用新型的保护。最后,实用性还必须体现为一种积极的效果。这种积极的效果可以表现为经济上的积极效果,如降低制造成本,提高产品性能;也可以体现为一种积极的社会效应,如有利于空气净化,保护环境。

二、外观设计的专利构成要件

外观设计的专利构成要件,规定在我国《专利法》第 23 条,综合起来,共三个构成要件。

(一)新颖性

授予专利权的外观设计,应当不属于现有设计;也没有任何单位或者个人就同样的外观设计在申请日以前向国务院专利行政部门提出过申请,并记载在申请日以后公告的专利文件中。现有设计,是指申请日以前在国内外为公众所知的设计。同样,外观设计也适用《专利法》第 24 条规定的不破坏新颖性的公开。

(二)创造性

2008 年修改后的《专利法》对外观设计规定了创造性条件,即授予专利权的外观设计与现有设计或者现有设计特征的组合相比,应当具有明显区别。从逻辑上讲,这是为了克服外观设计质量不高的现象,对于现有设计作出的细微改动不能再获得外观设计专利权的保护。同时,也是为了防止相似的设计带来的消费者认识上的混淆。但是,新的法律规定的这个"创造性"要件如何与"新颖性"要件相协调仍是一个问题。因为,如果是相同或实质上相同的外观设计,则会落入现有设计的范畴,而不符合新颖性要件,就无需适用创造性要件了。按照这种理解,创造性要件应该是要求申请的外观设计与现有设计相比具有"明显区别"。这与外观设计保护具有美感的新的设计的宗旨多少有些偏离,因为外观设计的保护重在求新,而非求异。因此,要求外观设计也具有"创造性",这并不是多数国家的通行做法。

(三)非冲突性

授予专利权的外观设计不得与他人在申请日以前已经取得的合法权利相冲突。也即,申请的外观设计不能与他人在先取得的商标权、著作权等权利相冲突。例如不能将他人的注册立体商标作为外观设计申请专利,不能将他人的雕塑作品作为外观设计申请专利,等等。此规定是 2008 年修改《专利法》新加入的内容。从条文内容看,它与《商标法》中的在先权利的保护规定是一致的。但问题是,如果从实际适用效果来看,该条冲突规定并不一定有效率。因为如果从构成要件来规定外观设计与在先权利的冲突问题,这会将所有具有冲突内容的外观设计排除在专利保护之外。但现实生活中,有些设计是申请人自己独立完成的,只是很偶然地与他人的在先权利发生了冲突,他们主观上并没有恶意;而且,现实中也存在这样一种情况,即在先权利人实际上更愿意与申请人达成一致,就权利的获得、实施、惠益分享等作出协商,如果能够达成既有权利产生,各方又利益均沾的结果,则无疑是一种更有效率的制度安排。

当然,除了上述要件外,外观设计必须以产品为载体,外观设计是产品的外观设计,其载体应当是产品。不能重复生产的手工艺品、农产品、畜产品、自然物不能作为外观设计的载体。这可以说是外观设计的实用性要件。

思考题

1. 我国《专利法》所称的发明创造是什么?
2. 发明专利的实质性构成要件是什么?
3. 不能授予专利权的成果有哪些?

案例分析

世纪联保公司"脉冲超细干粉自动灭火装置"发明专利无效案

本专利是于2008年1月9日授权公告的、名称为"脉冲超细干粉自动灭火装置"的发明专利,其专利号是02123866.9,申请日是2002年7月5日,专利权人是世纪联保公司,本专利授权公告的权利要求书如下:

"1. 脉冲超细干粉自动灭火装置,含有启动器和内装超细干粉灭火剂(冷气溶胶灭火剂)的壳体,其特征在于,它含有:壳体,它包括:外壳、装在外壳内的粒度在 30 μm 以下的超细干粉灭火剂及壳体喷口密封用的铝膜;传导速度大于 0.5 米/秒的启动器,它包括:由燃点大于或等于 135℃、并对火焰或温度敏感的热敏线和套在热敏线外的套管组成的启动组件,由靠螺母和贯穿着热敏线的穿孔螺栓紧压在壳体内侧的铝板、与热敏线接触的产气剂和扣压在铝板上用以包住产气剂的非金属薄膜共同组成的产气组件。

2. 根据权利要求 1 所述的脉冲超细干粉自动灭火装置,其特征在于:所述的壳体是碗形、圆筒形、半球形、双球形、锥形或葫芦形中的任何一种。

3. 根据权利要求 1 所述的脉冲超细干粉自动灭火装置,其特征在于:所述的超细干粉灭火剂的粒度在 20 μm 以下。

4. 根据权利要求 1 所述的脉冲超细干粉自动灭火装置,其特征在于:所述的产气剂粒度小于或等于 83 μm。

5. 根据权利要求 1 所述的脉冲超细干粉自动灭火装置,其特征在于:所述的启动组件传导速度大于 0.5 米/秒,且制备过程安全。"

2009年6月16日,中远公司针对本专利向专利复审委员会提出无效宣告请求,同时提交了附件1—13。

附件1:中国第00200992.7号实用新型专利说明书,授权公告日为2001年1月24日。附件1公开了一种可分离式启动器的超跨音速灭火器,其特征在于顶盖是圆盘形,中央位置有一螺纹孔,孔中装入一个可分离式的启动器,顶盖底部有环形凸端,多孔件是一外凸圆弧曲面形状,其上端与环形凸端配合,壳体是弧形圆锥体,上端与顶盖和多孔件配合,下端由挡板封闭接合,壳体内充填以灭火剂。其中启动器上部是六角形体,下部连有一圆柱体,且有阳螺纹,下端又连有一圆柱体,上部六角形体有一凹槽,槽中装有2根导线通向圆柱体内,圆柱体内充填以产气剂。

附件2:中国第01138266.X号发明专利申请公开说明书,公开日为2002年7月3日。附件2公开了粒度小于10 μm以下的超细粉体灭火剂,并且描述了粒度小于10 μm以下的灭火剂具有比表面积大、流动性能好、不易吸潮结块、漂浮性好、灭火效果好、能全淹没灭火的优点。

附件3:中国第87216992U号实用新型专利申请说明书,授权公告日为1988年9月14日。附件3中公开了一种安全自爆干粉灭火弹,由外壳、干粉、连接撑管、密封塞、药管、抛散药和多通道复合引线的火敏自爆装置组成,其中多通道复合引线的火敏自爆装置由三股微型安全引线和三股合装在绝缘套管内的高燃速引线连接组成,其中露在弹体外的微型安全引线为火敏元件。

附件4:《特种超细粉体制备技术及应用》,李凤生著,国防工业出版社出版,2002年1月第1版第1次印刷,封面、出版信息页及第4—5页。附件4公开了通常需要将炸药超细化到5 μm以下,以确保其起爆灵敏度和快速反应作用。

附件6:《兵器工业科学技术辞典——火工品与烟火技术》,《兵器工业科学技术辞典》编辑委员会编,国防工业出版社出版,1992年11月第1版第1次印刷,封面、出版信息页及第14—131页。附件6公开了由棉线包缠黑火药并浸涂硝化棉而成的棉线引线,直径有1.0—1.2 mm和1.8—2.0 mm两类,燃速约10—12.5 mm/s,在密闭状态下可达0.3—1 m/s,燃速均匀,作用可靠,有较好的防潮能力。附件6还公开了由数根棉线通过含有黏合剂的黑药浆后干燥而成的速燃引线。再在外面套牛皮纸制的引线管。在敞开条件下可以数厘米每秒的速率平稳燃烧,但在引线管内,由于沟槽效应,几乎瞬间燃烧。

附件9:"高温物体引燃能力的分析",蒋慧灵,《消防科技》1998年11月第4期,第24—25页。附件9公开了棉线自燃点150℃。

附件10:"可燃物质的自燃点与燃点关系讨论",胡福静,《劳动保护科学技术》2001年第2期,第54—55页。附件10公开了棉花自燃点150℃、燃点210℃。

附件11:"聚合物材料闪点、自燃点影响因素的研究",王元宏等,《阻燃材料与技术》,1989 年第 2 期,第 39—41、51 页。附件 11 公开了尼龙的自燃点 420 ℃。

附件 12:"糖包的自燃原因及安全措施",柴本贵,《消防科学与技术》,1986 年第 4 期,第 24—26 页。附件 12 公开了麻绒的燃点为 107 ℃,自燃点为 150 ℃,麻袋的燃点为 150 ℃,自燃点为 200 ℃。

附件 13:"自燃——你知道吗?",《山东消防》,1994 年第 10 期,第 23—24 页。附件 13 公开了赛璐珞的自燃点约为 180 ℃。

2010 年 3 月 2 日,专利复审委员会作出第 14523 号无效宣告请求审查决定书,宣告本专利权全部无效。世纪联保公司不服该决定,向北京市第一中级人民法院提起行政诉讼,该案历经一审、二审,两审法院都维持了专利复审委员会的决定。

二审法院北京市高级人民法院认为:本案的核心问题是本专利权利要求 1 是否符合专利法关于创造性的规定。发明的创造性,是指同申请日以前已有的技术相比,该发明具有突出的实质性特点和显著的进步。如果发明的技术方案相对于最接近的现有技术所存在的区别技术特征在现有的证据中存在启示或者是本领域的公知常识,则发明的技术方案相对于现有技术是显而易见的,不具有创造性。

本案中,本专利权利要求 1 与附件 1 存在如下区别技术特征:(1) 权利要求 1 中使用的是粒度为 30 μm 以下的超细干粉灭火剂(冷气溶胶灭火剂),而附件 1 公开的是上位的灭火剂;(2) 权利要求 1 中使用铝膜密封壳体喷口,而附件 1 公开的是挡板;(3) 权利要求 1 的启动器中采用由燃点大于或等于 135 ℃、并对火焰或温度敏感的热敏线和套在热敏线外的套管组成的启动组件,其传导速度大于 0.5 米/秒,并且,采用扣压在铝板上用以包住产气剂的非金属薄膜,而附件 1 中公开的是经凹槽的带有双股导线的点火头,并且没有公开圆柱体(赛璐珞)的具体固定方式。

就区别技术特征(1)而言,本专利权利要求 1 中所述的"冷气溶胶灭火剂"与附件 2 中的"超细粉体干粉灭火剂"相同,世纪联保公司对此也予以认可。附件 2 中同时公开了粒度小于 10 μm 以下的超细粉体灭火剂,并且教导了粒度小于 10 μm 以下的灭火剂比表面积大、流动性好、不易吸潮结块、灭火效果好等优点,本领域技术人员在附件 1 的基础上,为寻找高效灭火剂,容易从同样涉及灭火剂领域的附件 2 中获得粒度越小、比表面积越大、灭火效果越好的启示。

就区别技术特征(2)而言,权利要求 1 中采用了铝膜密封壳体,而采用具体的铝膜材料代替相同功能的挡板是本领域技术人员容易想到的,亦未带来任何预料不到的技术效果。附件 1 由于有多孔件的存在,因此产生的是超音速气流或者是跨音速气流,但是由此并不能得出附件 1 中挡板冲破需要更大的冲击力。另外,"挡板"是一个相对于"铝膜"更上位的概念,本领域技术人员可以根据实际需要选择具体的挡板。

就区别技术特征（3）而言，附件3中公开了一种名称为安全自爆干粉灭火弹的装置，其中露在弹体外的微型安全引线为火敏元件，可以安全地自动引爆。附件9中公开了易燃的棉线自燃点150℃，附件10中表1公开了棉花自燃点150℃、燃点210℃，另外，通常可用于引线的可燃物，如尼龙、麻绒、麻袋和赛璐珞的自燃点和燃点在附件11—13中公开，数据显示均大于135℃，由此可见，热敏线的燃点大于135℃这一技术特征已在现有技术中多次公开使用，而热敏线的燃点等于135℃也未使本专利权利要求1带来任何预料不到的技术效果。附件6公开了传导速度为0.5米/秒的热敏线，并可直接地、毫无疑义地推知，热敏线装在套管内可以极大地提高燃烧速度。也就是说，根据附件3、6、9—13公开的内容，本领域技术人员容易想到将惯常使用的燃点大于或等于135℃的热敏线或火敏线置于密闭空间中，提高其传导速度，而用于自动灭火器。此外，尽管附件1中没有公开采用扣压在铝板上固定非金属薄膜的方式，但是这种固定方式是一种常见的固定方式，本身并没有给发明带来任何预料不到的技术效果。

综上所述，本领域技术人员在附件1的基础上结合附件2—3、6、9—13中公开的常识性内容获得本专利权利要求1的技术方案是显而易见的，权利要求1不具备突出的实质性特点和显著的进步，不具备创造性。世纪联保公司关于本专利权利要求1具备创造性的上诉主张不能成立。

世纪联保公司不服，又向最高人民法院申请再审。最高人民法院认为，在评价发明是否具有创造性时，不仅要考虑发明技术解决方案本身，而且还要考虑发明要解决的技术问题和所产生的技术效果，将其作为一个整体看待；与新颖性"单独对比"的审查原则不同，审查创造性时，将一份或者多份对比文件中的不同的技术内容组合在一起进行评定。第14523号决定和二审判决在审查和判断本专利权利要求1的创造性时，将技术领域相同，所要解决的技术问题、技术效果或者用途最接近的附件1确定为最接近的现有技术，进而确定了本专利权利要求1与附件1的区别技术特征，在上述区别技术特征在附件2—3、6、9—13存在技术启示或者是本领域公知常识的情况下，认定本专利权利要求1不具备创造性，是将发明作为一个整体来看待，且遵循了创造性的审查原则和判断方法。世纪联保公司关于专利复审委员会决定和二审判决在判断创造性时不符合创造性评价的基本原则的申请再审理由不能成立。在本专利权利要求1不具备创造性的基础上，对于本专利权利要求2—5的创造性，专利复审委员会决定和二审判决的认定并无不妥。①

✎ **思考**

在判断一项技术是否具有发明专利创造性时，法院是如何做的？

---

① 参见中华人民共和国最高人民法院行政判决书（2012）行提字第20号。

第十一章 专利的申请与授权

与著作权不同,专利权不是自动产生的,必须通过专利行政主管机关的审查和授权。专利制度发展过程中,曾经有不经实质审查即产生专利权的阶段,但这么做的后果就是专利泛滥,一些质量不高、没有什么先进技术含量的技术也获得专利权的保护。后来,为了修正这一现象,专利制度又开始向全面实质审查方向发展,但这种模式的弊端也很明显,因为审查的成本高,审查程序历时长。为了克服这两种制度的弊端,我国专利制度根据技术主题不同而采用不同的审查程序。对发明专利,我国目前的专利审查制度兼采上述两种制度之长,实行早期公开、实质审查,而对实用新型和外观设计只进行形式审查。

第一节 专利申请的原则

随着专利制度的发展和国际公约的实施,世界各国的专利制度逐渐呈现出趋同之势,如关于发明专利,都规定了新颖性、创造性和实用性的构成要件。但是,各国的专利制度又不尽相同,这主要体现在专利审查和授权程序、专利权的保护范围、专利侵权救济等各个方面。例如,在专利申请和授权程序中,我国实行的是先申请原则,而有一些国家则适用先发明原则。由于专利权的地域性特征,技术的所有人需要根据各国专利制度的不同规定,遵循不同的程序,申请专利权。

根据我国《专利法》及相关法律制度的规定,笔者总结我国专利申请的主要原则如下。

一、先申请原则

我国《专利法》第9条第2款规定,两个以上的申请人分别就同样的发明创造申请专利的,专利权授予最先申请的人。这就是专利的先申请原则。

与先申请原则相对应的是专利的先发明原则,即两个以上的申请人分别就同样的发明创造申请专利的,专利权授予最先发明的人。先申请原则和先发明原则各有利弊。从实现实质公平的角度来说,先发明原则是优越于先申请原则的。但是,先发明原则的审查成本高,根据这一原则,一旦发生两个以上的主体就同一技术申请专利权的情况,专利行政主管机关除了要对技术的可专利性进行判断外,还需要对技术开发的时间作出事实认定,这对专利行政主管机关来说是一个沉重的负担。其次,因为权利最终归属是通过发明的先后时间确定的,因此,对自己的技术先进性有把握的发明人不必担心技术被他人抢先申请而无法获得独占地位,他们会等到技术成熟之后再行申请,因此,先发明原则不利于鼓励技术的尽早公开和交流。而从另外一个角度看,那些对自己的技术开发速度及先进性没有信心的开发者,往往会在技术开发早期就申请专利,但事实上技术的先进性达不到专利的要求,这样又往往导致专利申请的质量不高。最后,先发明原则始终会使权利处于一种被"在先发明人"挑战的不稳定状态,不利于技术成果的实际转化和实施。综合权衡之后,我国《专利法》采用了先申请原则。

对于同一天提出的申请,我国《专利法实施细则》第41条规定,两个以上的申请人同日(指申请日;有优先权的,指优先权日)分别就同样的发明创造申请专利的,应当在收到国务院专利行政部门的通知后自行协商确定申请人。协商不成的,专利权不授予任何一方。专利法对同日申请并不考虑发明的先后,如此处理是因为如果考虑发明的先后时间,则又会回到繁琐而复杂的事实认定的路子上去,会影响先申请原则的实际效果。

二、禁止重复授权原则

我国《专利法》第9条第1款规定,同样的发明创造只能授予一项专利权。该款的基本含义是:第一,同一发明创造之上不能存在不同的权利主体,也即,不同的权利主体不能分别就同样的发明创造各自获得专利权;第二,同一发明创造之上也不能有两种专利权,即同一发明创造不允许既有实用新型专利权的保护,又有发明专利权的保护。这是因为,我国对实用新型只进行形式审查,而发明专利审查周期较长,因此,技术开发者可以通过先申请实用新型专利,再申请发明专利的方式进行专利申请。在实用新型专利申请未公开前,申请发明专利并不会丧失新颖性。这样,如果实用新型和发明都获得了专利授权,实际上申请人的技术总体获得保护的时间得以延长,客观上造成了一定程度上的不当垄断。当然,2008年《专利法》扩大了抵触申请的范围,因此,这里所说的在先实用新型专利申请尚未公开的情况虽不会使发明技术的新颖性受到破坏,但其构成抵触申请,这种变相延长技术保护期限的做法已经不可能。

禁止重复授权原则有例外,即同一申请人同日对同样的发明创造既申请实用新型专利又申请发明专利,先获得的实用新型专利权尚未终止,且申请人声明放弃该实用新型专利权的,可以授予发明专利权。同一申请人在同日(指申请日)对同样的发明创造既申请实用新型专利又申请发明专利的,应当在申请时分别说明对同样的发明创造已申请了另一专利;未作说明的,依照《专利法》第9条第1款关于同样的发明创造只能授予一项专利权的规定处理。禁止重复授权原则的例外规定的适用需要符合以下条件:第一,必须是同一个申请人同日对同样的发明创造同时申请了实用新型专利和发明专利。如果是不同申请人申请的、同一申请人不同时间申请的、申请针对的不是同样的发明创造或者申请的都是发明专利或者都是实用新型专利，则都不符合本条规定。国务院专利行政部门公告授予实用新型专利权，应当公告申请人已依照《专利法》第9条第2款的规定同时申请了发明专利的说明。第二，必须是先获得的实用新型专利权尚未终止。如果是实用新型专利权已经终止了，则适用禁止重复授权原则，发明专利申请人不能再获得发明专利。第三，申请人必须声明放弃该实用新型专利权。发明专利申请经审查没有发现驳回理由，国务院专利行政部门应当通知申请人在规定期限内声明放弃实用新型专利权。申请人声明放弃的，国务院专利行政部门应当作出授予发明专利权的决定，并在公告授予发明专利权时一并公告申请人放弃实用新型专利权声明。实用新型专利权自公告授予发明专利权之日起终止。申请人不同意放弃的，国务院专利行政部门应当驳回该发明专利申请；申请人期满未答复的，视为撤回该发明专利申请。

禁止重复授权原则的例外规定，实际上方便了发明人通过实用新型专利权尽早让技术获得专利权保护，避免发明专利审查时间过长而给其带来的经济上的不利影响。同时，又通过"同日"申请的要求，杜绝发明创造人通过实用新型续接发明专利的方式延长专利的保护期限。

三、优先权原则

在采用先申请原则的国家，申请日极其重要。但是，有的技术开发者，因各种因素的影响，如资料的翻译整理、申请费的筹措等，无法在相同的时间在其目标指向国同时提出专利申请，因此，在不同的国家会有不同的专利申请日。这在一定程度上造成了发明创造人在不同国家获得专利保护的障碍，因为如果其中一个申请已经公开了技术内容，则会破坏在后于其他国家提出申请的新颖性，从而无法再在其他国家获得专利保护。为此，根据《巴黎公约》第4条的规定，如果本国申请的实际申请日在其他国家的申请日之后，在满足一定条件的情况下，承认优先权的国家，认定最早在其他国家提出申请的日期为本国申请日，这样就会将本国申请日期提前，优先权人的申请由此就会早于其他人在最早申请的提出日之后至本国实际提出申请日之前提出的申请。

我国《专利法》第29条规定，申请人自发明或者实用新型在外国第一次提出专利申请之日起十二个月内，或者自外观设计在外国第一次提出专利申请之日起六个月内，又在中国就相同主题提出专利申请的，依照该外国同中国签订的协议或者共同参加的国际条约，或者依照相互承认优先权的原则，可以享有优先权。这里的相同主题是指两个申请针对的是同一发明创造，同时，两个申请也申请的是同一种专利权，如外国专利申请是发明专利申请，则本国的专利申请也必须是发明专利申请;如果外国专利申请是实用新型专利申请,而本国专利申请是发明专利申请,则不能主张优先权。

申请人自发明或者实用新型在中国第一次提出专利申请之日起十二个月内,又向国务院专利行政部门就相同主题提出专利申请的,可以享有优先权。这是本国优先权的规定。申请人要求本国优先权,在先申请是发明专利申请的,可以就相同主题提出发明或者实用新型专利申请;在先申请是实用新型专利申请的,可以就相同主题提出实用新型或者发明专利申请。但是,提出后一申请时,在先申请的主题有下列情形之一的,不得作为要求本国优先权的基础:(1)已经要求外国优先权或者本国优先权的;(2)已经被授予专利权的;(3)属于按照规定提出的分案申请的。申请人要求本国优先权的,其在先申请自后一申请提出之日起即视为撤回。

由以上规定,我们得出结论:第一,如果主张的优先权日是在外国第一次提出的专利申请,则这项优先权就是外国优先权;如果第一次申请是在中国提出的,则优先权的主张是本国优先权。发明和实用新型专利同时享有外国优先权和本国优先权,但是,外观设计专利申请则只适用外国优先权。第二,发明和实用新型专利申请的优先权主张提出期限为12个月,而外观设计专利申请的优先权主张期限为6个月。这是根据《巴黎公约》第4条规定作出的,因为《巴黎公约》规定,"优先权的期限,对于专利和实用新型为十二个月,对于工业品外观设计和商标为六个月"。

申请人要求优先权的,应当在申请的时候提出书面声明,并且在三个月内提交第一次提出的专利申请文件的副本;未提出书面声明或者逾期未提交专利申请文件副本的,视为未要求优先权。

四、单一性原则

单一性原则是指一项专利申请应当仅限于一项发明创造,即一发明一申请原则。我国《专利法》第31条规定,一件发明或者实用新型专利申请应当限于一项发明或者实用新型。属于的两项以上的发明或者实用新型,可以作为一件申请提出。一件外观设计专利申请应当限于一种产品所使用的一项外观设计。根据单一性原则,仅在"属于一个总的发明构思"或者"同一类别并且成套出售或者使用的产品的两项以上的外观设计"的情况下,合案申请才被允许。

《专利法实施细则》第42条规定:"一件专利申请包括两项以上发明、实用新型或者外观设计的,申请人可以在细则第五十四条第一款规定的期限届满前,向国务院专利行政部门提出分案申请;但是,专利申请已经被驳回、撤回或者视为撤回的,不能提出分案申请。"

第二节 专利申请的程序

根据我国专利法的规定,发明专利申请受理后,初步审查合格的,要进行早期公开,然后进行实质审查和授权;而实用新型和外观设计申请受理后,只需要进行形式审查,形式审查结束后,可以直接授权公告。专利申请与授权的流程图如下①:

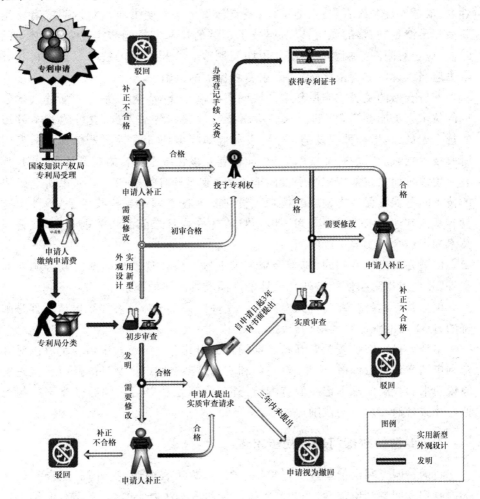

---

① 资料来源于 http://www.sipo.gov.cn/zlsqzn/sqq/zlspcx/200804/t20080418_383666.html,2014年4月1日访问。

一、申请人向国务院专利行政部门提出申请

申请人可以是中国公民或法人以及其他组织,也可以是外国人、企业或其他组织。后者如果在中国没有惯常居住所或经营场所,则必须委托国务院认可的专利代理机构办理申请事项。

申请发明或者实用新型专利的,应当提交请求书、说明书及其摘要和权利要求书等文件。请求书应当写明发明或者实用新型的名称,发明人或者设计人的姓名,申请人姓名或者名称、地址,以及其他事项。说明书应当对发明或者实用新型作出清楚、完整的说明,以所属技术领域的技术人员能够实现为准;必要的时候,应当有附图。摘要应当简要说明发明或者实用新型的技术要点。权利要求书应当以说明书为依据,说明要求专利保护的范围。

一份合格的发明或实用新型的说明书应该符合"清楚""完整""所述技术领域的技术人员能够实现"的要求。所属技术领域的技术人员,也可称为本领域的技术人员,是指一种假设的"人",假定他知晓申请日或者优先权日之前发明所属技术领域所有的普通技术知识,能够获知该领域中所有的现有技术,并且具有应用该日期之前常规实验手段的能力,但他不具有创造能力。如果所要解决的技术问题能够促使本领域的技术人员在其他技术领域寻找技术手段,他也应具有从该其他技术领域中获知该申请日或优先权日之前的相关现有技术、普通技术知识和常规实验手段的能力。

申请外观设计专利的,应当提交请求书以及该外观设计的图片或者照片等文件,并且应当写明使用该外观设计的产品及其所属的类别。

国务院专利行政部门收到专利申请文件之日为申请日。如果申请文件是邮寄的,以寄出的邮戳日为申请日。

申请人可以在被授予专利权之前随时撤回其专利申请。申请人也可以对其专利申请文件进行修改,但是,对发明和实用新型专利申请文件的修改不得超出原说明书和权利要求书记载的范围,对外观设计专利申请文件的修改不得超出原图片或者照片表示的范围。

二、专利行政部门进行初步审查

我国发明专利申请审查实行早期公开、延迟审查的制度。国务院专利行政部门收到发明专利申请后,经初步审查认为符合本法要求的,自申请日起满十八个月,即行公布。国务院专利行政部门可以根据申请人的请求早日公布其申请。

早期公开后,发明专利即可享受《专利法》第13条规定的临时保护,即发明专利申请公布后,申请人可以要求实施其发明的单位或者个人支付适当的费用。发明专利申请公开后,至专利是否授权决定作出前,还有一段时间。在这段期间

内,如果允许其他人随便实施发明技术,则会对最终获得专利授权的发明人的利益造成损害。因此,专利法规定了发明专利人申请人在发明专利申请公布后的临时保护。

实用新型和外观设计申请只进行形式审查,因此,实用新型和外观设计专利申请经初步审查没有发现驳回理由的,由国务院专利行政部门作出授予实用新型专利权或者外观设计专利权的决定,发给相应的专利证书,同时予以登记和公告。实用新型专利权和外观设计专利权自公告之日起生效。

三、实质审查

发明专利申请自申请日起三年内,国务院专利行政部门可以根据申请人随时提出的请求,对其申请进行实质审查;申请人无正当理由逾期不请求实质审查的,该申请即被视为撤回。国务院专利行政部门认为必要的时候,可以自行对发明专利申请进行实质审查。

国务院专利行政部门对发明专利申请进行实质审查后,认为不符合《专利法》规定的,应当通知申请人,要求其在指定的期限内陈述意见,或者对其申请进行修改;无正当理由逾期不答复的,该申请即被视为撤回。根据专利审查的听证原则,审查员在作出驳回决定之前,应当将驳回所依据的事实、理由和证据通知申请人,至少给申请人一次陈述意见和/或修改申请文件的机会。审查员作出驳回决定时,驳回决定所依据的事实、理由和证据,应当是已经通知过申请人的,不得包含新的事实、理由和/或证据。

发明专利申请经申请人陈述意见或者进行修改后,国务院专利行政部门仍然认为不符合《专利法》规定的,应当予以驳回。

四、授予专利和驳回申请

国务院专利行政部门对发明专利申请进行实质审查后,认为不符合本法规定的,应当通知申请人,要求其在指定的期限内陈述意见,或者对其申请进行修改;无正当理由逾期不答复的,该申请即被视为撤回。发明专利申请经申请人陈述意见或者进行修改后,国务院专利行政部门仍然认为不符合本法规定的,应当予以驳回。

发明专利申请经实质审查没有发现驳回理由的,由国务院专利行政部门作出授予发明专利权的决定,发给发明专利证书,同时予以登记和公告。发明专利权自公告之日起生效。

这里有对不服专利局决定的申请人的救济问题,国务院专利行政部门设立专利复审委员会。专利申请人对国务院专利行政部门驳回申请的决定不服的,可以自收到通知之日起三个月内,向专利复审委员会请求复审。专利复审委员会复审后,作出决定,并通知专利申请人。专利申请人对专利复审委员会的复审决定不服的,可以自收到通知之日起三个月内向人民法院起诉。

关于专利案件的司法审查,主要涉及专利复审委员会对专利所作出的决定是否要接受司法审查的问题。在专利制度建立之初,我国法院还缺乏审理专利案件的专业人员,缺少经验,没有能力对大量的实用新型和外观设计案件进行审理。随着专利制度的逐步完善,专利司法审判经验的积累,上述状况有了很大的改观。经过实践,无论从当事人的角度出发,还是从专利局的角度出发,我国立法都认识到实用新型和外观设计专利申请人或专利权人对专利复审委员会的决定无权向人民法院起诉是制度上的缺陷,有必要对其予以改进。TRIPs协定第41条(4)明确规定,对于行政终局决定,诉讼当事人应有机会获得司法机关的复审。这一规定适用所有的知识产权领域。2000年和2001年我国修改了《专利法》《著作权法》和《商标法》,将知识产权的行政处理决定纳入了司法审查的范围。

 思考题

1. 专利申请审查遵循哪些原则?
2. 简要叙述我国专利审查程序。

 案例分析

舒学章"双层炉排反烧锅炉"发明专利无效案

舒学章于1992年申请的"一种高效节能双层炉排反烧锅炉"发明专利,权利要求书为:"一种立式或卧式双层炉排平面波浪型反烧炉排锅炉,其特征是上层水管反烧炉排是平面波浪型布置。"济宁无压锅炉厂以违反禁止重复授权原则为由请求宣告该专利无效,提交的对比文件是舒学章于1991年申请并在本专利授权日前已经终止的一项实用新型专利,权利要求书为:"1.一种主要由反烧炉排[2]、正烧炉排[1]和炉体[3]构成的高效节能双层炉排反烧锅炉,本实用新型的特征在于正烧炉排[1]和反烧炉排[2]的各个炉条是间隔的一上、一下分两层构成波浪形排列。"

专利复审委员会认为,涉案发明专利授权时该实用新型专利已经终止,不存在两个专利权共存的情况,因此本发明专利权的授予不违反禁止重复授权的规定,维持专利权有效。一审法院维持复审委的决定。

二审法院认为,重复授权是指同样的发明创造被授予两次专利权,本案实用新型专利终止后又授予发明专利,相当于把已进入公有领域的技术又赋予了专利权,应属重复授权,遂撤销一审判决和复审委决定。

最高人法院再审判决认为,专利法所称的同样的发明创造是指保护范围相同的专利申请或者专利,在判断方法上应当仅就各自请求保护的内容进行比较即可。根据涉案两个专利的权利要求,结合各自的说明书及附图,可以看出,两个专利所要求保护的技术方案均涉及一种由反烧炉排(上层炉排)、正烧炉排(下层炉排)和炉体构成的双层炉排反烧锅炉,二者只是在对上下层炉排结构的限定上有所不同。发明专利要求保护的是上层炉排为平面波浪形排列的双层炉排反烧锅炉;实用新型专利要求保护的是上下层炉排均为波浪形排列的双层炉排反烧锅炉。按照前述权利要求的解释方法,在该发明专利权利要求并未对下层炉排的具体结构作出特别限定的情况下,不能仅依据说明书附图中有关下层炉排的表示来限定其具体结构,该发明专利的下层炉排不排除也可以是平面波浪形排列的炉排。由此可见,本案中发明专利在保护范围上不仅包含了实用新型专利,而且大于实用新型专利的保护范围。相对而言,可以将实用新型专利看做是发明专利的一种具体实施方式,实用新型专利在保护范围上完全落入了发明专利的保护范围之内,并且小于发明专利的保护范围。按照前述关于同样的发明创造的判断原则和方法,涉案两个专利的保护范围并不相同,二者不属于同样的发明创造。专利法上的禁止重复授权是指同样的发明创造不能有两项或者两项以上的处于有效状态的专利权同时存在,而不是指同样的发明创造只能被授予一次专利权,有关的行政操作并不违背立法精神。① 遂撤销二审判决,维持一审判决和复审委决定。②

 ✎ **思考**

"同一发明创造"的判断标准是什么?

---

① 2008年《专利法》在第9条增加了一款,"同样的发明创造只能授予一项专利权",因此,按照修改后的法律规定,最高人民法院的这个判断是不成立的。

② 最高人民法院审理舒学章、国家知识产权局专利复审委员会与济宁无压锅炉厂发明专利权无效纠纷提审案行政判决书(2007)行提字第4号。

第十二章　专利权的宣告无效、保护期和终止

专利获得被授权后,会因为各种原因而终止。有因为自然原因终止的,即保护期期满;也有因为专利权人没有缴纳专利年费或被宣告无效而终止的。

一、专利权的宣告无效

自国务院专利行政部门公告授予专利权之日起,任何单位或者个人认为该专利权的授予不符合专利法有关规定的,可以请求专利复审委员会宣告该专利权无效。

(一) 宣告专利权无效的主体

专利权劝告无效的主体是不特定的,任何人或任何单位发现专利无效事由的,都可以通过宣告无效程序宣告专利权无效。但通常情况下,只有和专利权的实施有利害关系的人才有动因启动专利无效宣告程序,特别是专利侵权诉讼中的被控侵权人。

(二) 宣告专利权无效的事由

关于宣告专利无效的事由,根据我国《专利法实施细则》的规定,主要有如下所列事由:

1. 被授予专利的发明创造不符合《专利法》第2条关于发明创造的规定的;
2. 被授予专利的发明创造不符合《专利法》第20条第1款关于"任何单位或者个人将在中国完成的发明或者实用新型向外国申请专利的,应当事先报经国务院专利行政部门进行保密审查"的规定的;
3. 被授予专利的发明创造不符合《专利法》第22条、第23条关于发明创造的专利构成要件的规定的;
4. 被授予专利的发明创造不符合《专利法》第26条第3款、第4款关于发明和实用新型专利申请文件的规定的;
5. 被授予专利的发明创造不符合《专利法》第27条第2款关于外观设计申请文件规定的;
6. 被授予专利的发明创造不符合《专利法》第33条关于申请文件的修改不能超出发明或实用新型专利申请文件的原说明书或权利要求书记载的范围、外观设计专利申请原图片或照片表示的范围的规定的;
7. 被授予专利的发明创造属于《专利法》第5条或第25条规定的不能授予

专利权的主题的;

8. 被授予专利的发明创造违反《专利法》第9条规定的一发明创造一专利原则或先申请原则的。

(三) 宣告专利权无效申请的审查和诉讼

专利复审委员会对宣告专利权无效的请求应当及时审查和作出决定,并通知请求人和专利权人。宣告专利权无效的决定,由国务院专利行政部门登记和公告。对专利复审委员会宣告专利权无效或者维持专利权的决定不服的,可以自收到通知之日起三个月内向人民法院起诉。人民法院应当通知无效宣告请求程序的对方当事人作为第三人参加诉讼。

对于专利复审委员会作出的专利权无效的决定或维持专利权有效的决定不服的案件,统一由北京市第一中级人民法院初审管辖,对该院判决或裁定不服的,上诉审法院为北京市高级人民法院。法院认为专利复审委员会的决定有错误的,应该撤销复审决定,要求其重新作出复审,不能直接改变专利复审对专利权有效与否的问题作出的决定。

(四) 专利权被宣告无效的效力

专利授权后,甚至在授权前,技术开发者可能已经将技术许可实施给他人使用,专利权被宣告无效后,这些授权许可的效力如何? 专利侵权纠纷中,专利权人已经根据专利权获得了损害赔偿,专利权被宣告无效后,这些赔偿是否要退还? 这些都涉及专利权被宣告无效的效力。为此,我国《专利法》规定,宣告无效的专利权视为自始即不存在。但宣告专利权无效的决定,对在宣告专利权无效前人民法院作出并已执行的专利侵权的判决、调解书,已经履行或者强制执行的专利侵权纠纷处理决定,以及已经履行的专利实施许可合同和专利权转让合同,不具有追溯力。但是,因专利权人的恶意给他人造成的损失,应当给予赔偿。依照前述规定不返还专利侵权赔偿金、专利使用费、专利权转让费,明显违反公平原则的,应当全部或者部分返还。

二、专利权的保护期限

根据我国《专利法》的规定,发明专利权的保护期限为20年,实用新型专利权和外观设计专利权的期限为10年,均自申请日起计算。

由于专利申请提出后,发明专利需要经过早期公开、延迟审查;而实用新型专利申请和外观设计专利申请都需要经过形式审查,因此,专利权的授权日与专利申请日不同,申请日在前。而有的专利产品,如药品等,在授权后还需要经过国家有关主管部门批准后才能上市,这样专利权的保护期就会进一步缩短。因此,实际上专利权的保护期间都不会满20年或10年。为此,有些国家规定了专利权保护期间的延长,对药品等专利权的保护期适当延长。但是,我国专利法律制度中并未规定专利权保护期限的延长。

申请日以国务院专利行政部门收到专利申请文件之日为申请日。如果申请文件是邮寄的,以寄出的邮戳日为申请日。有优先权的,指优先权日。

三、专利权的提前终止

专利失效有自然失效和非正常失效,前者是指保护期届满;后者主要是指因停止缴费或声明放弃而导致的专利提前终止。

专利权人应当自被授予专利权的当年开始缴纳年费。通常情况下,专利维持的时间越长,缴纳的年费额度越大。例如,发明专利第1—3年的年费是900元,第4—6年的年费为1200元,而第16—20年的年费提高到8000元。专利权人衡量专利维持成本和收益后,如果觉得专利权带来的收益不足以抵消维持成本的,就会选择放弃专利。因此,大多数专利都会在期满前被声明放弃或因未缴纳年费而终止。

专利权在期限届满前终止的,由国务院专利行政部门登记和公告。

思考题

1. 专利宣告无效的事由有哪些?
2. 专利权终止的原因有哪些?

案例分析

现有技术抗辩侵权案件处理与宣告无效程序

针对泽田公司"液压摇臂裁断机直联式液压控制装置"(以下简称"控制装置")、"液压摇臂裁断机内置式可调液压缸"(以下简称"液压缸")涉案两项专利,格瑞特公司于2011年2月9日向专利复审委员会提出无效宣告请求,理由是涉案两项专利不具有新颖性、创造性。

最高法院认为,根据一审法院制作的现场勘验笔录,一审法院在奇伟公司保全了F45裁断机,机器铭牌上的生产日期在涉案两项专利的申请日之前。此外,奇伟公司亦提供了发票原件、支票存根原件以及记账凭证原件。上述证据与奇伟公司出具的证言以及一审法院制作的谈话笔录中的有关内容相互印证,足以证明F45裁断机已于涉案两项专利的申请日之前公开,构成现有技术。

在专利侵权诉讼中设立现有技术抗辩制度的根本原因,在于专利权的保护范围不应覆盖现有技术,以及相对于现有技术而言显而易见,构成等同的技术。除在无效程序中对专利权的法律效力进行审查外,通过在侵权诉讼中对被诉侵权人有关现有技术抗辩的主张进行审查,有利于及时化解纠纷,减少当事人诉累,实现公平与效率的统一。在审查现有技术抗辩时,比较方法应是将被诉侵权技术方案与现有技术进行对比,而不是将现有技术与专利技术方案进行对比。审查方式则是以专利权利要求为参照,确定被诉侵权技术方案中被指控落入专利权保护范围的技术特征,并判断现有技术中是否公开了相同或者等同的技术特征。现有技术抗辩的成立,并不要求被诉侵权技术方案与现有技术完全相同,毫无区别,对于被诉侵权产品中与专利权保护范围无关的技术特征,在判断现有技术抗辩能否成立时应不予考虑。被诉侵权技术方案与专利技术方案是否相同或者等同,与现有技术抗辩能否成立亦无必然关联。因此,即使在被诉侵权技术方案与专利技术方案完全相同,但与现有技术有所差异的情况下,亦有可能认定现有技术抗辩成立。

本案中,关于格瑞特公司的现有技术抗辩主张能否成立,双方当事人的争议主要在于:(1) 被诉侵权产品中电磁阀与有杆活塞的连接方式是否被现有技术公开;(2) 被诉侵权产品中电磁阀的具体结构是否被现有技术公开。根据涉案专利权利要求1,其中限定了电磁阀的连接方式,即"电磁阀的出口直接与有杆活塞的外端相联接",但并未限定电磁阀的具体结构。因此,电磁阀的具体结构与涉案专利权的保护范围无关,亦与现有技术抗辩能否成立无关。由于被诉侵权产品中的电磁阀与有杆活塞亦采取同样的连接方式,因此,认定现有技术抗辩是否成立的关键,在于确定现有技术中是否公开了与上述连接方式相同或者等同的技术特征,而无需考虑被诉侵权产品中电磁阀的具体结构是否被现有技术公开。

从本院查明的事实来看,尽管现有技术中公开的电磁阀包括三个部分,其具体结构与被诉侵权产品的电磁阀有着明显差异,但是现有技术中确已公开将电磁阀的出口与有杆活塞的外端直接相联接。因此,二审法院认定现有技术抗辩成立,并无不当。

无效程序与专利侵权诉讼中的现有技术抗辩制度各自独立,各自发挥其自身作用。二者相互协调、配合,有利于避免专利权的保护范围覆盖现有技术,侵入公共领域,从而更好地实现专利法保护和鼓励创新的立法目的。在无效程序中,系将专利技术方案与现有技术进行对比,审查现有技术是否公开了专利技术方案,即专利技术方案相对于现有技术是否具有新颖性、创造性。而在侵权诉讼中,现有技术抗辩的审查对象则在于被诉侵权技术方案与现有技术是否相同或等同,而不在于审查现有技术是否公开了专利技术方案。因此,二者的审查对象和法律适用均有差异。[①]

✎ 思考

对侵权案件中的现有技术抗辩,与宣告无效程序中专利新颖性和创造性的现有技术判断,有何不同?

---

① 参见中华人民共和国最高人民法院民事裁定书(2012)民申字第18号。

第十三章　专利权的内容

发明创造经审查获得授权后即确定专利权,专利权人享有排他性的独占权。专利权的具体保护范围,根据申请时提交的文件确定。发明或者实用新型专利权的保护范围以其权利要求的内容为准,说明书及附图可以用于解释权利要求的内容。外观设计专利权的保护范围以表示在图片或者照片中的该产品的外观设计为准,简要说明可以用于解释图片或者照片所表示的该产品的外观设计。

专利权的独占排他性主要表现为专利权人的独占实施权,专利的一个内在特性是它可以用于排除他人在产品和服务中以任何形式含有发明。它们对应的权利是排除他人——不仅是假冒者,甚至包括独立获得同一构思的人在专利的有效期内使用发明。这一核心原理深刻揭示了为什么与其他知识产权相比,专利是最基本的、最有价值的、隐含最大危险的、能够直接导致技术垄断的。

TRIPs协定在第28条规定:"专利应赋予其所有人下列专有权:如果专利权的客体是产品,禁止第三方未经所有人同意而进行下列行为:制造、使用、许诺销售①、销售,或者为这些目的而进口该产品;如果专利的客体是方法,禁止当事人未经所有人同意而使用该方法的行为和下列行为:使用、许诺销售、销售,或者为这些目的而进口至少是依照该方法所直接获得的产品。"我国《专利法》则在第11条规定了专利权的效力,即发明和实用新型专利权被授予后,除专利法另有规定的以外,任何单位或者个人未经专利权人许可,都不得实施其专利,即不得为生产经营目的制造、使用、许诺销售、销售、进口其专利产品,或者使用其专利方法以及使用、许诺销售、销售、进口依照该专利方法直接获得的产品。外观设计专利权被授予后,任何单位或者个人未经专利权人许可,都不得实施其专利,即不得为生产经营目的制造、许诺销售、销售、进口其外观设计专利产品。

许诺销售权是2000年修改《专利法》时新列入的一项权利,当时是入世之需,我国《专利法》的规定必须与TRIPs协定的规定相协调,满足其规定的最低保护标准。TRIPs协定在第28条关于专利排他权中规定了许诺销售权,因此我国《专利法》在2000年修改时赋予了专利和实用新型专利权以许诺销售权。许诺销售(offering for sell),就是明确表示愿意出售某种产品的行为。它不是要约行为(offer),更不是承诺行为(acceptance),其实是一个要约邀请行为,只是表明可以提供某种产品,引诱行为相对方发出要约。许诺销售通常是以做广告、在商

---

① 郑成思译本中将其译为"提供销售",《专利法修订征求意见稿》中译为"为销售而提供"。

店橱窗中陈列或者在展销会上展出、发产品传单等方式作出的销售商品的意思表示。也就是说,即使还尚未发生实际销售行为,只是为销售行为做前期准备,表示了要销售的意思,也会构成专利侵权行为,而最后是否发生了实际销售行为则在所不问。因为销售权和许诺销售权是两项独立的权利。2008年,我国《专利法》修改时,又扩大了许诺销售权的适用范围,规定外观设计专利权人也享有许诺销售权。

从条文的规定方式来看,我国《专利法》对专利权的内容采取了穷尽性列举的规定方式,根据知识产权法定原则,这些权利就是专利权人所享有的权利的全部内容,即专利权人享有制造权、使用权、许诺销售权、销售权和进口权。当然,专利权人可以自己实施这些权利,也可以将这些权利转让或者许可给他人行使,即经过专利权人许可或同意就可以实施第11条所列行为,这样,就又形成了专利权人的转让权和许可使用权。

其次,《专利法》第11条规定的专利权的效力,针对的是以生产经营为目的的行为,如果因私人使用或社会公益目的而实施第11条规定的制造、使用、销售、许诺销售或进口等行为的,则不落入专利权的效力范围之内。

再次,如果是经专利权人同意或授权许可而实施专利权的,也不属于专利权的效力范围,这主要体现为经专利权人授权许可后被授权人的实施行为。

又次,不同的专利类型,专利权的效力范围不同,专利权的内容也就不同。例如,发明和实用新型专利权都有使用权,但外观设计专利权则不包含使用权,因为很少以生产经营为目的使用外观设计的。再如,产品专利的效力范围和权利类型覆盖制造、使用、销售、许诺销售、进口等,但方法专利主要针对的是一种操作过程,权利的效力针对的是使用方法专利的行为。

最后,出于社会公共利益、衡平原则等因素的考虑,某些专利实施行为虽未经专利权人许可,也表现为《专利法》第11条规定的制造、使用、许诺销售、销售或进口行为,但是,因为《专利法》作出了特别规定,将这些行为排除在了专利效力范围之外。这些行为主要体现为对专利权的限制。

思考题

专利权的主要内容有哪些?

案例分析

侵犯专利制造权、销售权、许诺销售权案

1999年12月10日,布劳恩股份公司获得中华人民共和国知识产权局就名称为"带有可转动的刷毛支架的电动牙刷"之发明的授权,专利号为

ZL 93 1 14525.2。根据《专利登记簿副本》的记载,专利权人的名称由布劳恩股份公司变更为百灵公司已在国家知识产权局进行了登记,变更登记日为 2003 年 7 月 18 日。

该专利的权利要求 1 为:"带有刷体部分(24)的电动牙刷,刷体中装有一个以可转动的形式安装的轴(34)而且刷体上还保持有一个以可转动的形式安装的刷毛支架(38),其中将刷毛支架(38)的转轴(54)设置成相对于轴(34)的转轴(52)有一定的角度,而且通过轴(34)实现对刷毛支架(38)的往复驱动,其特征在于,轴(34)上设有一个相对其转轴(52)偏心安装的接合件而刷毛支架(38)上设有一个相对其转轴(54)偏心安装的支撑件,而且接合件和支撑件相耦联。"

2003 年 7 月 21 日,案外人罗思(上海)咨询有限公司的代理人肖友良在被告泰华公司处购得单价为人民币 48 元的 TB-01 型电动牙刷 20 只,同时购得的还有 TB-02 型电动牙刷 20 只。上海市卢湾区公证处对上述购买过程出具了(2003)沪卢证经字第 2423 号《公证书》,并且将所购买的产品各留存 2 只后进行了装箱贴封。当庭开封的纸箱中所装 TB-01 型电动牙刷外包装盒上印有泰华公司的名称、地址、电话及"Taihua"等字样,包装盒内的合格证上显示的日期为 2002 年 2 月 1 日。经比对,TB-01 型电动牙刷包含了系争专利权利要求 1 所记载的全部技术特征。

被告百特公司的产品宣传册第 10 页右下方载有一电动牙刷图片,图片中的电动牙刷刷体上显示有"Taihua"字样,图片右侧标明"Model TB-01"。

上海市第一中级人民法院认为,"带有可转动的刷毛支架的电动牙刷"发明专利权合法有效,应当受到法律保护。被告泰华公司未经专利权人许可生产、销售落入系争专利权保护范围的 TB-01 型电动牙刷之行为,已构成对原告专利权的侵害,尽管该被告答辩称其早已不再生产这一型号的电动牙刷,但未能提供足以证明此辩称意见的证据,故其应当承担停止侵权、赔偿损失等民事责任。

原告在本案中还主张被告百特公司实施了销售和许诺销售 TB-01 型电动牙刷的行为,由于现有证据只能证明被告百特公司在其产品宣传册上印制了 Taihua TB-01 型的商品内容以作出将要销售该商品的意思表示,而对于销售行为原告却未能提供相应证据予以证明,故原告要求该被告赔偿经济损失的诉讼请求缺乏事实和法律依据,本院不予支持,但为了防止侵权产品的进一步扩散、避免专利权人可能遭受的损失,被告百特公司应当停止前述许诺销售行为。①

✎ **思考**

侵犯专利销售权与许诺销售权行为在构成上的区别是什么?权利救济上的区别是什么?

---

① 参见上海市第一中级人民法院知识产权判决书(2003)沪一中民五(知)初第字 236 号。

第十四章　专利权的限制

在所有的知识产权权利类型中,专利权与技术联系最紧密,而专利权的保护强度又最大,因此,如果对专利权的保护不适度,就会造成专利权阻碍技术进步的后果。为此,各国都对专利权规定了各种限制。其中,最直接的权利限制手段就是保护期限。这部分内容已经在上文论及,这里不再赘述。本章主要论述两种类型的专利权限制,一为专利的指定实施、强制实施许可;二为不视为专利侵权的情形。在专利的指定实施和强制实施许可中,专利权人仍然享有许可使用费的请求权,但是,在不视为专利侵权的情况下,专利权人无权主张专利实施者支付使用费用。

第一节　专利的指定实施

我国《专利法》第 14 条规定,国有企业事业单位的发明专利,对国家利益或者公共利益具有重大意义的,国务院有关主管部门和省、自治区、直辖市人民政府报经国务院批准,可以决定在批准的范围内推广应用,允许指定的单位实施,由实施单位按照国家规定向专利权人支付使用费。

一、指定实施的对象

指定实施的规定是从 1984 年《专利法》规定的"计划许可"制度演化而来的,即国务院有关主管部门或地方政府,可以根据国家计划,决定本系统内或其所管辖的全民所有制单位持有的重要发明创造专利允许指定的单位实施。随着市场经济的发展,计划许可制度逐渐显露其弊端,更不符合私权平等的精神。但是,有些专利的确事关国民经济和社会发展的大事,且国有企事业单位的资金全部或部分来源于政府,因此,一定程度上有对其所有的发明专利指定实施的必要。

根据专利法的规定,首先,指定实施的对象必须是发明专利,也就是说,实用新型专利和外观设计专利不属于指定实施的对象。

其次,指定实施的专利必须是国有企业事业单位的发明专利,其归属人的性质特殊,对于自然人、集体组织及其他非国有企事业单位的发明专利,不能进行指定实施。

再次,指定实施的发明专利必须是对国家利益或者公共利益具有重大意义,例如对国防安全、经济发展、科技进步、节能环保、疾病防控等具有非常重要的意义等。

二、指定实施的程序

指定实施必须经国务院批准,由国务院确定批准的范围。因此,若地方政府或国务院有关主管部门决定对某些发明专利进行指定实施,则应该由其报经国务院批准。

三、指定实施的后果

指定实施后,被指定的单位必须在批准的范围内对发明专利进行推广应用。同时,实施本身不是免费的,实施单位应该按照国家规定向专利权人支付使用费。

第二节 专利权的强制实施许可

专利被授权后,专利权人享有独占的实施权。如果专利权人自己不实施专利,也不许可他人实施,或者滥用专利权,就会阻碍成果的实际转化,妨碍科技进步,因此,专利法在保护专利权人的权利的同时,也强调专利权人实施专利的义务,要求专利权人正当行使专利权。另外,有些专利性质比较特殊,即使专利权人自己或其许可的人已经或正在实施专利,出于特殊的政策考虑,法律仍然允许其他人未经专利权人许可实施其专利。《巴黎公约》第5条第1款第2项规定,本同盟各成员国都应有权采取立法措施规定颁发强制许可证,以防止由于行使专利所赋予的独占权而可能产生的利弊,例如不实施专利权。我国《专利法》关于专利强制实施许可规定在第48条至第51条。

当然,必须强调的一点是,专利权的强制实施许可限制的只是专利权人的实施许可权,并不剥夺专利权人获得许可使用费的权利。因此,强制实施许可的被许可人仍然有义务向专利权人支付许可使用费的费用。取得实施强制许可的单位或者个人应当付给专利权人合理的使用费,或者依照中华人民共和国参加的有关国际条约的规定处理使用费问题。付给使用费的,其数额由双方协商;双方不能达成协议的,由国务院专利行政部门裁决。

取得实施强制许可的单位或者个人不享有独占的实施权,并且无权允许他人实施。另外,强制实施许可的对象只有实用新型和发明,对外观设计专利不能进行强制许可。强制实施许可还有动态评估的性质,在最初作出给予实施强制许可的决定,应当根据强制许可的理由规定实施的范围和时间。强制许可的理由消除并不再发生时,国务院专利行政部门应当根据专利权人的请求,经审查后作出终止实施强制许可的决定。

从程序上看，国务院专利行政部门作出的给予实施强制许可的决定，应当及时通知专利权人，并予以登记和公告。专利权人对国务院专利行政部门关于实施强制许可的决定不服的，专利权人和取得实施强制许可的单位或者个人对国务院专利行政部门关于实施强制许可的使用费的裁决不服的，可以自收到通知之日起三个月内向人民法院起诉。也就是说，如果专利行政主管机关驳回了强制实施许可的申请，申请人是无权向人民法院提起诉讼的；而如果专利权人对专利行政主管机关批准强制实施许可的决定不服的，是可以向人民法院起诉的。

一、因专利权人未实施或未充分实施专利而发出的强制许可

世界各国都规定了因专利权人未实施或未充分实施专利权而作出的强制许可，我国《专利法》第48条第1项规定，专利权人自专利权被授予之日起满三年，且自提出专利申请之日起满四年，无正当理由未实施或者未充分实施其专利的，国务院专利行政部门根据具备实施条件的单位或者个人的申请，可以给予实施发明专利或者实用新型专利的强制许可。

未实施专利是指专利权人自己未实施制造、使用、进口等行为，也未许可他人实施这些行为。未充分实施其专利，是指专利权人及其被许可人实施其专利的方式或者规模不能满足国内对专利产品或者专利方法的需求。

申请强制许可的主体必须是具备实施条件的单位或者个人，在请求给予强制许可时，申请人应当向国务院专利行政部门提交强制许可请求书，说明理由并附具有关证明文件，证明其以合理的条件请求专利权人许可其实施专利，但未能在合理的时间内获得许可。

申请强制许可的时间限制是自专利权被授予之日起满三年，且自提出专利申请之日起满四年。专利授权后，专利权人往往需要对技术应用的主要领域、市场前景、资金和经营模式等作出权衡和选择后，才能启动专利的实施。因此，强制实施许可不能在授权后立即作出，应该为专利权人自己或通过他人实施专利、充分实施专利留出合理的准备时间。

二、因垄断行为而作出的强制许可

专利权人行使专利权的行为被依法认定为垄断行为，为消除或者减少该行为对竞争产生的不利影响的，国务院专利行政部门根据具备实施条件的单位或者个人的申请，可以给予实施发明专利或者实用新型专利的强制许可。

如果国务院有关主管部门或人民法院认定，专利权人行使专利权构成《反垄断法》第3条规定的垄断行为，如形成垄断协议、滥用市场支配地位、排除、限

制竞争效果的经营者集中,则为了消除或减少垄断行为对竞争产生的不利影响,国家知识产权局根据特定单位或个人的申请,可以针对发明或实用新型专利作出强制许可。

三、因紧急状态、非常情况或公共利益而作出的强制许可

我国《专利法》第49条规定,在国家出现紧急状态或者非常情况时,或者为了公共利益的目的,国务院专利行政部门可以给予实施发明专利或者实用新型专利的强制许可。

专利权是一种民事权利,但专利也负担义务,必须服务于公共利益。当国家出现紧急状态,如发生了战争、爆发了瘟疫,或者专利技术为公共利益所必需时,如河流出现大面积污染,专利技术能有效清淤排污,则专利行政管理部门可以指定有实施条件的单位强制实施专利,以解决紧急状态和公共利益之需。

本项强制实施许可的特殊性在于实施者的行为不具有商业经营性质,其实施目的以解决紧急状态、非常情况和公共利益之需为前提,实施范围也以此为标准确定。

四、药品专利强制许可

TRIPs协定第27条规定,在符合27条第2款至第3款的前提下,一切技术领域中的任何发明,无论产品发明或方法发明,只要其新颖、含创造性并可付诸工业应用,均应有可能获得专利。第70条第8款规定,如果在《建立世界贸易组织协定》生效之日,某成员尚未在医药化工产品及农用化工产品的专利保护上,符合本协定第27条规定的义务,则该成员:(1)不论上文第六部分如何规定,均应自"建立世界贸易组织协定"生效之日起,规定出使上述发明的专利申请案可以提交的措施;(2)在适用本协议之日,即应对上述专利申请案适用本协议所规定的可获得专利的标准,视同这些标准从申请案提交到该成员之日即已适用;如果可享有优先权、而且申请人也要求了优先权,则视同这些标准从申请案的优先权日即已适用;(3)对于凡是符合本条(2)项所指的保护标准的申请案,应当按照本协议,从其专利的批准起,对尚未届满保护期的剩余时间,按本协定第33条规定的申请案提交之日计算的保护期,提供专利保护。这样,药品专利的保护被严格纳入到世界贸易组织的体制中。

然而,公共健康问题一直是困扰这发展中国家的大问题,这些国家食品卫生条件差,医疗技术水平不发达,艾滋病、疟疾、禽流感等传染病的控制和治疗手段有限,而针对这些疾病用药的药品专利大部分为发达国家所占有,高昂的专利药品许可使用费用与大规模流行病的防控之间的矛盾极其尖锐,对仿制药品的需求强烈。

为此,在发展中国家的强烈要求下,世界贸易组织启动了关于药品专利权保护的新一轮谈判。2001年11月,世界贸易组织多哈部长会议发表《关于TRIPs协定与公共健康问题的宣言》,承认了国家采取措施维护公共健康是不可减损的权利。明确了TRIPs协定中可以用于保护公共健康对抗知识产权专有权利的弹性条款,包括对TRIPs协定应该按照其目标和原则所表达的宗旨和目的来解释;每个成员方有权颁布强制许可,也有权决定颁布强制许可的理由;每个成员有权不经过权利持有人的同意颁布强制许可,并有权自由决定颁布强制许可的理由,这些理由包括引起公共健康危机的国家紧急情况和其他极端紧急情势,包括艾滋病、结核病、疟疾和其他传染病,从而可以尽早和尽快地实施强制许可措施;明确了成员平行进口的权利,规定了TRIPs协定与"知识产权权利用尽"有关条款的效力,允许每一个成员自由地确立自己的权利用尽制度,只要不违背TRIPs协定所规定的最惠国待遇和国民待遇原则。认识到最不发达国家因医药生产能力不足或无生产能力而无法有效的使用强制许可措施的现状,并责成TRIPs理事会探求该问题的解决办法,在2002年年底之前向总理事会汇报。将最不发达国家在医药产品方面履行TRIPs协定有关义务的过渡期延长至2016年。2003年8月30日WTO总理事会通过了《关于实施TRIPs与公共健康宣言第6段的决议》,提供了一个过渡机制,解决缺乏制药能力的国家遇到的流行性疾病带来的公共健康问题。2005年12月6日,WTO总理事会在《关于TRIPs协定与公共健康问题多哈宣言》与《关于实施多哈宣言第6段的决议》的基础上,通过了《关于〈与贸易有关的知识产权协定〉修正案议定书》。放宽了对专利强制许可药品出口的限制,消除了符合强制许可规定的专利药品在国际范围内贸易流通的法律障碍,为没有仿制药生产能力的发展中成员、最不发达成员通过进口获得更便宜的必需药品,解决公共健康危机提供了便利。按照《议定书》规定,在符合有关条件的前提下,WTO成员可以授予其国内企业生产并出口特定专利药品的强制许可,不再局限于供应国内市场。《议定书》允许WTO成员可为向"有资格进口的成员"出口药品的目的而授予药品专利的强制许可,突破了TRIPs协定关于强制许可药品只能为供应本国市场的限制。

21世纪以来公共卫生事件频发,使得以财产性权利为主的知识产权和人的生命健康权之间产生了较大的冲突。因此,发展中国家出现了不少有关医药品方面专利强制许可的案例。2003年11月,马来西亚政府根据其《专利法》第49条的规定,在东南亚率先颁布了强制许可令,向一家药厂颁发了为期两年的进口许可证,允许其进口三种抗逆转录病毒仿制药品。2012年3月12日,印度专利管理局(Office of the Controller General of Patents)颁布了印度历史上首个强制许可给其本国公司拿特科公司,允许其使用德国拜耳公司持有的化学药物复合索拉非尼专利技术,生产仿制"多吉美"的廉价药品。① 该药品用于肝癌和肾癌的治疗。当然,世界各国现已通过的药物强制许可多以抗艾滋病药物为主,例如泰国政府于2006年和巴西政府于2007年强制许可的"依法韦仑"。

我国在1992年修改《专利法》时,将药品和用化学方法获得的物质排除出不授予专利的范围,这样药品也可以获得专利权,受到专利法的保护。2003年,SARS事件催生了具体的实施办法之出台。当年6月13日,国家知识产权局第31号局长令颁布了《专利实施强制许可办法》,并于同年7月15日起施行。2005年11月29日,我国国家知识产权局颁布《涉及公共健康问题的专利实施强制许可办法》,于2006年1月1日实施,对药品专利的强制实施许可进行规范。随着专利制度健全,新修订的《专利实施强制许可办法》2012年3月15日颁布,同年5月1日起施行。2008年,《专利法》修改又增加了出口专利药品的强制许可,即为了公共健康目的,对取得专利权的药品,国务院专利行政部门可以给予制造并将其出口到符合中华人民共和国参加的有关国际条约规定的国家或者地区的强制许可。强制实施许可的专利药品,是指解决公共健康问题所需的医药领域中的任何专利产品或者依照专利方法直接获得的产品,包括取得专利权的制造该产品所需的活性成分以及使用该产品所需的诊断用品,但不包括医疗器械。

但目前我国并没有动用过药品专利的强制实施许可。在中国,民间对乙肝、艾滋病等相关治疗药物申请强制许可的呼声不断,2009年11月广州白云山制药公司曾向国家药监局提交了仿制瑞士诺华公司抗流感专利药"达菲"的申请,也未获成功。② 在我国,药品专利的强制实施许可尚未出现的主要原因如下:

1. 从长远来看,动用专利强制许可是否对发展中国家真的有利,我们很难作出定论。因为发达国家的医药企业也许会忌惮发展中国家善用强制许可,直接损害其投资利益,而撤回其在发展中国家的投资,或者放弃其本来计划的追加投资。③ 这很可能会形成多米诺效应,波及发达国家国内的其他制药企业的投资决定,甚至会影响到其他发达国家制药企业的投资规划。因此,发展中国家也

---

① 该案有关情况及分析,请参见易继明:《专利的公共政策——以印度首个专利强制许可案为例》,载《华中科技大学学报》2014年第2期。
② 《药品强制许可在中国无先例,有待测试》,资料来源:http://www.bioon.com/industry/mdnews/520253.shtml;更新时间:2012年3月26日;访问时间:2013年10月26日。
③ 一个比较典型的例子发生在埃及。美国辉瑞公司在进入埃及市场两个月后,埃及卫生部即向申请生产伟哥仿制药的国内医药公司发放了强制许可,这些公司生产的仿制药的价格为辉瑞伟哥市场价格的十二分之一。这导致埃及政府吸引外资的能力大大降低。辉瑞公司也取消了在埃及再建生产线的计划。See Jon Matthews, "Renewing Healthy Competition: Compulsory Licenses and Why Abuses of the TRIPs Article 31 Standards Are Most Damaging to the United States Healthcare Industry", *4 Pepperdine Journal of Business, Entrepreneurship & the Law* 119, 133 (2010).

许一时获得了廉价的药品,但长远看却失去了来自国外的资金流。

2. 药品专利强制实施许可的条件严格,程序复杂,等待时间漫长。国内药企如要想合法地仿制一种专利药物,一般会向药监局和卫生部提出申请,然后由卫生部以公共健康等理由向国家知识产权局申请。① 专利局在决定是否依照《专利法》第 50 条的规定给予强制许可时,应当对申请是否同时符合中国缔结或者参加的有关国际条约关于为了解决公共健康问题而给予强制许可的规定,但中国作出保留的除外。而根据《多哈健康宣言》《总理事会决议》以及《修订 TRIPs 协定议定书》的规定,中国要将强制实施许可后制造的药品出口到其他国家,除需要自己符合有资格的出口方的条件外,前提是先必须有一个合格的进口方。"有资格进口的成员"是指任何最不发达成员及任何已向 TRIPs 理事会通报各方理解。后者是指证明其医药行业没有或者没有足够的有关产品的生产能力;并且确认若一药品在其地域内被授予专利,其已经或者计划根据 TRIPs 协定第 31 条、第 31 条之二及《修订 TRIPs 协定议定书》附件的规定授予一项强制许可。而且,出口方必须严格遵守下述条件:(1) 在该许可下可生产的数量仅以满足有资格进口成员的需求为限,且此项生产的全部必须出口至业已将其需求通报 TRIPs 理事会的成员;(2) 在该许可下生产的产品必须通过特定标签或标记明确注明该产品是在本体制下生产的。(3) 装运前,被许可人须在网站被许可人为此目的可以使用自己的网站,也可以在 WTO 秘书处的帮助下,使用 WTO 网站专为本体制设立的网页,发布运往上述每一目的地的数量及该产品的区别特征。

印度就拜耳公司的抗癌药物发布强制许可的新近案例,突出反映了在药品强制实施许可中存在的主要问题。② 德国拜耳公司(Bayer)在印度持有化疗药物复合索拉非尼(sorafenib tosylate)的专利,该药物的商品名称为"多吉美"(Nexavar),可以被用来治疗肝癌与肾癌。这项专利技术由拜耳公司与美国加州一家名为"Onyx Pharmaceuticals"的生物科技公司共同研制,可以延长肝、肾癌症晚期患者的寿命约 3 个月。在印度医药市场中,由于药品价格昂贵,很快便出现了一家名为"Natco Pharma"的印度公司(以下简称"拿特科公司")生产的廉价仿制药品。尽管从德国拜耳公司"多吉美"在印度的贸易额来看,其在印度的销量目前还是微不足道的,但这一做法却严重侵权,并影响了拜耳公司潜在的贸易

---

① 《专利法》《专利法实施细则》和《涉及公共健康问题的专利实施强制许可办法》中关于许可申请主体的规定较为模糊,一定程度上造成了实践中递交申请的流程的混乱。参见黄丽萍:《论我国现行药品专利强制许可立法的不足与完善》,载《法学杂志》2012 年第 5 期;又参见伍静妍、刘莎:《白云山博弈罗氏申请"国家强制许可"》,载《南方都市报》2009 年 11 月 18 日,第 GC01 版。

② 本案有关情况及评析,参见继明:《专利的公共政策——以印度首个专利强制许可案为例》,载《华中科技大学学报》2014 年第 2 期。

利润。于是,拜耳公司决定对拿特科公司发起专利侵权诉讼。2012年3月12日,印度专利管理局(Office of the Controller General of Patents)颁布了印度历史上首个强制许可给拿特科公司,允许其使用拜耳公司持有的化学药物复合索拉非尼专利技术,生产仿制"多吉美"的廉价药品。旋即,拜耳公司就此强制许可令,向位于陈奈市(Chennai)的印度知识产权上诉委员会(Intellectual Property Appellate Board,简称IPAB)提起上诉。与此同时,拜耳公司在印度改变了其价格策略,"多吉美"在印度市场上1个月剂量的价格,从拜耳公司官方原议定的280,000卢比(约5,098美元)降至仿制药的8,800卢比(约160美元)。

面对拜耳公司发起的专利侵权诉讼,拿特科公司利用印度《专利法》中专利强制许可的规则进行抗辩。印度《专利法》第84条规定:"任何利害关系人可根据以下任何理由针对专利发明申请强制许可:(1)与公众有关的专利发明的合理要求未得到满足;(2)公众无法以合理的、可负担的价格获取专利发明;(3)专利发明没有在印度领土上实施。"

在这个案件中,就如何解释"合理的、可负担的价格""实施"等概念,双方当事人各执一词,争议很大。这也突出显示了药品专利强制许可实施的难度。

五、依存专利强制许可

依存专利,又称从属专利,是指在后的专利技术是对在先的专利技术的改进或者改良,它比在先的专利技术更先进,但实施该技术有赖于实施前一项专利技术。举例来说,如果一项在先的专利技术有A和B两个技术特征,而在后的专利技术有A、B和C三个技术特征,因为C技术特征的存在,在后专利技术符合新颖性和创造性的要求,但因为其包括在先专利的全部技术特征,相对于在先的专利技术而言,在后的专利就是从属专利。而若在先专利权人不许可在后专利人实施专利,在后专利权无法实施,因为一旦实施就会构成侵犯在先专利权。这不仅对改进专利权人不公平,也会妨碍技术的交流和进步。为此,我国《专利法》第51条规定,一项取得专利权的发明或者实用新型比前已经取得专利权的发明或者实用新型具有显著经济意义的重大技术进步,其实施又有赖于前一发明或者实用新型的实施的,国务院专利行政部门根据后一专利权人的申请,可以给予实施前一发明或者实用新型的强制许可。在依照前款规定给予实施强制许可的情形下,国务院专利行政部门根据前一专利权人的申请,也可以给予实施后一发明或者实用新型的强制许可。

首先,依存专利强制许可的前提条件是两项专利之间构成依存和被依存的关系;其次,后一项专利必须较以前取得专利权的发明或实用新型具有显著经济意义的重大技术进步。因为围绕在先专利会形成诸多从属专利,有的从属专利相对在先专利而言并没有什么重大技术突破。如果允许这样的专利对在先专利实施强制许可,则无异于架空在先专利,使其投入无法获得回报。因此,专利法规定,有权获得依存专利强制实施许可的专利必须较以前取得专利权的实用新型和外观设计具有显著经济意义的重大技术进步。最后,从程序上看,申请从属专利强制实施许可时,申请强制许可的单位或者个人必须提供证据,证明其以合理的条件请求专利权人许可其实施专利,但未能在合理的时间内获得许可。如果申请人能够通过谈判和交涉,以合理条件达成实施专利许可的协议,则不必动用强制实施许可程序。

第三节 不视为专利侵权的行为

专利权一经授权,就会产生很强的独占性和排他性。然而,专利产品本身具有公共产品的属性,在保护和尊重专利权人权利的同时,专利法律制度也要考虑社会公共利益和整个社会的技术进步和经济发展。在特定情况下,将实施专利权的行为视为不侵犯专利权人权利的行为,是对专利权最严格的限制。

一、专利权用尽

专利权用尽又称专利权穷竭,或称专利权耗尽,即专利权人或经其授权的人,制造的专利产品产品或依照专利方法获得的产品,在第一次投放到市场后,专利权人即丧失了对它的进一步的控制权,权利人的权利即被认为用尽、穷竭了。专利权用尽后,他人对专利权产品或依照专利方法获得的产品进行使用、销售、许诺销售、进口的,不构成侵权。

规定专利权用尽这样一项原则,既是从公共利益考虑对专利权人的独占权进行限制,又是方便产品正常流通,促进专利市场活跃的举措。

世界贸易组织在TRIPs协定的谈判中,关于包括专利权在内的知识产权穷竭问题是争论最激烈的问题之一。发展中国家认为,如果不承认知识产权的国际穷竭,会影响知识产品在全球范围内的自由流通,违背世界贸易组织确定的宗旨。而发达国家则坚决反对知识产权国际穷竭的主张。为此,TRIPs协定最后只好采取了折中的主张,对此问题不加规定,交由成员国自己决定。并在第6条明确规定,"在符合上述第三条至第四条的前提下,在依照本协议而进行的争端解决中,不得借本协议的任何条款,去涉及知识产权权利穷竭问题"。

2008年我国《专利法》修改后,在权利穷竭规定中加入了"进口"二字,即第69条第1项的规定,专利产品或者依照专利方法直接获得的产品,由专利权人或者经其许可的单位、个人售出后,使用、许诺销售、销售、进口该产品的,不视为侵犯专利权。这就意味着,我国《专利法》所规定的专利权用尽原则已经从国内用尽转为国际用尽。也就是说,按照修改前的专利法,如果甲在中国和美国就一项发明同时被授予发明专利权,甲授权乙在中国生产专利产品,乙将产品销售给丙之后,甲的专利权用尽,对丙后续的产品处理行为,甲是无权控制的。这是专利权的国内用尽原则。但是,如果甲授权丁在美国制造专利产品,丁将产品卖给在美国的戊,戊可否将产品再出口到中国呢?修改前的专利法对此并未明确规定。严格意义上说,戊的这种行为不是修改前的《专利法》所规定的"不视为侵权的行为",也即仍有判定为构成侵权的可能。但是,修改后的专利法已经明确将戊的出口行为规定为"不视为侵权的行为",也即,只要是专利权人或其授权许可的人将专利产品投入市场,不论其地域范围如何,后续的转卖等行为都不再受专利权人的控制,也即专利权在国际范围内用尽。

专利权用尽原则适用的前提条件是产品经合法途径流入市场,即产品是通过专利权人或专利权人授权许可的人进入市场的,如果是通过侵权等非法途径生产的专利产品,即使其已经进入市场,也不能适用权利穷竭原则。

二、在先使用人使用不侵权

我国专利审查和授权程序中实行先申请原则,即两个以上的主体就同一发明先后提出专利申请的,专利授权给最先提出申请的人,而不考虑哪一个主体先作出了发明创造。那么,如果先发明人自己或者授权他人已经实施了专利技术或者已经做好了实施的准备的,在专利权被授予后,他们是否可以继续实施专利呢?如果回答是否定的,这无疑是一种非常不公平的处理方式,因为,如此一来,先发明人不仅无法获得专利权,他或他授权的人还无法收回实施过程中投入的成本。而专利技术并非都具有很强的兼容性,技术生产线转换成本会很大,如果禁止已经实施专利的先使用人继续实施专利,会对其造成致命的打击,也是社会生产资源的极大浪费。因此,专利法律制度应该豁免先使用人继续实施专利的行为。我国《专利法》第69条第2项规定,在专利申请日前已经制造相同产品、使用相同方法或者已经做好制造、使用的必要准备,并且仅在原有范围内继续制造、使用的,不视为侵权。

在先使用人使用不侵权的构成要件比较严格。首先,在先使用人必须在专利申请日之前即已经实施专利或做好了实施的准备,实施的方式仅限于制造和使用。已经做好制造、使用的必要准备是指已经完成实施发明创造所必需的主要技术图纸或者工艺文件;已经制造或者购买实施发明创造所必需的主要设备或者原材料。其次,有人就同样的发明创造已经获得了专利权。再次,先使用人在原有实施范围内或准备实施范围内继续实施专利的,而实施的具体方式仅限于制造和使用。原有范围,包括专利申请日前已有的生产规模以及利用已有的生产设备或者根据已有的生产准备可以达到的生产规模。

关于在先使用人此时享有的是权利还是抗辩事由,笔者认为,应该是侵权的抗辩事由或免责事由,而不是权利。因为如果将对在先使用人的保护视为一种权利,则有可能演绎出他可以授权他人行使的结论,而事实上,在先使用人自己也只能在原有范围内继续制造、使用,更不要说授权他人的问题,当然如果该技术或设计与原有企业一并转让或者承继的,则另当别论。

三、外国运输工具临时过境

临时通过中国领陆、领水、领空的外国运输工具,依照其所属国同中国签订的协议或者共同参加的国际条约,或者依照互惠原则,为运输工具自身需要而在其装置和设备中使用有关专利的。

运输工具临时过境不侵权仅仅适用于外国运输工具,对我国的运输工具不适用。

四、科学研究和实验目的使用

专为科学研究和实验而使用有关专利的,不视为侵权。本项强制实施许可规定的适用,关键问题是如何解释"科学研究和实验目的"。一般情况下,技术开发和研究都不可避免地会通过"科学研究和实验"进行,若宽泛解释该条款的适用,则会是大量以商业经营为目的的研究行为被排除在专利侵权之外。因此,此处"科学研究和实验目的"仅指针对获得专利权的发明主题进行实验的行为,而不是泛指一切实验行为,例如通过研究和实验,判断专利权权利要求所要求保护的额专利技术能否实现专利说明书中记载的发明目的,产生预期效果的,属于本项规定的"科学研究和实验"。但是,如果是通过专利技术进行另外的研究和实验,甚至研究专利技术的商业前景的,都不符合本项规定的"科学研究和实验"。[①]

五、Bolar 例外

Bolar 例外是指在专利法中对药品专利到期前他人未经专利权人的同意而进口、制造、使用专利药品进行试验,以获取药品管理部门所要求的数据等信息的行为视为不侵犯专利权的例外规定。

Bolar 例外源于美国,因 Bolar v. Roche 案而得名。1983 年,Bolar 公司为能尽早上市 Roche 公司的安眠药盐酸氟西泮仿制品,在该产品专利届满前,从国外进口 5 公斤原料,进行制剂学、稳定性和生物等效性等向美国 FDA 申请上市许可所需的研究,进而被 Roche 起诉侵犯专利权。在终审中,美国联邦巡回法院最终判定 Bolar 公司侵权。尽管该案并没有确定 Bolar 公司不构成侵权,但法院同

[①] 参见尹新天:《中国专利法详解》,知识产权出版社 2011 年版,第 817 页。

时认识到,如果专利期届满后才开始仿制药相关实验,因为获得药品的上市许可需要等待 FDA 的审查批准,这样仿制药的专利权人获得的专利权保护期间实际上得以延长。联邦巡回法院认为这是联邦食品、药品和化妆品法与专利法之间的冲突,客观造成的后果是不公平的,不利于仿制药的尽快生产上市。但联邦巡回法院认为,法院不是解决该问题的合适机构,该问题应交由国会解决。

美国《专利法》经修改后加入了 Bolar 条款,在第 271 条 e(1) 规定,在美国境内制造、使用、许诺销售、销售,或向美国进口专利产品,仅仅是为了根据规范制造、使用、销售药品或兽医用生物产品的联邦法律的规定用于研发或提供信息,则不构成专利侵权。① 此后,美国法院对"Bolar 例外"的适用范围采取了越来越宽松的解释。将"专利产品"扩大到除了药品以外的医疗设备。

我国在 2008 年修改《专利法》前,对于专利侵权责任的豁免规定并不包含提供行政审批所需要的信息,并没有 Bolar 条款的规定。实践中出现了仿制药企业提前进行临床试验而使用专利药品的情况,法院以非"为生产经营"而实施专利为由判断不侵权,实际上是提前适用了 Bolar 例外条款。例如,在三共诉万生药业专利侵权案中,北京市第二中级人民法院即采用了此种判决思路。该案共同原告为三共株式会社和三共制药公司。原告三共株式会社于 1992 年 2 月 21 日向国家知识产权局提出"用于治疗或预防高血压症的药物组合物的制备方法"发明专利申请,并于 2003 年 9 月 24 日被授予专利权(专利号为 ZL 97126347.7)。原告三共制药公司是该专利普通实施许可合同的被许可人。被告万生公司向国家食品和药品监督管理局(以下简称国家药监局)申请"奥美沙坦酯片"的新药注册,受理号为 CXHS0501489。该受理号表明被告的药品注册申请已经进入申请上市阶段。根据《药品注册管理办法》的规定,申请新药注册分为临床前研究、临床试验、申请新药生产(即申请上市)几个阶段。在临床试验阶段,申请人应当向临床试验单位提供临床试验药物,该药物应是申请人自己制备的;在申请新药生产阶段,国家药监局应对生产情况及条件进行现场核查,抽取连续 3 个生产批号的产品。据此,可以证明被告为申请新药注册已经生产了"奥美沙坦酯片"。而将奥美沙坦与药用辅料混合制成片剂的行为落入涉案专利的保护范围,因此被告生产涉案药品的行为侵犯了涉案方法发明专利权。且其为申请新药生产许可所生产的 3 批产品,在取得药品生产批准文号后可以上市销售,因此被告生产了可供销售的涉案药品。两原告认为被告在申请新药注册和生产许可的过程中生产了大量"奥美沙坦酯片"产品,侵犯了涉案专利权,并给两原告造成了经济损失。被告万生公司认为,药品在上市销售前需要进行一系列的实验研究并通过国家相关部门审批,由于万生公司尚未取得涉案药

---

① 《美国专利法》,易继明译,知识产权出版社 2013 年版,第 94—95 页。

品的新药证书和生产批件，因此其生产的涉案药品"奥美沙坦酯片"不可能上市销售，不可能进行任何商业性质的生产经营行为。该公司生产涉案药品"奥美沙坦酯片"的目的，是专门为了获得和提供该药品申请行政审批所需要的信息，并将该信息报送给国家药监局，以获得该药品的新药证书和生产批件。因此，万生公司的涉案行为不属于侵犯专利权的行为。而且，由于药品在上市前进行临床试验及获得注册审批需要几年的时间，所以制药企业为在专利期限届满后将药品推向市场，往往在期限届满前开始临床试验和申报注册工作。对于该行为是否构成侵犯专利权问题，美国和日本的相关法律规定都表明专门为获得和提供药品的行政审批所需要的信息而制造、使用专利药品的行为，不构成专利侵权。因此，请求法院驳回原告的诉讼请求。

北京市第二中级人民法院认为，两原告指控被告万生公司侵权的涉案药品"奥美沙坦酯片"尚处于药品注册审批阶段，虽然被告万生公司为实现进行临床试验和申请生产许可的目的使用涉案专利方法制造了涉案药品，但其制造行为是为了满足国家相关部门对于药品注册行政审批的需要，以检验其生产的涉案药品的安全性和有效性。鉴于被告万生公司的制造涉案药品的行为并非直接以销售为目的，不属于中华人民共和国专利法所规定的为生产经营目的实施专利的行为，故本院认定被告万生公司的涉案行为不构成对涉案专利权的侵犯。①

2008 年，《专利法》修改后，Bolar 例外条款明确入法，"为提供行政审批所需要的信息，制造、使用、进口专利药品或者专利医疗器械的，以及专门为其制造、进口专利药品或者专利医疗器械的"。从该条款的适用构成来看，除了可以针对专利药品可以主张 Bolar 例外条款外，专利医疗器械同样适用。其次，不视为侵权行为的表现形式只是制造、使用和进口，而不包括销售和许诺销售。最后，实施专利的目的和范围仅为提供行政审批所需的信息，否则也不构成侵权例外。

 思考题

1. 专利权的强制实施许可有哪些类型？
2. 根据我国《专利法》的规定，不视为侵权的情况有哪些？

 案例分析

先用权人不侵权案

汉王公司是名称为"一种具有降压、降脂、定眩、定风作用的中药组合物及其制备方法和其用途"的发明专利（即本案专利）的专利权人。汉王公司发现银

---

① 北京市第二中级人民法院民事判决书（2006）二中民初字第 04134 号。

涛公司生产、销售的"强力定眩胶囊"药品处方、工艺、剂型以及主治功能等与本案专利相同,遂提起本案诉讼,请求判令银涛公司承担侵权责任。经技术特征比对,"强力定眩胶囊"药品处方、制备方法和用途均落入本案专利权保护范围。银涛公司对此提出先用权抗辩,并提交了如下证据:一是江西省食品药品监督管理局于本案专利申请日前向其出具的"强力定眩胶囊"药品注册申请受理通知书以及银涛公司申请药品注册时所报送的《"强力定眩胶囊"申报资料项目》资料,该资料的药学研究资料部分记载了"强力定眩胶囊"的处方、制备方法、用途;二是江西省药检所《药品注册检验报告表》及附件,该报告表及附件显示银涛公司于本案专利申请日前生产了三批"强力定眩胶囊"样品供申请注册检验使用;三是《药品生产许可证》和《药品 GMP 证书》,表明其在申请注册"强力定眩胶囊"时即已具有"胶囊剂"生产线。

陕西省西安市中级人民法院一审认为,证据一中的"药品注册申请受理通知书"中注明"本件不得作其他证明使用",同时银涛公司不能证明其所有的"胶囊剂"生产线是为生产被诉侵权药品所购买,银涛公司先用权抗辩不成立,故判决银涛公司承担侵权责任。

银涛公司不服,提起上诉。陕西省高级人民法院二审认为,银涛公司虽然在本案专利申请日前申请注册被诉侵权药品,但是能否获得批准有待审查。而且,银涛公司是在本案专利申请日之后才取得药品注册批件,获准生产被诉侵权药品。因此,银涛公司的主张不符合先用权抗辩的条件。遂判决驳回上诉,维持一审判决。银涛公司不服,向最高人民法院申请再审。

最高人民法院认为,根据《最高人民法院关于审理侵犯专利权纠纷案件应用法律若干问题的解释》第 15 条第 2 款的规定,先用权是否成立,关键在于被诉侵权人在专利申请日前是否已经实施专利或者为实施专利做好了技术或者物质上的必要准备。从银涛公司提交的主张先用权抗辩的证据来看,在本案专利的申请日前,银涛公司已经完成了生产被诉侵权产品的工艺文件,具备了相应的生产设备,应当认定银涛公司在本案专利申请日前为实施本案专利做好了制造、使用的必要准备。至于银涛公司何时取得"强力定眩胶囊"药品生产批件,是药品监管的行政审批事项,不能以是否取得药品生产批件来判断其是否做好了制造、使用的必要准备。①

✎ 思考

如何理解先用权抗辩的具体构成?

---

① 参见中华人民共和国最高人民法院民事裁定书(2011)民申字第 1490 号。

第十五章 专利权的侵权与救济

第一节 专利权的保护范围

在处理专利侵权纠纷中,判断被控侵权人的行为是否构成专利权侵权,国家专利行政主管机关和人民法院需要首先确定专利权的保护范围。如何理解和解释专利权利要求,通常有三种方法。

一、周边限定原则

周边限定原则,又称字面原则,是指在理解和解释权利要求时,只能严格地按照权利要求书的字面含义来进行,任何扩大解释都是不允许的。如果按照周边限定原则来解释权利要求书的内容,则专利权的保护范围被严格划定。但由于撰写等因素的影响,专利权人在专利权利要求书中所主张的权利范围与说明书及附图等的内容并不完全一致,当说明书及附图对专利的描述和解释更准确地界定了专利的保护范围时,周边限定原则会不恰当地限缩权利保护范围。

二、中心限定原则

中心限定原则,是指权利要求书的字面意义所表达的专利权的保护范围仅仅是专利权保护的中心范围,专利权的实际保护范围应该以权利要求书记载的内容为中心,向四周合理展开,要通过说明书及其附图的内容全面理解发明创造的整体构思,将保护范围扩大到围绕中心四周的一定范围。中心限定原则充分考虑了专利权人的创造性贡献,能够实现对专利权人最大限度的保护。但中心限定原则能够确定的只是"中心",至于中心四周的范围如何确定,则具有很大的不确定性和模糊性。很多时候,中心限定原则划定的专利权保护范围会放大权利要求书的内容,将中心四周的技术都纳入到专利权的保护,因此,会不适当地扩张专利权的保护。

三、折中原则

折中原则又称解释原则,即确定专利权的保护范围应当坚持以权利要求的内容为准的原则,以说明书及附图解释权利要求。我国即采此原则。折中原则与周边限定原则不同,不要求专利的保护范围与权利要求文字记载的保护范围完全一致,但坚持以权利要求书的文字记载为基本依据。折中原则与中心限定原则也不同,不允许通过权利要求书确定一个总的发明核心,将专利权保护范围扩展到技术专家看过说明书与附图后,认为属于专利权人要求保护的周边技术范围。但这种原则认可说明书及附图的作用,将其用于澄清权利要求中某些含糊不清之处。可以说折中原则把对专利权人的合理正当的保护与法律适用的预期性、稳定性及公众合理利益结合起来。根据折中原则,人民法院对于权利要求,可以运用说明书及附图、权利要求书中的相关权利要求、专利审查档案进行解释。说明书对权利要求用语有特别界定的,从其特别界定。以上述方法仍不能明确权利要求含义的,可以结合工具书、教科书等公知文献以及本领域普通技术人员的通常理解进行解释。

第二节 专利权侵权的判断

在对专利权利保护范围进行确定后,专利行政主管机关或人民法院再将被控侵权产品与专利产品进行技术特征进行比对,判断侵权是否成立。在具体决定过程中,专利行政主管机关和人民法院需要适用如下原则。

一、全面覆盖原则

全面覆盖原则,即全部技术特征覆盖原则,指如果被控侵权产品包含了专利权利要求中记载的全部必要技术特征,则落入专利权的保护范围。全面覆盖原则是判断专利侵权的基本原则。根据该原则,人民法院判定被诉侵权技术方案是否落入专利权的保护范围,应当审查权利人主张的权利要求所记载的全部技术特征。被诉侵权技术方案包含与权利要求记载的全部技术特征相同的,人民法院应当认定其落入专利权的保护范围;被诉侵权技术方案的技术特征与权利要求记载的全部技术特征相比,缺少权利要求记载的一个以上的技术特征,或者有一个以上技术特征不相同的,人民法院应当认定其没有落入专利权的保护范围。例如,专利技术有A、B和C三个技术特征,被控侵权技术只有A和B两个技术特征,则不构成侵权;若被控侵权技术有A、B和D三个技术特征,也不构成侵权。但如果被控侵权技术具有A、B、C三个技术特征,或者A、B、C、D四个技术特征,都会构成侵权。

二、等同原则

按照全面覆盖原则,如果被控侵权技术的技术特征从字面来看并不全部落入专利权利要求书中记载的技术范围,则侵权不成立。但有些时候,为了规避侵权,一些技术开发者针对专利技术仅仅作出一些细微的变动,将某些技术特征改头换面,以另外一种方式呈现。在这种情况下,如果不判定侵权成立,则对专利权人的保护是不利的。因此,各国专利制度在判断侵权成立与否时,除坚持全面覆盖原则外,还适用等同原则,即尽管某一侵权产品或方法并没有全部落入某专利的权利要求的字面范围内,但实际上却等同于权利要求所保护的发明时,依然判定侵权成立。2015年《最高人民法院关于审理专利纠纷案件适用法律问题的若干规定》明确定义了等同特征,即指与所记载的技术特征以基本相同的手段,实现基本相同的功能,达到基本相同的效果,并且本领域普通技术人员在被诉侵权行为发生时无需经过创造性劳动就能够联想到的特征。因此,如果专利技术有A、B和C三个技术特征,被控侵权技术有A、B和c三个技术特征,虽然C和c字面上不同,但实际上是等同的技术特征,在此情况下,侵权依然成立。

三、禁止反悔原则

禁止反悔原则是衡平法上的原则,是指专利权人如果在专利审批过程中,为了满足法定授权要求而对权利要求的范围进行了限缩,则在后来的专利侵权纠纷中主张专利权时,不得将通过该限缩而放弃的内容重新纳入专利权的保护范围。我国《最高人民法院关于审理侵犯专利权纠纷案件应用法律若干问题的解释》第6条对禁止反悔原则做了明确的规定,即"专利申请人、专利权人在专利授权或者无效宣告程序中,通过对权利要求、说明书的修改或者意见陈述而放弃的技术方案,权利人在侵犯专利权纠纷案件中又将其纳入专利权保护范围的,人民法院不予支持"。

在杜姬芳、中山市鸿宝电业有限公司与中山市蓝晨光电科技有限公司侵害发明专利权纠纷案中,杜姬芳在首次专利申请时是将本案专利现有权利要求1的技术特征分述在权利要求1、2、6中。国家知识产权局作出的《第一次审查意见通知书》认为,对比文件(授权公告号CN201475814U)公开了权利要求1的"一种组合式模组化连接LED灯具,包括灯头、设置于灯头内的调节装置、与灯头连接的LED模组、该LED模组由一个或多个LED模组单元组成"的技术特征和权利要求2"LED模组单元包括散热体、安装在散热体内的LED集成光源及光学玻璃透镜"的技术特征;同时在对比文件(授权公告号CN201475814U)的基础上,本领域普通技术人员很容易想到权利要求2"安装在散热体内的反光罩"的技术特征;只有权利要求6"在散热体上设有通槽,在灯头上连有固定骨架管,固定骨架管延伸出灯头的一端通过连接紧固件安装在通槽内"的技术特征是与对比文件(授权公告号CN201475814U)公开的技术内容不同的技术特征。为此,杜姬芳作出了意见陈述,将以上权利要求1、2、6合并为权利要求1,并陈述"安装在散热体内的反光罩""在散热体上设有通槽,在灯头上连有固定骨架管,固定骨架管延伸出灯头的一端通过连接紧固件安装在通槽内"的技术特征是与对比文件（授权公告号 CN201475814U）公开的技术方案不同的技术特征。合并后的权利要求 1 最终成为了本案专利获得授权后的权利要求 1。以上申请过程表明，除了"在散热体上设有通槽，在灯头上连有固定骨架管，固定骨架管延伸出灯头的一端通过连接紧固件安装在通槽内"的区别技术特征以外，本案专利权利要求 1 的其他技术特征不是已经被对比文件（授权公告号 CN201475814U）公开，就是属于本领域普通技术人员在对比文件（授权公告号 CN201475814U）的基础上很容易想到的。正是由于杜姬芳将上述区别技术特征纳入权利要求 1 中，缩小了独立权利要求的保护范围，本案专利才能最终获得授权。从杜姬芳的意见陈述来看，杜姬芳明确认为对比文件（授权公告号 CN201475814U）公开的技术方案中相应的技术特征与"在散热体上设有通槽，在灯头上连有固定骨架管，固定骨架管延伸出灯头的一端通过连接紧固件安装在通槽内"存在区别。对比文件（授权公告号 CN201475814U）权利要求 1 中关于 LED 模组与支撑骨架连接的描述是："LED 光源模组依次安装在支撑骨架上，骨架盖板安装覆盖在支撑骨架上"；说明书中相对应的表述是"LED 光源模组依次分别安装在支撑骨架上，盖上骨架盖板，锁紧固定"；说明书附图公开的技术方案，灯头上边缘位置的两根支撑骨架延伸出灯头的一端，LED 光源模组依次安装在支撑骨架上，骨架盖板安装覆盖在支撑骨架上。对比文件公开的上述技术方案与本案专利权利要求 1"在 LED 模组的散热体上设有通槽，在灯头上连有固定骨架管，固定骨架管延伸出灯头的一端通过连接紧固件安装在通槽内"的特征进行比对，两者区别是专利权利要求 1 的固定骨架管安装在通槽内，而非设置在 LED 模组两侧，因而固定骨架管穿过通槽并以连接紧固件连接 LED 模组。对比文件中公开的技术方案中支撑骨架是设置在灯头边缘位置，延伸出灯头在 LED 模组的两侧与模组锁紧固定，即对比文件（授权公告号 CN201475814U）中的相应特征为"支撑骨架从灯头上边缘位置延伸出灯头一端与 LED 模组锁紧固定"。该技术特征与被诉产品的相应技术特征"灯头边缘的两根固定骨架条延伸出灯头的一端处与 LED 模组的散热体通过紧固件连接"进行比对，"固定骨架"与"支撑骨架""通过紧固件连接"与"锁紧固定"并无实质差异，两者都是通过紧固连接的技术手段，实现骨架与 LED 模组连接的功能和效果。

由此对比后，法院认为，杜姬芳在专利授权审查阶段主张专利权利要求中"固定骨架管延伸出灯头的一端通过连接紧固件安装在通槽内"与对比文件中"支撑骨架从灯头上边缘位置延伸出灯头一端与 LED 模组锁紧固定"是不同的技术特征，而在本案侵权诉讼中却主张"固定骨架管延伸出灯头的一端通过连接紧固件安装在通槽内"与"灯头边缘的两根固定骨架条延伸出灯头的一端处与 LED 模组的散热体通过紧固件连接"是等同的技术特征，违反了禁止反悔的原则，对此不予支持。即根据禁止反悔的原则，被诉侵权产品的技术方案具有与专利权权利要求 1 所不同的技术特征,不落入专利权权利要求 1 的保护范围。[①] 在该案中,法院用禁止反悔原则限制等同原则的适用,专利权人为获得专利授权已经放弃的技术特征不能通过等同原则再重新放回专利权保护范围之内,从而判断等同原则不能适用,被控侵权产品不构成专利侵权。

第三节 专利侵权的救济

一旦发生专利侵权现象,专利权人除了和侵权人协商解决纠纷外,还可以通过两种途径获得救济,一为诉讼途径,即向有管辖权的人民法院起诉;二为行政保护途径,即请求管理专利工作的部门处理。管理专利工作的部门处理时,认定侵权行为成立的,可以责令侵权人立即停止侵权行为,当事人不服的,可以自收到处理通知之日起十五日内依照《中华人民共和国行政诉讼法》向人民法院起诉;侵权人期满不起诉又不停止侵权行为的,管理专利工作的部门可以申请人民法院强制执行。进行处理的管理专利工作的部门应当事人的请求,可以就侵犯专利权的赔偿数额进行调解;调解不成的,当事人可以依照《中华人民共和国民事诉讼法》向人民法院起诉。

从举证责任的负担来看,专利侵权纠纷涉及新产品制造方法的发明专利的,制造同样产品的单位或者个人应当提供其产品制造方法不同于专利方法的证明。专利侵权纠纷涉及实用新型专利或者外观设计专利的,人民法院或者管理专利工作的部门可以要求专利权人或者利害关系人出具由国务院专利行政部门对相关实用新型或者外观设计进行检索、分析和评价后作出的专利权评价报告,作为审理、处理专利侵权纠纷的证据。

一般来说,被控侵权人可以就侵权行为的成立提出各种抗辩理由,其中比较常见的理由是现有技术抗辩,即被控侵权人承认自己确实实施了专利权人所称的技术,但有证据证明其实施的技术或者设计属于现有技术或者现有设计。如果被控侵权技术与专利技术确实是同一技术,则被控侵权人不但可以证明自己不构成侵权,还可以进一步向专利行政主管机关申请宣告专利无效。

一、专利侵权的民事责任

侵犯专利权,侵权人要首先承担停止侵权的民事责任,若给专利权人造成损害的,还必须承担损害赔偿责任。关于损害赔偿额的计算,我国《专利法》规定了以下几种方式:权利人因被侵权所受到的实际损失、侵权人因侵权所获得的利

---

① 参见广东省高级人民法院民事判决书(2013)粤高法民三终字第 764 号。

益确定、参照专利许可使用费的倍数合理确定。权利人因被侵权所受到的实际损失可以根据专利权人的专利产品因侵权所造成销售量减少的总数乘以每件专利产品的合理利润所得之积计算。权利人销售量减少的总数难以确定的,侵权产品在市场上销售的总数乘以每件专利产品的合理利润所得之积可以视为权利人因被侵权所受到的实际损失。侵权人因侵权所获得的利益可以根据该侵权产品在市场上销售的总数乘以每件侵权产品的合理利润所得之积计算。侵权人因侵权所获得的利益一般按照侵权人的营业利润计算,对于完全以侵权为业的侵权人,可以按照销售利润计算。权利人的损失或者侵权人获得的利益难以确定,有专利许可使用费可以参照的,人民法院可以根据专利权的类型、侵权行为的性质和情节、专利许可的性质、范围、时间等因素,参照该专利许可使用费的倍数合理确定赔偿数额;没有专利许可使用费可以参照或者专利许可使用费明显不合理的,人民法院可以根据专利权的类型、侵权行为的性质和情节等因素,依照《专利法》第65条第2款的规定确定给予1万元以上100万元以下的法定赔偿金额。

法定赔偿数额的确定是为了实现对专利权人及时、有效的救济。因为专利侵权案件的损害程度不好确定,当其他三种计算方式无法确定损害数额或者确定非常困难的,则由审理法官根据案件的具体情节确定一个合适的额度。

二、专利侵权的行政责任

主管专利的部门在处理专利侵权纠纷时,可以通过行政处罚等措施对侵权人进行处理,对权利人进行救济。例如,对假冒专利的,管理专利工作的部门就可以责令侵权人改正并予公告,没收违法所得,可以并处违法所得4倍以下的罚款;没有违法所得的,可以处20万元以下的罚款。

三、假冒专利罪

我国《刑法》专门规定了知识产权犯罪,其中第216条规定了假冒专利罪,即假冒他人专利,情节严重的,处三年以下有期徒刑或者拘役,并处或者单处罚金。

思考题

1. 如何认识周边限定原则、中心限定原则和折中原则?
2. 如何认识全面覆盖原则和等同原则?
3. 专利侵权责任有哪些?

案例分析

张镇与扬州金自豪鞋业有限公司、包头市同升祥鞋店侵犯实用新型专利权纠纷案

张镇为"一体式勾心鞋跟"实用新型专利的专利权人,权利要求为:一种一体式勾心鞋跟,是由弧形勾心片与鞋跟立柱组成,其特征在于:弧形勾心片的右下端装有插头,并相互固定为一体,插到鞋跟立柱上端的孔内,鞋跟立柱的下端底部插入跟垫。张镇认为金自豪公司生产、同升祥鞋店销售的凯森牌女士高跟鞋的女士鞋底专用勾心使用了本案专利技术,遂提起诉讼。

内蒙古自治区包头市中级人民法院一审认为,金自豪公司生产、销售的凯森牌女士高跟鞋的鞋底来源于案外人肖厚柱,金自豪公司购买肖厚柱的鞋底产品,加工生产和销售女士高跟鞋时,并不知道该鞋底是否为侵权产品,同升祥鞋店的行为也属于同种情形。因此,金自豪公司、同升祥鞋店生产、销售凯森牌女士高跟鞋的行为不属于侵犯专利权的行为。据此判决驳回张镇的诉讼请求。

张镇不服,提起上诉。内蒙古自治区高级人民法院二审认为,本案专利弧形勾心片与插头是通过特定方式连接成为一个整体,而被诉侵权产品的弧形勾心片与鞋跟立柱为一弯折并带有凹槽的整体结构,并不存在需要通过特定方式连接的特征,故被诉侵权产品的技术特征与本案专利权利要求的必要技术特征既不相同也不等同。据此判决驳回上诉,维持一审判决。

张镇不服,向最高人民法院申请再审,理由为被诉侵权产品所依据的肖厚柱的专利技术属于对本案专利技术的等同替换。最高人民法院审查认为,将被诉侵权产品技术特征与本案专利技术特征进行对比,二者均为女士勾心鞋跟,均由弧形勾心片与鞋跟立柱组成。但是,本案专利的弧形勾心片的右下端装有插头,并相互固定为一体,插到鞋跟立柱上端的孔内,而被诉侵权产品的弧形勾心片与鞋跟立柱为一整块材料弯折形成的带有凹槽整体结构,不具有本案专利弧形勾心片与鞋跟立柱通过插头连接的技术特征。因此,被诉侵权产品未落入本案专利权的保护范围。金自豪公司生产、销售使用了被诉侵权产品的凯森牌女鞋的行为,以及同升祥鞋店销售凯森牌女鞋的行为,均不侵犯本案专利权。最高人民法院裁定驳回了张镇的再审申请。①

思考

在本案中,最高人民法院适用什么原则判断涉案产品不侵犯张镇的专利权?张镇主张此案侵权判断应适用的原则是什么?

---

① 中华人民共和国最高人民法院民事裁定书(2011)民申字第630号。

第四编
商 标 法

第十六章 商标概述

第一节 商标的概念与发展历史

一、我国商标法中的商标概念及其演变

商标是商标法中的一个基本概念。我国《商标法》①在第8条规定,任何能够将自然人、法人或者其他组织的商品与他人的商品区别开的标志,包括文字、图形、字母、数字、三维标志、颜色组合和声音等,以及上述要素的组合,均可以作为商标申请注册。这实际上是对商标作出的一个定义,即商标是指在商品或者服务之上,用于区别商品或服务提供者的一种具有显著特征的标记。在我国,这种标记可以由文字、图形、字母、数字、三维标志、颜色组合和声音等,以及上述各种要素的组合构成。

从商标权主体来看,《商标法》第8条的规定从1982年《商标法》第4条、1993年《商标法》第4条以及2001年《商标法》第8条的规定发展而来。1982年《商标法》第4条只有1款,即"企业、事业单位和个体工商业者,对其生产、制造、加工、拣选或者经销的商品,需要取得商标专用权的,应当向商标局申请注册"。1993年《商标法》规定了3款,分别是第1款"企业、事业单位和个体工商业者,对其生产、制造、加工、拣选或者经销的商品,需要取得商标专用权的,应当向商标局申请商品商标注册"。第2款"企业、事业单位和个体工商业者,对其提供的服务项目,需要取得商标专用权的,应当向商标局申请服务商标注册"。第3款"本法有关商品商标的规定,适用于服务商标"。2013年《商标法》增列"声音",商标标识突破了"可视性标志"的范围。从条文对比来看,关于商标权主体的规定,1982年《商标法》与1993年《商标法》没有区别,都是"企业、事业单位和个体工商业者",不从事工商业经营的自然人不在商标法规定的商标权主体范围内。但是,1993年《商标法》增加了服务商标的规定。而2001年第二次修订《商标法》后,我国商标法规定的商标权主体范围扩大了,自然人已经成为商标权的主体,不具有法人资格的其他组织也可以是商标权的主体,这其中变化最大的当属自然人商标主体的增加。

法律作此修改有它的历史背景。1982年《商标法》和1993年《商标法》制定

---

① 下文所称《商标法》,除标明时间的以外,均指现行的2013年《商标法》。

和修改的时候,立法者担心允许自然人申请注册商标后,因自然人不从事商业经营活动,会助长商标囤积现象。但是,随着对外交往的扩大,中国积极参与商标保护的国际合作,并承担商标保护的相应国际义务。1993年《商标法》第9条就明确规定,外国人或者外国企业在中国申请商标注册的,应当按其所属国和中华人民共和国签订的协议或者共同参加的国际条约办理,或者按对等原则办理。根据这条规定,外国人是受我国商标法保护的商标权主体。1999年《商标法实施细则》第2条根据1993年《商标法》第4条和第9条的规定,对商标注册申请人作了归纳总结,规定"商标注册申请人,必须是依法成立的企业、事业单位、社会团体、个体工商户、个人合伙以及符合《商标法》第9条规定的外国人或者外国企业"。中国自然人被排除在商标注册申请人之外,而外国人是明确列入其中的。这就是商标权保护中的"超国民待遇现象"。我们越来越多地参与了国际规则的制定,逐步加入了知识产权保护的各种国际条约,当根据国际条约的规定或者作为国际注册的延伸保护指定国,中国为外国自然人提供商标权保护时,我们发现本国国民却不能具有自然人商标权主体资格,这种"超国民待遇现象"愈演愈烈。因此,2001年修订《商标法》时,我国修改了关于商标权主体的规定。但这一修改使得自然人申请注册商标的数量几年内不断激增,带来商标局商标审查工作极大的负担。

以上分析了商标权主体变化的背景和脉络,下面我们从商标法的规定看商标构成要素的变化。1982年《商标法》第7条规定,商标使用的文字、图形或者其组合,应当有显著特征,便于识别。使用注册商标的,并应当标明"注册商标"或者注册标记。1993年《商标法》第7条规定,商标使用的文字、图形或者其组合,应当有显著特征,便于识别。使用注册商标的,并应当标明"注册商标"或者注册标记。而2001年《商标法》修改后,商标构成要素变化为"文字、图形、字母、数字、三维标志和颜色组合,以及上述要素的组合"。2013年《商标法》进一步扩展了商标标识的范围,不再局限于"可视性标志",增列了"声音"。商标构成要素越来越丰富和多样。这种变化因应社会生活需要,满足申请主体对商标标识的个性化要求,但也带来了商标审查负担的加重,因为每出现一种新类型的商标,商标局都必须做好从技术上进行审查的充分准备。

二、商标的发展历史

商标是一个历史的概念,它不是随人类社会出现而产生,而是人类社会发展到一定阶段,应市场需要而产生的,商标标识也随社会经济生活的发展而逐渐丰富起来。

在商品经济不发达的社会,市场的存在受地域空间的限制很大,商品类别和数量并不丰富,人与人之间进行交易是不需要商标的,因为一旦发现商品有问题,消费者可以很容易地找到卖主。但是,随着市场突破了地缘限制,商品花色品种以及供应增多,产生了加注商标的必要。人们希望通过这种标识来区别自己的商品和别人的商品。论及西方商标的起源,我国学者主张不一。有人认为,在西方,商标最早起源于西班牙,当时的游牧部落把烙印打在自己的牲畜上,以区别不同主人的牲畜。① 但有学者认为,这称不上商标,商标的出现是在古登堡采用活字之后,印刷出版者为了把自己的印刷制品与他人区别开来,在其书面装饰的部分加一定的标识。②

西方学者则认为,从功能上分析,古代社会就出现了商标的等同物,这些标记被刻在陶器上,尽管古希腊、古罗马、古埃及都有这样的标记,古罗马出现的这种标记在铜器、金银制品、玻璃制品等器物上也使用,但最早的标记是五千多年前在中国出现的。大约是在公元前2700年,中国就有雕刻工匠的名字的陶器,有的同时还雕刻同时代的帝王的名字。③ 这和我国学者的推算大体一致,我国学者认为,中国商标的起源时间应该推到两千多年前,考古学者根据出土的陶器发现,在这些出土文物上有工匠、作坊名称或者产地标志的标识,这便是商标出现的证明。④ 也有人认为,因为很难考证这些陶器是否已进入商品交换领域,所以,这算不上真正意义的商标。而判定我国商标出现的时间应该是在宋代,山东刘家针铺使用的白兔标志就是实实在在的商标了。它所使用的"白兔"商标,既有图形,又有"兔儿为记"的字样。它才是我国至今发现的较早的比较完备的商标。⑤ 其实,如果从功能的角度来认识陶器上的标志,则其作用和商标无异。

思考题

1. 商标、商业标记以及商标标识三个概念有何不同?
2. 商标萌芽、产生、发展的过程给我们的启示是什么?

---

① 参见吴汉东主编:《知识产权法》,中国政法大学出版社2002年版,第224页。
② 参见郑成思:《知识产权论》,法律出版社2003年版,第8—9页。
③ Benjamin G. Paster, "Trademarks-Their Early History", 59 *Trademark Reporter* 551, 552—555 (1969).
④ 参见郭寿康主编:《知识产权法》,中共中央党校出版社2002年版,第218页。
⑤ 参见郑成思:《知识产权论》,法律出版社2003年版,第8页;又参见吴汉东主编:《知识产权法》,中国政法大学出版社2002年版,第224页。

第二节　商标的功能

现代商标理论认为,商标有三种功能:标示商品来源功能(origin function)、品质保证功能(quality or guarantee function)以及投入和广告功能(investment or advertising function)。① 日本学者称之为"商品来源表示功能""品质保证功能"和"广告宣传功能"。② 我国有学者将商标的功能归结为三种:认知功能、品质保证功能和广告功能。③ 还有学者作了更详细的划分,将商标的基本功能归结为:识别功能、标示来源的功能、保证品质的功能、广告宣传的功能④,但标示来源的功能实际上内在地包含了识别功能,因此,这种概括是三种功能说的另外一种表述方式。商标的三种功能是随着历史发展逐渐丰富和发展起来的,在不同的历史时期,各种功能的相对重要性不同。在商标历史发展初期,标示商品来源是最主要的功能。随着社会经济生活的发展,商标的品质保证功能和广告功能获得了越来越丰富的内容,我们甚至可以说,在很多时候商标强大的广告功能已经遮蔽了它的基础功能。但对于广告功能的正当性和法律在多大程度上允许其存在,争论很大。以美国为例,对商标广告功能进行法律保护的认识就经历了一个从保守到自由的态度转变。保守态度认为,法律只保护商标的来源标示功能,而不保护商标的广告功能。因为普通法的基本原则是鼓励竞争,保护名称的垄断只是次要意义上的,仅在有限的范围内存在。⑤ 保守态度甚至认为,不应该保护商标的广告功能,因为大规模的劝说广告造成了经济浪费,扭曲消费者的选择。⑥ 虽然很多人提出,不保护商标权人的权利就会鼓励不正当竞争,但如果我们换一个角度来认识这个问题,则会发现,所谓的"不正当竞争"依据实际上是"不正当侵犯垄断"的另一种说法,在商标案件里尤其如此。⑦ 更何况,广告劝说并不能创造总需求,它只是使欲望增长。因为有效的需要不是由我们想要什么决定的,而是由生产力创造的社会购买力决定的。⑧ 但也有学者认为,实际上我

---

① W. R. Cornish, *Intellectual Property*: *Patents*, *Copyright*, *Trade Marks and Allied Rights*, London Sweet & Maxwell, 1996, p. 527.
② 参见〔日〕纹谷畅男:《无体财产法概论》(第6版),有斐阁1996年版,第17—18页。
③ 参见刘春田主编:《知识产权法》,中国人民大学出版社2000年版,第232—234页。
④ 参见吴汉东主编:《知识产权法》,中国政法大学出版社2002年版,第218—219页。
⑤ See Eastern Wine Corp. v. Winslow-Warren Ltd., 137 F. 2d 955, 959(C. C. A. 2d 1943), cert. denied, 320 U. S. 758(1943).
⑥ Ralph S. Brown, "Advertising and the Public Interest: Legal Protection of Trade Symbols", 57 *Yale Law Journal* 1165, 1185, 1190 (1948).
⑦ See Standard Brands v. Smidler, 151 F. 2d 34, 40 (C. C. A. 2d 1945).
⑧ Ralph S. Brown, "Advertising and the Public Interest: Legal Protection of Trade Symbols", 57 *Yale Law Journal* 1165, 1187 (1948).

们无从知道消费者的喜好是如何构成的,因此也就不可能确定通过商标方式进行的广告宣传是否改变了消费者的喜好;如果这种判断成立的话,我们就无法确定该影响的性质和方向。① 经过多年的实践,我们现在基本上接受了这样一种认识:保护商标的表彰功能,这是商标法的一个重要发展。本书认为,如果没有商标的广告宣传功能,消费者要在浩如烟海的商品中选择自己需要的产品,这同样是一种不经济,也是现代社会高度紧张的生活节奏所不希望出现的一种结果。在问题的另一个极端,我们会看到,如果消费者可选择的商品只有一种或者有限的几种,从社会成本消耗来看,这是最经济的。因为不存在广告成本,也不需要花费时间等选择成本。但这容易导致生产者、服务商利用独占地位侵害消费者权益,同时也有出现供应匮乏的危险。我们能够选择的似乎只能是居中的状态:消费者在商品的选择上支出一定的成本,在各种知名产品以及普通商品之间作出选择;同时,保护各种品牌的生产者、服务商之间的有序竞争。从功利主义的角度来看,法律也必须认可并适度保护商标的广告功能。

除了上述为学者普遍接受的三种功能外,商标还发挥一种文化功能。商标文化功能的发挥主要体现在三个方面。首先,商标发挥的文化功能体现在现代商标标识都带有某种美好的寓意,或者是关于人类生活的,或者是关于企业发展理念的。商标让人们在消费商品的同时,获得一种精神的愉悦或感官的享受,商品附带的商标也通过商品的消费将其上蕴含的美好理念传递开来。例如中国国际航空公司的标志就是一只红色的凤凰,以凤作为它的航徽,也是它的一个服务商标标识。凤是一种美丽吉祥的神鸟,以此作为航徽,因凤飞蓝天而与其服务内容暗合,同时以凤为徽又寄予了对天下万物的一种美好祝福,希望这神圣的生灵及有关它的美丽传说给天下带来安宁,带给人们吉祥和欢乐。其次,商标文化功能的发挥还体现在它会增加我们生活中的语汇,使这些语汇成为大众交流和文化传播的媒介。例如,EXXON(埃克森)一词本不属于现有语汇,埃克森美孚石油公司创造了这样一个词汇本身就为我们的语言世界增添了新的内容。最后,商标的使用会使其自身的性质发生一定的转换,当一个商标通过使用、广告等方式为公众所熟知时,就不仅仅是一种商业标志了,它会演化为一种具有特定文化内涵的象征性社会符号,随着商标进入公共话语领域。以蜚声国际的 Barbie 商标为例,"芭比"诞生于 20 世纪 50 年代的美国。几年的时间内,Mattel 公司把它打造成一个迷人的长腿金发女郎。逐渐地,在商场上,它成为玩具店走廊里增光添彩的著名玩具商品;在时尚、精神领域,它被视为理想的美国女孩的象征。可以说,通过一个商标,Mattel 创造的已经不仅是一个玩具市场,而且是一个时尚

---

① See R. H. Coase, "Advertising and Free Speech", 6 *Journal of Legal Studies* 1, 9—13 (1977).

的文化偶像。① 消费者消费这种商品就表明他对这种时尚理念的认同,而不同品牌的选择也自然划分出具有不同的消费观、价值观和身份地位的消费者层级。

 思考题

1. 我们能够通过商标判断出某商品或服务的具体提供商吗? 如果不能,如何理解商标的识别来源功能?

2. "商标是商品的品牌,从某种意义上说我们也能从商标获得商品消费者的一些信息",这句话如何理解?

第三节 商标立法及其宗旨

一、我国商标立法情况

对商标用法律加以保护,最早见于法国。1803 年法国就制定了《关于工厂、制造场和作坊的法律》,该法第 16 条把假冒商标定为私自伪造文件罪。1857 年 6 月,法国又制定了《关于以使用原则和不审查原则为内容的制造标记和商标的法律》,这是世界上最早的一部商标法。

1904 年,中国由清政府批准颁行《商标注册试办章程》28 条,《商标注册细目》23 条,为中国最早的商标法规。中华人民共和国现行商标法,是 1982 年 8 月 23 日通过、1983 年 3 月 1 日起施行的《中华人民共和国商标法》,共计 64 条。1963 年 4 月 10 日中华人民共和国国务院公布的《商标管理条例》同时废止。1993 年、2001 年、2013 年,我国对该《商标法》进行了三次修订。2002 年 8 月,中华人民共和国国务院令(第 358 号)又颁布了《中华人民共和国商标法实施条例》,从 2002 年 9 月 15 日起实施。2005 年 12 月,为进一步规范和做好商标审查和商标审理工作,根据 2001 年修改后的《商标法》及 2002 年颁布的《商标法实施条例》的规定,在商标局 1994 年制定的《商标审查准则》和商标评审委员会 2001 年制定的《商标评审基准(试行)》的基础上,结合多年的商标审查和审理实践,借鉴国外的商标审查标准,商标局和商标评审委员会制定了《商标审查及审理标准》②。2014 年,《商标法实施条例》配合《商标法》第三次修订也进行了修改。

---

① 宋慧献:《商标保护与艺术表达自由》,载《中华商标》2007 年第 3 期。
② 该文件包括两个部分的内容,第一部分为"商标审查标准",第二部分为"商标审理标准"。

除此之外,我国与商标有关的规范性文件主要还有《最高人民法院关于审理商标案件有关管辖和法律适用范围问题的解释》(法释〔2002〕1号)、《最高人民法院关于审理不正当竞争民事案件应用法律若干问题的解释》(法释〔2007〕2号)、《最高人民法院关于审理注册商标、企业名称与在先权利冲突的民事纠纷案件若干问题的规定》(法释〔2008〕3号)、《最高人民法院关于审理涉及驰名商标保护的民事纠纷案件应用法律若干问题的解释》(法释〔2009〕3号)。

二、我国商标法的立法宗旨

商标法的立法目的和宗旨体现在我国《商标法》第1条,该条规定,为了加强商标管理,保护商标专用权,促使生产、经营者保证商品和服务质量,维护商标信誉,以保障消费者和生产、经营者的利益,促进社会主义市场经济的发展,特制定本法。这体现了商标法三个方面的基本立法宗旨:

(一)加强商标管理

与其他权利的保护相比较,行政保护在知识产权保护中发挥的作用较大,同时,在我国商标权的获得以行政管理性质的注册程序为前提,因此,商标法强调对商标的管理,规范市场秩序,使国家能够保障市场经济中商业交易顺利进行,同时又保护相关市场主体的利益。

(二)保护商标专用权,维护商标信誉,保障经营者和生产者的利益

商标法立法宗旨中规定保障经营者的利益,是2001年第二次修改《商标法》加进的内容。商标有商品商标和服务商标,因此,相应地也应该保护商品生产者、经营者和服务提供者的利益。保护商标专用权和维护商标信誉,是使商品和服务向品牌化发展,从而提高我们民族产业的竞争力的一个有力途径。保护商标专用权集中规定在商标权权利行使方式以及商标权侵权类型和救济部分。本书将在商标权的内容与商标侵权两章进行详细分析。

(三)保障消费者的利益

商标法规定了对于商标专用权的保护,实际上是保障商标实现识别商品来源功能,通过保护商标而方便消费者选择自己认可的商品,从而保障其利益不受损害。在 Mishawaka Rubber & Woolen Mfg. Co. v. S. S. Kresge Co. 一案中,美国最高法院 Frankfurter 法官提出,我们是按照标记来生活的,我们也依据标记来购买商品。商标是引导购买者选择其所需的一种商品化的捷径,我们甚至也可以

说,商标引导购买者决定自己需要什么。[①] 商标法要保障消费者最终获得的商品是他当初想要选择的商品,即来源于他认识中的那个生产者或服务者,商品或服务的质量与期待中的判定相差无几。因此,商标法客观上实现了对消费者利益的保护。但目前我国的商标法律制度设计中并没有规定消费者权利救济的具体途径,这还是一个需要与消费者权益保护法、反不正当竞争法协调考虑的问题。

 思考题

商标法的立法宗旨有哪些?具体实现途径是什么?

[①] See Mishawaka Rubber & Woolen Mfg. Co. v. S. S. Kresge Co., 316 U.S. 203, 205 (1942).

第十七章　商标的构成要件

并非所有的标识都能作为商标使用或获得商标注册,我国《商标法》关于标志是否能够使用、获得注册的规定集中在第9、10、11和12条。第9条第1款规定:"申请注册的商标,应当具有显著特征,便于识别,并不得与他人在先取得的合法权利相冲突";第10条规定了绝对不能注册为商标的一些标志;第11条则规定了只有经过使用获得显著特征后才能注册的标志;第12条是关于立体商标标志可注册性的规定。学者从不同的角度探讨标识能够作为商标使用或注册的条件,有的称其为商标注册的条件,并列明合法性、显著性、非功能性、在先性四个条件。① 但所谓合法性的标准指的是我国《商标法》第10条的规定,该条规定不仅禁止一些特殊标志作为商标注册,同时也规定它们不能作为商标使用。从这个意义上说,"商标注册的条件"这一提法有欠妥当。还有的学者将商标的构成条件概括为标识的可视性、标志的显著性和标志的非冲突性。② 我国第三次修订《商标法》后,商标标识不再局限于可视性标志。因此,本书不将标志的可视性视为商标构成要件。同时,在究竟采用"非冲突性"还是"在先性"的提法上,本书倾向于在先性,因为非冲突性只是对一种冲突状况的描述,没有涵括处理冲突的原则,而在先性则一目了然,以时间上的先后处理权利冲突情况下谁优先的问题。因此,本书将商标的构成要件列为四个,即显著性、合法性、非功能性和在先性。从条文的安排来看,应该先列合法性,但由于合法性问题的分析中涉及显著性的问题,因此本书先探讨显著性要件。

第一节　显　著　性

商标的基础功能是识别商品来源,因此,商标的第一构成要素便是标记本身具有显著性,唯其如此,商标所使用的标记才能够使消费者区别此产品与彼产品,此服务与彼服务。商标的显著性也称为商标的识别性或区别性。

一、商标显著性的定义

由于基础概念本身的"表意"特性,对于商标的显著性,法律正面加以逻辑

---

① 黄晖:《商标法》,法律出版社2004年版,第47—87页。
② 参见吴汉东主编:《知识产权法》,中国政法大学出版社2002年版,第227—234页。

定义较为困难,更多地留给了学说和实践。我国台湾地区学者引台湾地区行政法院的观点认为,"所谓特别显著,系指商标本身具有特殊性,并指可显示与他人商品之商标有所不同者而言"。① 我国 1982 年《商标法》以及 1993 年第一次修改后的《商标法》均在第 7 条规定,商标使用的文字、图形或者其组合,应当有显著特征,便于识别。2001 年第二次修改后的《商标法》在第 9 条规定,"申请注册的商标,应当具有显著特征,便于识别,并不得与他人在先取得的合法权利相冲突"。2013 年《商标法》保留了这一规定。这些规定都明确了商标的"显著性"构成要素。

本书认为,简单地说,商标的显著性就是指商标所使用的标记能够使消费者区别此产品与彼产品,此服务与彼服务。不论学者和立法对商标功能的概括如何相异,也不论对显著性的定义方式有何种区别,但有一点是共识,即商标首先必须具有显著性,这是它与其他商标区别开来,从而发挥产品来源识别功能的基础。

二、商标显著性的来源

商标的显著性可以通过两种方式取得:固有显著性和通过使用获得显著性。有些商标标记相对于商品来说具有固有显著性,有些标记相对于商品则缺乏内在显著性特征,缺乏内在显著性特征的标记获得商标法保护的前提便是通过使用获得显著性。内在显著性来源于商标使用的标记的第一含义,而使用获得显著性是在"第二含义"(secondary meaning)②上使用商标标记。有人认为,商标没有使用就不能具备区分商品来源的功能,也不能积累商誉,注册制模式下,标志不经使用而仅仅通过注册就获得商标权是法律对固有显著性商标的固有显著性进行的拟制,主要是出于减少制度实施成本的考虑。③ 从现行制度安排来看,法律不要求内在具有显著性的标志证明显著性存在后才能获得商标注册,而缺乏显著性的标志则不然。我国《商标法》第 11 条规定:"下列标志不得作为商标注册:(一) 仅有本商品的通用名称、图形、型号的;(二) 仅直接表示商品的质量、主要原料、功能、用途、重量、数量及其他特点的;(三) 其他缺乏显著特征的。前款所列标志经过使用取得显著特征,并便于识别的,可以作为商标注册。"第 2款的规定是从立法上肯定了商标可以通过使用获得显著性。不内在具有固有显著性的商标通过不断地实际应用获得显著性。

不同的标识相对于不同的商品其显著性的强弱不同,我国台湾地区有强势

---

① 曾陈明汝:《商标法原理》,中国政法大学出版社 2003 年版,第 113—115 页。
② 我国台湾地区学者将其翻译为"次要意义"(参见同上书,第 27 页)。虽然翻译方式不同,但其含义都是指商标本义以外的含义。
③ 文学:《商标使用与商标保护研究》,法律出版社 2008 年版,第 21 页。

商标和弱势商标的提法,就是基于这种区分。1976 年,在 Abercrombie & Fitch Co. v. Hunting World, Inc. 一案中,美国第二巡回法院的 Henry Friendly 法官把标识分为五类,根据商标与所标识的商品的关系,商标因是否为"属名的"(generic)、"叙述的"(descriptive)、"暗示的"(suggestive)、"任意的"(arbitrary)和"臆造的"(fanciful),而有不同的内在显著性层次。[1] 其中,叙述性词汇不具有内在显著性,因为它直接描述了商品或者服务的颜色、气味、成分、功能等特征。叙述性词汇仅在其已经通过销售、市场营销、使用或者时间的经过而在消费大众那里获得第二含义,从而使消费者把商标与特定的来源联系起来时,才会获得保护。[2] 这样,叙述性词汇只能以第二含义作为商业标识在商业经营中使用,获得商标法律保护。美国学者认为,商标的第二含义是指相对于标记所使用的商品来说,标记本身不具有内在显著性,但是通过标记的商业使用,公众已经将其作为商品的符号与商品的提供者联系在一起,此时标记获得了不同于其本义的另外一种含义,该含义即为第二含义。从序列上说,标记的最初含义是它的本义,即第一含义。[3] 从该定义中我们可以知道,作为商标含义的"第二含义"不是标记本来的含义,而是该标记本义之外的一种含义。标记除了它的本义以外,已经特指某个商品,作为该商品的商标的意义就是"第二含义"。这样,第二含义是商标意义的同义词。第二含义仅仅存在于词汇与商品的联系之间。

但是,这里必须指出的是,"第二含义"的提法本身具有误导性,因为,第二含义虽然指某一词汇本来含义之外的含义,但对于相关领域的消费公众而言,"第二"含义实际上成了该词汇的首要含义,也就是说,在特定的交易市场范围内,第二含义属于商标的主要含义。属名在我国法律制度中被称为通用名称。

三、显著性的流动特征

显著性是具有确定含义的概念,但是,商标使用于具体商品上以后是否能够维持显著性、具有什么强度的显著性是随着商标的使用而不断发生变化的。商标的使用对商标显著性的影响可能会有两种情况:其一,可能使商标的显著性增强,甚至使本来不具有显著性的商标获得商标显著性;其二,商标不当使用也可能损害商标的显著性,使本来具有显著性的商标丧失显著性而沦为商品的通用名称。

在"小肥羊"商标案中,西安小肥羊烤肉馆(以下简称西安小肥羊)于 2000 年 10 月 23 日向商标局申请在第 42 类餐馆服务上注册"小肥羊及图"商标。2001 年 4 月 5 日,商标局向西安小肥羊申请"小肥羊及图"商标注册事项发出商

---

[1] See Abercrombie & Fitch Co. v. Hunting World, Inc., 537 F 2d 4, 9 (2d Cir. 1976).
[2] See Zatarains Inc. v. Oak Grove Smokehouse Inc., 698 F. 2d 786, 790, 795—796 (5th Cir. 1983).
[3] Vincent N. Palladino, Secondary Meaning Surveys in Light of Lund, 91 The Trademark Reporter 573, 574 (2001).

标注册申请审查意见书,认为"小肥羊"直接表示了服务内容及特点,要求西安小肥羊删去"小肥羊"文字。在商标局对西安小肥羊发出该审查意见书的八个多月后,2001年12月18日内蒙古小肥羊餐饮连锁有限公司(以下简称内蒙古小肥羊)以同样的文字商标"小肥羊"向商标局提出商标申请,经商标局初步审定,该商标于2003年2月14日刊登在2003年第6期(总第867期)《商标公告》,并未以"表明商品或服务的通用名称"为由驳回。西安小肥羊就该商标核准注册提出了商标异议,并就"小肥羊"商标提起了针对国家工商行政管理总局商标评审委员会(以下简称商标评审委)及第三人内蒙古小肥羊的行政诉讼案,北京市第一中级人民法院和北京市高级人民法院均判决西安小肥羊烤肉馆败诉。在终审判决中,北京市高级人民法院称,"小肥羊"文字作为商标注册缺乏固有显著性,因此,西安小肥羊关于内蒙古小肥羊违反《商标法》第31条(此处为2001年《商标法》条文序号——本书作者注),抢先注册其在先使用并具有一定影响的未注册商标的主张不能成立,但这并不排除"小肥羊"文字可以通过使用和宣传获得"第二含义"和显著性。实际上,内蒙古小肥羊自2001年7月成立后,采用了连锁加盟的经营方式,服务的规模和范围急剧扩张,2001年度即被评为中国餐饮百强企业,2002年度又位列中国餐饮百强企业第二名,至第3043421号商标于2003年审定公告时,在全国具有了很高的知名度,从而使"小肥羊"标识与内蒙古小肥羊形成了密切联系,起到了区分服务来源的作用。故"小肥羊"文字标识通过内蒙古小肥羊大规模的使用与宣传,已经获得了显著性,并且便于识别,应当准予作为商标注册。① 由此看出,商标局在针对两个"小肥羊"商标注册申请进行审查时并未采取不同标准,只是根据不同商业主体使用商标的不同情况进行商标显著性的判断。

从另一个方面来看,也存在着很多强显著性的商标经过不当使用丧失显著性的情况。例如,我们现在所熟悉的阿司匹林、优盘等名称,最初都是作为商标使用的,只是由于商标持有人使用不当或者宣传过度使商标沦为了商品的类名称。

第二节 合 法 性

商标的合法性是指商标标识本身不属于法律规定明确禁止作为商标使用的标志。商标的合法性规定在我国《商标法》第10条,该条规定了下列不能作为商标注册并禁止使用的标志:

1. 同中华人民共和国的国家名称、国旗、国徽、国歌、军旗、军徽、军歌、勋章等相同或者近似的,以及同中央国家机关的名称、标志、所在地特定地点的名称

---

① 参见北京市高级人民法院行政判决书(2006)高行终字第94号。

或者标志性建筑物的名称、图形相同的。

允许商品使用这些标识作为商标容易让人产生贴附这些标志的商品受有关机关认可,具有高质量、高信誉度的错误认识。但是,已经使用这些标识的商标应否被撤销则是一个非常复杂的问题。近来,围绕"中南海"香烟的商标应否被撤销的问题就产生了很大的争议。撤销论者认为,"中南海"让人对该品牌的卷烟产生"受中央国家机关认可""权威""高品质"等错误印象,这不仅有损于中央国家机关的尊严,而且还误导消费者。而且,新的"中南海"卷烟包装信息突出焦油低含量和利用"清新风尚""科技创新生活"等广告语误导消费者,达到其营销有害健康的烟草制品的目的。

同时,如果商标中虽含有"中国"等与我国国家名称相同或者近似的文字,但与其他要素相结合,作为一个整体已不再与我国国家名称构成相同或者近似的,则不宜认定为同中华人民共和国国家名称相同或者近似的标志。例如,在劲牌有限公司与国家工商行政管理总局商标评审委员会纠纷案中,最高法院指出,申请商标可清晰识别为"中国""劲""酒"三部分,虽然其中含有我国国家名称"中国",但其整体上并未与我国国家名称相同或者近似。因此申请商标并未构成同中华人民共和国国家名称相同或者近似的标志,商标评审委员会关于申请商标属于《商标法》第10条第1款第(一)项规定的同我国国家名称相近似的标志,据此驳回申请商标的注册申请不妥。①

2. 同外国的国家名称、国旗、国徽、军旗等相同或者近似的,但该国政府同意的除外。

3. 同政府间国际组织的名称、旗帜、徽记等相同或者近似的,但经该组织同意或者不易误导公众的除外。

4. 与表明实施控制、予以保证的官方标志、检验印记相同或者近似的,但经授权的除外。

5. 同"红十字""红新月"的名称、标志相同或者近似的。

6. 带有民族歧视性的。

7. 带有欺骗性,容易使公众对商品的质量等特点或者产地产生误认的。

8. 有害于社会主义道德风尚或者有其他不良影响的。

---

① 参见最高人民法院行政判决书(2010)行提字第4号。但该案中,最高法院同时指出,国家名称是国家的象征,如果允许随意将其作为商标的组成要素予以注册并作商业使用,将导致国家名称的滥用,损害国家尊严,也可能对社会公共利益和公共秩序产生其他消极、负面影响。因此,对于上述含有与我国国家名称相同或者近似的文字的标志,虽然对其注册申请不宜根据《商标法》第10条第1款第(一)项进行审查,但并不意味着属于可以注册使用的商标,而仍应当根据《商标法》其他相关规定予以审查。例如,此类标志若具有不良影响,仍可以按照《商标法》相关规定认定为不得使用和注册的商标。在后来的相关程序中,北京市高级人民法院终审认定"中国劲酒"因具有不良影响而不能使用或注册。参见北京市高级人民法院行政判决书(2012)高行终字第290号。

9. 县级以上行政区划的地名或者公众知晓的外国地名，不得作为商标。

关于地名能否作为商标获得注册，我国商标立法从1993年就作出了规范。1993年《商标法》第8条第2款规定："县级以上行政区划的地名或者公众知晓的外国地名，不得作为商标，但是，地名具有其他含义的除外；已经注册的使用地名的商标继续有效。"2001年10月27日，第九届全国人民代表大会常务委员会第二十四次会议第二次修改《商标法》时，保留了该款规定的基本精神，在第10条第2款中规定："县级以上行政区划的地名或者公众知晓的外国地名，不得作为商标。但是，地名具有其他含义或者作为集体商标、证明商标组成部分的除外；已经注册的使用地名的商标继续有效。"这奠定了我国商标法律制度关于地名商标保护的多元体制。《商标审查标准》在第一部分之十一规定了"含有地名的商标的审查"，对地名商标的注册与使用的相关问题作出了具体规范。综合这些规定，我们可以得出我国商标法律制度中关于地名商标注册的基本原则。

1. 地名可以以集体商标、证明商标的形式受商标法保护。

作为集体商标和证明商标而受保护的地名多表现为地理标志，我国《商标法实施条例》第4条第1款规定："商标法第16条规定的地理标志，可以依照商标法和本条例的规定，作为证明商标或者集体商标申请注册。"

2. 县级以上行政区划和公众知晓的外国地名不能作为商标使用，但在两种情况下可以获得商标法律保护：（1）地名已经作为商标获得注册。（2）地名具有其他含义，或者含有地名的商标整体具有其他含义而不会导致相关公众误认的。

3. 县级以上行政区划和公众知晓的外国地名以外的地名可以作为商标获得注册。

4. 注册商标虽含有地名，但商标整体具有其他含义而不会导致相关公众误认的，也可以作为商标注册使用。

如"加州红"不能作为商标使用，但"伦敦雾"就可以作为商标使用、注册，因为后者是一种自然现象。

第三节 标志的非功能性

各国商标立法都从不同角度对显著性理论作了规定，而商标的功能性问题却还处于逐渐被人们分析和认识的阶段。

一、主要国家对商标非功能性的立法规定

从目前各国的立法规定来看，大多数西方发达国家的商标法只对立体商标的功能性问题作了明确规定，如英国《商标法》在第3条第2款规定，如果标记

完全是由下列要素构成的,则它不能注册为商标:(1)商品自身的性质产生的形状;(2)商品要达到的技术效果所必需的形状;(3)给商品带来实质性价值的形状。德国《商标法》也在第3条第2款作出了几乎相同的规定。日本《商标法》在第4条第1款第18项规定,为确保商品或者商品包装发挥的功能所必需的立体形状构成的商标不能获得注册。我国《商标法》在第12条规定,以三维标志申请注册商标的,仅由商品自身的性质产生的形状、为获得技术效果而需要的商品形状或者使商品具有实质性价值的形状,不得注册。只有美国商标法没有将功能性标识的规定限定于立体标志。美国专利和商标局以及美国法院一直认为,功能性标识不能作为商标获得注册和保护,但该原则的立法化却在1998年美国国会修改《兰哈姆法》时才实现。当时,国会在《兰哈姆法》中增加了一项,即15 U.S.C. §1052(e)(5),规定"任何由总体上具有功能性的东西构成的商标"不能注册在主登记簿上。该项规定不但没有具体限定功能性分析所适用的商标构成要素,还通过"任何"一词将功能性规定的范围无限扩大,把包括立体标志在内的一切标识都囊括进来。

二、实用功能性

除了立体商标以外,颜色商标也经常会遇到功能性问题。但功能性问题要从实用功能性和美学功能性两个角度认识。1904年,美国第二巡回法院在马弗尔诉珀尔(Marvel Co. v. Pearl)一案中提出,产品实际运转所必需的那些特征或者用于提高产品效能的特征不能被保护。① 这是对商标实用功能性的最早概括。此后,法院逐渐通过不同的标准发展、校正了商标实用功能性。1995年,美国最高法院在夸里提克斯诉雅克布森(Qualitex Co. v. Jacobson Products)一案中对实用功能性所作的定义具有划时代的意义,该案认为,如果商品特征为商品使用或性能所必需,或者影响商品的成本或质量,而独占使用该特征会给其他竞争者带来非由商业信誉本身产生的严重不利,则该特征就是功能性的。② 例如,由于蓝色、红色影响药品的使用,就具有功能性,因为很多高龄的患者都把颜色和疗效联系在一起,一些患者将药物混合在一个容器中,通过颜色对它们进行区分。在紧急情况下,颜色可以在一定程度上帮助区分药品,在某种药品以及它们的同类药品上使用相同的颜色可以防止分发药品的人发生混淆。③ 饮料瓶使用的黑色由于影响商品的效能而具有功能性,因为黑色可以完全避光,由此来保持

---

① Marvel Co. v. Pearl, 133 F. 160, 161—162 (2d Cir. 1904).
② Qualitex Co. v. Jacobson Products, 514 U.S. 159, 165 (1995).其实,Qualitex案的这一结论不是针对商标的功能性作出的,它主要解决的是单一颜色能否获得商标保护(干洗熨垫护套上的绿色能否获得商标保护)的问题。
③ 488 F. Supp. 394, 398—399 (EDNY 1980).

瓶子里的东西新鲜;同时黑色使消费者肉眼看不见瓶子里饮料的果汁和果肉之间的分离,而消费者一旦看到这种分离状态会大倒胃口,就不再想购买饮料了。① 白色影响药品的成本而具有功能性,因为药片的自然颜色就是白色,如果允许对白色进行独占,则其他竞争者就必须额外增加成本将药片涂抹成别的颜色。②

  欧洲法院对于商标功能性的认识体现在飞利浦诉雷明顿(Koninklijke Philips Electronics NV v. Remington Consumer Products Lte.)案件中,在该案中,飞利浦公司于1966年开发出一种新型电动剃须刀,该产品带有三个旋转的圆形刀头,刀头呈等边三角形分布。该外形曾经注册了外观设计,但保护期已经届满。1985年,飞利浦公司对其三头电动剃须刀刀头的俯视图提出商标注册申请。根据英国1938年《商标法》,这一商标(以下称为飞利浦商标)在第八类商品(电动剃须刀)上获得注册。商标图形如下图所示。1995年,飞利浦公司的竞争对手——雷明顿公司开始在英国生产并销售DT55型电动剃须刀,这也是一种带有呈等边三角形分布的三个旋转刀头的剃须刀,外形与飞利浦公司的产品相似。飞利浦公司因此起诉雷明顿公司侵犯其商标权。雷明顿公司反诉请求撤销飞利浦公司的商标注册。欧洲法院在判决中指出,功能性分为三类:由商品自身的性质产生的形状、为获得技术效果而需有的商品的形状、使商品具有实质性价值的形状。存在替代设计不能否定功能性,否则所有的设计都会被注册掉。功能性标识即使通过使用获得显著性也不能注册为商标为人独占。具有功能性的形状获得商标注册后,应予以撤销。③

---

  ① See California Crushed Fruit Corp. v. Taylor Beverage & Candy Co., 38 F. 2d 885, 885 (D. Wis. 1930).

  ② Smith, Kline & French Laboratories v. Clark & Clark, 157 F. 2d 725, 730 (3d Cir.), cert. denied, 329 U. S. 796 (1946).

  ③ 我国学者关于此案的评述见宋红松:《飞利浦诉雷明顿案述评》,载《中华商标》2003年第6期。

三、美学功能性

美国法对于美学功能性的认识略晚于对实用功能性的认识,但也有上百年的历史了。1913 年美国法院就认识到了美学功能的存在,第三巡回法院在约翰·赖斯诉雷德利克(John H. Rice & Co. v. Redlich Mfg. Co.)一案中指出,美学特征同样会带来竞争优势,该案涉及的是一种像台式电话机的小瓶子,它把平时人们经常使用的物品微缩化,给人一种幽默、诙谐的感觉,因此颇受消费者喜爱,对孩子们尤其如此。① 其后,人们在一些模仿动物或者卡车的玩具上都发现了这种美学功能的存在。② 关于美学功能的明确规定则最早见于 1938 年美国《侵权法重述(第二次)》,"如果消费者购买商品很大程度上是因为商品所具有的美学功能,那么,这些美学特征就具有功能性,因为它们促成了美学价值的产生,有助于实现商品所要达到的目标"。③ 美国第九巡回法院于 1952 年就帕列罗诉华莱士瓷器公司(Pagliero v. Wallace China Co.)一案作出判决时首次适用了美学功能原则。该案中,被告模仿了原告的四个花样设计,生产了宾馆用餐具。第九巡回法院运用"重要因素"(important ingredient)标准判断美学功能的存在,提出下述观点:如果特定的特征是商品获得商业成功的重要因素,为了维护自由竞争之利益,若该特征没有申请专利、不受著作权保护,则允许其他人对其进行模仿。法院发现,花样设计具有功能性,因为花样设计的吸引力和视觉愉悦是最重要的卖点。④ 在迪尔诉农地公司(Deere & Co. v. Farmland, Inc.)一案中,第八巡回法院也认为,绿色具有功能性。该案中,原告是美国最大的农业机械生产商,它在一种挂在农用拖拉机上的装货机械上使用了一种绿色——John Deere green,该机械的主要功能是铲挖和搬运肥料、积雪。被告也在同类装货机械上使用相似的绿色,原告要求被告停止在该类机械上使用类似的绿色。法院认为,因为农用拖拉机的颜色是绿色的,而很多时候农民会把装货机械挂在拖拉机上,他们非常希望装货机械的颜色和拖拉机的颜色一致,这样该颜色就具有美学功能,绿色不能为原告独占,其他竞争者仍然可以使用绿颜色作为商标。⑤ 在前文提到的 Qualitex 一案中,最高法院也通过引用美国《反不正当竞争法重述(第三次)》的规定,明确认可了美学功能的存在,指出美学价值存在于一种替代

---

① John H. Rice & Co. v. Redlich Mfg. Co., 202 F. 155, 157 (3d Cir. 1913).
② See e. g. Margarete Steiff, Inc. v. Bing, 215 F. 204, 208 (S. D. N. Y. 1914); Moline Pressed Steel Co. v. Dayton Toy & Specialty Co., 30 F. 2d 16, 18 (6th Cir. 1929).
③ Restatement (Second) of Torts §742, comment a (1938).
④ Pagliero v. Wallace China Co., 198 F. 2d 339, 343 (CA 9, 1952).
⑤ See Deere & Co. v. Farmland, Inc., 560 F. Supp. 85, 98 (S. D. Iowa), aff'd, 721 F. 2d 253 (C. A. 8 1983).

设计无法产生的实质利益。①

由上述美国和欧盟国家的观点来看,功能性标识绝对不能获得商标保护,即使是通过使用获得显著性也不能获得商标权,因为赋予这些标识以商标独占权会直接阻碍自由竞争,将非由信誉度产生的竞争优势从法律上直接认定为某个主体独占。因此,和我国商标法的规定一样,规定了非功能性要件的主要国家都将功能性的规定与显著性的规定分开。

但目前我国商标法关于功能性的规定在商标审查和审判中很少适用,商标局和法院更倾向于援引显著性条款来判断,直接根据缺乏显著性来处理商标申请问题。例如,因芬达饮料瓶商标注册申请被驳回,可口可乐公司诉国家工商行政管理总局商标评审委员会一案中,法院就认为"芬达"饮料瓶与普通瓶型整体设计基本相同,视觉效果差异不大,不具有显著性。

第四节 在 先 性

商标在社会经济生活中发挥的广告功能越来越突出,商标与消费者的购买倾向、内心偏好逐渐紧密地联系在一起,这不仅使企业在选定商标时绞尽脑汁设计完美的标识,也让企业意识到,采用本身就具有一定知名度的标识是一个捷径。经营者都想通过搭名人、名物的"便车"而扩大自己商品的影响、提高商品的销售量。于是,现实生活中出现了越来越多与商标权冲突的权利冲突类型,如商标权与姓名权、肖像权、著作权、专利权等权利的冲突,各国也纷纷就此问题作出立法上的应对。例如,日本《商标法》在第 4 条规定了含有他人的肖像或者他人的姓名或名称或著名的别号、艺名、笔名或知名简称的商标,除已经取得本人的同意之外,不能注册为商标。该法在第 29 条又规定商标不能与他人在先著作权、外观设计权和专利权相冲突。我国《商标法》在 2001 年第二次修改以前,并没有对商标权与其他权利的冲突问题作出具体规定,实践中出现的纠纷都是依据法律的精神和原则,并考虑公平合理和有利于市场经济的规范等因素进行裁决的。例如,发生在 1996 年的裴立、刘蕾诉山东景阳冈酒厂侵犯美术作品著作权的"《武松打虎》图"案,就是根据我国著作权法等法律的相关规定作出处理的②,"三毛"案等纠纷也都涉及这一问题。第二次修改后的《商标法》在第 9 条规定,申请注册的商标,应当有显著特征,便于识别,并不得与他人在先取得的合法权利相冲突。这就确立了商标权与其他权利发生冲突时的解决原则——在先取得的合法权利优先,使得现实生活中频繁出现的商标抢用名人名字、肖像、影

---

① Qualitex Co. v. Jacobson Products, 514 U.S. 159, 170 (1995).
② 孙建、罗东川主编:《知识产权名案评析》,中国法制出版社 1998 年版,第 78—86 页。

视作品知名角色、作品标题等问题的解决于法有据了。《商标法》如此修改是符合《与贸易有关的知识产权协定》的精神的,该协定在第 16 条(1)规定:"注册商标所有人应享有专有权防止任何第三方未经许可而在贸易活动中使用与注册商标相同或近似的标记去标示相同或类似的商品或服务,以造成混淆的可能。如果确将相同标记用于相同商品或服务,即应推定已有混淆之虞。上述权利不得损害任何已有的在先权,也不得影响成员依使用而确认权利效力的可能。"

一、在先权利的类型

我国学者认为,非冲突性是指申请注册的商标不得与他人在先取得的合法权利相冲突。在先权利,是指在申请商标注册之前的合法权利,其内容可能涉及其他知识产权或民法保护客体,具体包括但不限于下列权利:著作权、地理标志权、商号权、外观设计权、姓名权、肖像权、商品化权。[①] 从广义上解释,在先权利也包括在先使用而未注册的商标权。2005 年 12 月,国家工商总局发布的《商标审理标准》在第三部分规定了"损害他人在先权利"的审理标准,开宗明义地指出,申请注册的商标应当具有在先性,这种在先性是指申请注册的商标既不得与他人在先申请或者注册的商标相冲突,也不得与他人在先取得的其他合法权利相冲突。由于《商标法》的其他条款对于在先商标权利保护问题已经作了相应的规定,所以本条规定的在先权利是指在系争商标申请注册日之前已经取得的,除商标权以外的其他权利,包括商号权、著作权、外观设计专利权、姓名权、肖像权等。

二、在先权利冲突案件的管辖问题

《最高人民法院关于审理注册商标、企业名称与在先权利冲突的民事纠纷案件若干问题的规定》(法释〔2008〕3 号)第 1 条规定,原告以他人注册商标使用的文字、图形等侵犯其著作权、外观设计专利权、企业名称权等在先权利为由提起诉讼,符合《民事诉讼法》第 108 条规定的,人民法院应当受理。原告以他人使用在核定商品上的注册商标与其在先的注册商标相同或者近似为由提起诉讼的,人民法院应当根据《民事诉讼法》第 111 条第 3 项的规定,告知原告向有关行政主管机关申请解决。但原告以他人超出核定商品的范围或者以改变显著特征、拆分、组合等方式使用的注册商标,与其注册商标相同或者近似为由提起诉讼的,人民法院应当受理。

对此条规定进行分析可以知道,对于商标与其他权利之间的冲突问题,人民法院有管辖权,但对注册商标与注册商标发生权利冲突的案件,人民法院不受

---

① 参见吴汉东主编:《知识产权法》,中国政法大学出版社 2002 年版,第 227—233 页。

理,告知当事人要求商标行政管理部门解决。这说明法院仍然将商标注册问题预留给商标行政管理部门,司法不进行直接干预。当然,如果是他人超出核定商品的范围或者以改变显著特征、拆分、组合等方式使用的注册商标,则应认定为是未注册商标的使用,与权利人注册商标相同或者近似的,属于注册商标与商业使用中的非注册商标之间的冲突问题,人民法院有管辖权。

三、五年期间

我国《商标法》第 32 条规定,"申请商标注册不得损害他人现有的在先权利,也不得以不正当手段抢先注册他人已经使用并有一定影响的商标"。违反该条规定的后果规定在《商标法》第 45 条,即"已经注册的商标,违反本法第 13 条第 2 款和第 3 款、第 15 条、第 16 条第 1 款、第 30 条、第 31 条、第 32 条规定的,自商标注册之日起五年内,在先权利人或者利害关系人可以请求商标评审委员会宣告该注册商标无效。对恶意注册的,驰名商标所有人不受五年的时间限制"。结合这两条规定可以得知,商标注册与他人在先权利发生冲突的,在先权利人必须在商标注册 5 年内提出宣告注册商标无效的请求,恶意注册驰名商标的则不受 5 年期间的限制。那么,如何认识这 5 年期间呢?主要有如下三种观点。

1. 5 年期间为诉讼期间

据此观点,5 年期间可以发生诉讼时效期间的中止、中断和延长。例如,在成昌行粮食有限公司与国家工商行政管理总局商标评审委员会行政诉讼案件中,原告成昌行粮食有限公司即主张,《商标法》虽然没有规定期间的中止、中断,但根据其上位阶法律——《民法通则》第 140 条的规定,本案应比照适用诉讼时效"因提起诉讼、当事人一方提出要求或者同意履行义务而中断"的情形。上述规定中的 5 年期限属于诉讼时效,而非除斥期间。①

2. 5 年期间为不变期间

据此观点,5 年期间是权利人向商标局请求权利救济的出诉期间,不能延长、中断、中止。

3. 5 年期间为除斥期间

据此观点,撤销商标注册为一种形成权,因此 5 年期间适用于形成权就是除斥期间,不发生中止、中断、延长。②

本书认为,该 5 年期间应该是不变期间,因为它不发生中止、中断和延长,所

---

① 该案具体情况参见北京市第一中级人民法院行政判决书(2005)一中行初字第 1090 号。
② 该案具体情况参见北京市第一中级人民法院知识产权庭编:《商标确权行政审判疑难问题研究》,知识产权出版社 2008 年版,第 187 页。

以不是诉讼时效期间。而撤销商标注册行为不是行使形成权的行为,因为它不因单方行为直接产生法律效果,还可能经过司法审查,效力并不确定,因此它也不是形成权行使的除斥期间。值得一提的是,2001年《商标法》是通过撤销商标注册的程序保护在先权利人权利的,但2013年《商标法》将这一程序改为宣告注册商标无效。从字面看,这个程序和形成权中的"撤销权"也已经不存在形式上的联系了。

四、几类主要在先权利冲突的情形

(一)在先著作权

未经著作权人的许可,将他人享有著作权的作品申请注册商标,应认定为对他人在先著作权的侵犯,系争商标应当不予核准注册或者被宣告无效。裴立、刘蔷诉山东景阳冈酒厂的《武松打虎》案就是商标侵犯美术作品著作权的典型案例。被告景阳冈酒厂将原告裴立之亡夫、刘蔷之亡父创作的《武松打虎》组画中的第11幅修改后用于商标,侵犯了原告等享有的著作权。[①]

在符合下列要件时,商标与在先著作权冲突:

1. 系争商标与他人在先享有著作权的作品相同或者实质性相似

在先享有著作权是指,在系争商标申请注册日之前,他人已经通过创作完成作品或者继承、转让等方式取得著作权。在先享有著作权的事实可以下列证据材料加以证明:著作权登记证书,在先公开发表该作品的证据材料,在先创作完成该作品的证据材料,在先通过继承、转让等方式取得著作权的证据材料等。对生效裁判文书中确认的当事人在先享有著作权的事实,在没有充分相反证据的情况下,可以予以认可。如果系争商标注册申请人能够证明系争商标是独立创作完成的,则不构成对他人在先著作权的侵犯。

2. 系争商标注册申请人接触过或者有可能接触到他人享有著作权的作品

3. 系争商标注册申请人未经著作权人的许可

系争商标注册申请人应就其主张的取得著作权人许可的事实承担举证责任。如果申请人能够证明系争商标注册申请人与著作权人签订了著作权许可使用合同,或者著作权人作出过直接的、明确的许可其使用作品申请注册商标的意思表示,则该条件不成立。

(二)在先外观设计专利权

未经授权,在相同或者类似商品上,将他人享有专利权的外观设计申请注册

[①] 该案具体情况参见孙建、罗东川主编:《知识产权名案评析》,中国法制出版社1998年版,第78—86页。

商标的,应当认定为对他人在先外观设计专利权的侵犯,系争商标应当不予核准注册或者被宣告无效。在满足下列条件的情况下,商标与在先外观设计专利权相冲突。

1. 外观设计专利的授权公告日早于系争商标申请注册日及使用日

当事人主张在先享有外观设计专利权的,应当提交外观设计专利证书、年费缴纳凭据等证据材料加以证明。

2. 系争商标与外观设计使用于相同或者类似商品

系争商标与外观设计应当使用于相同或者类似商品。如果商品不相同或者不类似,则不能认定为侵犯外观设计专利权。

3. 系争商标与外观设计相同或者近似

关于系争商标与外观设计相同或者近似的判断,既可以就系争商标与外观设计的整体进行比对,也可以就系争商标的主体显著部分与外观设计的要部进行比对。有关系争商标与外观设计相同或者近似的认定,原则上适用商标相同、近似的审查标准。

外观设计专利中的文字仅保护其特殊表现形式,含义并不在专利权保护范围内。国家工商行政管理总局商标局2002年7月22日关于取得外观设计专利的"蒙古醉""蒙古小烧"是否违反《商标法》禁用条款问题的批复明确指出,外观设计专利权的保护范围以表示在图片或者照片中的该外观设计专利产品为准,文字的字音、字义等内容不能作为要求保护的外观设计专利权的范围。北京市第一中级人民法院在新乡市步云鞋垫有限公司诉国家工商行政管理总局商标评审委员会一案中也明确指出,虽然步云公司在争议商标注册前的1997年、1999年、2001年就获得外观设计专利权,但由于外观设计专利保护的范围是图片或照片中的外观设计,故在本案中受专利权保护的对象应为步云公司产品外包装袋的图案设计。争议商标中"彩步云"文字及云朵状的图形在外观上与步云公司获外观设计专利权的图案或其中含有"步云""鑫步云"字样的图案完全不同,争议商标没有构成对步云公司外观设计专利权的损害。[①]

4. 系争商标注册申请人没有取得外观设计专利权人的授权

系争商标注册申请人应当就其主张的取得外观设计专利权人授权的事实承担举证责任。

(三) 在先姓名权

未经许可,将他人的姓名申请注册商标,给他人姓名权造成或者可能造成损害,系争商标应当不予核准注册或者被宣告无效。在满足下列条件的情况下,

---

① 该案具体情况参见北京市第一中级人民法院行政判决书(2005)一中行初字第850号。

商标与他人姓名权相冲突。

1. 系争商标与他人姓名相同

根据该条构成要件,系争商标必须与他人姓名相同才构成权利冲突,例如在"宗庆后"案中,安徽省某酒业有限公司申请"宗庆后"商标,指定使用商品为第32类的"啤酒、矿泉水、饮料制剂"等。宗庆后是杭州娃哈哈集团有限公司法定代表人。因申请注册商标与他人姓名完全相同,所以商标局适用原《商标法》第31条(2013年《商标法》第32条)权利冲突的规定驳回申请。

如果商标与他人姓名不完全相同但相似,该如何处理?安徽省某酒业有限公司也申请了"何伯泉"商标,指定使用商品为第32类的"啤酒、无酒精饮料、矿泉水、汽水、果子粉、饮料制剂、茶饮料(水)、果汁、奶茶(非奶为主)、蔬菜汁(饮料)"。因为"何伯泉"与乐百氏(广东)食品饮料有限公司的副董事长兼总经理何伯权的名字并不完全相同,因此,不能以原《商标法》第31条(2013年《商标法第32条》)的权利冲突规定驳回商标注册申请,而应该选择适用《商标法》第10条第1款第8项关于社会不良影响的规定驳回商标申请。

他人的姓名包括本名、笔名、艺名、别名等。《商标审理标准》规定,"他人"是指在世自然人。已故的自然人姓名是否能够未经授权就使用?本书认为,首先应该考虑商标使用的营利性特征;其次,应该考虑已故名人生活的时代。举例来说,如果有人把"杜甫"用做商标,没有人会将商品与杜甫建立什么联系;但是,如果有人以"毛泽东"或者"鲁迅"做商标,情形会大有不同。当然,即使是以"杜甫"为商标进行注册,也可能妨害公序良俗或者有其他不良影响,要依据《商标法》第10条第1款第8项的规定进行审查。因此,本书认为,即使是已故名人的姓名也不能未经授权随便用做商标标识。

2. 系争商标的注册给他人姓名权造成或者可能造成损害

未经许可使用公众人物的姓名申请注册商标的,或者明知为他人的姓名,却基于损害他人利益的目的申请注册商标的,应当认定为对他人姓名权的侵害。这里如果使用的是公众人物的姓名,则不要求主观上有损害他人利益的目的,因为使用公众人物姓名本身主观上推定具有"搭便车"的故意,不当利用或可能损害公众人物的声誉。但是,如果是非公众人物,则强调其主观要件——以损害他人利益为目的。当然,现实生活中,他人以一名普通老百姓的姓名申请注册商标的情况很少,因为它对申请人来说不具有任何实际意义。

认定系争商标是否损害他人姓名权,应当考虑该姓名权人在社会公众当中的知晓程度。系争商标注册申请人应当就其主张的取得姓名权人许可的事实承担举证责任。

3. 姓名是否具有其他含义

如果姓名具有其他含义,而消费者是在其他含义下认识商标的,则不存在商标侵犯姓名权的问题。在"黎明"商标异议案中,香港著名影视歌星黎明对沈阳黎明发动机制造公司提出的"黎明"服务商标提出注册异议,认为该公司申请注册的商标侵犯自己的姓名权。但是,商标局认为,在《现代汉语词典》中,"黎明"指的是天快要亮或者刚亮的时候,是现代汉语常用词,不属于独创性词汇。在我国有效注册的商标中,冠以"黎明"的商品在流通中,没有使消费者误认为与某人有关,从而驳回了黎明的异议申请,对"黎明"商标准予注册。[①]

(四) 在先肖像权

未经许可,将他人的肖像申请注册商标,给他人肖像权造成或者可能造成损害的,系争商标应当不予核准注册或者被宣告无效。在满足下列条件的情况下,商标与他人肖像权相冲突。

1. 系争商标与他人肖像相同或者近似

他人的肖像包括肖像照片、肖像画等。"相同"是指系争商标与他人肖像完全相同。"近似"是指虽然系争商标与他人肖像在构图上有所不同,但反映了他人的主要形象特征,在社会公众的认知中指向该肖像权人。

2. 系争商标的注册给他人肖像权造成或者可能造成损害

未经许可使用公众人物的肖像申请注册商标的,或者明知为他人的肖像而申请注册商标的,应当认定为对他人肖像权的侵害。

(五) 在先企业名称权

按照现行企业注册登记制度,企业名称中除了商号以外,还包括行政区划、行业特点和组织形式等要素。其中,商号才是企业真正的标记,其余三个因素则往往是在一定行政区划内与其他众多的企业所共同使用的东西,它们既不为其中任何一个企业所拥有,也不为这些相关的企业所共有。而且,这些东西既不具有私权的特征,也没有财产权的属性。主要是出于以往多年来行政区划或条块分割的便利,出于计划经济的需要,从计划管理的思维模式出发,人为划分市场的结果,因而实际上是政府主管部门强加在企业商号之上的外来的附加标志。因此,企业名称中真正发挥区别功能的是商号,又称字号,是商事主体的文字表现形式,为该商事主体所专有,既是区别于其他企业的标记,又是企业的一项重要财产。因此,本书以为,应该统一使用"商号"的概念,而不是"企业名称"。在统一的商号概念下再区分已经登记的商号和没有登记的商号。

如果商号与商标权发生冲突,是否所有的在先商号都优先于注册商标呢?

[①] 国家工商管理局商标局《关于对"黎明"商标异议的裁定》,(1996)商标服异字第 008 号,1996 年 5 月 25 日。

河南省新乡市步云鞋垫有限公司诉国家工商行政管理总局商标评审委员会一案中,北京市第一中级人民法院认为,我国现行法律、法规对"字号权"并未作出明确的规定,因此,当事人不能仅据此主张权利。步云公司将"步云"作为其享有的"字号权",并据此主张在先权利缺乏法律依据,法院不予支持。① 该案确定了字号非经登记为企业名称不受商标法规定的在先权利保护。最高人民法院《关于审理注册商标、企业名称与在先权利冲突的民事纠纷案件若干问题的规定》第1条规定的商标权与其他权利冲突的权利类型中明确列举了"企业名称权",该规定同样仅仅对登记后的企业名称在先于商标注册的情况提供优先保护。

然而,最高人民法院《关于审理不正当竞争民事案件应用法律若干问题的解释》第6条规定,企业登记主管机关依法登记注册的企业名称,以及在中国境内进行商业使用的外国(地区)企业名称,应当认定为《反不正当竞争法》第5条第3项规定的"企业名称"。具有一定的市场知名度、为相关公众所知悉的企业名称中的字号,可以认定为《反不正当竞争法》第5条第3项规定的"企业名称"。从该条规定中,我们可以看出,注册商标不能与在企业名称登记主管机关登记的企业名称相冲突,同时也不能和没有登记但具有一定的市场知名度、为相关公众所知悉的企业名称中的字号相冲突。如果形式上满足了登记要件,则不要求企业名称中的字号具有知名度;但如果是未登记的企业名称,字号若要获得优先于商标的保护,必须满足知名度要件。

但《商标审理标准》却作了和上述最高人民法院的解释不同的规定:将与他人在先登记、使用并具有一定知名度的商号相同或者基本相同的文字申请注册为商标,容易导致中国相关公众混淆,致使在先商号权人的利益可能受到损害的,应当认定为对他人在先商号权的侵犯,系争商标应当不予核准注册或者予以撤销。其适用要件为:(1)商号的登记、使用日应当早于系争商标注册申请日;(2)该商号在中国相关公众中具有一定的知名度;(3)系争商标的注册与使用容易导致相关公众产生混淆,致使在先商号权人的利益可能受到损害。《商标审理标准》明确要求商号必须具有一定的知名度才能以在先性对抗商标注册。

从上文的梳理来看,我国相关法律法规对商标与商号权冲突时如何处理规定不统一。本书认为,应该规定商号的知名度要件,适用不正当竞争法理,即以是否存在"搭便车"行为来判断是否保护在先性,如果商号不具有知名度,则应该允许注册商标与商号并存。

---

① 北京市第一中级人民法院行政判决书(2005)一中行初字第850号。

思考题

1. 如何理解商标显著性的概念?
2. 判断第二含义形成要考虑哪些因素?
3. 如何理解实用功能性?美学功能性?

 案例分析

1. 原告 Gimix 是电话产品和电脑的生产商,1975 年开始销售自动拨号装置,这种装置最常见的功能是把一个自动电话应答装置与呼叫终端相连,使电话一旦接收到自动留言就会自动拨叫、呼叫终端,终端会通过用户的 BP 机通知其电话上有自动留言。Gimix 通过经销商,如电话营销店、留言机的分销商等来销售这种装置,也曾在会展中推销。1976 年 4 月 26 日,Gimix 申请了产品专利,在申请中,它将这种装置描述为"自动拨号机"(automatic dialer)、"自动寻呼机"(automatic page),并以"Gimix Auto Page"和"Gimix"的名义进行宣传,尽管只有"Gimix"注册了商标,但 Gimix 称它对"Auto Page"享有商标权。被告 Iwata 是一家日本生产商和出口商,1977 年,在准备将汽车自动报警装置以"Auto Page"推向市场时做了商标调查。1978 年 1 月,因没有发现问题便以此名称为产品进行广告宣传。1978 年 3 月,Iwata 公司在汽车自动报警装置上提出注册"Auto Page"商标的申请,1980 年 1 月获得注册。被告 Auto Page 公司在 1979 组建,为 Iwata 公司在美国经销汽车自动报警装置。1980 年 5 月、6 月,Iwata 开始生产和销售一种无线携带传呼系统,由一个短程发送机和接收机组成,可在建筑内或 1 英里的范围内寻呼人。系统由一个台式收发机、麦克风、民用波段的天线、可随身携带的小型接收器或 BP 机组成。台式收发机上有人工操作按钮,按动按钮可寻呼 BP 机携带者,操作按钮的人可以通过麦克风与携带 BP 机的人交流。Auto Page 公司为 Iwata 在美国销售该产品,并以 Auto Page 名义推广,被告 JS & A 公司通过邮购的方式销售该产品,为其做广告。1980 年 12 月 10 日,Gimix 起诉。

思考

Gimix 的商标是否属于通用名称?如果"Auto Page"不是通用名称,它是否当然受保护?为什么?

2. 1999 年 10 月 20 日,"LOGO!"商标由当时的西蒙公司(即现在的西门子股份公司)获得国际注册。随后,他们在我国申请了领土延伸保护。针对该申请,国家工商行政管理总局商标局驳回申请商标在全部指定商品上的注册申请。

西门子股份公司不服,2000年9月22日以申请商标具有显著性为由向国家商评委申请复审,但被国家商评委驳回。

✎ **思考**

国家商评委认定西门子股份公司申请商标中的"LOGO"用作商标缺乏显著性是否合理?

3. 泸州太阳神酒厂系"老槽房"商标的最初注册人,注册号为第1478511号,注册有效期自2000年11月21日起至2010年11月20日止。2000年12月1日,太阳神酒厂与泸州市江阳区三桥酒业有限公司签订《老槽房市场运作费补偿协议》。同日,双方签订《商标转让协议》。2001年1月14日,经双方申请,国家工商行政管理总局商标局将"老槽房"商标核准转让给三桥公司,并公告。2001年1月16日,双轮公司与三桥公司签订《"老槽房"商标转让协议书》,三桥公司与双轮公司共同办理了"老槽房"商标转让注册手续。同年2月14日,经商标局核准第1478511号"老槽房"商标转让给双轮公司,并予以公告。自2001年2月14日,双轮公司生产、销售"老槽房"白酒商品,同时,双轮公司在其生产经营过程中,在白酒商品上亦使用"老槽房"文字。

迎驾公司自1998年10月开始生产、销售"老槽坊"白酒商品,并为此投入巨资进行广告宣传。2000年11月24日,迎驾公司向商标局提出注册"老槽坊"商标的申请,因与太阳神酒厂注册的"老槽房"商标近似,被商标局驳回。2000年7月31日、12月31日,迎驾公司对其使用"老槽坊"文字的白酒商品的酒瓶、包装盒,分别向国家知识产权局申请外观设计专利。2001年1月20日国家知识产权局对迎驾公司"老槽坊"白酒的酒瓶授予外观设计专利。

✎ **思考**

迎驾公司能否以外观设计专利权在先为由申请撤销"老槽房"商标的注册?为什么?

第十八章 商标的种类

商标发展萌芽时期的主要形态为图案,后来出现了文字,才有文字商标、字母商标、数字商标以及这些构成要素结合而成的组合商标。后来,人们对商标重要性的认识逐渐提高,在商标设计中所倾注的投入相应增加,出现了立体商标、商业外观;即使是传统商标,构成要素组合方式也越来越复杂且强调美感。科学技术的发展一方面为商标设计和识别注册提供了技术支持,如出现了凭视觉感知的商标以外的音响商标和气味商标等;同时也为商标获得显著性提供了各种途径,贸易发展克服地域限制以后,尤其在网络出现以后,商品的交易范围无限扩大,商标使用对显著性的贡献明显加大,这样越来越多本身欠缺显著性的标识可以通过使用获得显著性,人们开始启用通用名称、姓名、地名等商标。

第一节 商品商标、服务商标

一、商品商标与服务商标的概念

顾名思义,商品商标是用于有形商品之上的商标,服务商标是与商品商标相对应的一个概念,又称服务标志、服务标章或劳务标记。商品商标的对象是商品,是实实在在具有物质形态的东西;而服务商标的对象是服务,它是不具备物质形态的无形的抽象体。国家工商行政管理总局商标局 1999 年 3 月 30 日颁布的《关于保护服务商标若干问题的意见》在第 1 条曾经对服务商标作出过定义,即服务商标是指提供服务的经营者,为将自己提供的服务与他人提供的服务相区别而使用的标志。

服务商标的出现是因为作为第三产业的服务业的发展。第二次世界大战以后,随着重创后的世界经济的复苏,传统的第一、第二产业获得了发展,同时情报、信息、咨询、广告、旅游、技术服务等新兴的第三产业也蓬勃兴起。服务的提供者希望通过商标这种商业标识来把自己提供的服务与他人提供的区别开来。于是,服务商标就应运而生了。

对于服务商标提供法律保护的,首先是美国 1946 年制定的《兰哈姆法》。《兰哈姆法》第 45 条对服务商标所下的定义是:人们为了识别自己提供的服务,与他人提供的服务区别开来并表明服务来源,而在服务上使用的或意图进行商业使用而在本法规定的主登记簿上登记的任何词汇、名字、标志、图案或其组合，即使该服务来源还不被知晓。标题、出场人物以及广播、电视节目的其他显著特征也可以注册为服务商标，即使这些是广告主的商品广告。1958年召开的关于《巴黎公约》修改的里斯本会议上，将对服务商标的保护纳入了《巴黎公约》。后来很多国家，如菲律宾、加拿大、瑞典等国作了这方面的规定。1966年11月11日，世界知识产权组织拟订的《发展中国家商标、商号和不正当竞争行为示范法》第1条第1款第2项规定了服务商标的定义，"服务商标"指用来将一个企业的服务与其他企业的服务区别开来的看得见的标志。

二、销售商标

服务商标中争议很大的是销售商标的问题。销售商标是销售者为了表示自己销售的商品而使用的商标。如日本的大百货公司三越的"三越"商标、美国梅西百货公司"MACY'S"商标就是销售商标。销售者使用销售商标，不是在宣传生产者的商标，而是在宣传自己的商标，这样有利于经营者获得经营的信誉，从而扩大销售。

第二节 平面商标、立体商标与商业外观

一、平面商标

上文已述，商标发展萌芽时期的主要形态为图案，后来出现了文字，才有文字商标、字母商标、数字商标以及这些构成要素结合而成的组合商标。因此，早期商标的构成形态主要是文字、图形、数字、字母或者其组合，由这些标识组成的商标统称为平面商标，是商标的原始形态，也是最基本的商标形态。即使是今天，现实生活中大量存在的也是这种商标，本书将其统称为传统平面商标。传统平面商标标识在注册中遇到的主要问题是显著性问题，过于简单或者过于复杂都会欠缺显著性。我国《商标审查标准》规定，过于简单的线条、普通几何图形、过于复杂的文字、图形、数字、字母或上述要素的组合、一个或者两个普通表现形式的字母，等等，不具有显著性。

二、立体商标

立体商标，是指由三维标志或者含有其他标志的三维标志构成的商标。保护立体商标是商标发展历程的一大突破。世界上最早在商标法中明确规定保护立体商标的是法国。目前对立体商标给予注册保护的国家和地区有八十多个，大致可以分为三种类型：第一类是直接在商标法中明确规定允许以商品和包装

的形状作为立体商标注册保护,这种类型占大多数;第二类是在商标法中虽未明确规定保护立体商标,但规定允许以商品包装进行商标注册,这类国家不多,如芬兰;第三类是未在商标法中明确排除立体商标注册,但在事实上给予注册保护,如奥地利。立体商标注册中遇到的主要是功能性问题。法国《知识产权法典》在711-1规定了外形、尤其是商品及其包装的外形或表示服务特征的外形可以注册为商标;但在711-2规定,纯由商品性质或功能所决定的外形,或赋予商品以基本价值的外形构成的标记缺乏显著性。① 美国在《兰哈姆法》颁布后的很长一段时间里,商品包装一直不能作为商标来注册。但是,1958年的"海格"一案表明了专利商标局在商品包装是否可以注册为商标问题上态度的变化。在该案中,申请人申请的威士忌酒的"箍缩瓶"被认定为可以指示商品的来源而获得了注册。② 日本《商标法》在1996年修改时,于第2条增加了"三维形状",以保护立体商标。2001年,我国第二次修订后《商标法》在第8条商标标志规定中增列了三维标志,立体商标自此正式纳入商标法保护。在第二次修订《商标法》后不久,咸亨酒店向商标局提出注册身穿长衫、品茴香豆的孔乙己造型,成为我国首批申请注册的立体商标。③

但立体商标往往与商品的形状或外观结合在一起,因此,能否满足商标注册的显著性以及非功能性要件,还需要进一步论证。④ 在意大利爱马仕公司(HERMES ITAUE S. P. A.)与国家工商行政管理总局商标评审委员会商标驳回复审行政纠纷案,爱马仕公司申请注册以手提包包体外观的立体商标。最高法院指出,申请商标是以商品部分外观的三维形状申请注册的情形,在通常情况下,这种三维形状不能脱离商品本身而单独使用,故相关公众更易将其视为商品的组成部分。除非这种三维形状的商品外观作为商标,其自身具有区别于同类商品外观的显著特征,或者有充分的证据证明,通过使用,相关公众已经能够将这种商品外观与特定的商品提供者联系起来。本案中,申请商标由包体上的翻盖、由包背面穿出的两条平行皮带及开关挂锁组成。其中,包体上的翻盖部分为三个呈平行排列的倒梯形,两条皮带分别从翻盖部分的左右两侧并在翻盖部分的上方向中心部位汇集,并最终在翻盖的中心部分由一搭扣和锁头组成的金属部件予以固定。由于申请商标指定使用的商品主要为包类,如背包、旅行包、手包等,结合此类商品相关公众的通常认识,申请商标所包含的经过一定变形的皮包翻盖、皮带和金属部件均是包类商品上运用较多的设计元素,将这几种设计元

---

① 参见《法国知识产权法典》,黄晖译,郑成思校,商务印书馆1999年版,第133—134页。
② 参见李明德:《美国知识产权法》,法律出版社2003年版,第275页。
③ 见《孔乙己成我国首批立体商标》,资料来源于 http://www.china.com.cn/chinese/kuaixun/81765.htm,2008年1月5日访问。
④ 关于显著性要件以及非功能性要件,本书后文有详细分析。

素组合在一起的设计方式并未使其产生明显区别于同类其他商品外观的显著特征。仅从该三维标识本身来看,申请商标并不具有内在显著性。关于申请商标是否通过使用获得显著性的问题,爱马仕公司在诉讼过程中提交的证据难以证明申请商标通过使用而获得显著性。①

三、商业外观

商业外观是经营的整体形象,包括餐馆的整体外观和形状、识别性标识、店内厨房地板图案、装饰、菜单、上菜的器具、服务人员的着装以及其他反映该餐馆整体形象的特征。如麦当劳店铺整体形象,世界各地的麦当劳快餐店的店面设计都相差无几,其整体经营形象已经在消费者心目中形成了统一而清晰的认识,属于具有极强显著性的商业外观。

从美国对"商业外观"法律保护的实践来看,法院对商业外观的保护,是从立体商标开始的。先从普通商标到立体商标,再到产品外形,再到商业外观。我国学者对商业外观概念的探讨和法理分析都是翻译和借鉴美国学者著述和判例分析。在美国,联邦商标法——《兰哈姆法》只在一处使用了商业外观一词,商业外观更多的是判例和法律著作所使用的法律术语。在两比索案中,原告和被告就墨西哥玉米豆卷屋的商业外观产生了纠纷,美国联邦最高法院认为,商业外观如果具有固有显著性的话,就不必通过使用获得第二含义即可获得商标法的保护。②

世界知识产权组织(WIPO)在其起草的《反不正当竞争示范条款》中将商业外观纳入反不正当竞争保护之中,但并未集中使用"商业外观"一词。该示范条款关于商业外观的表述包括"商品外观"和"商品或服务的表示"。前者包括商品的包装、形状、颜色或者其他非功能性特有的特征,且与工业设计的混淆也纳入该范围;后者包括企业的工作服和店铺风格。③

除美国外,还有一些国家以市场混淆为基础对商业外观进行保护,英国就是如此。在英国,商品包装、形状和商业外观可以受禁止仿冒行为的法律保护。按照英国判例,如果通过使用特殊的产品包装或者形状而使其获得了商誉,就可以禁止他人仿冒。为此,原告必须能够证明公众将商业外观作为识别商品或者服务的标识。④ 我国已经出现了一些商业外观纠纷,法院是根据反不正当竞争法作出的裁决。而《最高人民法院关于审理不正当竞争民事案件应用法律若干问题的解释》在第3条规定,由经营者营业场所的装饰、营业用

---

① 参见中华人民共和国最高人民法院行政裁定书(2012)知行字第68号。
② See Two Pesos, Inc. v. Taco Cabana, Inc., 505 U.S. 763 (1992).
③ 参见孔祥俊:《反不正当竞争法新论》,人民法院出版社2001年版,第841页。
④ 参见孔祥俊:《论商业外观的法律保护》,载《人民司法》2005年第4期。

具的式样、营业人员的服饰等构成的具有独特风格的整体营业形象,可以认定为《反不正当竞争法》第 5 条第 2 项规定的"装潢"。最高人民法院的这一解释实际上肯定了法院一直以来以《反不正当竞争法》保护商业外观的具体做法。

第三节 音响商标与气味商标

音响商标即是以音符编成的一组音乐或以某种特殊声音作为商品或服务的商标。气味商标就是以某种特殊气味作为区别不同商品和不同服务项目的商标。目前,绝大多数国家还不允许注册音响商标和气味商标,例如,日本《商标法》在第 2 条规定,商标只能由文字、图形、记号、三维标志或它们的组合,或者它们与色彩的组合构成。从而排除了音响商标和气味商标。[①] 我国在 2001 年修订《商标法》后,扩大了商标主客体的保护范围,并进一步加强对商标的保护力度。其中,商标保护的客体从平面商标扩大到了立体商标和色彩组合商标。2013 年《商标法》第 8 条增加了"声音"的规定,表明音响商标正式纳入我国商标法保护范畴,但气味商标在我国仍然未被认可。

音响商标和气味商标又被称为"非传统商标""变态商标"。滥觞于美国的这些新奇的商标对商标审查技术的要求很高。生产者和服务者之所以选择这种商标形式,是因为它们本身就会收到一种轰动和广告效应。但音响商标和气味商标首先遇到的是功能性的挑战。1978 年,美国专利和商标局商标审判和上诉委员会(Patent and Trademark Office Trademark Trial and Appeal Board)在通用电气广播公司(In re General Electric Broadcasting Company, Inc.)一案中,虽然认为商标申请人通用电气广播公司在电台广播中使用航海用的钟声作为其服务商标不能获得注册,同时说明,只有申请人能够证明,购买者或者可能的购买者以及接收声音的人,认识中将声音与提供的服务联系起来,或者(而且)排他地指向不具名的唯一的服务来源时,普通的声音才能获得注册。[②] 后来,专利商标局注册了歌曲的旋律、"AT&T"的字母发音以及音符序列。[③] 1990 年,美国专利和商标局商标审判和上诉委员会确立了气味的商标地位。

[①] 还可参见〔日〕纹谷畅男:《无体财产法概论》(第 6 版),有斐阁 1996 年版,第 16 页。
[②] 1978 WL 21247 (Trademark Tr. & App. Bd.), 199 U.S.P.Q. 560,563.
[③] See Robert A. Gorman & Jane C. Ginsburg, *Copyright Cases and Materials*, 6th Ed., Foundation Press, New York, 2002, p.108.

第四节 集体商标、证明商标与地理标志

一、集体商标

集体商标,是指以团体、协会或者其他组织名义注册,供该组织成员在商事活动中使用,以表明使用者在该组织中的成员资格的标志。集体商标的使用有利于创立商标声誉,取得规模经济效益。在经济发展的初始阶段,大企业集团比较少,中小型企业居多。为了把中小企业的力量集中起来,形成批量优势和广告优势,形成拳头产品,创立驰名商标,提高商品在国内外市场上的竞争力,建立集体商标制度和使用集体商标是一项十分重要的战略措施。集体商标的使用有利于我国传统名优产品的保护和开拓国内外市场。

二、证明商标

证明商标,是指由对某种商品或者服务具有监督能力的组织所控制,而由该组织以外的单位或者个人使用于其商品或者服务,用以证明该商品或者服务的原产地、原料、制造方法、质量或者其他特定品质的特征。如质量标记,在金、银制品上的标记,羊毛制品标记等。下图所示为纯新羊毛证明商标标志。

这些标记不属于任何个人或企业专有,只要来源于某一地区或达到了相应的质量标准就都可以使用,但擅自使用这些标记会侵害消费者的利益,因此,消费者可以直接起诉生产或经营者。针对集体商标和证明商标的注册、管理,我国国家工商行政管理总局于2003年6月1日颁布了《集体商标、证明商标注册和管理办法》。

三、地理标志

在我国,集体商标和证明商标直接涉及地理标志的保护问题。《商标法实施条例》第6条第1款规定,《商标法》第16条规定的地理标志,可以依照《商标

法》和该条例的规定,作为证明商标或者集体商标申请注册。

地理标志是由"原产地名称"逐步发展而来的。原产地名称(appellations of origin)在1883年签订的《保护工业产权巴黎公约》(以下简称《巴黎公约》)第1条第2款中有明确的规定。《巴黎公约》没有对原产地名称作出定义,但1958年签订的《保护原产地名称及其国际注册里斯本协定》第2条规定:"在本协定中,原产地名称系指一个国家、地区或地方的地理名称,用于指示一项产品来源于该地,其质量或特征完全或主要取决于地理环境,包括自然和人为因素。"该公约虽然只有19个成员国,但其关于原产地名称的定义为世界各国所接受。

世界知识产权组织在20世纪60年代通过的《发展中国家原产地名称和产地标记示范法》,是保护地理标志的一个立法范本,它为原产地标记提供了更加完善的保护措施,详细规定了对原产地标记予以保护的条件以及违法使用的责任等。1991年12月8日,世界贸易组织缔结的《与贸易有关的知识产权协定》(TRIPs协定)第二部分第三节专门规定了对地理标志的保护,自TRIPs协定后,国际社会逐渐转向使用"地理标志"。TRIPs协定是目前保护地理标志最新的、最全面的国际条约,它要求各缔约方采取相关措施保护地理标志,同时规定了对葡萄酒和白酒的地理标志的额外保护等。

TRIPs协定第22条之1规定:"地理标志系指标示出某商品来源于(WTO)某成员地域内或来源于该地域中某地区或某地方的标识,而该商品的特定质量、信誉或其他特征主要与该地理来源相关联。"我国《商标法》第16条第2款规定,前款所称地理标志,是指示某商品来源于某地区,该商品的特定质量、信誉或者其他特征,主要由该地区的自然因素或者人文因素所决定的标志。一个地理标志必须包括三个方面的要件:(1)该地理标志必须是标示出某商品来源于某成员地域内,或来源于该地域中的某地区或某地方;(2)该商品必须具有某种特定的质量、信誉或其他特征;(3)这些特征必须主要与该地理来源相关联。这三个要件缺一不可。我国是地理标志大国,新疆库尔勒香梨、浙江黄岩蜜橘、景德镇瓷器等都属于地理标志产品。

地理标志是与商标有关的商品区别标志,与商标权、商誉权、商业秘密权这几种工业产权相比,有着明显的区别:

首先,地理标志不能个体专有,但是商标可独家注册。一般商标不能注册为地理标志,地理标志也不能注册为商标,但是善意注册的继续有效。

其次,时间性要求不同。很多地理标志都与传统、文化、历史紧密相关,而且该项权利也没有保护期的限制。注册商标享有保护期;商业秘密权虽无保护期限制,但其主要内容一旦泄漏则丧失权利。[1]

---

[1] 颜祥林:《知识产权保护原理与策略》,中国人民公安大学出版社2001年版,第175—176页。

再次,权利转让不同。地理标志不得转让或许可使用;商标可被转让或许可他人使用;商业秘密也具有可转让的法律特征;非商誉权的主体可与商誉主体合作,从某种意义上说,商誉权也可被不同程度地转让。

最后,寻求法律保护和救济的权利主体范围不同。地理标志被滥用时,任何权利人均可起诉。而其他权利被侵权时,只有权利个体可以主张权利。

我国"入世"后,当然应履行TRIPs协定,但在管理体制上,目前我国国家工商总局商标局和国家质检总局(原国家技监局)均对地理标志予以保护与管理。两个行政机关的不同保护模式之争引起业内人士的关注和争鸣。两个行政部门之间管理权限的争执和冲突、审批程序的不同、保护依据的区别,使企业和行业协会陷入矛盾之中。国家质检总局和工商总局商标局使用不同的地理标志标识。国家质检总局地理商标标识见下图图一。2007年1月30日,国家工商总局商标局颁布了《地理标志产品专用标志管理办法》,确定了专用标志的基本图案由中华人民共和国国家工商行政管理总局商标局中英文字样、中国地理标志字样、GI的变形字体、小麦和天坛图形构成,绿色(C:70M:0Y:100K:15;C:100M:0Y:100K:75)和黄色(C:0M:20Y:100K:0)为专用标志的基本组成色(见下图图二)。使用专用标志无需缴纳任何费用。专用标志应与地理标志一同使用,不得单独使用。地理标志注册人应对专用标志使用人的使用行为进行监督。专用标志应严格按照国家工商行政管理总局商标局颁布的专用标志样式使用,不得随意变化。确定专用标志属于《中华人民共和国商标法》第10条规定保护的官方标志,各级工商行政管理部门负责对专用标志实施管理。

图 一

图 二

第五节 特殊标志

特殊标志,是指经国务院主管部门批准举办的全国性和国际性的文化、体育、科学研究及其他社会公益活动所使用的,由文字、图形组成的名称及缩写、会徽、吉祥物等标志。例如,国际奥林匹克委员会的奥运五环标志。

一、特殊标志的特殊性

与一般商标不同,特殊标志在主体、权利取得、权利保护等方面都与一般商标有区别。

(一) 主体特殊

特殊标志的权利主体是经国务院主管部门批准举办的全国性和国际性的文化、体育、科学研究及其他社会公益活动的组织者。而一般商标的主体多为从事工商业经营活动的营利性组织。

(二) 权利取得方式特殊

一般商标要获得商标法的保护,商标注册申请人需要向商标局提出注册申请,经过商标局核准注册后产生商标权。但举办社会公益活动的组织者或者筹备者对其使用的名称、会徽、吉祥物等特殊标志,需要保护的,向商标局提出的是登记申请。商标局收到申请后,认为登记申请符合《特殊标志管理条例》有关规定,申请文件齐备无误的,自收到申请之日起15日内,发给特殊标志登记申请受理通知书,并在发出通知之日起2个月内,将特殊标志有关事项、图样和核准使用的商品和服务项目,在特殊标志登记簿上登记,发给特殊标志登记证书。特殊标志经核准登记后,由国务院工商行政管理部门公告。

(三) 权利保护期限不同

一般商标的保护期为10年,保护期满前12个月可以提出续展申请,续展后商标保护期再延长10年,续展无次数限制。特殊标志有效期为4年,自核准登记日起计算。特殊标志所有人可以在有效期满前3个月内提出延期申请,延长的期限由国务院工商行政管理部门根据实际情况和需要决定。

二、特殊标志与商标的共性

特殊标志虽然具有上述特殊性,但它与一般商标又具有很强的共通性,因此,把特殊标志作为一类特殊的商业标识放进商标法里一并规范有其合理性。

(一) 特殊标志的商业使用

特殊标志所有人可以在与其公益活动相关的广告、纪念品及其他物品上使用该标志,并许可他人在国务院工商行政管理部门核准使用该标志的商品或者服务项目上使用。特殊标志的商业使用体现了它的商业价值,同时为其他商业主体试图不当利用特殊标志的商业影响力提供了诱因。

(二) 特殊标志保护以登记为要件

在我国,商标不是通过使用获得保护的,而是通过国家工商行政主管部门的核准注册;尽管特殊标志是通过登记加核准程序获得保护的,但形式上也必须通过工商行政管理部门才能获得保护。

(三) 特殊标志也有合法性要求

《特殊标志管理条例》第4条规定,含有下列内容的文字、图形组成的特殊标志,不予登记:(1)有损于国家或者国际组织的尊严或者形象的;(2)有害于社会善良习俗和公共秩序的;(3)带有民族歧视性,不利于民族团结的;(4)缺乏显著性,不便于识别的;(5)法律、行政法规禁止的其他内容。

(四) 特殊标志也不得与他人权利相冲突

《特殊标志管理条例》第10条规定,已获准登记的特殊标志有下列情形之一的,任何单位和个人可以在特殊标志公告刊登之日至其有效期满的期间,向国务院工商行政管理部门申明理由并提供相应证据,请求宣告特殊标志登记无效:(1)同已在先申请的特殊标志相同或者近似的;(2)同已在先申请注册的商标或者已获得注册的商标相同或者近似的;(3)同已在先申请外观设计专利或者已依法取得专利权的外观设计专利相同或者近似的;(4)侵犯他人著作权的。

(五) 国家工商行政管理部门对特殊标志进行类似商标的行政管理

《特殊标志管理条例》第15条规定,特殊标志所有人或者使用人有下列行为之一的,由其所在地或者行为发生地县级以上人民政府工商行政管理部门责令改正,可以处5万元以下的罚款;情节严重的,由县级以上人民政府工商行政管理部门责令使用人停止使用该特殊标志,由国务院工商行政管理部门撤销所有人的特殊标志登记:(1)擅自改变特殊标志文字、图形的;(2)许可他人使用特殊标志,未签订使用合同,或者使用人在规定期限内未报国务院工商行政管理部门备案或者未报所在地县级以上人民政府工商行政管理机关存查的;(3)超出核准登记的商品或者服务范围使用的。

思考题

1. 商品商标与服务商标的不同主要体现在哪些方面?
2. 我国对商业外观提供法律保护的依据是什么?
3. 允许注册音响商标和气味商标的利弊何在?
4. 在地理标志的保护中,美国与欧盟国家的分歧体现在哪里?我们应采取什么样的立场?

案例分析

金华火腿案

1979年10月,中华人民共和国工商行政管理总局颁发的第130131号《商标注册证》载明以下主要内容,商标:金华牌;之下是一个竖立的长方形图案,"发展经济保障供给"位于图案的上部,方形排列的"金华火腿"位于图案中部,"浦江县食品公司"位于图案下部,竖立的长方形图案右下侧注有:"'发展经济、保障供给'企业名称及装潢不在专用范围之内"文字;《商标注册证》载明的企业名称为浦江县食品公司;变更注册事项载明,1983年由商标局核准将商标注册人名义变更为浙江省食品有限公司。在商标局提供的第130131号注册《商标档案》中载明,商标名称:金华;注册人:浙江省食品有限公司;图样:金华火腿(方形排列)。2002年,国家质量监督检验检疫总局公告批准对金华火腿实施原产地域产品保护,核准了15个县、市(区)现辖行政区域;2003年国家质量监督检验检疫总局公告对浙江省常山县火腿公司等55家企业提出使用金华火腿原产地域产品专用标志予以审核注册登记。2003年9月24日,浙江省工商行政管理局针对上诉人与金华市金华火腿生产企业之间的商标侵权纠纷向被上诉人请示,请求被上诉人对"金华火腿"字样的正当使用的问题予以批复,并随函附上其认为正当使用的7种金华火腿商品的包装使用形式,以及金华市工商行政管理局"关于金华火腿字样在外包装上使用是否构成侵权的请示"。据此,被上诉人作出商标案字[2004]第64号《关于"金华火腿"字样正当使用问题的批复》,批复的具体内容为:使用在商标注册用商品和服务国际分类第29类火腿商品上的"金华火腿"商标,是浙江省食品有限公司的注册商标,注册号为第130131号,其专用权受法律保护。根据来函及所附材料,我局认为,"金华特产火腿""××(商标)金华火腿""金华××(商标)火腿"属于《商标法实施条例》第49条所述的正当使用方式。同时,在实际使用中,上述正当使用方式应当文字排列方向一致,字体、大小、颜色也应相同,不得突出"金华火腿"字样。浙江省工商行政管理局将此批复向其下级工商行政管理局转发,并知告上诉人。上诉人不服该批复,向北京市第一中级人民法院提起诉讼。

终审法院认为,我国《商标法》保护的对象是注册的商标,注册的商标应以《商标注册证》和《商标档案》中记载的商标图样为准。根据本案查明认定的事实,从双方当事人提供的第130131号《商标注册证》和第130131号注册《商标档案》中的内容记载看,尽管记载有商标为"金华牌"、商标名称为"金华"的内容,但注册商标的图样均为"金华火腿"(方形排列),因此,本案上诉人受法律保护的注册商标为"金华火腿",而非"金华"。一审法院对此认定证据确凿,并无不当,上诉人认为一审法院判决认定事实错误没有事实和法律根据。

《商标法》第10条第2款规定,县级以上行政区划的地名或者公众知晓的外国地名,不得作为商标,但是,地名具有其他含义或者作为集体商标、证明商标组成部分的除外;已经注册的使用地名的商标继续有效。第16条规定,商标中有商品的地理标志,而该商品并非来源于该标志所标示的地区,误导公众的,不予注册并禁止使用;但是,已经善意取得注册的继续有效。本案中,上诉人的注册商标是"金华火腿",其中"金华"是县级以上行政区划的地名,"金华火腿"具有地理标志性质或含义,但原告持有的"金华火腿"商标,是在现行《商标法》修正之前已经取得注册,因此继续有效,依法享有注册商标专用权。根据《商标法》和《商标法实施条例》的有关规定,注册商标中含有的本商品的通用名称、图形、型号,或者直接表示商品的质量、主要原料、功能、用途、重量、数量及其他特点,或者含有地名,注册商标专用权人无权禁止他人正当使用。本案中上诉人的注册商标"金华火腿"中的"金华"是地名,"火腿"是商品的通用名称,因此他人对"金华""火腿"有权正当使用;被上诉人的批复对认定的"金华火腿"字样的三种正当使用方式的原则和界限进行了合理界定,并提出了具体要求,即在实际使用中,上述正当使用方式应当文字排列方向一致,字体、大小、颜色也应相同,不得突出"金华火腿"字样,此要求使之与上诉人的注册商标相区别,这与《商标法》保护注册商标专用权的原则并无冲突,被上诉人认定"金华特产火腿""××(商标)金华火腿"和"金华××(商标)火腿"属于《商标法实施条例》第49条所述的正当使用方式,并无违法之处。上诉人所称他人只能在生产厂家和生产地址中使用"金华"地名,没有法律依据。[1]

🖉 思考

北京市高级人民法院关于地理标志与商标的区别的分析是否正确?认为涉案商标是"金华火腿"而不是"金华"的观点是否正确?

---

[1] 参见浙江省食品有限公司诉国家工商行政管理总局商标局商标管理行政批复上诉案,北京市高级人民法院行政判决书(2005)高行终字第00162号。

第十九章　商标权的取得与注册

　　与著作权的产生方式不同,商标权的取得以使用或注册为前提,形成使用取得和注册取得。当今世界各国的商标保护制度呈现出多样化的特征,这种多样化首先就表现为商标权利取得原则的不同。

第一节　商标权取得模式

一、注册与使用取得商标权的二元模式

　　商标保护的历史表明,最早对商标提供保护的普通法国家通过判例法确立了以商标在公众中享有盛誉为保护前提的规则,而商标声誉则是通过商标的使用建立起来的。从17世纪初叶开始,英国通过普通法独创的"假冒诉讼"实现了对商标在先使用者的保护。在英国工业化初期,衡平法院在抵制模仿商标和商号方面一直居领导地位,因为原告希望获得禁令。很快,在普通法中也出现了这种损害赔偿之诉,竞争者可以诉对方欺诈。但这种发展有局限性,因为欺诈要求主观故意欺骗这一要件。衡平法院就不存在这个问题,只要是有受假冒之害的可能,人们就可以阻止被告的行为,即使他们完全是无辜的,当时的商誉被视为一种财产,而公众上当本身就是"欺诈"。1857年,法国商标立法推动了英国注册制的采用。仿冒诉讼虽然有用,但是它的成立必须依赖于原告证明自己已经在公众之中建立了商誉。这既耗时,又耗力。有了注册制则不然。1875年英国颁布了《商标注册条例》,商品商标可以通过注册获得。尽管在注册制运行的最初30年,只有非常有限的标志能够注册为商标,如特殊形式表现的人名和公司名称,但它还是为商标权的取得带来了很多便捷,如在注册前并不要求对商标进行使用。根据英国1994年颁布的现行《商标法》第2条及第9条的规定,注册商标所有人拥有依据该法通过商标注册而获得的财产权,该权利自注册之日起生效。①该《商标法》第2条第2款特别指出:"本法不得影响有关假冒的法律。"因此,在英国,商标保护的方法为复合型而非选择型,即普通法上的假冒诉讼与制定法上的侵权诉讼相结合。因此,英国是实行注册取得与使用取得两种取得

---

① W. R. Cornish, *Intellectual Property: Patents, Copyright, Trade Marks and Allied Rights*, London Sweet & Maxwell, 1996, pp. 517—520.

方式的国家。

与英国相映成趣,德国则以其大陆法系的注册保护传统,吸纳了普通法系国家的使用保护原理。德国起初只采用注册原则,随着法院承认为商标带来市场声誉的使用也具有产生商标权的效力,立法机关在 1934 年肯定了使用原则。[①] 1995 年德国《商标法》扩展了产生商标保护的途径。该法明确规定,商标保护应同等地产生于注册或使用。该法第 4 条具体规定了产生商标保护的三种情形:第一,一个标志在专利局设立的注册簿中作为商标注册;第二,一个标志通过在商业过程中使用,在相关的交易圈内获得了作为商标的第二含义;第三,一个标志属于《保护工业产权巴黎公约》第 6 条之(2)意义上的驰名商标。该法第 14 条第 1 款接着规定:"根据第 4 条获得商标保护的所有人应拥有商标专用权。"[②] 在德国,对于经注册取得之商标称为"形式商标权",对于未经注册但已经使用之标识在一定条件下亦予以保护,而称之为"实质商标权",只要一定之表征(Ausstattung)在特定交易范围内被当成是某项商品或服务之标记,而能与他人所提供之商品或服务相区别,即受到商标法之保护,亦即此种权利系基于该表征因被使用,在交易上取得一定之价值与作用(Verkehrsgeltung)而受到保护。[③] 和下面美国实行的无条件的使用取得模式不同,德国采用的是有条件的使用取得模式,在相关交易取得一定的效力后,标志才能获得商标权。[④]

二、使用取得商标权的一元模式

直接承继了英国判例法而后又有了进一步发展的美国判例法认为,商标的使用是取得商标权的前提。使用原则是一种较早出现而今仍为某些国家所采用的商标权的取得原则。根据这一原则,对某项商标的独占使用权归属于该商标的首先使用者。从权利的原始取得的角度来看,这种情形之下的商标权利的取得与物权的取得相似,即主体对商标的首先使用行为这一法律事实是商标权利形成的依据。同时,"使用"所及的地理范围决定了权利的效力范围。目前,美国和菲律宾的商标制度都仅以使用作为确立商标权的依据。尽管美国联邦商标法——《兰哈姆法》也规定了注册制度,但这种注册制与实行注册取得商标权的国家不同,它要求商标在注册前必须进行使用或者意图使用(intent to use)。[⑤]《兰哈姆法》只是对业已存在的通过使用而产生的普通法上的商标权予以制定

[①] 参见〔德〕阿博莱特·克里格:《商标法律的理论和历史》,载李继忠、董葆霖主编:《外国专家商标法律讲座》,工商出版社 1991 年版,第 12 页。
[②] 王春燕:《商标保护法律框架的比较研究》,载《法商研究》2001 年第 4 期。
[③] 参见谢铭洋:《智慧财产权之基础理论》,台湾翰芦图书出版有限公司 1997 年版,第 37 页。
[④] 刘孔中:《智慧财产权法制的关键革新》,台湾元照出版有限公司 2007 年版,第 153 页。
[⑤] 参见李明德:《美国知识产权法》,法律出版社 2003 年版,第 288—296 页。

法上的确认,而不是创设新的商标权取得途径。① 1988 年经修改后于 1989 年 11 月 16 日生效的《兰哈姆法》修正案在"商标的注册"一节中,除了已经在贸易活动中实际使用的商标的注册以外,增加规定了申请人对在商业活动中具有予以使用的真实意图(bona fide intent to use)的商标的注册。在后一种情形之下,《兰哈姆法》规定,从申请日起赋予基于真实使用意图的首先申请商标注册者一种初期的所有权,这种权利将在注册发布时实际生效。然而,只有当实际使用开始时,注册才会发布;未注册的先使用人在注册人的申请日之前已经确立使用的地理区域内,仍然享有优先于注册人的权利。这表明,美国现行有关商标保护的制定法仍然维持使用原则,但这种使用原则已经是"改良后的使用原则"。② 商标注册虽然与商标权利的获得无关,但商标注册后,会获得一些额外的好处。如联邦注册补充了商标所有人依据普通法所享有的权利,商标注册人可以根据联邦的注册向美国海关提出申请,阻止侵权物品的进口。注册证书是一个基本证明,表明已经获得注册的商标的有效性和商标注册之有效性,表明注册人就该商标享有权利,可以在商业活动中排他性地使用自己已经获得注册的商标。这样商标注册人就可以在侵权诉讼中免去证明自己拥有商标权的责任。而且最重要的是,联邦商标注册人在全国范围内获得了权利,因为根据普通法,商标权人仅在自己的商业活动中所及的范围内享有权利,他无法阻止他人在国内其他地域使用相同或者近似的商标。③

三、注册取得商标权的一元模式

与商标权取得上的使用原则相对应,商标权取得上的注册原则以申请注册在先作为确定商标权归属的依据;只有注册商标才受到商标权保护。有人也称其为纯粹的注册原则模式。④ 在这一原则之下,权利的取得基于如下三个法律事实:主体选定商标的行为,主体向国家商标行政主管机关的申请行为,国家商标行政主管机关的审批行为。上述三个行为互相结合才使得相关权利得以形成。法国和我国商标立法即采行商标权的注册取得原则。我国《商标法》第 4 条规定,自然人、法人或者其他组织在生产经营活动中,对其商品或者服务需要取得商标专用权的,应当向商标局申请商标注册。同时,该法第 56 条规定,注册商标的专用权,以核准注册的商标和核定使用的商品为限。

采用一元注册制模式的国家,一般都为保护商标在先使用设计在先使用人

---

① Arthur R. Miller & Michael H. Davis, *Intellectual Property*, West Publishing Company, 1983, pp. 149—150.
② 文学:《商标使用与商标保护研究》,法律出版社 2008 年版,第 170 页。
③ 参见李明德:《美国知识产权法》,法律出版社 2003 年版,第 292 页。
④ 同注②,第 171 页。

继续使用不侵权制度。从限制注册商标专用权的角度谈商标在先使用的效果问题，商标在先使用人可以商标使用在先来对抗在后注册的商标专用权人。我国学者对此有不同的提法，有的称其为"先使用权"，认为先使用权是指某人在他人申请商标注册前已经在相同或者类似商品上使用与注册商标相同或近似商标，当他人申请注册的商标被核准注册后，该先用人享有在原有的范围内继续使用其商标的权利。① 有的则称其为"商标先用权"，认为商标先用权是指在他人获得商标权之前已经使用该商标的所有人，享有在原有范围内继续使用该商标的权利。② 有的称其为"商标在先使用权"。③ 当然，这里在先使用的商标指的是未注册商标，是时间上早于他人实际使用但自己未予申请注册的商标。④ 事实上，先使用权是保护在先使用人的其中一种形式，为与"在先使用"相区别，本书采"商标先使用权"的提法。但无论采什么提法，如上两种定义方式所示，就该概念所下的定义都大同小异。

2013年《商标法》在第59条第3款规定了商标在先使用权，即商标注册人申请商标注册前，他人已经在同一种商品或者类似商品上先于商标注册人使用与注册商标相同或者近似并有一定影响的商标的，注册商标专用权人无权禁止该使用人在原使用范围内继续使用该商标，但可以要求其附加适当区别标识。但该条如何适用，仍有探讨的余地。

历史上还存在过一种注册制度，即先注册、后使用的制度，这种制度也被称为"全面注册制"或者"强制注册制"。实行它的目的主要是在全国范围内实现统一管理，是典型计划经济的反映。原苏联和我国1963年的《商标条例》都实行这种制度。原苏联解体后，这种制度不复存在了。⑤

从经济分析的角度来看，使用取得是一种占有所有权，容易导致浪费性使用，以现在的浪费性使用手段表明将来的所有权；而注册取得是一种纸面所有权，交易成本过高，可能导致非实际使用者先占之后许可给其他人使用或转让给其他人。最有效率的模式应该是二者的结合，在注册制下考虑一定程度上要求商标的商业使用，在使用原则下考虑采用注册的形式要求。目前德国和英国的双重模式已经代表了商标取得模式融合之大趋势。

---

① 冯晓青：《商标权的限制研究》，载《学海》2006年第4期。
② 王莲峰：《我国商标权限制制度的构建——兼谈〈商标法〉的第三次修订》，载《法学》2006年第11期。
③ 汪泽：《论商标在先使用权》，载《法商研究》2002年第6期。
④ 苏启云：《在先使用未注册商标的法律保护》，载《现代法学》1998年第5期。
⑤ 参见郑成思：《四种商标专用权制度与我国的立法选择——商标制度的起源与发展（三）》，载《中华商标》1998年第1期。

第二节 我国《商标法》规定的商标注册原则

我国《商标法》关于商标注册的原则规定在第6条、第7条、第12条至第27条以及第31条。综合这些条款的规定,可以看出我国商标法规定的注册原则如下。

一、自愿注册原则

我国商标法规定,商标法保护的商标都是注册商标,商标未经注册不受商标法保护,以此来鼓励商标使用人进行商标注册。但是,商标是否注册并不影响商标标注的商品在市场上流通。因此,是否要注册商标完全由商品的生产者自己决定。但是,对于某些特殊商品,因其特殊性质,国家必须强化对其管理,必须进行注册以后才能在市场销售。我国《商标法》第6条规定,法律、行政法规规定必须使用注册商标的商品,必须申请商标注册,未经核准注册的,不得在市场销售。目前我国只要求烟草制品的强制注册。

综上所述,我国商标注册原则严格意义上来说是自愿注册为原则,强制注册为例外。

二、诚实信用原则

诚实信用原则是民事立法中的"帝王条款",它在民事立法和法律适用中发挥一般条款的作用。从市场经济角度讲,诚实信用原则又是一项道德准则,它要求市场活动主体诚实不欺,恪守信用。在《商标法》第三次修订前,我国很多法院在商标案件的判决中都明确提到了诚实信用原则,并认识到这一原则在规范市场中与商标注册、使用有关的行为的重要性。2013年《商标法》在第7条明确将"诚实信用原则"作为申请商标注册和使用商标的一般原则,同时又在具体条文规定了诚实信用原则的贯彻。例如《商标法》第32条规定,申请商标注册不得损害他人现有的在先权利,也不得以不正当手段抢先注册他人已经使用并有一定影响的商标,这即是申请注册时诚实信用原则的要求;再如《商标法》第44条要求不得以欺骗手段或者其他不正当手段取得商标注册,也是诚实信用原则的贯彻。在使用商标过程中,也要求市场主体遵循诚实信用原则。如《商标法》第49条规定的商标使用人不能自行改变注册商标、注册人名义、地址或者其他注册事项的要求;第52条规定的不能将未注册商标冒充注册商标使用、不能将禁止作为商标使用的标志作为未注册商标使用;等等。

诚实信用原则不仅约束注册商标申请人、使用人和未注册商标使用人的行为,还约束商标代理机构的行为。目前,市场中很多和商标相关的乱象都与商标代理机构存在或多或少的联系,商标代理机构职业自律差,侵犯客户权益或者教唆其客户侵犯其他商标权利主体权益的现象屡见不鲜。为此,《商标法》第19条规定,商标代理机构应当遵循诚实信用原则,遵守法律、行政法规,按照被代理人的委托办理商标注册申请或者其他商标事宜;对在代理过程中知悉的被代理人的商业秘密,负有保密义务。委托人申请注册的商标可能存在本法规定不得注册情形的,商标代理机构应当明确告知委托人。商标代理机构知道或者应当知道委托人申请注册的商标属于本法第15条和第32条规定情形的,不得接受其委托。商标代理机构除对其代理服务申请商标注册外,不得申请注册其他商标。对于商标代理机构办理商标事宜过程中,伪造、变造或者使用伪造、变造的法律文件、印章、签名的,以诋毁其他商标代理机构等手段招徕商标代理业务或者以其他不正当手段扰乱商标代理市场秩序的行为,《商标法》还规定由工商行政管理部门责令限期改正,给予警告,处1万元以上10万元以下的罚款;对直接负责的主管人员和其他直接责任人员给予警告,处5000元以上5万元以下的罚款;构成犯罪的,依法追究刑事责任。商标代理机构违反《商标法》规定的,由工商行政管理部门记入信用档案;情节严重的,商标局、商标评审委员会并可以决定停止受理其办理商标代理业务,予以公告。对于商标代理机构违反诚实信用原则,侵害委托人合法利益的,应当依法承担民事责任,并由商标代理行业组织按照章程规定予以惩戒。

总之,2013年《商标法》将诚实信用原则作为一般原则引入,是商标法的一大亮点,也希望通过具体条文的推进实施,该原则能够得到真正遵守。

三、分类注册和一标多类原则

商品分类是指一件商标注册申请可同时指定的商品范围。为了便于商标注册和管理,商标管理机关根据一定的标准,将所有商品划归为若干类,按一定的顺序排列编成表册。目前世界上商品分类表有两类,一类是本国独立实行的商品分类表,另一类是国际统一的商品分类表。我国于1988年11月加入《巴黎公约》,同时于1988年11月1日起开始实行世界知识产权组织提供的《商标注册用商品国际分类》,国家工商行政管理总局商标局于1988年9月15日下发了《关于实行商标注册用商品国际分类的通知》。我国目前实行的《商标注册用商品与服务国际分类表》是《尼斯协定》各成员国于2014年1月1日起正式起用的第十版《尼斯分类(2014文本)》。该分类把商品和服务共分为45类。

我国《商标法》第22条第1款规定,"商标注册申请人应当按规定的商品分类表填报使用商标的商品类别和商品名称,提出注册申请"。这是商标的分类注册原则。第2款规定,"商标注册申请人可以通过一份申请就多个类别的商品申请注册同一商标"。这是商标申请的一标多类原则。我国商标法规定这项注册原则与《商标注册马德里协定》的规定是一致的。在我国,2013年修订《商标法》之前,申请注册商标应当按照商品或服务类别申请,即通常所说的"一标一类",而在《马德里协定》和《议定书共同实施条例》中,一份商标国际注册申请中可以指定多类商品或服务,即"一标多类"。以欧盟共同体商标的注册为例,一件申请可以指定很多类商品或服务,只是指定的类别越多,缴纳的费用越多。通过网上提交电子申请的申请费是每件900欧元,涵盖3种商品或服务;如超过3种商品或服务,每一类另加150欧元。纸面申请底价为每件1050欧元,如果超过3种商品或服务,每一类另加150欧元。

四、申请在先原则

我国《商标法》第31条规定,两个或者两个以上的商标注册申请人,在同一种商品或者类似商品上,以相同或者近似的商标申请注册的,初步审定并公告申请在先的商标;同一天申请的,初步审定并公告使用在先的商标,驳回其他人的申请,不予公告。严格意义上说,我国实行的不是绝对的申请在先注册原则,而是以申请在先注册为原则,同时考虑在先使用原则。两个或者两个以上的申请人,在同一种商品或者类似商品上,分别以相同或者近似的商标在同一天申请注册的,各申请人应当自收到商标局通知之日起30日内提交其申请注册前在先使用该商标的证据。同日使用或者均未使用的,各申请人可以自收到商标局通知之日起30日内自行协商,并将书面协议报送商标局;不愿协商或者协商不成的,商标局通知各申请人以抽签的方式确定一个申请人,驳回其他人的注册申请。商标局已经通知但申请人未参加抽签的,视为放弃申请,商标局应当书面通知未参加抽签的申请人。

五、优先权原则

在我国的商标注册中,因为实行先申请原则,这样申请日期对于能否获得商标注册和商标法的保护就至关重要。在涉及国外注册时,该问题就更复杂。因此,我国商标法规定了国际优先权原则。我国《商标法》第25条规定,商标注册申请人自其商标在外国第一次提出商标注册申请之日起6个月内,又在中国就相同商品以同一商标提出商标注册申请的,依照该外国同中国签订的协议或者共同参加的国际条约,或者按照相互承认优先权的原则,可以享有优先权。依照前款要求优先权的,应当在提出商标注册申请的时候提出书面声明,并且在3个月内提交第一次提出的商标注册申请文件的副本;未提出书面声明或者逾期未提交商标注册申请文件副本的,视为未要求优先权。第26条规定,商标在中国政府主办的或者承认的国际展览会展出的商品上首次使用的,自该商品展出之日起6个月内,该商标的注册申请人可以享有优先权。依照前款要求优先权的,应当在提出商标注册申请的时候提出书面声明,并且在 3 个月内提交展出其商品的展览会名称、在展出商品上使用该商标的证据、展出日期等证明文件;未提出书面声明或者逾期未提交证明文件的,视为未要求优先权。

第三节 我国商标注册申请流程

在商标注册申请程序方面,我国和《商标注册马德里协定》的规定也有差别。我国商标法规定了两次公告程序。第一次是商标经实质审查被初步审定之后的公告。在法律规定的时限内,任何人都可以对第一次公告刊登的商标提出异议。如果没有异议或经裁定异议不成立,该商标将被第二次公告并予以注册。然而,在办理商标国际注册时,根据共同实施条例的有关要求,各成员国不需要另行公告,仅依赖于由国际局发行的《国际商标》公告即具有法律效力。

一、商标注册申请人提出申请

首先,申请人必须分类提出申请,按规定的商品分类表填报使用商标的商品类别和商品名称。商品名称或者服务项目未列入商品和服务分类表的,应当附送对该商品或者服务的说明。

每一件商标注册申请应当向商标局提交《商标注册申请书》1 份、商标图样 5 份;指定颜色的,并应当提交着色图样 5 份、黑白稿 1 份。商标图样必须清晰、便于粘贴,用光洁耐用的纸张印制或者用照片代替,长或者宽应当不大于 10 厘米,不小于 5 厘米。以三维标志申请注册商标的,应当在申请书中予以声明,并提交能够确定三维形状的图样。以颜色组合申请注册商标的,应当在申请书中予以声明,并提交文字说明。申请注册集体商标、证明商标的,应当在申请书中予以声明,并提交主体资格证明文件和使用管理规则。商标为外文或者包含外文的,应当说明含义。申请人应当提交能够证明其身份的有效证件的复印件。商标注册申请人的名义应当与所提交的证件相一致。

商标注册申请人或者注册人发现商标申请文件或者注册文件有明显错误的,可以申请更正。商标局依法在其职权范围内作出更正,并通知当事人。

其次,如果申请人是外国人或者外国企业的,他们在中国申请商标注册和办理其他商标事宜,应当委托依法设立的商标代理机构代理。

最后,申请人要求优先权的,应该在申请之时即提出。申请人提交的第一次提出商标注册申请文件的副本应当经受理该申请的商标主管机关证明,并注明申请日期和申请号。因为展出商品而要求优先权的,申请人提交的证明文件应当经国务院工商行政管理部门规定的机构认证;展出其商品的国际展览会是在中国境内举办的除外。

二、商标注册的初步审定与公告

商标局对受理的商标注册申请,依照《商标法》《商标法实施条例》和《商标审查标准》的有关规定进行审查,对符合规定的或者在部分指定商品上使用商标的注册申请符合规定的,予以初步审定,并予以公告;对不符合规定或者在部分指定商品上使用商标的注册申请不符合规定的,予以驳回或者驳回在部分指定商品上使用商标的注册申请,书面通知申请人并说明理由。申请注册的商标,同他人在同一种商品或者类似商品上已经注册的或者初步审定的商标相同或者近似的,由商标局驳回申请,不予公告。

商标局对在部分指定商品上使用商标的注册申请予以初步审定的,申请人可以在异议期满之日前,申请放弃在部分指定商品上使用商标的注册申请;申请人放弃在部分指定商品上使用商标的注册申请的,商标局应当撤回原初步审定,终止审查程序,并重新公告。

在审查过程中,商标局认为商标注册申请内容需要说明或者修正的,可以要求申请人作出说明或者修正。申请人未作出说明或者修正的,不影响商标局作出审查决定。

2013年《商标法》最大的特色之一就是增加了商标局审查时限和商标评审委员会评审时限的规定,以加快商标注册申请和争议处理的速度,解决商标注册审查迟滞和争议久拖不决的问题。《商标法》第28条规定,对申请注册的商标,商标局应当自收到商标注册申请文件之日起9个月内审查完毕,符合本法有关规定的,予以初步审定公告。第34条规定,对驳回申请、不予公告的商标,商标局应当书面通知商标注册申请人。商标注册申请人不服的,可以自收到通知之日起15日内向商标评审委员会申请复审。商标评审委员会应当自收到申请之日起9个月内作出决定,并书面通知申请人。有特殊情况需要延长的,经国务院工商行政管理部门批准,可以延长3个月。当事人对商标评审委员会的决定不服的,可以自收到通知之日起30日内向人民法院起诉。

三、商标审查中的商标异议与商标核准注册

对初步审定的商标,自公告之日起3个月内,任何人均可以提出异议。对商标局初步审定予以公告的商标提出异议的,异议人应当向商标局提交商标异议书一式两份。商标异议书应当写明被异议商标刊登《商标公告》的期号及初步审定号。商标异议书应当有明确的请求和事实依据,并附送有关证据材料。商标局应当将商标异议书副本及时送交被异议人,限其自收到商标异议书副本之日起30日内答辩。被异议人不答辩的,不影响商标局的异议决定。当事人需要在提出异议申请或者答辩后补充有关证据材料的,应当在申请书或者答辩书中

声明,并自提交申请书或者答辩书之日起 3 个月内提交;期满未提交的,视为当事人放弃补充有关证据材料。

对初步审定公告的商标提出异议的,商标局应当听取异议人和被异议人陈述事实和理由,经调查核实后,自公告期满之日起 12 个月内作出是否准予注册的决定,并书面通知异议人和被异议人。有特殊情况需要延长的,经国务院工商行政管理部门批准,可以延长 6 个月。

商标局作出准予注册决定的,发给商标注册证,并予公告。异议人不服的,可以依照《商标法》第 44 条、第 45 条的规定向商标评审委员会请求宣告该注册商标无效。商标局作出不予注册决定,被异议人不服的,可以自收到通知之日起 15 日内向商标评审委员会申请复审。商标评审委员会应当自收到申请之日起 12 个月内作出复审决定,并书面通知异议人和被异议人。有特殊情况需要延长的,经国务院工商行政管理部门批准,可以延长 6 个月。被异议人对商标评审委员会的决定不服的,可以自收到通知之日起 30 日内向人民法院起诉。人民法院应当通知异议人作为第三人参加诉讼。2013 年《商标法》简化了商标公告期间的异议处理程序,只有作为被异议人的商标注册申请人对商标局异议决定不服的,才进入商标评审委员会对异议的复审程序;异议人对商标局的决定不服的,则进入第 44 条和第 45 条规定的宣告商标无效程序。这种处理实际上是优先保证完成商标注册,把争议处理留在商标注册之后。

法定期限届满,当事人对商标局作出的驳回申请决定、不予注册决定不申请复审或者对商标评审委员会作出的复审决定不向人民法院起诉的,驳回申请决定、不予注册决定或者复审决定生效。经审查异议不成立而准予注册的商标,商标注册申请人取得商标专用权的时间自初步审定公告 3 个月期满之日起计算。自该商标公告期满之日起至准予注册决定作出前,对他人在同一种或者类似商品上使用与该商标相同或者近似的标志的行为不具有追溯力;但是,因该使用人的恶意给商标注册人造成的损失,应当给予赔偿。

四、宣告注册商标无效的决定、裁定与诉讼

商标已经获得注册的,核准公告后,如果商标局或者其他人仍然认为商标注册存在问题的,在商标注册公告后可以宣告商标无效。宣告注册商标无效可以由商标局依据职权启动,作出"决定",对该"决定"不服的,可以向商标评审委员会申请复审,商标评审委员会复审后也作出"决定"。宣告注册商标无效的程序如果是由其他单位、个人或利害关系人启动的,则直接向商标评审委员会提出,商标评审委员会作出的是"裁定"。宣告注册商标无效的事由分两类,一类是相对事由,基于这类事由启动的宣告注册商标无效程序必须在商标注册 5 年内进行。基于此类事由宣告注册商标无效的,规定在《商标法》第 45 条,即已经注册

的商标,违反本法第13条第2款和第3款、第15条、第16条第1款、第30条、第31条、第32条规定的,自商标注册之日起5年内,在先权利人或者利害关系人可以请求商标评审委员会宣告该注册商标无效。对恶意注册的,驰名商标所有人不受5年的时间限制。商标评审委员会收到宣告注册商标无效的申请后,应当书面通知有关当事人,并限期提出答辩。商标评审委员会应当自收到申请之日起12个月内作出维持注册商标或者宣告注册商标无效的裁定,并书面通知当事人。有特殊情况需要延长的,经国务院工商行政管理部门批准,可以延长6个月。当事人对商标评审委员会的裁定不服的,可以自收到通知之日起30日内向人民法院起诉。人民法院应当通知商标裁定程序的对方当事人作为第三人参加诉讼。另外一类为绝对事由,没有5年期限的限制。基于此类事由宣告注册商标无效的程序等规定在《商标法》第44条,即已经注册的商标,违反本法第10条、第11条、第12条规定的,或者是以欺骗手段或者其他不正当手段取得注册的,由商标局宣告该注册商标无效;其他单位或者个人可以请求商标评审委员会宣告该注册商标无效。商标局作出宣告注册商标无效的决定,应当书面通知当事人。当事人对商标局的决定不服的,可以自收到通知之日起15日内向商标评审委员会申请复审。商标评审委员会应当自收到申请之日起9个月内作出决定,并书面通知当事人。有特殊情况需要延长的,经国务院工商行政管理部门批准,可以延长3个月。当事人对商标评审委员会的决定不服的,可以自收到通知之日起30日内向人民法院起诉。其他单位或者个人请求商标评审委员会宣告注册商标无效的,商标评审委员会收到申请后,应当书面通知有关当事人,并限期提出答辩。商标评审委员会应当自收到申请之日起9个月内作出维持注册商标或者宣告注册商标无效的裁定,并书面通知当事人。有特殊情况需要延长的,经国务院工商行政管理部门批准,可以延长3个月。当事人对商标评审委员会的裁定不服的,可以自收到通知之日起30日内向人民法院起诉。人民法院应当通知商标裁定程序的对方当事人作为第三人参加诉讼。

值得一提的是,基于相对理由提出宣告注册商标无效请求的,其申请主体限定为"在先权利人或利害关系人";而基于绝对事由提出宣告注册商标无效申请的主体可以是任何单位和个人,商标局也可以依职权启动宣告注册商标无效程序。

五、宣告注册商标无效决定、裁定的司法审查

2001年第二次修改《商标法》后,商标评审委员会不论是就驳回商标申请进行评审作出的决定,还是就撤销或维持商标注册进行评审作出的裁定都不再是终局的。我们看到1982年、1993年《商标法》第21条都规定,对驳回申请、不予公告的商标,商标局应当书面通知申请人。申请人不服的,可以在收到通知15天内申请复审,由商标评审委员会作出终局决定,并书面通知申请人。第22条规定,对初步审定、予以公告的商标提出异议的,商标局应当听取异议人和申请人陈述事实和理由,经调查核实后,作出裁定。当事人不服的,可以在收到通知15天内申请复审,由商标评审委员会作出终局裁定,并书面通知异议人和申请人。在两条规定中,都是"由商标评审委员会作出终局决(裁)定"。

加入世界贸易组织后,我国履行公约义务,将知识产权作为私权来保护,私权保护的最终救济途径是司法程序,因此如果当事人对知识产权行政管理部门作出的决定或裁定不服,还可以向人民法院起诉,提起司法审查。因此,第二次修改《商标法》后,对商标评审委员会的决定、裁定不服的,均可以通过诉讼程序对商标行政主管机关的决定进行司法审查。2013年《商标法》仍然坚持司法救济为最后一道程序的原则,但将原来的撤销注册程序改为宣告商标无效程序,并进一步细化了"决定"和"裁定"的区别。

思考题

1. 比较注册取得商标权模式与使用取得商标权模式的利弊。
2. 我国商标注册的原则有哪些?
3. 商标申请在先原则与专利先申请原则的区别是什么?
4. 我国商标注册申请的主要程序是什么?

案例分析

2003年8月,李永祥、黄长青、陈英、李顺利、叶兴周、李舜琪、杜家云、李利八人共同出资206666元,合伙筹办了龙大哥饭庄。在筹办期间,上述八人共同决定申请"龙大哥"注册商标,并由黄长青代表全体合伙人办理商标注册申请事宜,2200元注册申请费由全体合伙人承担。

黄长青于2003年11月26日委托德华事务所向国家商标局申请注册"龙大哥"商标,同年12月19日获得了国家商标局核发的"龙大哥注册申请受理通知书"。2004年9月18日,因在经营过程中发生纠纷,全体合伙人协商,将合伙企业作价60万元,以黄长青、杜家云所占比例给付转让金后,黄长青和杜家云退出合伙企业。同年9月23日,黄长青在收到178800元的转让金后,退出饭庄。此后,其他合伙人也相继退出合伙企业,龙大哥饭庄由原来的合伙经营转为李永祥个人经营。

李永祥持黄长青与德华事务所的商标代理委托书、商标注册申请书的复印件和国家商标局的注册申请受理通知书的原件,及黄长青与李永祥的商标转让协议和黄长青的身份证复印件,到彩艺事务所办理商标转让手续,彩艺事务所于 2005 年 7 月 20 日向国家商标局提出申请,请求将"龙大哥"商标的申请人资格变更到李永祥的名下,商标转让协议书、变更商标代理人申请书、商标代理委托书、转让申请/注册商标申请书上,黄长青的签名均是李永祥所写。2005 年 7 月 27 日,黄长青到德华事务所查询商标事宜,知道了商标申请人资格被转让的事,遂起诉至法院。

一审法院认为,关于"龙大哥"商标的申请人资格属于谁所有的问题,从本院查明的事实来看,该申请人资格属于黄长青、李永祥、陈英、李利四人共有(其他合伙人表示放弃权利)。李永祥主张,由于其购买了其他合伙人的出资份额,故其当然享有"龙大哥"商标申请人资格的主张不能成立,因为从相关的协议中,看不出其他合伙人有转让该商标申请人资格的意思表示,李永祥也不能提出证据加以证明。从当事人的行为看,也不能认为其他合伙人默示地将商标申请人资格转让,在李永祥购得其他合伙人的出资份额后,陈英所经营的饭庄使用"龙大哥"商标时,李永祥也没有提出反对,实际上,合伙人在订立"股份"转让协议时没有对该商标申请人资格予以处分,故该商标申请人资格仍属四人共有。

二审法院认为:本案的焦点在于注册商标申请权是否具有民事权利的性质、"龙大哥"商标申请权的归属以及彩艺事务所在代理商标申请人变更时是否应尽审查义务。

关于注册商标申请权的性质,本院认为:虽然《商标法》《商标法实施条例》对商标申请权没有明确规定,但从商标申请权的本质看,其具备民事权利的基本特征。关于龙大哥商标申请权的归属,法院认为:根据国家商标局公告的"龙大哥"商标的服务项目,该商标实质为服务商标。本案中,全体合伙人经合意授权黄长青代表其向国家商标局申请"龙大哥"注册商标,并同意黄长青从合伙资金中拿出 2200 元缴纳商标注册申请费,且国家商标局也正式受理了该注册申请,故该商标申请权应属于全体合伙人所共有。根据《民法通则》第 32 条"合伙人投入的财产,由合伙人统一管理和使用。合伙经营积累的财产,归合伙人共有"以及第 34 条"个人合伙的经营活动,由合伙人共同决定,合伙人有执行和监督的权利"的规定,合伙人以其在合伙体中持有的股份对合伙体进行经营管理、承担亏损、享有利益。因此,合伙人在出让自己的股份时,出让人理应对自己股份所包括的范围尽到必要的注意义务。除有特别约定外,在得到受让人支付的对价后,出让人在合伙体中的全部权利和义务就转让给了受让人,其在合伙体不再享有任何权利,包括有形财产权和无形财产权。本案中,黄长青、陈英、李利等七个合伙人将自己在龙大哥饭庄中持有的股份有偿转让给李永祥时,并没有进行特别约定。因此,其转让的应是其对龙大哥饭庄享有的全部权利,当然应包括其享有的"龙大哥"的注册商标申请权。因黄长青、陈英、李利已不再与李永祥共有"龙大哥"商标的注册申请权,故一审认定"龙大哥"注册商标属于黄长青、陈英、李利、李永祥四人共有不当,应予纠正。李永祥关于其在购买了黄长青等七人在合伙体中的股份后,"龙大哥"已由其独资经营,"龙大哥"注册商标申请权已由其独自享有的诉请有理,应予支持。①

✎ **思考**

商标申请权的性质和归属如何确定?

---

① 该案一审判决见贵州省贵阳市中级人民法院民事判决书(2005)筑民三初字第 52 号,二审判决见贵州省高级人民法院民事判决书(2006)黔高民二终字第 39 号。

第二十章 商标权的内容

商标权是指商标权利人在自己的商品或服务上使用商标,并排除他人未经许可在类似的商品或者服务上使用相同或者近似标志的权利。商标权的具体内容因实现方式不同表现为不同的形态,同时,作为一种受法律保护的知识产权,商标权利又受到各种限制。

第一节 商标专用权、商标使用许可权、转让权及商标专用权质押

一、商标专用权

商标专用权就是商标权人所享有的专有权,是商标权的本权利,其他权利都是从该权利中派生出来的。在实行注册制的国家,商标权利自核准注册之日起产生。该权利除了内含有商标权人对自己商标进行使用的权利外,还意指商标权人有权禁止其他人在相同或者类似的商品或者服务上使用相同或者近似的商标标志。使用注册商标,可以在商品、商品包装、说明书或者其他附着物上标明"注册商标"或者注册标记。注册标记包括(注外加圈)和(R外加圈)。使用注册标记,应当标注在商标的右上角或者右下角。

关于商标专用权的保护,我们主要通过商标权侵权来认识。

二、商标使用许可权

商标权人除有权在自己提供的商品或者服务之上加注商标,实施商标权以外,还可以许可他人在他人生产的商品或者服务上加注商标。我国《商标法》第43条规定,商标注册人可以通过签订商标使用许可合同,许可他人使用其注册商标。许可人应当监督被许可人使用其注册商标的商品质量。被许可人应当保证使用该注册商标的商品质量。经许可使用他人注册商标的,必须在使用该注册商标的商品上标明被许可人的名称和商品产地。许可他人使用其注册商标的,许可人应当将其商标使用许可报商标局备案,由商标局公告。商标使用许可未经备案不得对抗善意第三人。2013年《商标法》不但明确了许可合同的备案由许可人来完成,而且还规定许可需要由商标局进行公告。

许可人应当监督被许可人使用其注册商标的商品质量。被许可人应当保证

使用该注册商标的商品质量。经许可使用他人注册商标的,必须在使用该注册商标的商品上标明被许可人的名称和商品产地。违反该规定,在使用该注册商标的商品上未标明被许可人的名称和商品产地的,由工商行政管理部门责令限期改正;逾期不改正的,收缴其商标标识;商标标识与商品难以分离的,一并收缴、销毁。

商标使用许可因许可方式不同,被许可人的权利范围也不相同。我国《最高人民法院关于审理商标民事纠纷案件适用法律若干问题的解释》在第3条规定了三种商标被许可人。

(1)独占使用许可。是指商标注册人在约定的期间、地域和以约定的方式,将该注册商标仅许可一个被许可人使用,商标注册人依约定不得使用该注册商标。

(2)排他使用许可,是指商标注册人在约定的期间、地域和以约定的方式,将该注册商标仅许可一个被许可人使用,商标注册人依约定可以使用该注册商标,但不得另行许可他人使用该注册商标。

(3)普通使用许可,是指商标注册人在约定的期间、地域和以约定的方式,许可他人使用其注册商标,并可自行使用该注册商标和许可他人使用其注册商标。

三种被许可人的权限范围不同,他们在诉讼中的地位和享有的权利也不相同。《商标法》第60条规定的发生商标侵权行为时有权提起诉讼请求的利害关系人,包括注册商标使用许可合同的被许可人、注册商标财产权利的合法继承人等。在发生注册商标专用权被侵害时,独占使用许可合同的被许可人可以向人民法院提起诉讼;排他使用许可合同的被许可人可以和商标注册人共同起诉,也可以在商标注册人不起诉的情况下,自行提起诉讼;普通使用许可合同的被许可人经商标注册人明确授权,可以提起诉讼。

商标权许可给第三人使用后,如果商标权人转让商标权的,如何处理商标权的受让人与商标权的被许可人之间的关系,《最高人民法院关于审理商标民事纠纷案件适用法律若干问题的解释》在第20条作了规定,注册商标的转让不影响转让前已经生效的商标使用许可合同的效力,但商标使用许可合同另有约定的除外。也即,在商标权使用许可合同没有另行约定的情况下,商标权的被许可人可以以被许可使用商标权对抗新的商标权人。

商标许可使用中的法律问题很多,商业风险很大。许可人是否为真正的权利人、许可使用的商标权是否存在瑕疵,这些都属于被许可人方面的风险。而对许可人来说,被许可人能否保证商标使用的商品的质量,从而维护商标的信誉,被许可人能否按照约定支付许可使用费,这些都是非常关键的问题。但商标许可使用关系中最麻烦的问题是,商标使用人使用商标所有人的商标,在商标上积累的商誉最终会随着商标的回归而转移到商标所有人那里。这样,商标使用人打造了品牌,却不能享有由此带来的利益。因此,在使用合同期限届满、品牌回归前,商标被许可人如何处理好品牌价值的分享问题至关重要。在加多宝和王老吉凉茶之争中,就体现了商标许可人和被许可人之间这种非常微妙的利益博弈关系。

1997年,主营药品业务的广药集团无力经营广州羊城药业股份有限公司旗下的王老吉品牌,将其商标使用权许可给香港鸿道集团旗下的加多宝使用。自此,药品属性的绿盒王老吉属广药,而饮料属性的红罐王老吉则属于加多宝。2002年起,加多宝开始大笔投入品牌推广宣传。2002年红罐王老吉销售额1.8亿元,到2007年时则飙升到近90亿元,2009年突破160亿元。2010年8月30日,广药集团就向鸿道集团发出律师函,提出时任广药集团总经理的李益民由于收受巨额贿赂而签署的两个补充协议无效。如果根据这两个补充协议,"红罐王老吉"的生产经营权从2010年5月延续到2020年,广药集团每年收取商标使用费。2011年4月26日,广药集团向中国国际经济贸易仲裁委员会提出仲裁申请,要求裁决后两个补充协议无效,商标使用合同应该于2010年5月终止。2012年5月9日,中国国际经济贸易仲裁委员会作出裁决,广药集团与加多宝母公司鸿道集团签订的《"王老吉"商标许可补充协议》和《关于"王老吉"商标使用许可合同的补充协议》无效,鸿道集团应停止使用"王老吉"商标。2012年5月17日,加多宝向北京市第一中级人民法院提起了撤销该裁决的申请。2012年6月3日,一直运营绿色利乐包装王老吉的广药集团正式推出红色罐装王老吉凉茶。两版红罐王老吉外包装相似度非常高。加多宝称广药推出红罐王老吉为侵权,决定起诉。2012年7月16日,北京市第一中级人民法院驳回鸿道集团提出的撤销中国贸仲京裁字第0240号仲裁裁决的申请。该裁定为终审裁定。该案将商标许可使用中的品牌价值积累与转移以及其中的利益冲突问题体现得淋漓尽致。尽管商标许可合同的届满日期有了结论,但围绕王老吉展开的商标利益之争却在结案后仍未终止,如加多宝后续在自己的红罐自有品牌上斥巨资投入广告,广药极力扩张王老吉品牌辐射效应,加多宝对红罐王老吉包装的权利问题,等等。

三、商标转让权

关于商标权能否转让、转让是否受严格的条件限制,各国立法和司法实践态度不一。《巴黎公约》在第6条之4"商标的转让"中,仅仅规定了商标连同厂商或者牌号一起转让的情形。该条第1款规定,当依照本同盟一个成员国的法律,商标转让只有连同该商标所属厂商或牌号同时转让方为有效时,则只需将该厂商或牌号在该国的部分连同带有被转让商标的商品在该国制造或销售的独占权一起转让给受让人,就足以承认其转让为有效。当然,如果该转让行为在另一国家造成公众混淆,则另一成员国没有义务承认该转让有效,这是该条第2款的规定:前款规定并不使本同盟各国负有义务,在某一商标转让后,即使受让人使用该商标将在事实上,特别在使用商标的商品的原产地、性质或主要品质方面,迷惑公众时,仍须承认其转让为有效。TRIPs 协定第 21 条规定了商标的许可与转让,成员国可确定商标的许可与转让条件;而"确定条件"应理解为不得采用商标强制许可制度,同时,注册商标所有人有权连同或不连同商标所属的经营一道,转让其商标。这样,TRIPs 协定实际上把商标转让和许可应遵守的条件交给成员国自己来规定。TRIPs 协定实际上以公约的形式承认了商标可以不同经营一起转让,这也体现了 TRIPs 协定鼓励自由贸易的特点。在大多数国家,因为商标专用权不是自动产生的,因国家权力机关介入而发生,所以关于该权利的转让等交易,公权力也有介入之余地。我国《商标法》规定了商标转让中的主要步骤。

第一,转让人与受让人之间签订转让协议。转让注册商标的,转让人和受让人应当签订转让协议。

第二,向商标局提交转让申请。转让注册商标的,转让人和受让人应当共同向商标局提出申请。

第三,商标局核准、公告。转让注册商标经核准后,予以公告。受让人自公告之日起享有商标专用权。

商标局对商标转让申请的核准只是进行形式上的审查,对申请人(当事人)提交的材料、章戳、双方当事人意思表示是否真实等不予实质审查,因此,一般不会不核准商标转让申请。商标局对商标转让主要审查两点:(1)一并转让问题。转让注册商标的,商标注册人对其在同一种或者类似商品上注册的相同或者近似的商标,应当一并转让;未一并转让的,由商标局通知其限期改正;期满不改正的,视为放弃转让该注册商标的申请,商标局应当书面通知申请人。这种强制一并转让相同或类似商品上的相同或近似商标的规定实际上也是为了防止发生消费者混淆。(2)混淆问题。对可能产生误认、混淆或者其他不良影响的转让注册商标申请,商标局不予核准,书面通知申请人并说明理由。

正因为商标局对商标转让只进行形式审查,因此现实生活中发生很多虚假转让侵害商标权人或商标受让人权利的情况,如商标"一女二嫁"行为、盗取或伪造印章转让他人注册商标行为。而且,因为商标转让程序较商标变更登记程序简单,商标所有人有时也以形式上的商标转让行为达成变更商标所有权主体之实质目的。

为了规范商标转让行为,减少商标转让争议,避免虚假转让行为,2009 年 7 月,国家工商行政管理总局商标局发布了《关于申请转让商标有关问题的规定》(商标综字[2009]205 号),于 2009 年 8 月 10 日开始实施。该规定指出,在办理转让商标申请手续时,除应当按照有关规定提交《转让申请/注册商标申请书》

等材料外,还应当提供能够证明转让、受让双方主体资格的加盖公章的有效证件复印件。

商标局对上述证件的真实性、有效性产生怀疑的,可以要求提供有关证明文件或经过公证的复印件,对于在国外形成的文件可以要求提供经公证、认证的复印件,对于在港、澳、台地区形成的文件可以要求履行相关证明手续。

商标权利人发现其商标未经同意被他人申请转让并向商标局提出书面反映的,或者商标局对转让的真实性产生怀疑的,商标局可以向受让人发出补正通知书,要求其书面说明有关情况,必要时可以要求提供经公证的转让协议或经公证的转让人同意转让的声明,或者其他证明文件。商标权利人或利害关系人对商标转让存在异议,要求商标局中止审查的,应当提出书面申请,并提供有关司法机关的立案证明或其他证明文件。商标局依据该申请可以中止对转让商标申请的审查程序。

四、商标专用权质押

商标权人除可以自己使用商标、许可他人使用商标、转让商标专用权外,还可以将商标专用权质押给他的债权人,用于担保其债务的履行,由此实现通过商标融资。2009年9月,为充分发挥商标专用权无形资产的价值,促进经济发展,根据《物权法》《担保法》《商标法》和《商标法实施条例》的有关规定,国家工商行政管理总局制定了《注册商标专用权质权登记程序规定》(工商标字[2009]182号)。该规定明确指出,自然人、法人或者其他组织以其注册商标专用权出质的,出质人与质权人应当订立书面合同,并向商标局办理质权登记。质权登记申请应由质权人和出质人共同提出。质权人和出质人可以直接向商标局申请,也可以委托商标代理机构代理。在中国没有经常居所或者营业所的外国人或者外国企业应当委托代理机构办理。

办理注册商标专用权质权登记,出质人应当将在相同或者类似商品/服务上注册的相同或者近似商标一并办理质权登记。质权合同和质权登记申请书中应当载明出质的商标注册号。

申请注册商标专用权质权登记的,应提交下列文件:

(1)申请人签字或者盖章的《商标专用权质权登记申请书》。
(2)出质人、质权人的主体资格证明或者自然人身份证明复印件。
(3)主合同和注册商标专用权质权合同。
(4)直接办理的,应当提交授权委托书以及被委托人的身份证明;委托商标代理机构办理的,应当提交商标代理委托书。
(5)出质注册商标的注册证复印件。
(6)出质商标专用权的价值评估报告。如果质权人和出质人双方已就出质商标专用权的价值达成一致意见并提交了相关书面认可文件,申请人可不再提交。

(7) 其他需要提供的材料。

上述文件为外文的,应当同时提交其中文译文。中文译文应当由翻译单位和翻译人员签字盖章确认。

《注册商标专用权质权登记程序规定》同时对商标专用权质押合同条款的内容作出规范,认为注册商标专用权质权合同一般包括以下内容:

(1) 出质人、质权人的姓名(名称)及住址;

(2) 被担保的债权种类、数额;

(3) 债务人履行债务的期限;

(4) 出质注册商标的清单(列明注册商标的注册号、类别及专用期);

(5) 担保的范围;

(6) 当事人约定的其他事项。

申请登记书件齐备、符合规定的,商标局予以受理。受理日期即为登记日期。商标局自登记之日起5个工作日内向双方当事人发放《商标专用权质权登记证》。

第二节 商标权的限制

和著作权、专利权等知识产权一样,商标权利的行使也要受到一定的限制。从发展的角度看,知识产权的诞生是一个历史的概念,知识产权中的权利类型首先经过发现的过程,当商标权在法律上被确定保护后,伴随而来的是权利内容的丰富和发展;同时,权利保护中涉及的利益冲突不断通过生活实践进行较量,逐渐磨合出权利限制情形。

一、商标保护期与续展

商标权与其他知识产权一样,都是有保护期限的。知识产权是一种合法的垄断权利,法律为平衡权利人利益与社会公共利益,特别规定了对权利人权利的一些限制,其中保护期是最重要的一种限制。权利的保护期是社会回报知识产权人的收益期,期限经过后,智慧成果进入公有领域,社会公众可以自由地享用智慧成果。但是,商标权是一种非常特殊的权利,它和专利权、著作权等创造性成果权不同,它并不阻止他人以同样商品或者服务进入市场,而是排除他人以同样标记的商品或者服务进入市场,经营者可以选择很多其他标志。因此,商标专用权原则上并不会带来商业垄断。正是基于这样一种考虑,各国商标法尽管都设置了商标权的保护期,但同样都允许商标权进行续展,对续展的次数又不进行限制。TRIPs协定第18条规定,商标的首期注册及各次续展注册的保护期,均不得少于7年。商标的续展注册次数应系无限次。这样,从理论上说,只要商标注册人积极进行商标续展,商标权就可以获得无限期保护。

我国商标法律制度中关于商标续展的规定体现在《商标法》第 40 条和《商标法实施条例》第 33 条。《商标法》第 40 条规定,注册商标有效期满,需要继续使用的,应当在期满前 12 个月内申请续展注册;在此期间未能提出申请的,可以给予 6 个月的宽展期。每次续展注册的有效期为 10 年,自该商标上一届有效期满次日起计算。期满未办理续展手续的,注销其注册商标。商标局应当对续展注册的商标予以公告。《商标法实施条例》第 33 条规定,注册商标需要续展注册的,应当向商标局提交商标续展注册申请书。商标局核准商标注册续展申请后,发给相应证明,并予以公告。

从我国商标法律制度的规定来看,商标续展中有两个期限:一个是商标续展期,它是商标权保护期届满前的 12 个月;另一个是宽展期,它从商标保护期届满的第二日起算,到满 6 个月为止。

二、商标权行使范围的限制

我国《商标法》第 56 条规定,注册商标的专用权,以核准注册的商标和核定使用的商品为限。这是商标注册中的分类注册原则决定的。但该限制有例外情况,即已经注册的驰名商标的保护不受商品或者服务类别的限制,这就是驰名商标的特殊保护问题,本书已经在上文交代,不再重复。

三、合理使用

商标的合理使用,简言之,是指在一定条件下非商标权人可以使用他人的商标,但不构成侵权。商标法律制度中最初出现的合理使用制度是商业活动主体对人名、地名和叙述性词汇进行的合理使用,美国判例[1]和学者[2]称其为传统合理使用(classic fair use)。在我国,也有人将本书所称的"传统合理使用"翻译为"法定合理使用"。[3] 该翻译方式着眼于这种合理使用的存在依据——美国《兰哈姆法》,指明商标权人的合理使用是判例创设的,从这个意义上说,该翻译方式有一定的道理。我国还有学者将法定合理使用分为两类——叙述性合理使用和说明性合理使用,认为法定合理使用广泛适用于对商标的叙述性使用,特别是对叙述性商标的使用。具体体现在为提供商品或服务的基本信息而善意地使用

---

[1] New Kids on the Block v. News America Pub., Inc., 971 F. 2d 302, 20 Media L. Rep. 1468, 23 U. S. P. Q. 2d 1534 (9th Cir. 1992).

[2] J. Thomas McCarthy, *McCarthy on Trademarks and Unfair Competition* (4th ed.), Thomson West, 2007, 23:11.

[3] 参见邱进前:《美国商标合理使用原则的新发展:The Beach Boys 一案评析》,载《电子知识产权》2005 年第 5 期。

商品通用名称或自己的名称、地址、原产地等，不构成侵犯他人商标权。说明性合理使用指的是生产者、经营者为了向公众介绍自己生产经营的产品的质量、功能、主要原料、用途、产品型号等涉及产品的基本信息，使用他人的注册商标。[①]其实，不论是产地名称还是产品质量功能等，都可以说是商标法意义上的叙述性词汇，因此本书认为，可以把两种分类合二为一。叙述性合理使用的成立以使用人善意、合理地使用描述性或说明性词汇为前提，若使用的方式会导致商品来源的混淆，则叙述性合理使用不成立。在漳州市宏宁家化有限公司与漳州片仔癀药业股份有限公司商标侵权纠纷案中，片仔癀公司享有"片仔癀"商标专用权，宏宁公司生产、销售的"荔枝牌片仔癀珍珠霜(膏)""荔枝牌片仔癀爽身粉""荔枝牌片仔癀保湿护手霜""荔枝牌片仔癀礼品盒""片仔癀特效牙膏""片仔癀洗发露""片仔癀滋润霜"等27种化妆品及日化用品，均将"片仔癀"作为其产品名称组成部分，并在包装装潢上突出使用"片仔癀""PIENTZEHUANG"，且其字体与片仔癀公司的注册商标基本相同。最高法院在判决中指出，注册商标中含有的本商品的通用名称、图形、型号，或者直接表示商品的质量、主要原料、功能、用途、重量、数量及其他特点，或者含有地名，注册商标专用权人无权禁止他人正当使用。片仔癀是一种药品的名称，如果被控产品中含有片仔癀成分，生产者出于说明或客观描述商品特点的目的，以善意方式在必要的范围内予以标注，不会导致相关公众将其视为商标而导致来源混淆的，可以认定为正当使用。判断是否属于善意，是否必要，可以参考商业惯例等因素。宏宁公司如果是为了说明其产品中含有片仔癀成分，应当按照商业惯例以适当的方式予以标注，但是本案中，宏宁公司却是在其生产、销售商品的包装装潢显著位置突出标明"片仔癀""PI-ENTZEHUANG"字样，该标识明显大于宏宁公司自己的商标及其他标注，并且所采用的字体与片仔癀公司的注册商标基本一致。该种使用方式已经超出说明或客观描述商品而正当使用的界限，其主观上难谓善意，在涉案商标已经具有很高知名度的情况下，客观上可能造成相关公众产生商品来源的混淆，因此，宏宁公司关于其使用是正当使用的主张不能成立。[②]

美国判例法发展了指明商标权人的商标合理使用制度(nominative fair use)。[③]

[①] 冯晓青：《商标权的限制研究》，载《学海》2006年第4期。
[②] 参见中华人民共和国最高人民法院民事裁定书(2009)民申字第1310号。
[③] 我国学者在对该制度的探讨中，采用了不同的翻译方式，有的翻译为"商标连带使用"(王莲峰：《商标法学》，北京大学出版社2007年版，第119页)；有的翻译为"被提及的商标合理使用"(武敏：《商标合理使用制度初探》，载《中华商标》2002年第7期)；有的翻译为"指示性合理使用"(邱进前：《美国商标合理使用原则的新发展：The Beach Boys一案评析》，载《电子知识产权》2005年第5期)；也有人将其类型化，认为这种合理使用主要有指示性合理使用和平行使用(冯晓青：《商标权的限制研究》，载《学海》2006年第4期)。本书总结该类商标合理使用制度的具体类型，分析其共同构成要素，并尽量保持与英文nominative fair use原字面意义一致，采"指明商标权人的商标合理使用"的翻译方式。

指明商标权人的商标合理使用,是指在一定条件下,非商标权人使用了他人商标,但在使用中指明了商标权利人,不构成侵权。如为说明商品特点、服务的内容等而对他人商标进行的合理使用。对商品零部件、配件或重新包装的商品等作说明时使用他人商标,等等。在四川省宜宾五粮液集团有限公司(以下简称五粮液公司)与济南天源通海酒业有限公司(以下简称天源通海公司)侵犯商标专用权及不正当竞争纠纷一案中,上海锦绣前程酒业有限公司为宜宾五粮液酒类销售有限责任公司的经销商。2010年6月20日,上海锦绣前程酒业有限公司与天源通海公司签订《锦绣前程酒购销协议》,该协议约定:天源通海公司为山东省总运营商……天源通海公司进货款每达到100万元,上海锦绣前程酒业有限公司返其实物5万元。天源通海公司在网站、连锁店加盟手册、招商广告、品牌授权经销合同书等经营活动中使用了"五粮液"及"WULIANGYE"商标。五粮液公司诉天源通海公司商标侵权和不正当竞争。最高法院判决指出,天源通海公司是五粮液公司生产的"锦绣前程"系列酒的山东运营商,其在上述经营活动中使用"五粮液"及"WULIANGYE"商标,虽未经五粮液公司的许可,但其使用"五粮液"及"WULIANGYE"商标的意图是指明"锦绣前程"系列酒系五粮液公司所生产、其为五粮液公司"锦绣前程"系列酒的山东运营商,且五粮液三字既是五粮液公司的商标亦为五粮液公司的字号,"锦绣前程"系列酒本身标注着商标。同时,天源通海公司在经营活动中使用涉案商标是为了更好地宣传推广和销售"锦绣前程"系列酒,亦无主观恶意,这种使用行为并没有破坏商标识别商品来源的主要功能,故天源通海公司未侵犯五粮液公司的涉案商标专用权。[①]

四、商标权用尽

商标权用尽是知识产权权利穷竭问题,也即专利产品、商标所标识的商品、作品在首次投入市场后,其知识产权人的权利就告罄,权利人不能再主张专用权,这也被称为首次销售原则。商标权用尽的原则主要是防止商标权人依据商标专用权而控制商品的销售,妨碍商品的自由流通。

商标权用尽原则在我国商标法中没有作具体规定。但我国台湾地区"商标法"第23条第3项规定,附有商标之商品由商标专用权人或经其同意之人于市场上交易流通者,商标专用权人不得就该商品主张商标专用权。但为防止商品变质、受损或有其他正当事由者,不在此限。

商标权发生国内穷竭没有争议,但是否发生国际穷竭问题很大。关于商标权是否国际穷竭的问题实际上主要涉及商品的平行进口问题,即我国台湾地区学者所称"真正商品的平行输入问题",也就是第三人未得内国商标权人之同意

---

① 参见中华人民共和国最高人民法院民事裁定书(2012)民申字第887号。

而自外国输入之行为。而其所输入之真品,在内国市场上销售,与内国商标权人或独家经销商之正常输入行为并行,且在内国市场上竞销。认为此种平行进口非法的人提出的依据是:商标属地主义与独立原则;品质保证以维护商标信誉;售后服务以保障消费者权益;制止搭便车的行为。认为应该允许平行进口的人提出的根据是:促进自由贸易以防止独家垄断;价格竞争;增加消费者选择的机会;耗尽理论。① 我国学者认为,商标权的权利穷竭与版权或者专利权的权利穷竭问题不同,因为版权和专利权的权利穷竭都有地域性,即版权和专利权在一国的穷竭,并不导致它在国际市场上穷竭。例如,中国的专利权人许可将其专利产品在中国制造并销售,并不导致他的权利在美国穷竭。这也就是专利法中规定的进口权问题。但是,商标权则不同,因为商标是把一个企业与他企业产品区分开来的标志,无论把它用在哪个国家,均不应改变,否则会使消费者对同一来源的商品产生不同来源的误解,不利于市场安定,也不利于商标权人自己。这与商标权的地域性并不冲突。② 但本书认为,此种观点有待商榷。目前各个市场因劳动力、原材料等原因导致商品的成本在各地区不相同,如果允许商标标识的产品自由地出入各个国家,会使一些人瞄准商品价格在各个地区的差别而通过进口、出口获利,这必然会冲击在原产国生产的商标标识的商品,最终影响商标权人的利益。

由于各国就商标权是否国际穷竭的问题达不成一致,TRIPs协定对此问题没有作出明确规定,而是交给各成员国自己解决。TRIPs协定第6条规定,权利穷竭问题,在符合上述第3条至第4条的前提下,在依照本协议而进行的争端解决中,不得借本协议的任何条款,去涉及知识产权权利穷竭问题。

从目前我国发生的几起有影响的平行进口的案例来看,因为我国法律没有明确规定平行进口如何处理,司法判决结果也不统一,有的认为平行进口不合法,非经商标权人同意进口贴附商标标识的商品的构成商标侵权,侵犯商标被许可使用人的独占使用权;有的则判决平行进口合法。判决结果不一致的原因在于法无明文规定,因此,平行进口问题呼唤我国商标法律制度作出回应。

思考题

1. 商标许可使用合同的类型有哪些?不同类型许可证下,被许可使用人的诉讼主体地位有何不同?
2. 商标许可使用合同未进行备案,其效力有何瑕疵?

---

① 参见曾陈明汝:《商标法原理》,中国人民大学出版社2003年版,第81页。
② 参见郑成思:《知识产权论》,法律出版社2003年版,第351—352页。

3. 商标转让协议未经商标局核准,其效力如何?

案例分析

1. 1996年2月29日,杭州娃哈哈公司与达能公司签署《商标转让协议》,将"娃哈哈"商标转让给达娃合资公司,但当时国家商标局对此未予核准。双方协商于1999年再次签订《商标使用许可合同》,替代原来的《商标转让协议》,将"娃哈哈"商标许可给达娃合资公司使用,双方对此也从无异议。2006年,所谓的"阴阳"合同曝光后,达能方面提出,1996年的《商标转让协议》并未终止,要求将"娃哈哈"商标继续转让给合资公司。为此,娃哈哈集团在双方约定的争议解决机构——杭州仲裁委员会进行了仲裁。仲裁委于2007年12月作出裁决,确认《商标转让协议》已于1999年12月终止。达能公司对这一仲裁结果不服,并于2008年6月向杭州市中级人民法院提起诉讼,要求撤销裁决。

✎ 思考

如果你是该案主审法官,你会如何裁决?为什么?

2. 原告LV公司的经营范围是箱包、旅游品、皮件、男女服饰、香水、配饰等奢侈品的贸易和市场营销。被告丽都公司的经营范围为房地产开发等;被告鑫贵公司的经营范围为房地产开发、经营等。2004年7月23日至2004年10月31日,位于上海市延安中路和陕西路路口处的大楼上安装了一大型户外广告牌。广告背景底色为蓝紫色,广告可分为三部分,左侧主要是广告语,上面有"国际丽都城""丽都新贵""一样的国际丽都城不一样的丽都新贵""南京西路商圈星级酒店式商务小豪宅""新闸路石门二路62875055"等文字,左侧底端标注"上海国际丽都置业有限公司上海鑫贵房地产开发有限公司";广告右侧主要亦为广告语,上面有"自己当世界的主人""左拥南京西路商圈""右抱8万m² 公园绿地"等文字;广告中间为一半蹲模特图像,模特手中拎一手提包,包身为均布的"LV花图形"图案,其中包含"LV"商标图案。上述广告中的文字为白色,模特和手提包的主色调为橙红色。该广告对应的户外广告登记证记载了"广告类型:经营性户外广告;发布地点:延安路(陕西路口);主要内容:国际丽都城;规格:高300米,宽60米"等信息。①

✎ 思考

被告在本案中使用LV标志的行为是否构成商标的合理使用?

---

① 参见路易威登马利蒂公司与上海鑫贵房地产开发有限公司、上海国际丽都置业有限公司商标侵权和不正当竞争纠纷案,上海市第二中级人民法院民事判决书(2004)沪二中民五(知)初字第242号。

3. 原告米其林是一家法国企业,相关商品上的"轮胎人图形"与"MICHE-LIN"系列商标在全球拥有极高的知名度和声誉。2008年4月,原告代理人发现被告谈国强和欧灿在长沙一个小市场零售轮胎,认为该轮胎系侵犯原告注册商标专用权的产品,遂购买一只轮胎并予以公证封存,并于2009年1月诉至长沙市中级人民法院,请求法院判令两被告停止侵权、赔偿经济损失10万元并在媒体上发表声明以消除影响。经技术鉴定,涉案轮胎产自原告的授权厂,即米其林日本东京公司,并非假冒伪劣产品;被告称涉案轮胎是他们从长沙市雨花区欢乐轮胎经营部购进的,而后者售给前者的轮胎又是从广州天河区港达轮胎销售中心单位买入的,轮胎来源渠道并无违法之处。[①]

✎ 思考

被告行为是否合法?

[①] 该案具体情况参见湖南省长沙市中级人民法院民事判决书(2009)长中民三初字第0073号。

第二十一章 商标使用的管理

我国《商标法》对于商标使用管理的规定集中在第六章"商标使用的管理"。该章既规定了管理的内容,也规定了违反管理规定的后果及处理程序。

第一节 违反商标使用管理规定的行为类型和后果

违反商标使用管理的规定体现在《商标法》第 49 条、第 51 条、第 52 条、第 53 条。综合这几条规定,本书对违反商标使用管理规定的主要行为分类如下。

一、对未注册商标使用的管理

我国商标法对未注册商标的保护规定在《商标法》第 13 条第 2 款、第 32 条和第 44 条第 1 款、第 59 条第 3 款。《商标法》第 13 条第 2 款规定未注册驰名商标可以获得相同或类似商品或服务范围内的保护。对于非驰名未注册商标的保护规定在第 32 条和第 44 条。第 32 条规定,申请商标注册不得损害他人现有的在先权利,也不得以不正当手段抢先注册他人已经使用并有一定影响的商标。第 44 条第 1 款规定,已经注册的商标,违反本法第 10 条、第 11 条、第 12 条规定的,或者是以欺骗手段或者其他不正当手段取得注册的,由商标局宣告该注册商标无效;其他单位或者个人可以请求商标评审委员会宣告该注册商标无效。2005 年 12 月,商标局颁布的《商标审理标准》在第五部分明确了《商标法》第 44 条第 1 款规定的"其他不正当手段取得注册"的情况是指基于进行不正当竞争、牟取非法利益的目的,恶意进行注册的行为。此种情形是指在《商标法》第 13 条、第 15 条、第 32 条等条款规定的情形之外,确有充分证据证明系争商标注册人明知或者应知为他人在先使用的商标而申请注册,其行为违反了诚实信用原则,损害了他人的合法权益,损害了公平竞争的市场秩序,系争商标应当不予核准注册或者予以撤销。如此一来,《商标法》不但在第 32 条规定了保护已经使用并有一定影响的未注册商标,还在第 44 条规定了一定情况下不以影响力为要件保护在先使用的一般未注册商标。第 59 条第 3 款则从正面规定了在先使用的商标对抗在后注册商标的问题。

尽管商标法对未注册商标提供的保护少之又少,却规定了未注册商标的使用管理问题。主要体现在以下方面:

(1)未注册商标不能冒充注册商标。

(2) 未注册商标不能违反《商标法》第 10 条规定使用商标法禁止使用的标志。

(3) 对强制注册商标商品的管理。生产者不能违反《商标法》第 6 条的规定,于国家规定必须使用注册商标的商品上使用未注册商标。《商标法》同时在第 51 条规定了违反这条规定的后果,即违反本法第 6 条规定的,由地方工商行政管理部门责令限期申请注册,违法经营额 5 万元以上的,可以处违法经营额 20% 以下的罚款,没有违法经营额或者违法经营额不足 5 万元的,可以处 1 万元以下的罚款。

二、商标权人自行改变注册商标相关信息的

(一) 自行改变注册商标的

商标法对注册商标提供的保护限于核准注册的商标与核定使用的商品,因此商标权人首先就不能自行改变注册商标标志。

自行改变注册商标,是指商标注册人或者被许可使用人在实际使用注册商标时,擅自改变该商标的文字、图形、字母、数字、立体形状、颜色组合等,导致原注册商标的主要部分和显著特征发生变化。改变后的标志同原注册商标相比,易被认为不具有同一性。2000 年 3 月 3 日,中华人民共和国国家工商管理局商标局针对陕西省工商行政管理局的请示作出了《关于注册商标中文字使用问题的批复》(商标案(2000)96 号),对字样改变是否构成注册商标改变的问题进行了判断。在下列图示标志中,商标局认为只有"采乐"字样的使用构成注册商标的改变。

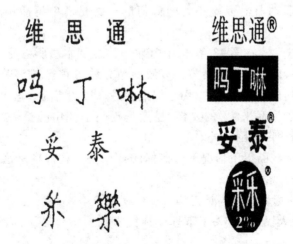

(二) 自行改变注册商标的注册人名义、地址或者其他注册事项的

这是注册商标的变更问题。《商标法实施条例》在第 30 条规定了严格的商标变更手续。变更商标注册人名义、地址或者其他注册事项的，应当向商标局提交变更申请书。商标局核准后，发给商标注册人相应证明，并予以公告；不予核准的，应当书面通知申请人并说明理由。

变更商标注册人名义的，还应当提交有关登记机关出具的变更证明文件。未提交变更证明文件的，可以自提出申请之日起 30 日内补交；期满不提交的，视为放弃变更申请，商标局应当书面通知申请人。

变更商标注册人名义或者地址的，商标注册人应当将其全部注册商标一并变更；未一并变更的，视为放弃变更申请，商标局应当书面通知申请人。

(三) 自行转让注册商标的

商标转让程序规定在我国《商标法》第 42 条和《商标法实施条例》第 31 条。转让注册商标的，转让人和受让人应当向商标局提交转让注册商标申请书。转让注册商标申请手续由受让人办理。商标局核准转让注册商标申请后，发给受让人相应证明，并予以公告。

三、商标连续三年不使用的

我国实行商标注册取得模式，不以商标使用为获得商标权的前提。但是，为防止商标囤积现象的发生，我国商标法规定了商标权人在获得注册后的使用商标义务，由此而产生了连续 3 年不使用商标撤销制度。3 年必须是连续的 3 年，精确到日对日。但 3 年时间如何起算？是从申请撤销之日起向前推算 3 年。

2013 年《商标法》在第 48 条作出了新的规定，即本法所称商标的使用，是指将商标用于商品、商品包装或者容器以及商品交易文书上，或者将商标用于广告宣传、展览以及其他商业活动中，用于识别商品来源的行为。这条规定较以前的规范增加了"识别商品来源"的要件，显然是提高了使用的要求，无疑会将一些使用排除在商标使用范围之外。

据此，我们来判断以下情况下对商标的使用是否构成商标法上的合格的商标使用行为。[①]

1. 仅实施商标转让行为是否构成商标使用

北京市高级人民法院《关于审理商标民事纠纷案件若干问题的解答》在第

---

① 关于连续三年不使用的使用界定，请参见李扬：《注册商标不使用撤销制度中的"商标使用"界定——中日相关立法、司法之比较》，载《法学》2009 年第 10 期。

四个问题中回答道,仅实施转让注册商标的行为,没有发挥商标的区分不同商品来源的功能,不属于商标使用行为。

2. 在非核定注册的商品类别上使用是否构成商标使用

在"GNC"案中,涉案商标为1997年11月21日被核准注册的"GNC"商标,核定使用的商品为第30类中的"非医用营养鱼油"。商标权人某物资集团公司委托他人生产"GNC"蜂蜜产品以及制作"GNC"商标宣传品。北京市高级人民法院认为,委托他人印制有"GNC"标识的宣传单、包装盒和手拎袋等宣传品均是在蜂蜜等蜂产品上的使用,并非在涉案商标核定使用商品——非医用营养鱼油上的使用,因此不属于商标法意义上的使用。①

3. 非法使用是否构成商标使用

非法使用指的是商标标识的商品的生产需要履行行政审批手续,而商标权人在没有获得行政审批的情况下就生产了商品、使用了商标。关于非法使用是否构成商标使用的问题,主要有三种观点。一种观点认为不考虑合法性,仅认定是否构成使用;第二种观点认为应考虑合法性;第三种观点认为应考虑合法性,但应当区分商标行为的合法性与其他行为的合法性。在"康王"案中就遇到了这种问题。

1995年4月7日北京康丽雅健康科技总公司(以下简称康丽雅公司)经核准取得"康王"商标(以下简称复审商标)的注册,核定使用的商品为第3类化妆品。"康丽雅公司"自1998年起就未办理工商年检,并于2001年6月被北京市工商行政管理局朝阳分局吊销营业执照(注:该注册商标从未使用过)。2003年5月15日,康丽雅公司与云南滇虹公司签订商标转让协议,将复审商标转让给后者。2003年9月8日商标局核准了复审商标的转让。

2002年10月18日,潮阳市康王精细化工实业有限公司(后更名为汕头市康王精细化工实业有限公司)以复审商标连续3年停止使用为由,向商标局申请撤销复审商标。商标局于2003年12月17日作出撤200200727号《关于撤销第738354号"康王"商标的决定》,对复审商标予以撤销。

云南滇虹药业公司不服,指出它与他人合资成立的昆明滇虹公司在2000年至2002年曾委托一家彩印厂印刷"康王"牌防裂护肤霜的内外包装盒及说明书等包装材料,此外昆明滇虹公司还曾委托其他单位加工生产过"康王"洗剂等,这些都说明云南滇虹药业公司实际上使用了"康王"商标。但是,云南滇虹药业公司提供的"康王"防裂护肤霜产品实物等证据上,均没有按照国家规定标注化妆品生产许可证和卫生许可证,因此上述化妆品的生产行为事实上违反了我国行政法规的相关规定。

---

① 参见北京市高级人民法院行政判决书(2006)高行终字第78号。

最高人民法院对该案的处理意见采纳了非法使用不构成商标使用的观点，指出我国《商标法》第44条第4项规定的"使用"，应该是在商业活动中对商标进行公开、真实、合法的使用。从《商标法》第45条的规定来看，判断商标使用行为合法与否的法律依据，并不限于商标法及其配套法规。对于违反法律法规强制性、禁止性规定的生产经营活动中的商标使用行为，如果认定其法律效力，则可能鼓励、纵容违法行为，与商标法有关商标使用行为规定的本意不符。① 但是，最高法院在法国卡斯特兄弟股份有限公司（以下简称卡斯特公司）与中华人民共和国国家工商行政管理总局商标评审委员会（以下简称商标评审委员会）、李道之商标撤销复审行政纠纷一案中，又采用了不同的观点。该案中，最高法院指出，班提公司使用争议商标有关的其他经营活动中是否违反进口、销售等方面的法律规定，并非商标法第44条第（四）项（此处指2013年修改前的2001年《商标法》，该条款规定的是注册商标连续三年不使用的撤销制度——作者注）所要规范和调整的问题。卡斯特公司关于班提公司违反了《中华人民共和国进出口商品检验法》等法律规定，由此争议商标违反商标法商标使用的规定，应予以撤销的主张没有法律依据。② 由此看来，在这个问题上，最高法院的认识是有反复的。

4. 应付性使用是否构成使用

在知晓商标可能被他人以连续3年不使用为由而申请撤销后，临时进行的商标使用不构成使用。

四、商标丧失显著性

我们在商标构成要件部分已经对商标显著性问题作出了详细论述。商标显著性是一个动态变化的过程，可以从无到有，也可以从有到无，即原来不具有显著性的标识通过使用逐渐获得显著性，而本来具有显著性的标识也可能因为使用不当而逐渐丧失显著性。商标显著性不仅仅是商标取得注册、获得商标权保护的前提条件，也是维持商标权存在的基础。因此，当商标丧失显著性的时候，商标权利的基础就不存在了，商标就应该予以撤销。我国《商标法》第49条第2款规定，注册商标成为其核定使用的商品的通用名称的，任何单位或者个人可以向商标局申请撤销该注册商标。商标局应当自收到申请之日起9个月内作出决定。有特殊情况需要延长的，经国务院工商行政管理部门批准，可以延长3个月。

---

① 参见中华人民共和国最高人民法院驳回再审申请通知书(2007)行监字第184-1号。
② 参见中华人民共和国最高人民法院行政裁定书(2010)知行字第55号。

五、违反驰名商标管理规定

近年来,由于驰名商标的认定和保护偏离了制度设计的初衷,我国商标法律制度一直在纠偏和调整。2013年《商标法》再次强调驰名商标被动认定为原则,驰名商标的认定仅具有个案效力且只能作为事实出现在判决书中。除此之外,《商标法》还明确提出了驰名商标的使用规范,即第14条第5款的规定:生产、经营者不得将"驰名商标"字样用于商品、商品包装或者容器上,或者用于广告宣传、展览以及其他商业活动中。同时,《商标法》在第53条又规定了违反此规定的法律后果,即违反本法第14条第5款规定的,由地方工商行政管理部门责令改正,处10万元罚款。《商标法》规定的这些举措无非是要纠正人们的错误认识,认为驰名商标是评比出来的一种荣誉,是商品质量过硬、信誉良好的符号。这些规定就是要让驰名商标回归其本源。

第二节 不服商标撤销决定的复审和诉讼

如果当事人对商标评审委员会作出的商标撤销或不予撤销的决定不服的,该如何处理,规定在《商标法》第54条,对商标局撤销或者不予撤销注册商标的决定,当事人不服的,可以自收到通知之日起15日内向商标评审委员会申请复审。商标评审委员会应当自收到申请之日起9个月内作出决定,并书面通知当事人。有特殊情况需要延长的,经国务院工商行政管理部门批准,可以延长3个月。当事人对商标评审委员会的决定不服的,可以自收到通知之日起30日内向人民法院起诉。2013年《商标法》统一了商标评审委员会对撤销商标注册作出判断一律采用"决定"的形式;同时进一步明确,不论是商标注册人还是提出撤销商标注册的其他主体,都有权对商标局就是否撤销注册商标的决定向商标评审委员会申请复审;另外,为加快商标确权,2013年《商标法》还规定了复审时限,一般为9个月,最长可延长到12个月。

法定期限届满,当事人对商标局作出的撤销注册商标的决定不申请复审或者对商标评审委员会作出的复审决定不向人民法院起诉的,撤销注册商标的决定、复审决定生效。被撤销的注册商标,由商标局予以公告,该注册商标专用权自公告之日起终止。

 思考题

1. 违反商标使用管理规定的行为有哪些类型?
2. 当事人不服商标局撤销商标注册的决定的,可以采取哪些救济措施?

案例分析

某公司申请注册了"羚羊"商标,指定使用在毛巾等日用品上。但该公司主要生产床上用品,床上用品上一直使用"红棉"商标。四年来,公司一直没有自己生产毛巾,但每年圣诞节,公司都开展一年一度的迎圣诞买一送一活动。这时,公司会委托其他企业生产"羚羊"毛巾,向所有购买"红棉"床上用品的顾客赠送"羚羊"毛巾一条。

✎ 思考

"羚羊"商标可否因连续 3 年不使用而被撤销?

第二十二章 商标权侵权与救济

我国商标法律制度中关于商标侵权和商标权的保护主要规定在《商标法》第七章、《商标法实施条例》第 75—82 条、最高人民法院《关于审理商标民事纠纷案件适用法律若干问题的解释》《商标审查标准》第三部分"商标相同、近似的审查"、《商标审理标准》第七部分"类似商品或者服务审理标准"。综合上述规定,我们先对商标侵权行为的类型作一分析,然后再介绍侵权责任的承担。

我国现行商标法律制度中对商标侵权类型的规定主要体现在《商标法》第 57 条、《商标法实施条例》第 75 条以及最高人民法院《关于审理商标民事纠纷案件适用法律若干问题的解释》第 1 条。

《商标法》第 57 条规定了 7 项,明确列出了 6 种侵犯商标专用权的行为,还有一项概括性规定,即有下列行为之一的,均属侵犯注册商标专用权:(1) 未经商标注册人的许可,在同一种商品上使用与其注册商标相同的商标的;(2) 未经商标注册人的许可,在同一种商品上使用与其注册商标近似的商标,或者在类似商品上使用与其注册商标相同或者近似的商标,容易导致混淆的;(3) 销售侵犯注册商标专用权的商品的;(4) 伪造、擅自制造他人注册商标标识或者销售伪造、擅自制造的注册商标标识的;(5) 未经商标注册人同意,更换其注册商标并将该更换商标的商品又投入市场的;(6) 故意为侵犯他人商标专用权行为提供便利条件,帮助他人实施侵犯商标专用权行为的;(7) 给他人的注册商标专用权造成其他损害的。对照 2001 年《商标法》第 52 条的规定,我们可以看出,2013 年商标法将原《商标法》第 52 条的第 1 项拆分为两项,分别规定了假冒侵权和仿冒侵权,同时将原《商标法实施条例》第 50 条第 2 项的规定进行修改,列为第 6 项。

2014 年新《商标法实施条例》在解释《商标法》第 57 条的同时,又明确了一种侵权行为表现形式,即在用一种商品式类似商品上将与他人注册商标相同或者近似的标志作为商品名称或者商品装潢使用,误导公众的。

《最高人民法院关于审理商标民事纠纷案件适用法律若干问题的解释》第 1 条又增加解释了 2001 年《商标法》第 52 条第 5 项规定的给他人注册商标专用权造成其他损害的行为,即(1) 将与他人注册商标相同或者相近似的文字作为企业的字号在相同或者类似商品上突出使用,容易使相关公众产生误认的;(2) 复制、摹仿、翻译他人注册的驰名商标或其主要部分在不相同或者不相类似商品上作为商标使用,误导公众,致使该驰名商标注册人的利益可能受到损害的;

（3）将与他人注册商标相同或者相近似的文字注册为域名，并且通过该域名进行相关商品交易的电子商务，容易使相关公众产生误认的。2013年《商标法》第58条规定，将他人注册商标、未注册的驰名商标作为企业名称中的字号使用，误导公众，构成不正当竞争行为的，依照《反不正当竞争法》处理。这样，《商标法》就明确了以字号侵害他人商标权的行为由《反不正当竞争法》来处理。

本书综合以上几条规定，将商标侵权行为类型化后逐一进行分析。

第一节 商标假冒、仿冒行为

商标假冒、仿冒行为是我国《商标法》第57条第1项和第2项规定的行为，即未经商标注册人的许可，在同一种商品或者类似商品上使用与其注册商标相同或者近似的商标的。该项规定划分了四类行为，即在同一种商品上使用与注册商标相同的商标、在同一种商品使用与注册商标近似的商标、在类似商品上使用与注册商标相同的商标、在类似商品上使用与注册近似的商标。其中第一类行为，即在同一种商品上使用与注册商标相同的商标的行为是商标假冒行为，其他三类行为属于商标仿冒行为，又称商标混淆行为。2013年《商标法》将假冒行为单列出来规定在第57条第1项，而将仿冒行为规定在第2项。两项对比，可以发现，对于仿冒行为，法律规定了"容易导致混淆的"要件，而假冒行为则无此规定。因此，在混淆的举证方面，假冒行为和仿冒行为是不同的。假冒行为推定混淆的存在，而仿冒行为中，权利主张人必须证明混淆的存在。我国《商标法》的这条规定与TRIPs协定的规定主旨相同。根据TRIPs协定第16条第1款的规定，假冒行为中无需权利人证明混淆的存在，法律推定在相同商品或服务上使用相同商标有混淆之虞。该条款规定："注册商标所有人应享有专有权防止任何第三方未经许可而在贸易活动中使用与注册商标相同或近似的标记去标示相同或类似的商品或服务，以造成混淆的可能。如果确将相同标记用于相同商品或服务，即应推定已有混淆之虞。上述权利不得损害任何已有的在先权，也不得影响成员依使用而确认权利效力的可能。"细细分析起来，假冒行为中推定混淆可能存在只是一种推定，解除了原告的举证责任负担，如果被控侵权人确有证据能够证明不会造成混淆的，则这种推定会不成立，依然不构成侵权。

除构成要件中的混淆要件有区别外，假冒和仿冒行为在相同商品或服务、相同商标的判断方面是一致的，因此本书将两种行为放在一起进行论述。

一、商标假冒、仿冒行为的构成

由于商标注册申请时，商标局要判断申请作为商标的标志与已注册商标是否构成相同或近似，因此《商标审查标准》关于商标相同和近似的规定同样适用于商标仿冒侵权中的商标相同和近似的判断。《商标审查标准》规定,商标相同和近似的判定,首先应认定指定使用的商品或者服务是否属于同一种或者类似商品或者服务;其次应从商标本身的形、音、义和整体表现形式等方面,以相关公众的一般注意力为标准,并采取整体观察与比对主要部分的方法,判断商标标志本身是否相同或者近似。

《最高人民法院关于审理商标民事纠纷案件适用法律若干问题的解释》第10条规定,人民法院认定商标相同或者近似按照以下原则进行:(1)以相关公众的一般注意力为标准;(2)既要进行对商标的整体比对,又要进行对商标主要部分的比对,比对应当在比对对象隔离的状态下分别进行;(3)判断商标是否近似,应当考虑请求保护注册商标的显著性和知名度。

(一)商品或服务相同或类似的判定

提到商品或服务的相同或类似,我们就会想到商品或服务的分类,自然也就会想到《商标注册用商品和服务国际分类表》《类似商品和服务区分表》。我国司法审判实践在适用《商标注册用商品和服务国际分类表》《类似商品和服务区分表》方面出现了三种不同意见。

一种观点认为,两表的分类是从商品专业分析角度作出的,与日常生活有距离,分类有交叉,不足为据。

第二种观点认为,两表的分类优先,典型案例见"贵妃醋"案。该案原审原告为北京方太新怡华食品销售有限公司,原审被告为长沙马王堆农产品股份有限公司和北京英茹食品销售有限公司。2002年9月7日,方太新怡华公司依法受让取得"贵妃"注册商标,成为该注册商标专用权人,核定使用的商品为包含醋在内的第30类产品,"贵妃"商标使用于该公司酿造的食醋上。马王堆公司生产的被控侵权产品是"百岁人贵妃醋""西汉丽人贵妃醋""杨氏贵妃醋"等含醋饮料。马王堆公司制造、销售的涉案产品标识上所使用的"贵妃"文字,其字形、字体及文字大小与方太新怡华公司主张权利的商标文字有所区别,但所用文字完全相同。该案争议的焦点为原审原告和原审被告生产的商品是否属于类似商品。一审法院认为,鉴于马王堆公司生产的贵妃醋产品的主要成分为醋,该产品标明的制造商为马王堆公司下属的长沙百岁人醋厂,表明该产品是由制造醋产品的企业生产的,且贵妃醋产品的销售渠道与醋产品的销售渠道相同,易使相关公众认为二者之间存在特定联系,故应认定二者为类似商品。二审法院认为,实践中,判断类似商品一般首先应当参考《类似商品和服务区分表》或者权威部门作出的规定或批复等,但有相反证据足以推翻上述结论的,可以不予参考。马王堆公司生产的被控侵权产品主要成分是醋,但其总酸度≥ 1.6 g/100 ml,而醋的总酸度≥ 3.5 g/100 ml,这正是醋与醋饮料的重要区别特征,一审判决却未予考虑。生产部门、销售渠道是否相同也是判断类似商品的重要因素,但在实践中还应考虑到企业可以从事多种生产经营活动,不能把生产部门与类似商品之间的联系绝对化,而且还应当注意销售渠道相同是从抽象的、普遍的意义上来说的,不能用具体的、特殊的个别情况来代替。马王堆公司生产的被控侵权产品属于含醋饮料,其与调味品醋不构成类似商品。①

第三种观点认为两表具有参考价值,但具体判断过程中要结合相关公众对商品或服务的认识综合考量。在浙江宫宝药业有限公司诉无锡金龙营养品厂以其注册商标用于类似商品名称侵犯商标权案中,被告无锡金龙营养品厂辩称,其生产的产品灵芝营养液上的"宫宝"商标曾在3005群的"非医用营养液"商品分类上注册商标,与原告的0501群药品类产品不是类似商品。但法院认为,本案中的非医用营养液与药品构成类似商标,而不能以分类表为绝对依据。在伊顿电气有限公司与中华人民共和国国家工商行政管理总局商标评审委员会一案中,朱成荣向商标局申请注册第3222529号"MEM UK及图"商标,于2010年7月28日被核准注册在"电线"商品上。伊顿电气有限公司1991年5月30日获准注册第553626号"MEM及图"商标,核定使用在第9类商品上,包括:"开关、开关设备、熔丝、熔丝盒、熔丝板、断路器、断流器、母线室、电流用户控制件、电气插座、插头、联接件、电动机用控制装置、电路开关、电器插头、过载继电器、变压器,上述商品均为电力所用;电缆密封套用散布盒、电力和电子电路控制、检测和显示仪器和设备、近似开关、程度控制器(非钟表)、直上干线系统,上述商品均用于电力及其零件"。该商标经续展专用权期限至2021年5月29日。

2012年3月16日,商标评审委员会作出裁定:争议商标虽与引证商标相近,但其核定使用的"电线"商品与"开关"等商品为非类似商品,争议商标与引证商标未构成类似商品上的近似商标。但北京市高级人民法院终审认为:审查判断相关商品是否类似,应当考虑商品的功能、用途、生产部门、销售渠道、消费群体等是否相同或者具有较大的关联性,《区分表》仅是判断类似商品的参考。虽然争议商标核定使用的"电线"商品与引证商标核定使用的"开关、开关设备"等商品分属于《区分表》中的不同群组,但两者均用于电力工程,两者在功能、用途、销售对象、销售渠道等方面相同或具有较大的关联性,故上述商品已构成类似商品。②

《最高人民法院关于审理商标民事纠纷案件适用法律若干问题的解释》第12条规定,人民法院认定商品或者服务是否类似,应当以相关公众对商品或者服务的一般认识综合判断;《商标注册用商品和服务国际分类表》《类似商品和

---

① 参见北京市高级人民法院民事判决书(2003)高民终字第1005号。
② 北京市高级人民法院行政判决书(2013)高行终字第966号。

服务区分表》可以作为判断类似商品或者服务的参考。该条规定明确了商品或服务相同或近似判断中,《商标注册用商品和服务国际分类表》《类似商品和服务区分表》是重要根据,但分类表和区分表不具有法律规范的性质。分类表和区分表不具有绝对效力是由其内在局限性和市场规律决定的。商品和服务的项目更新和市场交易情况不断变化,类似商品和服务的类似关系不是一成不变,而商标异议、争议是有别于商标注册申请审查的制度设置,承载不同的制度功能和价值取向,更多涉及特定民事权益的保护,强调个案性和实际情况,尤其是进入诉讼程序的案件,更强调司法对个案的救济性。在这些环节中,如果还立足于维护一致性和稳定性,而不考虑实际情况和个案因素,则背离了制度设置的目的和功能。另外,《区分表》的修订有其自身的规则和程序,无法解决滞后性,也无法考虑个案情况。因此,在商标异议、争议和后续诉讼以及侵权诉讼中进行商品类似关系判断时,不能机械、简单地以《区分表》为依据或标准,而应当考虑更多实际要素,结合个案的情况进行认定。[①]

《尼斯协定》第2条第1款规定:"在对任何特定的商标提供保护的范围方面,本分类对各国不具有约束力。"《商标审理标准》更是通过综合考虑商品或服务的功能、目的、生产部门、销售渠道等诸多要素判断商品或服务的类似问题。

商品或服务相同容易判定,但商品类似、服务类似或商品与服务类似的判断就相对困难,根据《商标审理标准》,商品或服务类似的判定要素如下。

1. 类似商品的判定

类似商品,是指商品在功能、用途、主要原料、生产部门、销售渠道、销售场所、消费对象等方面相同或者相近。类似商品的判定应当综合考虑下列各项因素:

(1) 商品的功能、用途

如果两种商品的功能、用途相同或者相近,能够满足消费者相同需求的,则被判定为类似商品的可能性较大。

如果两种商品在功能、用途上具有互补性或者需要一并使用才能满足消费者的需求的,则被判定为类似商品的可能性较大。

(2) 商品的原材料、成分

商品的原材料或者成分,是决定商品功能、用途的重要因素。一般情况下,两种商品的原材料或者成分相同或者相近,被判定为类似商品的可能性较大。

但随着商品的更新换代,商品的原材料或者成分即使不同,而其原材料或者

[①] 参见杭州啄木鸟鞋业有限公司与国家工商行政管理总局商标评审委员会、七好(集团)有限公司商标争议行政纠纷案,中华人民共和国最高人民法院驳回再审申请通知书(2011)知行字第37号。

成分具有可替代性,且不影响商品的功能、用途的,仍存在被判定为类似商品的可能性。

(3) 商品的销售渠道、销售场所

如果两种商品的销售渠道、销售场所相同或者相近,消费者同时接触的机会较大,容易使消费者将两者联系起来,则被判定为类似商品的可能性较大。

(4) 商品与零部件

许多商品是由各个零部件组成的,但不能当然认为该商品与各零部件或者各零部件之间都属于类似商品,仍应当根据消费者对两者之间联系的密切程度的通常认知进行判断。

如果特定零部件的用途是为了配合特定商品的使用功能,而该商品欠缺该特定零部件,就无法实现其功能或者将严重减损其经济上的使用目的,则被判定为类似商品的可能性较大。

(5) 商品的生产者、消费者

两种商品由相同行业或者领域的生产者生产、制造、加工的可能性越大,则被判定为类似商品的可能性越大。

如果两种商品以从事同一行业的人为消费群体,或者其消费群体具有共同的特点,被判定为类似商品的可能性较大。

(6) 消费习惯

类似商品的判定,还应当考虑中国消费者在特定的社会文化背景下所形成的消费习惯。如果消费者在习惯上可将两种商品相互替代,则该两种商品被判定为类似商品的可能性较大。

2. 类似服务的判定

类似服务,是指服务在目的、内容、方式、对象等方面相同或者相近。类似服务的判定应当综合考虑下列各项因素:

(1) 服务的目的

两种服务具有相同或者相近的目的,有可能相互替代,可满足一般服务接受者的相同或者相近的需求的,被判定为类似服务的可能性较大。

(2) 服务的内容

提供服务的内容越相近,被判定为类似服务的可能性越大。

(3) 服务方式与服务场所

如果服务方式或者服务场所相同,一般服务接受者同时接触的机会较大,则被判定为类似服务的可能性较大。

(4) 服务的对象范围

如果服务的接受者来自相同或者相近的消费群体,则被判定为类似服务的可能性较大。

（5）服务的提供者

如果服务的提供者来自相同的行业或者领域，则被判定为类似服务的可能性较大。

3. 商品与服务是否类似的判定

商品与服务类似，是指商品和服务之间存在特定联系，容易使相关公众混淆。

判定商品与服务是否类似，应当综合考虑下列各项因素：商品与服务之间联系的密切程度，在用途、用户、通常效用、销售渠道、销售习惯等方面的一致性。

（二）商标相同、近似的判断

商标近似包括两层含义：其一为商标标识本身相像；其二为商标标识用于商品或服务上容易让消费者产生混淆或误认。这两层含义体现了商标近似判断中的主客观结合原则，前者为客观标准，后者为主观标准。根据《商标审查标准》的规定，商标相同是指两商标在视觉上基本无差别，使用在同一种或者类似商品或者服务上易使相关公众对商品或者服务的来源产生误认。商标近似是指商标文字的字形、读音、含义近似，商标图形的构图、着色、外观近似，或者文字和图形组合的整体排列组合方式和外观近似，立体商标的三维标志的形状和外观近似，颜色商标的颜色或者颜色组合近似，使用在同一种或者类似商品或者服务上易使相关公众对商品或者服务的来源产生误认。采用的也是主客观结合判断方法。

1. 相关公众的概念

在判断商标相同或近似时，形式上是由商标局审查人员或法官来作出判断，实际上主体的注意标准是相关公众的一般注意程度，这里就出现了一个关键概念——相关公众。

如何理解相关公众，《最高人民法院关于审理商标民事纠纷案件适用法律若干问题的解释》第8条规定，商标法所称相关公众，是指与商标所标识的某类商品或者服务有关的消费者和与前述商品或者服务的营销有密切关系的其他经营者。2003年《驰名商标认定和保护规定》第2条第2款规定：相关公众包括与使用商标所标示的某类商品或者服务有关的消费者，生产前述商品或者提供服务的其他经营者以及经销渠道中所涉及的销售者和相关人员等。《商标审理标准》3.1规定，相关公众包括但不以下列情形为限：（1）商标所标识的商品的生产者或者服务的提供者；（2）商标所标识的商品/服务的消费者；（3）商标所标识的商品/服务在经销渠道中所涉及的经营者和相关人员等。北京市高级人民法院《关于审理商标民事纠纷案件若干问题的解答》在第10条还明确了在确定相关公众时应考虑的因素，"在确定相关公众时，应当考虑商品性质、种类、价格等因素对其范围及其注意程度的影响"。

不同的商品会有不同的相关公众群体,如在北京市蓝光电梯公司与(韩国)LG电子株式会社商标侵权纠纷一案中,法院认为,该案中涉及使用注册商标的商品是电梯。电梯的消费者在购买、安装电梯这种特殊商品的过程中,对所购买的电梯,包括电梯上使用的商标施加的注意力,要较普通消费者对普通日用品施加的注意力大得多。该案中商品的相关公众就是电梯的购买者和安装者,而不是普通的日常消费品消费大众。①

2. 商标近似的具体判断方法

在具体判断商标相同或者近似时主要采用如下基本方法。

(1) 一般购买者施以普通注意原则

是否构成近似使用,应当以一般购买者施以普通注意为标准进行判断。一般购买者是发生误认的主体,只有导致一般购买者误认时,才可能构成仿冒。① 一般购买者是根据地域和购买对象所确定的购买者,即一定地域范围内的相关领域的购买者。② 一般购买者是个别购买者,即近似商品的误认是根据一般购买者的普遍认识能力或称中等认识能力进行认定的,而不是根据特定的某个购买者的智力、技能、精神和物质状况所决定的认识能力进行判断。这种认识能力的确定与民法上确定客观过错的认识能力是一样的。③ 一般购买者不是所有购买者,即由于购买者的认识能力参差不齐,对于仿冒商品的辨别能力也不一样,只要仿冒商品足以引起一般购买者的误认,即可认定为近似,不必要也不可能要求引起所有购买者的误认。

(2) 通体观察和比较主要部分原则

商品的标识是否构成近似使用,应当就该商品标识的整体和主要部分加以观察。所谓的主要部分,就是商品标识最显著、最醒目、最易引起购买者注意的部分。如果两个商品标识在主要部分上没有显著的差异,就构成近似。比较主要部分原则就是指,只要标识的主体部分近似并足以引起误认的,就可以认定为近似,其附属部分即使不近似或者根本不同,也不影响近似的认定。

在北京嘉裕东方葡萄酒有限公司与中国粮油(集团)有限公司及南昌开心糖酒副食品有限公司、秦皇岛洪胜酒业有限公司商标侵权纠纷案中,最高人民法院就是通过比对主要构成部分认定北京嘉峪东方葡萄酒公司的长城文字及图商标与中国粮油有限公司的长城文字及图商标构成相似。判决中,最高人民法院指出,"嘉裕长城及图"商标和第70855号"长城牌"注册商标均系由文字和图形要素构成的组合商标,其整体外观具有一定的区别。但是,第70855号"长城牌"注册商标因其注册时间长、市场信誉好等,而具有较高的市场知名度,被国

---

① 该观点见北京市高级人民法院民事判决书(2001)高知初字第67号。

家工商行政管理部门认定为驰名商标,中粮公司使用第70855号"长城牌"注册商标的葡萄酒产品亦驰名于国内葡萄酒市场,根据该注册商标的具体特征及其呼叫习惯,其组合要素中的"长城"或"长城牌"文字部分因有着较高的使用频率而具有较强的识别力,在葡萄酒市场上与中粮公司的葡萄酒产品形成了固定的联系,葡萄酒市场的相关公众只要看到"长城""长城牌"文字或者听到其读音,通常都会联系或联想到中粮公司的葡萄酒产品及其品牌,故"长城"或"长城牌"文字显然具有较强的识别中粮公司葡萄酒产品的显著性,构成其主要部分。"嘉裕长城及图"虽由文字和图形组合而成,且其文字部分另有"嘉裕"二字,但因中粮公司的第70855号"长城牌"注册商标中的"长城"或"长城牌"文字部分具有的驰名度和显著性,足以使葡萄酒市场的相关公众将使用含有"长城"文字的"嘉裕长城及图"商标的葡萄酒产品与中粮公司的长城牌葡萄酒产品相混淆,至少容易认为两者在来源上具有特定的联系。①

(3) 隔离观察原则

近似的商品名称、包装、装潢之间毕竟是有差别的,如果将其放在一起进行比较认定往往对近似问题难以判断。因此,在认定是否近似时,应当采取隔离方法,即在异时异地分别从总体上(整体印象)进行观察,仿冒品与被仿冒品的标识的差别不易区分而在施以一般注意力时不免误认的,用这种方法即可认定其是否近似。此即隔离观察原则。② 我国台湾地区学者在论述异时异地隔离观察之原则时,将其定义为消费者记忆测验之原则:因一般消费者购买商品,尤其是低价位之日常用品,往往凭其模糊记忆,很少施加特别注意去比对两商标是否相同。所以,判断两商标是否近似,应隔离一段时间和距离。至于隔多长时间为宜,美国实务上采刚能记忆之状态,依市场调查结果为4个月。③

(4) 判断商标是否近似,应当考虑请求保护注册商标的显著性和知名度

知名度越高,近似的可能性越大。我国台湾地区学者认为,判断商标是否近似还应该参考以下几点:两商标的显著性及强弱程度;指定使用之商品或服务之性质;消费者于购买时之实际与潜在发生混淆之程度;商标商品之信誉与实际销售数量之多寡。④ 在上述中粮长城与嘉峪长城的纠纷中,最高人民法院也考虑了商标的知名度问题。

3. 混淆可能性的判断

在美国法中,判断是否构成商标侵权,主要判断是否存在混淆的可能性,而不要求消费者已经发生实际混淆。正如我国商标法律制度中的"可能造成消费

---

① 该案具体情况见最高人民法院民事判决书(2005)民三终字第5号。
② 郭寿康主编:《知识产权法》,中共中央党校出版社2002年版,第310—311页。
③ 参见曾陈明汝:《商标法原理》,中国人民大学出版社2003年版,第57页。
④ 参见同上书。

者混淆或误认的"规定。如何判断混淆可能性,美国第二巡回法院通过 1961 年 Polaroid 案的判决确立了经典的 Polaroid 标准,其由 8 个要素构成:当产品不同时,商标在先所有人的胜诉可能是由很多要素确定的,包括商标的强度、两个商标之间的相似程度、产品的相似程度、商标在先所有人跨越产品之间距离的可能性、实际混淆、被告采用自己商标的善意程度、被告产品的质量以及购买者的成熟程度。但是,这些项目并没有穷尽所有的可能性——法院还可以考虑其他要素。[1]

其一,商标的强度。

商标的强弱是由商标标识与商品之间的联系程度决定的,联系程度越紧密,商标强度越大;联系程度越不紧密,商标的强度越小。

其二,商标及商品之间的相似程度。

这两个相似程度要结合起来衡量,商品之间的相似度越低,要求商标本身的相似度就越高;商品之间的相似度越高,对商标构成本身的相似度的要求就越低。对于相同的产品来说,只需要判断商标标识构成上的相似性就可以了。

其三,商标在先所有人跨越产品之间距离的可能性。

如果商标在先所有人不可能在其已经使用商标的商品之外再拓展市场,则保护其免受混淆的意义就会大打折扣。

其四,消费者发生了实际混淆。

在混淆可能的立证中只要证明存在混淆的可能已足,而不要求权利主张方必须提出消费者已经发生了实际混淆的证据。但是,已经发生了实际混淆是存在混淆可能的最有力的证据。究竟有多少消费者发生了混淆才能够证明存在混淆的可能?

其五,原、被告双方的产品质量与价格。

在混淆可能性的判断中,我们不仅要关注被告产品的质量、价格,也要关注原告产品的质量、价格。关于商品质量与混淆可能性之间的关系问题,美国巡回法院持两种截然对立的观点:一种观点认为,两种产品质量相差越悬殊,混淆的损害性越大,因为把质量好的产品与质量差的产品作比较会损伤质量好的产品的信誉;而另一种观点却认为,两个产品的质量越相近,则混淆的损害越大,因为人们会更容易就二者发生混淆。[2] 其实,商品之间的价格差异也会产生类似的分析。本书认为,如果原、被告双方的产品质量和价格相差悬殊,则消费者一般不会认为两种商品之间有什么联系,混淆无从产生,最多会产生后文我们将要论

---

[1] See Polaroid Corporation v. Polarad Electronics Corp., 287 F.2d 492, 495 (2d Cir., 1961).
[2] See Hasbro, Inc. v. Lanard Toys, Ltd., 858 F.2d 70, 78 (2d Cir. 1988).

述的淡化问题。① 因此,原、被告双方的产品质量或价格若差别很大,则发生混淆的可能性很小。

其六,购买者的成熟程度。

购买者的成熟程度和消费群体的范围相关,也和商品的性质相关。如果消费群体针对的是一般普通公众,商品价格低廉、属于消耗性的,相关公众施加的注意程度就低,发生混淆的可能性就相对高;而如果是特殊消费群体,通常情况下具有专门知识,产品又属于高档耐耗品,相关公众施加的注意程度要高,混淆可能性就相对较小。

二、商标反向混淆行为

商标反向混淆和商标正向混淆的具体情形不同,在通常情况下,商标正向混淆中,商标侵权的原告在一个已经确立商誉的商标上进行了大量投入,而使用相同或类似商标的被告企图不当利用与该商标相关的商誉,暗示消费公众它的产品和原告的产品来源相同。反向混淆适用的前提有两个,首先,是存在商品来源混淆的可能性,即消费者就原告和被告的产品来源会发生错误认识;其次,这种混淆和正向混淆的次序不同,是消费者会误以为原告的产品来源于被告,而不是误以为被告的产品来源于原告。

早在 1918 年,美国著名法官霍姆斯就提到了反向混淆的问题,在国际新闻服务诉联合出版(International News Service v. Associated Press)一案中,霍姆斯法官指出:"我认为,通常情况下,是被告假冒原告产品,而方向相反的错误认识也会导致同样的恶果,即通过某种表述或暗示,使人们误认为原告产品源于被(告……和)通常情况下的不正当交易相比,这种错误更加巧妙和隐蔽,造成的损害也更为间接。在我看来,谴责第一种行为的原则也同样谴责另外一种行为。"②但美国第七巡回法院在 1968 年的野马(Mustang)商标案中拒绝接受反向混淆概念。该案原告西部汽车制造公司于 1960 年开始在野营挂车上使用"野马"商标,并于 1962 年在印第安纳州注册"野马"文字与负载的马的图像结合而成的组合商标。被告福特公司于 1962 年开始在其试制的运动用汽车上使用"野马"商标。西部汽车制造公司通知福特汽车公司其于 1960 年即开始使用野马商标,要求福特公司停止使用野马商标。但福特公司回应说,西部汽车公司不享有该商标的专有权,且消费者也不会发生混淆,并于 1964 年 4 月开始大量生产和销售"野马"牌汽车。③ 第七巡回法院用正向混淆的原理分析反向混淆的问题,

---

① 参见杜颖:《商标反淡化理论及其应用》,载《法学研究》2007 年第 6 期。
② See International News Service v. Associated Press, 248 U.S. 215, 247 (1918). 该案中,被告将原告收集的新闻故事据为己有并转手售出。
③ See Westward Coach Mfg. Co. v. Ford Motor Co. 388 F.2d 627, 631 (7th Cir. 1968).

认为在后使用野马商标的福特公司无意于搭在先使用野马商标的西部汽车制造公司的便车,原告的商标尚属于弱势商标,没有造成消费者混淆的可能性,因此不支持原告的主张。①

直到 1977 年,美国第十巡回法院在固特异案中才正式认可并接受了反向混淆。该案原告 Big O 是一个轮胎买入组织,它向遍布在美国 14 个州的 200 多个独立的轮胎零售商提供销售技巧、广告理念、运作体制以及其他帮助,这些零售商对外都以 Big O 经销商的身份出现。1973 年秋天,Big O 决定在它的两条杂牌子的轮胎线上分别使用"Big O Big Foot 60"和"Big O Big Foot 70"。这些名称以突出白色字体显示在相应的轮胎侧壁。

固特异在 1974 年 10 月 15 日从美国专利商标局成功地获得了 Bigfoot 在雪上汽车用胎上的商标注册。1974 年 7 月,固特异决定在一种新型车胎的销售推广活动的全国性广告中使用 Bigfoot 一词,计划在 1974 年 9 月 16 日开始全国范围的广告宣传。1974 年 8 月 24 日,固特异获悉了 Big O 有 Big Foot 轮胎,并开始与其进行磋商。在磋商未果的情况下,固特异按期在 1974 年 9 月 16 日开始通过美国广播公司的"星期一晚间足球"节目在全国范围内推广 Bigfoot,因而成讼。②

固特异主张,另一个人使用商标仅仅导致消费者就第一个使用者的产品来源发生混淆,则不构成侵权。③ 法院认为,此案应该适用科罗拉多州的法律,而在一个关于商号侵权的案件中④,就第一印象(first impression)问题,科罗拉多上诉法院曾中肯地指出,科罗拉多最高法院一贯认可且遵循保护已经确立商誉的商号的政策,防止公众混淆,保护的范围呈扩大之趋势。据此,法院认为,科罗拉多法院会将普通法中的商标侵权诉讼延伸至包括反向混淆的情形。⑤

(一) 商标反向混淆构成侵权的理由

商标反向混淆之所以能够为美国司法实践所认可并接受,其动因有二:

其一,美国法院改变了原来认为反向混淆对在先使用商标的小企业有利的看法,逐渐认识到在很多情况下小企业并不愿意利用大企业的商誉。事实上,即使是在第十巡回法院明确认可并适用反向混淆之后,仍有法院提到,反向混淆对在先使用的小企业有利。因为如果消费者认为在先使用的小企业的商标与规模

---

① See Westward Coach Mfg. Co. v. Ford Motor Co. 388 F.2d 627, 635 (7th Cir. 1968).
② See Big O Tire Dealers, Inc. v. Goodyear Tire & Rubber Co., 561 F.2d 1365, 1367—1368 (10th Cir. 1977).
③ See Big O Tire Dealers, Inc. v. Goodyear Tire & Rubber Co., 561 F.2d 1365, 1371 (10th Cir. 1977).
④ See Wood v. Wood's Homes, Inc., 33 Colo. App. 285, 519 P.2d 1212, 1215—1216.
⑤ See Big O Tire Dealers, Inc. v. Goodyear Tire & Rubber Co., 561 F.2d 1365, 1372 (10th Cir. 1977).

大、资产雄厚的在后使用者有某种联系,则在先使用的小企业就可以利用在后使用的大企业的信誉,搭大企业的便车。① 但是,在先使用的小企业有很多理由不愿意放弃自己的商标,也不愿意搭这种便车,因为这样会使它们丧失商标上已经建立起来的价值,失去产品的独立地位,丧失公司在市场上的独立主体资格,进而使它们无法拓展市场,向新的市场领域发展。还有一种情况,在后使用商标企业的生产或经营理念使在先使用的企业不愿意与之联系在一起。例如,在 Pump, Inc. v. Collins Management, Inc. 一案中,原告是一个由健身运动倡导者发起成立的地区性小摇滚乐队,它的理念是在药物之外提供一种身体自我调节的积极方式。该乐队名称 Pump 被一个全国知名的摇滚乐队 Aerosmith 用在其专辑上。原告不愿意看到自己与这个全国知名的乐队联系在一起,因为这个乐队的理念是放纵药物使用,奉行快乐至上主义。②

其二,对传统商标混淆侵权的认识是以抵制"搭便车"行为为中心建立起来的,其主要目的是为了防止欺诈。但是,随着商标功能的变化,商标所具有的广告和宣传功能突出,商标上的商誉价值越来越受到重视,商标本身也逐渐被更多的人视为一种受财产权保护的东西。商标法的保护重点从最初的保护商标使用者不受恶意假冒,逐渐转向保护潜在的消费者,保护最初使用商标的在先使用者,这种现象被称为商标法的财产化(propertization)。③ 这样,不论是否存在欺诈、搭便车等不正当竞争行为,只要商标本身所具有的财产利益受到侵害,法律就要提供救济,这是反向混淆侵权成立的理论基础。在固特异案中,固特异提出,因为不能证明固特异意图利用 Big O 的商誉或者以自己的商品假冒 Big O 的商品,所以其行为不构成商标侵权。法院认为,如果接受了固特异的主张,则其逻辑后果为,一个在市场上站稳脚跟、有做大规模广告的经济实力而从竞争对手中夺取一个产品名称的公司,就可以免于承担不正当竞争责任。如果法律救济仅限于假冒,则有相当规模和资源的人就可以使用任何商标,为已经是另一个使用者产品标识的标记发展一种新的含义。固特异的行为毫无疑问是通过不当使用商标进行不正当竞争,当然是可诉的。④

法律制止商标反向混淆行为就是为了保护在先使用商标的弱小企业不被财大气粗的大企业的铺天盖地的广告所淹没,也防止消费者可能误认为小企业在鱼目混珠地搭大企业的便车,维持小企业的市场主体身份、产品独立资格,为其

---

① See W. W. W. Pharmaceutical Co. v. Gillette Co., 984 F. 2d 567, 575 (2d Cir., 1993).
② See 746 F. Supp. 1159, 1161, n 11 (D. Mass. 1990).
③ See Daniel D. Domenico, Mark Madness: How Brent Musburger and the Miracle Bra May Have Led to A More Equitable and Efficient Understanding of the Reverse Confusion Doctrine in Trademark Law, 86 Virginia Law Review 597, 601 (2000).
④ See 408 F. Supp. 1219, 1236 & 561 F.2d 1365, 1372 (10th Cir. 1977).

将来拓展市场预留出空间。

我国发生的两起反向混淆的典型案件是"蓝色风暴案"和"慧眼案"。在"蓝色风暴案"中,原告蓝野酒业公司于2003年取得了"蓝色风暴"文字、拼音、图形组合注册商标的专用权,其核准使用商品为第32类:包括麦芽啤酒、水(饮料)、可乐等。2005年5月,百事中国有限公司在全国范围内开展了以"蓝色风暴"命名的夏季促销及宣传活动。百事可乐公司在促销及宣传活动中,不仅将"蓝色风暴"标识使用在宣传海报、货架价签、商品堆头等宣传品上,也将该标识直接使用在其生产、销售的可乐等产品的外包装和瓶盖上。原告遂诉被告商标侵权。①

在"慧眼案"中,原告于2002年7月3日将"慧眼"申请为第44类眼镜行商标,注册有效期限为2003年8月7日至2013年8月6日。被告以"慧之眼"作为"北京慧之眼眼镜连锁服务有限责任公司"的企业字号进行招商加盟,其加盟商名称为"某省某地区'慧之眼平价眼镜直通车'总代理",加盟店名称为"慧之眼平价眼镜直通车",并在显要位置标示"慧之眼及其图标"。原告请求法院判令被告停止侵犯原告商标专用权、在眼镜业的相关杂志上刊登声明消除影响并赔偿经济损失。②

(二) 商标反向混淆的构成

和商标正向混淆案一样,商标权人欲主张被告使用商标构成反向混淆侵权,他首先必须证明自己在先使用的商标是受保护的商标——在我国,商标权人需要证明,自己的商标已经注册或者是应该受保护的未注册驰名商标。如果被告认为原告的商标应被撤销,或者对原告商标的使用构成合理使用等,则应由被告提出主张并举证。

1. 商标在后使用者的市场地位强于在先使用者

遵循反向混淆的"反向"之本义,消费者看到两个标志会产生原告的产品可能来源于被告,或者原告与被告之间存在许可、赞助等某种合作关系等错误认识。如果不是因为商标在后使用者凭借强大的经济实力和市场占有程度已经在消费者意识中烙下了深深的印象,则这种反向的混淆不会发生。当然,如果作为商标在先使用者的原告的商誉强于被告、其商标知名度也高于被告商标的话,则可能发生正向混淆的问题,而非反向混淆。

---

① 参见浙江省杭州市中级人民法院(2006)杭民三初字第429号民事判决书和浙江省高级人民法院民事判决书(2007)浙民三终字第74号。除非特别说明,以下关于该案的情况论述均来源于浙江省高级人民法院的终审判决。

② 参见北京市海淀区人民法院民事判决书(2007)海民初字第4917号。除非特别说明,以下关于该案的情况论述均来源于此判决。

反向混淆的被告往往具有在市场上进行饱和式宣传的实力。在固特异案中,诉讼进行之时,原告 Big O 的净值大约是 20 万美元,而固特异是世界上最大的轮胎制造商,在 1974 年,它的净销售额超过 52.5 亿美元,税后的净收入超过 1.57 亿美元。截止到 1975 年 8 月 31 日,固特异已经在大规模的市场渗透宣传活动中花费了 969 万美元。① 在蓝色风暴案中,原告浙江蓝野酒业有限公司是浙江省丽水市的一家小企业,而百事可乐公司是饮料界巨头,其 2005 年度的净利润为人民币 131876723 元。在慧眼案中,被告慧之眼公司在部分网站及中央电视台、中国教育电视台等多家电视台进行了广告宣传,支付了大量费用。慧之眼的知名度远远高于原告的慧眼商标,被告的经营规模和宣传力度是原告所不及的。

这里,我们自然会有这样一个疑问:为什么在市场上能够呼风唤雨的大企业偏偏要使用小企业已经在先享有商标权的商标呢?这可能是因为大企业本身并不知道小企业对商标的使用,或者虽然知道,但小企业使用的商标非常切合其产品推广理念,此标识以外很难再设计出一个音、形、义等方面能够和争议商标相媲美的商业标识来为自己的产品做宣传。如固特异案中的 Bigfoot、蓝色风暴案中的"蓝色风暴"。

2. 商标在后使用者是否存在恶意不是判断是否构成商标反向混淆的关键要素

因为商标反向混淆不以制止他人不法利用其在商标之上建立起来的商誉为宗旨,它强调保护在先使用者的商标本身在市场中确定独立的身份并拓展市场。因此,被告是否知晓原告商标的存在和使用以及被告是否有意利用原告已经在其在先使用的商标之上建立起来的商誉,并不影响商标反向混淆的成立。但被告如果存在恶意则有助于侵权成立的认定,且在是否对原告进行赔偿、赔偿多少的问题上,被告的主观状态会发挥重要作用。

3. 消费者会就原被告商标发生来源混淆

前文已述,反向混淆中消费者的混淆可能是指消费者会误认为原告的产品来源于被告,或原告与被告存在许可、赞助等某种合作关系。在商标正向混淆中如何判断混淆可能性,美国第二巡回法院通过 1961 年 Polaroid 案的判决确立了经典的 Polaroid 标准,其由 8 个要素构成。在商标反向混淆的判断中也或多或少地会考虑这些构成要素,但考虑的程度和角度有所不同。其中,被告采用自己商标的善意程度并不属于反向混淆判断中的构成要件;而对于商标强度以及产品质量等要素,则需要结合原、被告两方的产品来判断,本书同时将商品价格要素放入其中进行考量。而商标在先所有人跨越产品之间距离的可能性则属于重点判断要素。

---

① See Big O Tire Dealers, Inc. v. Goodyear Tire & Rubber Co., 561 F.2d 1365 (10th Cir. 1977).

(三) 商标反向混淆的法律适用

在确定商标反向混淆成立上,蓝色风暴案依据的是原 2001 年《商标法》第 52 条第 1 项的规定:"未经商标注册人的许可,在同一种商品或者类似商品上使用与其注册商标相同或者近似的商标的",这实际上是将反向混淆与正向混淆放在一起规范。而慧眼案依据的则是原 2001 年《商标法》第 52 条第 5 项的规定:"给他人的注册商标专用权造成其他损害的。"根据 2002 年《商标法实施条例》第 50 条的规定,此处所言"其他损害",是指在同一种或者类似商品上,将与他人注册商标相同或者近似的标志作为商品名称或者商品装潢使用,误导公众的。如此看来,目前我国司法判决都是在现行法律规定中为反向混淆寻找依据。本书倾向于适用我国《商标法》第 57 条第 2 项的规定来解决商标反向混淆问题,但在具体构成分析中要注意其与正向混淆的区别。

三、商标反向假冒行为

我国《商标法》第 57 条第 5 项规定,未经商标注册人同意,更换其注册商标并将该更换商标的商品又投入市场的,侵犯商标专用权。在我国,关于商标反向仿冒的法律调整最早见于司法实践。1994 年的"枫叶诉鳄鱼案"被称为商标反向仿冒的第一案。1994 年 4 月,原告北京市京工服装工业集团服装一厂发现百盛购物中心二楼鳄鱼服装专卖店出售的"鳄鱼"牌西裤是经过改装的原告生产的"枫叶"牌产品。1994 年 5 月 3 日,原告从该专卖店以每条 560 元购得西裤两条,经检验发现,该"鳄鱼"西裤系原告的产品,仅将原告的"枫叶"商标换上了"鳄鱼"商标,且其售价远远超过了原告每条 200 元左右的销售价格。北京市第二中级人民法院审理后认为,被告是利用原告的优质产品为其牟取暴利,无偿地占有了原告为创立其商业信誉和通过正当竞争占有市场而付出的劳动,其行为违反了诚实信用、公平竞争的基本原则,妨碍原告商业信誉、品牌的建立,使原告的商业信誉受到一定程度的损害,正当竞争的权利受到一定的影响。依照《民法通则》第 4 条和第 134 条第 1 款第 7 项、第 9 项、第 10 项,《反不正当竞争法》第 2 条之规定,判决被告赔礼道歉、消除影响、赔偿损失。①

在另一个典型案例——1998 年发生的"温蓝得案"中,法院则以商标法为根据作出了判决。该案中,原告温菲尔德公司因北方华娜公司将原告生产的真丝机绣女式短袖上衣的"温蓝得"商标撕去,换上了被告自己的标牌,而向法院起诉,要求被告停止侵权行为并赔偿损失。法院依据《商标法》第 3 条、第 38 条第 4 项,《民法通则》第 4 条、第 134 条第 1 款第 1 项、第 7 项、第 10 项之规定,判决

---

① 本案具体情况请参见北京市第一中级人民法院民事判决书(1994)中经知初字第 566 号。

被告的行为已构成对原告注册商标权的侵权,亦构成不正当竞争。① 在汉王科技股份有限公司与中国联合网络通信集团有限公司、江苏大为科技股份有限公司)侵犯注册商标专用权纠纷案中,北京市第一中级人民法院则明确了反向假冒也是对商标专用权的侵害。大为公司在未经汉王公司同意的情况下,擅自将大为公司的商标标识覆盖在"汉王"商标之上,将"汉王"商标全部覆盖,使整个汉王公司的产品看不出是由汉王公司所生产,并用汉王公司的该产品参加了江阴市车辆行踪监控系统项目的投标,中标后又将汉王公司的该产品投入市场。法院认为,大为公司侵犯他人注册专用权的行为实际上是一种商标反向假冒侵权行为,即未经商标权人许可,更换其注册商标并将更换商标的商品又投入市场的行为。商标反向假冒的侵权行为其行为表现形式虽然与其他商标侵权行为不同,但在行为性质上并无实质差别,同样损害了他人的商标专用权。②

商标反向仿冒突出地反映了反不正当竞争法与商标法的交叉保护问题。枫叶案的主审法官在结案后撰文指出,案件的被告同益公司的行为也构成商标权的侵犯,但是,因为原告是依据《反不正当竞争法》起诉的,所以,法院也就依据《反不正当竞争法》和《民法通则》的规定作出了判决。③ 但是,依据我国第二次修改前的《商标法》对商标仿冒行为作出规范,就必须对该法中的第 38 条第 4 项作出扩大解释,但修改前的《商标法实施细则》第 41 条对《商标法》第 38 条第 4 项所指的侵犯注册商标专用权的行为作出了列举性解释,即:(1) 经销明知或者应知是侵犯他人注册商标专用权商品的;(2) 在同一种或者类似商品上,将与他人注册商标相同或者近似的文字、图形作为商品名称或者商品装潢使用,并足以造成误认的;(3) 故意为侵犯他人注册商标专用权行为提供仓储、运输、邮寄、隐匿等便利条件的。解释中没有关于商标仿冒行为的规定。因此,依据修改前的《商标法》对商标仿冒行为作出规制存在解释上的困难。《商标法》第二次修改后,对这个问题作出了明确的规定。2013 年《商标法》保留了该规定,在第 57 条第 5 项规定,未经商标注册人同意,更换其注册商标并将该更换商标的商品又投入市场的,属于侵犯注册商标专用权的行为。

第二节 销售侵犯商标专用权的商品的行为

我国《商标法》第 57 条第 3 项规定了销售侵犯注册商标专用权的商品的行为构成商标侵权,同时,在第 64 条第 2 款规定,销售不知道是侵犯注册商标专用

---

① 该案的案情以及有关问题的分析,请参见王范武:《对一起"反向侵犯商标权"案例的评析》,载《法律科学》2000 年第 12 期。
② 本案具体情况请参见北京市第一中级人民法院民事判决书(2011)一中民初字第 17449 号。
③ 参见罗东川:《审理"枫叶"诉"鳄鱼"案的几个问题》,载《中华商标》1998 年第 4 期。

权的商品,能证明该商品是自己合法取得的并说明提供者的,不承担赔偿责任。

从这两个条款的规定来看,销售侵犯注册商标专用权的商品的行为,只有在销售者主观上存在"知道或应该知道"的过错时,才承担损害赔偿责任,否则只承担停止侵权等民事责任已足。这样,我国《商标法》通过结合2000年8月第二次修改《专利法》时所体现的立法精神,已经将商标侵权承担赔偿责任的构成要件与商标侵权行为的构成要件区别开来。在主观上不存在明知或应知的过错状态下,行为人不承担赔偿责任。

但是,该规定的适用需要注意以下几点:

第一,行为依然构成商标侵权行为,只是行为人不承担赔偿责任,但仍然需要承担停止侵害等其他责任。

第二,行为人不承担赔偿责任要提供证据,证明该商品是自己合法取得的,且能说明提供者的姓名。

第三,行为人知道侵权成立后仍然不停止侵权而继续销售的,则行为性质发生转化,应该承担赔偿责任。

现实生活中,如果销售的商品就是侵犯注册商标专用权的商品的,销售行为的违法性很好判断。但是,如果销售的商品并不侵犯注册商标专用权,但搭赠的礼品是假冒或仿冒商品,是否也构成侵犯商标专用权的行为呢?

2008年1月3日,江苏省扬州市邗江工商局根据群众举报,对江苏某服饰有限公司扬州专卖店销售羽绒服附赠假冒金利来皮包一案立案调查。经查:该专卖店于2007年12月30日购进62只皮包,在2008年1月1日、2日开展了"买一赠一"的促销活动,买一件羽绒服即赠送一只皮包。皮包上印有"JINLILAIPIJU"字样,附属的吊牌上标注有"广州立绅来皮具有限公司""goldlion""金利来""全国统一零售价298元"等字样。经鉴定,上述皮包为假冒产品。goldlion、金利来是金利来(远东)有限公司在商标注册用商品和服务国际分类第18类箱包等商品上的注册商标,广州立绅来皮具有限公司是中国内地唯一合法获得授权经营金利来皮具的公司。

若搭赠商品侵犯注册商标专用权,搭售或搭赠人是否应该承担商标侵权责任,北京市高级人民法院2001年曾经在一起案件中作出过终审判决。在这起案件中,北京市糖业烟酒公司诉北京美厨食品有限公司,因北京美厨食品有限公司销售的方便面包装内搭赠了北京市糖业烟酒公司的京糖商品绵白糖。该案一审法院北京市第二中级人民法院认为,由于搭赠名目的设立,使经营者达到了促销的目的,获得了超额的经济利润,该利益的取得有一部分是靠搭赠品的付出而取得的,它是经营者一种潜在的销售行为,其性质不受商品售价是否提高、搭赠品是否摊入成本的影响。因此,对美厨公司所持的搭赠商品的行为性质不属于销售的观点不予采信。①

北京市高级人民法院经二审审理后认为,美厨食品公司将侵犯北京市糖业烟酒公司"JING TANG"注册商标专用权的绵白糖以赠品的方式放入其销售的方便面包装箱中进行销售,其目的在于促销自己的商品,并由此获得更多的商业利润。在美厨食品公司销售的整箱方便面中,既包括美厨食品公司的自有商品方便面,也包括假冒北京市糖业烟酒公司"JING TANG"注册商标专用权的绵白糖。因此,搭赠行为本身仍然是一种销售行为,其行为性质并不因为附赠品而有所改变,亦不受商品售价是否提高、搭赠品是否摊入成本的影响。美厨食品公司关于搭赠行为不是销售行为的主张不能成立。②

2006年,《北京市高级人民法院关于审理商标民事纠纷案件若干问题的解答》在第22个问题答道,"搭赠是销售的一种形式,因此搭赠侵犯注册商标专用权商品的行为是商标侵权行为,搭赠人应承担停止侵权的责任;明知或者应知所搭赠的商品是侵犯注册商标专用权的商品的,还应当承担损害赔偿责任"。

第三节 侵犯他人商标标识的行为

我国《商标法》第57条第4项规定,伪造、擅自制造他人注册商标标识或者销售伪造、擅自制造的注册商标标识的是侵犯商标专用权的行为。该行为侵犯了商标专用权中关于商标印制的专有权。

根据我国《商标印制管理办法》的规定,只有经过工商行政管理部门登记后,确定具有印制商标资质的企业才能接受他人委托从事印制商标业务。该办法规定了印制过程中,委托方要提供的证明文件,受托方要审查委托方提供的证明文件。该办法规定,商标印制委托人委托商标印制单位印制商标的,应当出示营业执照副本或者合法的营业证明或者身份证明。商标印制委托人委托印制注册商标的,应当出示《商标注册证》或者由注册人所在地县级工商行政管理局签章的《商标注册证》复印件,并另行提供一份复印件。签订商标使用许可合同使用他人注册商标,被许可人需印制商标的,还应当出示商标使用许可合同文本并提供一份复印件;商标注册人单独授权被许可人印制商标的,除出示由注册人所在地县级工商行政管理局签章的《商标注册证》复印件外,还应当出示授权书并提供一份复印件。

委托印制注册商标的,商标印制委托人提供的有关证明文件及商标图样应当符合下列要求:(1)所印制的商标样稿应当与《商标注册证》上的商标图样相

---

① 该案具体情况见北京市第二中级人民法院民事判决书(2000)二中知初字第1号。
② 该案具体情况见北京市高级人民法院民事判决书(2001)高知终字第43号。

同;(2)被许可人印制商标标识的,应有明确的授权书,或其所提供的《商标使用许可合同》含有许可人允许其印制商标标识的内容;(3)被许可人的商标标识样稿应当标明被许可人的企业名称和地址;其注册标记的使用符合《商标法实施条例》的有关规定。

从上述规定来看,因注册商标标识而侵犯商标专用权的行为主要分为以下四种类型:伪造他人注册商标标识、擅自制造他人注册商标标识、销售伪造的注册商标标识、销售擅自制造的注册商标标识。从条文本身含义来看,购买商标标识的行为并不在其中,因此,在上文提到的北京天朝精细化工有限公司诉北京市通州区运河化工厂侵犯商标专用权纠纷案中,被告运河化工厂仅仅是购买了印有原告商标标识的包装桶,就有观点认为其行为不构成商标侵权。一审法院和二审法院[①]都认为,被告购买外包装桶的主观故意非常明显,且没有证据表明它是准备为了销售以外的其他目的而使用包装桶,因此均判决被告侵犯原告的商标专用权。

第四节　以商品名称或商品装潢侵害商标专用权行为

《商标法实施条例》第76条第1项规定,在同一种或者类似商品上,将与他人注册商标相同或者近似的标志作为商品名称或者商品装潢使用,误导公众的,侵犯注册商标专用权的行为。

一、以商品名称侵害商标专用权的行为

商品名称侵害商标专用权行为的构成要件有三个:第一,被控侵权商品与商标专用权商品属于同种或类似商品;第二,商品名称与他人注册商标相同或近似;第三,误导公众。对于前两个要件,我们在商标假冒和仿冒部分已经分析过,与商标假冒和仿冒行为不同的是,此处明确规定了误导公众要件,也就是说,即使是将与商标相同的商品名称用于相同的商品之上,权利请求人依然要证明发生了误导公众的效果。

发生在我国的以商品名称侵害商标专用权的典型案件是"艾格福"案。该案原告为艾格福(天津)有限公司,被告为四川省富顺县生物化工厂(以下简称富顺生化厂)。

1989年2月20日、1990年11月10日,法国罗素·优克福有限公司经中国商标局核准注册"DECIS""敌杀死"等商标,核准使用商品为灭草和杀寄生虫制

---

① 该案一审判决见北京市第二中级人民法院民事判决书(1998)二中知初字第124号;二审判决见北京市高级人民法院民事判决书(1999)高知终字第63号。

剂、杀虫药剂。1997年2月28日,"敌杀死""DECIS"等商标经中国商标局核准转让给法国赫司特·先灵·艾格福有限公司。1997年间,艾格福(天津)有限公司发现市场上有富顺生化厂生产的冠以"10%高效敌杀死""敌杀死"和"DECIS"字样的农药产品销售。为此,艾格福(天津)有限公司分别于同年11月20日、12月15日函告富顺生化厂,要求其停止侵权行为。富顺生化厂分别于同年12月6日和次年1月20日向艾格福(天津)有限公司回函,表示立即停止生产和销售"高效敌杀死"产品,对已生产的农药产品重新改、印标签,原有标签在3月底前全部更换。之后,富顺生化厂仍继续生产、销售在标签上冠以"敌杀死""高效敌杀死"字样的农药产品。艾格福(天津)有限公司遂于1998年7月20日向原审法院提起诉讼。该案虽然纠结于商标显著性降低、敌杀死是否已经沦为通用名称的问题,但在商标未经法律规定的程序撤销前,最高人民法院认为商标依然有效。为此,判决指出,商标核定使用的商品为杀虫剂,富顺生化厂未经商标注册人许可,在同一种商品上既使用与"敌杀死""DECIS"注册商标相同的商标,又将"敌杀死""DECIS"文字作为其商品名称使用或者将"敌杀死"文字作为其商品名称的主要部分使用。富顺生化厂在使用"DECIS"作为其商标或者商品名称时,均同时使用了"敌杀死"文字作为其商标或者商品名称,构成商标侵权,判决富顺生化厂立即停止非法使用"敌杀死""DECIS"注册商标的侵权行为;销毁库存的全部假冒农药产品。[①]

二、以商品装潢侵害商标专用权的行为

以商品装潢侵害商标专用权行为的构成要件也有三个:第一,被控侵权商品与商标专用权商品属于同种或类似商品;第二,商品装潢与他人注册商标相同或近似;第三,误导公众。

商品装潢侵害商标专用权的行为更具有间接性,因此,在判断侵权是否成立时,对误导公众要件要特别加以分析。一般来说,在具体分析侵权构成时,要通过商品装潢与商标的相似程度、相关公众的注意程度、商品装潢与商品的联系方式等要素进行判断。

在"老坛子案"中,重庆市高级人民法院通过案件事实要素综合判断,得出相关消费公众不会就商品来源发生误认的结论,因此,判断统一企业在调味料包装上使用"老坛子"不构成商标侵权。

该案一审原告和二审上诉人是陈永祥,于2004年取得第3546349号"老坛子"注册商标专用权,核定使用商品为29类,包括泡菜、酸菜、腌制蔬菜、咸菜、榨菜、腐乳、蔬菜汤料等。商标为一坛子的正面视图,下有"老坛子"三个中文字,坛子中间

---

① 该案具体情况见中华人民共和国最高人民法院民事判决书(1999)知终字第11号。

为"LAO TAN ZI"拼音。被告成都统一企业食品有限公司在其生产的方便面产品"统一巧面馆老坛酸菜牛肉面"的包装袋内配有一调味包。调味包内的实物为酸菜。调味包的包装袋上印有一坛子的正面半身视图,图下印有"老坛酸菜风味包"几个由大至小的字,调味包左上角印有统一企业的图形与英文组合商标。

本案中,调味包作为方便面的配料,虽不单独销售,但随方便面一起进入流通领域进行交易,具有使用价值,并能产生价值,具有商品的属性。消费者食用方便面的时候,存在着区分调味料生产者的可能性。因此,调味包应该是一种商品。酸菜调味包上作装潢使用的坛子图形和"老坛"文字,与陈永祥拥有的"老坛子"图文商标相似,并且使用在同一类商品上。

但是,法院指出,法律规定,在相同或类似商品上,将与注册商标相似的图文作装潢使用是否构成商标侵权的前提是足以使消费者引起误认。商标的主要功能是区分商品的来源。如果相关消费者在购买或使用统一企业的"老坛酸菜牛肉面"时不会将其与使用了陈永祥的"老坛子"注册商标的商品相混淆,则侵权不成立。在本案中,调味包虽是商品或商品的一部分,但密封在包装袋内,在消费者选购商品时不具有识别商品来源的作用。消费者在使用商品的时候,打开外包装袋后会看见酸菜调味包,这时需要结合商标的显著性和知名度来考察消费者在使用该酸菜调味包时会不会误认为是陈永祥生产的或陈永祥许可生产的产品。就显著性而言,"老坛子"虽不是泡菜等商品的通用名称或直接表示其功能用途,但坛子是制作泡菜的传统工具,西南地区的群众习惯将陈年泡菜称为老坛泡菜。因此,"老坛子"用以指示特定泡菜生产者的功能较弱,显著性不强。就知名度而言,陈永祥未提供充分证据证明其在与统一企业发生纠纷前确已将"老坛子"商标实际进行商业性使用,并且通过使用获得了一定的市场认同。统一企业生产的方便面产品知名度较高,并且将坛子图形和"老坛"文字用于装潢方便面产品的时间早于陈永祥的"老坛子"商标的注册时间,一般消费者将统一企业的酸菜调味包误认为是陈永祥生产的或陈永祥许可生产的产品的可能性几乎不存在。

基于上述分析,法院认为,统一企业虽在相同的酸菜商品上将与陈永祥的"老坛子"商标相似的图文做包装装潢使用,但尚不足以使一般消费者对商品来源产生混淆,因此不构成对陈永祥的"老坛子"商标专用权的侵犯。①

在这个案件中,法院通过综合分析下列要素认定消费者不会就商品来源发生混淆:第一,老坛子作为商标的显著性低,是西南地区群众制作泡菜的传统工具;第二,原告并未在纠纷前实际商业使用商标;第三,商标使用的商品在方便面商品的包装袋内,消费者购买时看不到;在看到老坛调味包时已经在先产生了对"统一"方便面的认识,统一企业知名度高,不易发生混淆。

---

① 该案具体情况见重庆市高级人民法院民事判决书(2005)渝高法民终字第193号。

第五节 商标帮助侵权行为

原《商标法实施条例》第 50 条第 2 项规定,故意为侵犯他人注册商标专用权行为提供仓储、运输、邮寄、隐匿等便利条件的行为属于侵犯注册商标专用权的行为。2013 年《商标法》将此项规定进行了调整,在第 57 条新增一项,即故意为侵犯他人商标专用权行为提供便利条件,帮助他人实施侵犯商标专用权行为的。2014 年新《商标法实施条例》在第 75 条予以了相应规定。该项规定既规范传统侵权行为中提供交易场所、侵权工具以及其他便利条件的行为,也适用于网络商标侵权环境下电子交易平台和搜索引擎等商标帮助侵权行为。本节只论述传统线下商标侵权行为,对网络服务提供者的商标侵权行为单列一节进行详细论述。

该类行为是所有商标侵权行为中最特殊的一类行为,因为它的归责性不是体现在责任人直接实施了侵害商标专用权的行为,而是在别人直接实施侵害商标专用权行为时提供了帮助。因此,该行为的构成要件强调主观状态,必须是故意,即明知或应知他人在实施侵犯注册商标专用权的行为,而协助其完成,提供仓储、运输、邮寄、隐匿等条件。

在美国法中,这类行为被称为商标帮助侵权行为,和商标替代侵权行为一起构成商标间接侵权行为。尽管美国商标法中没有明文规定间接侵权行为,但是学说和判例将这类行为不断地进行诠释,也发展出了一套可行的司法审判规则。在我国,判断商标帮助侵权行为是否成立,除适用《商标法》上述条款规定外,还要运用民法关于共同侵权的规定,考虑《民法通则》关于共同侵权规则的运用。目前,我国发生的帮助侵权行为的案例主要是为商标侵权提供场所的行为。

商标帮助侵权行为成立的要件有两个:第一,商标直接侵权成立。如果不存在商标直接侵权行为,提供帮助条件的行为人的行为自然也不构成侵权。第二,帮助行为的实施者主观上存在故意,即知道或者应该知道。这个主观构成要件是否成立,不是直接探究帮助行为实施者的真意,而是通过客观事实来推断。一般情况下,如果商标权利人曾经向实施帮助行为的人发出了警告或要求其停止协助行为、监督侵权人的通知后,未及时采取相应措施的,就可以推知故意成立。例如在"秀水案"中[①],案件一审原告为(法兰西共和国)香奈儿股份有限公司,被告为北京秀水街服装市场有限公司(以下简称秀水街公司)、黄善旺。2005 年 2 月 23 日,黄善旺与秀水街公司签订了摊位租赁合同,获准经营其中一摊位。2005 年 4 月 25 日至 5 月 8 日,香奈儿公司在黄善旺摊位上购买了带有"CHANEL"商标和图形商标标识的女包 1 个。同年 5 月 16 日,香奈儿公司向秀

[①] 该案具体情况见北京市高级人民法院民事判决书(2006)高民终字第 334 号。

水街公司发出律师函,告知其市场内存在销售侵犯注册商标专用权商品的行为,并列出了销售者的摊位号,其中包括黄善旺,要求秀水街公司立即采取有力措施。同年6月3日,香奈儿公司第二次从黄善旺经营的摊位上购买到带有"CHANEL"商标和图形商标标识的手包1个。之后,香奈儿公司提起诉讼。法院认为,秀水街公司未采取有效措施制止涉案销售侵犯注册商标专用权的商品的行为,致使原审被告黄善旺仍能在此后一段时间内继续实施销售侵犯香奈儿公司注册商标专用权的商品的行为,秀水街公司主观上存在故意,客观上为原审被告黄善旺的侵权行为提供了便利,构成帮助侵权行为。

从目前我国发生的场所提供者承担商标侵权责任的案件来看,法院认为经营柜台租赁业务的业主除有权对市场进行统一经营管理,有权决定市场经营时间、经营品种、范围等,并根据市场的需要进行调整,有权监督租赁方的经营活动之外,也有义务维护市场秩序,有权制止租赁方的违法行为,并向有关行政管理部门报告等。但租赁柜台业主往往提出诉讼主体不适格的抗辩,要求法院追究假冒商品直接销售者的责任,而自己免责。一般认为,如果经营租赁柜台的业主在发票上盖章,即构成和直接销售侵权商品的柜台的摊主实施了共同侵权。在耐克国际有限公司与合肥市百诚鞋业有限公司假冒商标案中[1],被告合肥市百诚鞋业有限公司答辩称,原告在本案中起诉的被告主体有误,被告与靳常英签订了鞋业柜台租赁合同,将柜台租赁给靳常英经营鞋类商品,靳常英在经营过程中销售了涉嫌侵犯原告商标专用权的鞋类商品,该侵权事实已经被合肥市工商局庐阳区分局行政处罚决定书所确定,相关的侵权责任应由靳常英承担,因此原告起诉被告不当。法院认为,本案中上海市努克知识产权咨询服务有限公司实施购买行为时,从合肥市淮河路步行街标有"百诚鞋业"字号的出卖人处取得的发票中加盖的印章是合肥市百诚鞋业有限公司,因此该出卖行为应认定是合肥市百诚鞋业有限公司所为,该公司依法应对该行为承担法律上的责任。被告辩称该侵权行为应由靳常英承担的理由不成立。

第六节 驰名商标淡化行为

什么是商标淡化?这似乎是一个谁都无法解释透彻的概念。美国商标法大师托马斯·麦卡锡(J. Thomas McCarthy)面对这块难啃的骨头也垂头丧气,"商标法中还从来没有一个概念制造过这么多原则解说的困惑和司法理解的分

---

[1] 该案具体情况见安徽省合肥市中级人民法院民事判决书(2007)合民三初字第95号。

歧"。① 我国学者关于商标淡化的讨论从 20 世纪 90 年代开始升温,相关的研究成果主要介绍了美国的立法和司法经验。遗憾的是,我国大多数学者误读了商标淡化的概念。

一、法律保护商标受反淡化保护的原因

中外文献中论述"商标淡化"的,几乎无一例外认为商标淡化理论的首倡者是美国学者弗兰克·斯凯特(Frank Schechter),也总是引用他那段关于保护商标独特性(uniqueness)的论断。1927 年,《哈佛法律评论》发表了斯凯特的文章《商标保护的理性基础》(*The Rational Basis of Trademark Protection*)。在提出商标淡化理论之前,他用了相当的篇幅分析人们对商标功能的误读。他指出,商标发挥的功能并非是人们所称的"标示商品或者服务的来源"。为了证明这一点,他引用了几个巡回法院在几个判决中的观点,它们都印证了一点:人们要去购买某个或某种商品,并非是因为知道或者识别出该商品是某生产者生产的,而是因为识别出令人满意的产品。例如,人们想购买贝克(Baker)巧克力,并不是因为人们知道它是沃尔特·贝克(Walter Baker)生产的,而是人们喜欢这种巧克力。如果说,商标只是商誉看得见的标志,商誉比商标重要,因为商誉才是实实在在的内容,而商标只是商誉的影像,这并没有精确地表述出商标在今天发挥的真正功能,并阻碍对商标的全面保护。② 斯凯特认为,传统商标侵权理论建立在消费者就商品来源发生混淆的基础上,它的理论基础就是把商标的功能定义为识别商品来源。如果把相同或者近似的商标、名称用在非竞争性商品之上,逐渐消耗或者稀释公众对于某种商标的认识,传统的商标侵权理论就无法为商标权人提供保护,因为消费者就商品来源没有发生错误认识。为制止针对商标实施这种"千刀万剐"(death by a thousand cuts)的行为,商标权人只能求助于商标淡化理论。可见,正是基于对商标功能的新理解,斯凯特提出了商标淡化理论,所以,商标淡化理论诞生的根本原因在于商标功能在现代社会的发展变化。

商标在现代社会的发展已经让我们不得不更多地关注其广告功能。今天,大多数商标诉讼都因在不构成竞争关系的商品之上使用近似商标而发生。在相同或者近似商品上使用相同或者近似的商标并进而造成消费者混淆的情况已经成为了例外,更多的是采取隐蔽或者巧妙的方式,用暗示或潜移默化的方法。其目的就是绕开传统商标侵权规定,因为根据该规定,如果消费者就商品来源没有产生混淆,就不发生侵权责任。这样,不论从发生频率还是从非法所得的价值角

---

① J. Thomas McCarthy, "Dilution of A Trademark: European and United States Law Compared", 94 Trademark Reporter 1163 (2004).

② See Frank Schechter, "The Rational Basis of Trademark Protection", 40 *Harvard Law Review* 813, 816—818 (1927). 以下关于斯凯特观点的引用均来自他这篇文章。

度衡量,绝大部分非法使用商标的行为都会游离于传统商标保护之外;因为赤裸裸的侵权行为已经是非常态,而隐蔽的搭便车行为针对的就是具有相当经济价值的商标,其行为所得甚巨。这迫使我们重新认识商标的价值,重新定义商标保护的基础。斯凯特说,现代商标的价值并不在于识别商品来源,而在于创造购买力(selling power);这种购买力来自于公众的心理,它不仅取决于使用商标的商品的价值,还取决于商标本身的独特性(uniqueness)和单一性(singularity);于相关或不相关的商品上使用这种商标会损害这种独特性或单一性;法律同样要对它进行保护,对它的保护程度取决于商标所有人通过自己的努力或者创造力使该商标区别于其他商标的独特性的程度。斯凯特还引用德国的案例佐证自己的观点。一家生产钢铁的公司使用了漱口药的商标"Odol"。尽管消费者不会认为生产漱口药的这家公司开始生产钢铁了,但德国法院认为,消费者由此商标会联想到漱口药,并进而认为以同样商标销售的任何一种商品都有同样好的质量。如果每个人都用这种商标识别其提供的商品,则该商标就会丧失购买力。因此,漱口药的生产者有权利保证该商标不被淡化。

斯凯特敏锐地捕捉到了现代社会商标与商誉之间的微妙关系。商标承载着商誉走得越来越远,商标所代表的商誉已经逐渐脱离商标标记本身,开始主张自己独立存在的价值。我们可以清晰地看到,问题之根源在于商标功能从原始功能向事后功能——广告投入功能倾斜。也有人从符号学意义上分析商标,认为有必要重新定义商标显著性,它包括两种显著性,一为来源显著性(source distinctiveness),它定义的是商标识别商品来源的显著性;二为差异显著性(differential distinctiveness),它定义的是商标与其他商标相区别的显著性。当今社会,来源显著性在消减,而差异显著性主宰了法律。商标法律正向符号的"标记价值"(sign value)修正。[①]这种符号学意义上的分析也从另外一个角度道出了商标功能的发展变化。

如果能够认识到商标反淡化保护的基础在于商标的广告宣传功能,我们就可以正确设定商标反淡化保护的存在范围。

二、商标反淡化保护的范围

从类型上分析,淡化行为包括两种:冲淡(blurring)和污损(tarnishment)。[②]

[①] Barton Beebe, "The Semiotic Analysis of Trademark Law", 51 *UCLA Law Review* 621, 621—622 (2004).
[②] 我国学者对这两个英文名词的翻译很不一致:有的称其为"模糊"与"失色或贬低"(须楚建:《商标淡化的法律问题初探》,载《法学》1997年第7期);有称其为"暗化"与"丑化"(井涛、陆周莉:《论驰名商标的反淡化保护》,载《法学》1998年第5期);有称其为"冲淡"与"玷污"(〔美〕苏珊·瑟拉德《美国联邦商标反淡化法的立法与实践》,张今译,张保国校,载《外国法译评》1998年第4期;杨柳、郑友德:《从美国Moseley案看商标淡化的界定》,载《知识产权》2005年第1期);有的翻译为"冲淡或模糊"与"污损或丑化"(马宁、杨辉:《商标淡化理论的新转折:评美国Victoria's Secret案》,载《电子知识产权》2004年第2期)。本书认为,从文义的对应性和表述的优雅来看,"冲淡"和"污损"不失为一种好的翻译。

2006年10月6日美国国会通过的《商标淡化修正法案》(Trademark Dilution Revision Act（TDRA））[①]、1998年7月16日修改并于1999年1月1日生效的《德国商标法》第14条第2款之(3)都采这种分类。我国学者对商标淡化的类型分析与此一致。由于污损行为对商标权人的侵害是明显的，因此，从原则的具体理解适用来看，学界和司法界在认识上没有什么分歧。例如，在"伊利商标案"中，2000年6月2日，尤某以温州市龙湾海城和成水暖经营部名义申请"YiLi+伊利"的商标，指定使用商品为第11类水龙头等。后，伊利公司以"YiLi+伊利"商标与其1991年10月8日申请注册的、1999年被国家工商行政管理总局认定为驰名商标的、指定使用在牛奶等商品上的"伊利"商标构成2001年《商标法》第13条第2款规定的"误导公众，致使该驰名商标注册人的利益可能受到损害"的情形为由，向商标局提出异议申请。尽管伊利公司知名的商品是冷饮，与"水龙头"等商品分属不同行业，差异较大，被异议商标使用在"水龙头"等商品上，不会引起消费者混淆，但北京市第一中级人民法院却以商标淡化中的污损为重要理由判决商标注册会给伊利公司带来损害。该判决指出，鉴于伊利商标极高的知名度，作为驰名商标跨类保护所应考虑的范围应当与其知名度强度相当，作更宽泛的考虑。尤某将"伊利"作为水龙头等商品上的商标使用，尽管注册申请的商品类别在生产销售等方面与伊利公司没有关联之处，但可以认定其使用行为客观上带来了减弱"伊利"作为驰名商标显著性的损害后果；其使用在卫生器械和设备上，易使消费者将其与不洁物发生联想，伊利公司据此有理由认为尤某的这种使用会造成贬损其"伊利"商标声誉的损害后果；同时也因伊利商标极高的知名度，伊利公司有理由认为，尤某的这种使用行为无形中利用了伊利公司"伊利"商标的市场声望，无偿占用了伊利公司因付出努力和大量的投资而换来的知名度的利益成果。

但关于冲淡行为，却存在诸多解释上的争议。这里主要以冲淡行为为分析对象，探讨商标淡化认定中的基本问题，下文主要在冲淡意义上使用淡化这一概念。

尽管人们对淡化行为的类型划分基本一致，对商标反淡化保护的范围却认识不一，其原因在于要么没有正确理解商标反淡化概念提出的基础在于保护商

[①] 在《联邦商标反淡化法》制定后，有少数人认为，联邦反淡化法并不规范污损行为造成的淡化，因为该法不像州反淡化法那样明确地把"损害商业信誉"（injury to business reputation）包括在里面。See Robert C. Denicola, "Some Thoughts on the Dynamics of Federal Trademark Legislation and the Trademark Dilution Act of 1995", 59 *Law and Contemporary Problems* 75,88—90 (1996). 但法院认为，《联邦商标反淡化法》适用于污损行为。例如，在 Toys "R" Us, Inc. v. Akkaoui 一案中，法院认为被告使用 adultsrus.com 域名销售成人性用品的行为，污损了原告在公众中一直保持并努力保持的形象，违反《联邦商标反淡化法》的规定。See Toys "R" Us, Inc. v. Akkaoui, 40 U.S.P.Q.2d 1836 (1996). 2006年《商标淡化修正法案》明确规定了淡化和污损两种行为，See 15 U.S.C.A 1125 (c)。

标的广告宣传功能,要么对商标法在多大程度上保护商标的广告宣传功能认识不一致。这使很多人误解了混淆要素在商标反淡化保护中的意义,纠缠于商标反淡化保护以商标驰名还是以商标著名为要件的问题。

(一)商标反淡化保护不要求发生商品来源混淆

商标反淡化保护商标的广告宣传功能,这与反混淆不同,后者保护商标的标志来源功能。如果将发生商品来源混淆作为商标反淡化保护的前提要件,会使商标反淡化保护失去独立存在的空间。如果消费者将一个标志同时和两个来源提供者联系在一起,这时可能会发生混淆,也可能发生商标的淡化。二者的区别在于,如果消费者认为两个来源提供者具有某种联系,如合作关系、投资关系或隶属关系,发生的是混淆;如果消费者能够认识到两个来源提供者没有任何联系,发生的则是淡化。这时,之所以要保护商标权人的反淡化权利,是因为消费者把标识和另外一个新的不同的来源联系在一起,削弱了商标和商标权人之间的特定联系。

这里暗含着一个前提,即冲淡行为只能发生在不相同、且非类似的商品或服务之间,如果是将相同或者类似标记用于相同或者类似的商品、服务之上,则是传统的混淆侵权,而不考虑商标的淡化问题。

与传统混淆侵权不同,禁止商标淡化并不强调保护消费者的利益[①],它保护的是商标权利人的权利。当然,有些学者主张,淡化行为事实上损害了消费者的利益。因为商标是通过提供给消费者一个简单的、便于记忆的、清晰的产品或者服务的识别符号,谋求信息成本的经济化。如果商标具有其他联系对象,则经济化程度降低,因为看到它的人必须考虑一下才能确定它是某产品或者服务的标记。[②] 标记被使用在不相关的产品上会逐渐降低商标的显著性,在商标周围的这些"混淆视听"(noise)会增加消费者的检索成本。[③] 在一定程度上,消费者能够获得并加工的信息取决于他们意识中标记和产品之间的联系程度,"混乱"(clutter)会增加消费者的成本。[④] 但是,不能否认,相对于混淆给消费者造成的损害,淡化给消费者造成的检索成本毕竟具有间接性,而且反复试错也许能够使消费者的"视听"不再"混淆"。因此,至少可以这样说,反淡化的直接目的并不是保护消费者,它保护的也不是商标的标志商品来源功能。

商标反淡化保护中存在一个悖论——混淆与淡化互相排斥。上文已述,淡

---

① Moseley v. V Secret Catalogue, Inc., 537 U.S. 418, 430 (2003).
② Richard A. Posner, "When Is Parody Fair Use?", 21 *Journal of Legal Studies* 67, 75 (1992).
③ Maureen A. O'Rourke, "Defining the Limits of Free-Riding in Cyberspace: Trademark Liability for Metatagging", 33 *Gonzaga Law Review* 277, 306—307 (1998).
④ Mark A. Lemley, "The Modern Lanham Act and the Death of Common Sense", 108 *Yale Law Journal* 1687, 1704 (1999).

化与混淆不同,消费者就商品来源不发生错误认识,也不认为两个来源之间有什么特别联系,如合作关系等。但是,如果消费者根本不把标记与著名或驰名商标联系在一起,淡化就根本无从发生。因此,不论是混淆,还是淡化,消费者一定是将某标志与两个来源联系在一起。即使是在淡化的情况下,在消费者的意识中,两个来源还是有联系的,只不过这种联系不是混淆(confusion),而是一种意识中的联想(mental association)。①

正因为存在这种悖论,很多人仍将混淆作为是否构成淡化的要件之一,这种认识上的误区在我国学界尤甚。我国大多数学者认为,淡化行为使消费者就商品来源发生混淆;消费者会误认为两商品来源相同或两企业存在某种商业或组织上的联系而购买某无关商品。这错误地解读了商标淡化的概念,没有认清商标反淡化保护与商标广告宣传功能之间的互依互存关系。如果消费者就商品来源发生了错误认识,而认为商标和著名商标权人有某种联系,事实上是不可能发生淡化的,因为此时在消费者的意识中,标记指向的是一个来源——著名商标权利人,而不论消费者是认为商品来源于一个提供者,还是商品的两个提供者之间有某种合作关系。即使发生了后一种情况,在消费者那里留下主要印象的仍是商标权利人。这时,从逻辑上说,商标的显著性、独特性没有遭到淡化,反而是被强化了。

(二) 商标反淡化保护与商标的知名度

是否只有驰名商标才有资格获得商标反淡化保护,这是一个争议较大的问题。对此,存在驰名商标说和著名商标说两种不同的观点。本书认为,可以将反淡化保护限定在驰名商标的范围内,而普通商标不能享受反淡化保护。

由上分析,笔者认为,冲淡导致的商标淡化是指,未经驰名商标权利人许可,在非类似的商品或者服务上使用与驰名商标相同或者近似的标志,尽管消费者能够识别出标记所标识的商品或服务分别来自不同且不相关联的提供者,但该行为可能会消耗驰名商标的独特性,使驰名商标逐渐丧失吸引力,最终给商标权人带来损害。该定义既明确了商标反淡化保护以商标具有一定的知名度为前提,又把商标反淡化保护与传统的混淆保护区别开来,指出商标淡化的危害并非在于商标无法发挥其识别来源功能,而在于削弱商标与商品的唯一联系性并使商标逐渐丧失销售力、吸引力。

三、驰名商标反淡化保护的法律规定

除了前文已经分析过的美国、德国、法国的相关规定外,如果根据上述定义

---

① J. Thomas McCarthy, *McCarthy on Trademarks and Unfair Competition*, 4th ed., Thomson West, 2005, pp.24—143.

来考虑《巴黎公约》、TRIPs协定以及我国法律的规定,我们会发现,《巴黎公约》中根本没有规范商标淡化,而TRIPs协定第16条第3款及我国现行立法的规定事实上也不是关于商标淡化的规定。

《巴黎公约》第6条之2规定的驰名商标保护以"用于相同或类似商品上,易于造成混乱"为前提,因此,该条不是关于淡化的规定。TRIPs协定第16条第3款规定,"《巴黎公约》1967年文本第6条之2,原则上适用于与注册商标所标示的商品或服务不类似的商品或服务,只要一旦在不类似的商品或服务上使用该商标,即会暗示该商品或服务与注册商标所有人存在某种联系,从而注册商标所有人的利益可能因此受损"。由于这里明确规定了"暗示该商品或服务与注册商标所有人存在某种联系"这一要件,因此,从严格意义上说,该规定并不是关于淡化的,因为一旦消费者将两个标记都联系到驰名商标人那里,这时发生的就是混淆,而不是淡化了。

我国学者关于商标反淡化研究的文献都认为,我国关于商标淡化的最早规定见于1996年8月14日国家工商行政管理局令第56号发布的《驰名商标认定和管理暂行规定》。[①] 其第8条规定,将与他人驰名商标相同或者近似的商标在非类似商品上申请注册,且可能损害驰名商标注册人权益的,不得注册为商标;第9条规定,将与他人驰名商标相同或者近似的商标使用在非类似的商品上,且会暗示该商品与驰名商标注册人存在某种联系,从而可能使驰名商标注册人的权益受到损害的,驰名商标注册人可以自知道或者应当知道之日起两年内,请求工商行政管理机关予以制止。该规定第8条是防止商标发生淡化的措施,可以认为是针对商标淡化的规定,但严格意义上说第9条则不是关于商标淡化的规定。因为和TRIPs协定第16条第3款的规定一样,"暗示该商品与驰名商标注册人存在某种联系"实属"画蛇添足"。而第8条所规定的反淡化保护仅限于注册驰名商标,针对的是商标注册申请,只是通过不予注册来防止商标淡化的发生。因此,《驰名商标认定和管理暂行规定》并没有就商标淡化从注册到使用作出全面的规范。

2001年修改后的我国《商标法》在第13条第2款的确规定了对注册驰名商标可以提供跨类保护,但是,对该条款作出进一步规定的《驰名商标认定和保护规定》第6条第1款第2项规定,跨类保护以"容易误导公众,致使该驰名商标注册人的利益可能受到损害"为要件,而依据当时对于"误导公众"的解释,规范的依然是混淆问题。2005年底发布的《商标审理标准》在第一部分6.2进一步明

[①] 例如,范晓波、马小庆:《驰名商标反淡化保护若干问题研究》,载《法律适用》2003年第12期;也见尹西明:《商标淡化侵权构成要件辨析——兼论我国商标淡化侵权的立法完善》,载《河北法学》2006年第2期。

确:在不相同或者不相类似的商品/服务上扩大对已注册驰名商标的保护范围,应当以存在混淆、误导的可能性为前提;该标准 5.1 规定,混淆、误导是指导致商品/服务来源的误认。混淆、误导包括以下情形:(1)消费者对商品/服务的来源产生误认,认为标识系争商标的商品/服务系由驰名商标所有人生产或者提供;(2)使消费者联想到标识系争商标的商品的生产者或者服务的提供者与驰名商标所有人存在某种联系,如投资关系、许可关系或者合作关系。对《商标审理标准》的这条规定进行分析可以得知,它所规范的依然是混淆问题,因为它要求驰名商标的跨类保护以消费者发生混淆、误认为前提,这种混淆、误认指的是直接生产来源误认或间接的赞助关系误认。

由上述综合分析可知,我国商标法律法规中的上述所有这些规定都不是关于商标淡化行为的,而仍然是关于传统的商标混淆侵权。

然而,最高人民法院 2009 年 4 月公布并从 2009 年 5 月 1 日实施的《关于审理涉及驰名商标保护的民事纠纷案件应用法律若干问题的解释》(法释〔2009〕3 号)第 9 条第 2 款对驰名商标跨类保护的《商标法》第 13 条第 2 款(现为《商标法》第 13 条第 3 款)的规定进行了明确界定,指出足以使相关公众认为被诉商标与驰名商标具有相当程度的联系,而减弱驰名商标的显著性、贬损驰名商标的市场声誉,或者不正当利用驰名商标的市场声誉的,属于《商标法》第 13 条第 2 款(现为《商标法》第 13 条第 3 款)规定的"误导公众,致使该驰名商标注册人的利益可能受到损害"。这样,事实上该司法解释已经通过扩大解释《商标法》第 13 条第 2 款(现为《商标法》第 13 条第 3 款)中规定的"误导公众"的概念对商标淡化问题作出了规范,不能不说是一种进步。可以这样说,驰名商标的淡化保护问题,我们已经通过司法解释的形式规定了。

四、我国司法实践对驰名商标反淡化的保护

尽管严格意义上说,我国在最高人民法院《关于审理涉及驰名商标保护的民事纠纷案件应用法律若干问题的解释》2009 年 5 月 1 日开始实施后才真正有了驰名商标反淡化保护的依据,但司法实践中法院在判决中已经在适用反淡化保护的原理了。

在山东博泵科技股份有限公司诉淄博市博山区池上煜龙食品加工厂商标权纠纷中,法院的判决就让人深思。该案中,原告的商标是在第 9 类商品"水泵、油泵"上核准注册的第 143525 号"博山牌及图"商标,该商标由图形、文字、字母三部分组成,商标的左侧上部是一个等腰三角形,三角形内部有一个象形水泵"b",字母"b"从等腰三角形的左侧一边中稍微出头,商标的左侧下部是文字"博山牌"三个字,商标的右侧是大写的汉语拼音字母"BOSHAN",其中从字母"N"的下部左侧向左侧画一条横线,将字母"BOSHA"托在上面。自 1981 年博山水

泵厂使用该商标以来,该商标一直使用。使用"博山牌及图"注册商标的水泵素以工艺精湛、性能稳定可靠、质量优良享誉国内外市场,尤其是其中的 IS 型单级离心泵于 1980 年荣获国家金质奖。企业先后获得 ISO9000 质量体系认证证书、中国消防企业 30 强企业、国家重点高新技术企业、质量万里行光荣榜企业等荣誉称号,是全国机械行业管理进步示范企业、省级重合同守信用单位、全国机械行业文明单位,公司董事长孙龙平曾荣获全国质量管理先进工作者称号。被告在其厂内及厂门外的墙壁上悬挂有两块广告牌,其中在广告牌的左上侧醒目位置有一个标识,约占据整个广告牌的三分之一左右,标识的左侧是一个等腰三角形,三角形内部有一个字母"b",字母"b"从等腰三角形的左侧一边中出头,与原告的第 143525 号注册商标的左侧上部的图形完全一致,标识的右侧是汉语拼音字母"BOSHAN",字母大小和排列方式以及字体与原告的第 143525 号注册商标的字母"BOSHAN"一致,与原告商标不同的是被告的标识没有从字母"N"左侧下部向左划的一条横线,被告的标识在左侧下部也没有"博山牌"三个汉字。被告的商标所标示的商品是"桔梗酱菜"。

法院在判决中就指出,普通商标的基本功能是区别所标示商品或者服务的出处,因此造成出处的混淆或者可能混淆是普通商标侵权的构成要件。但是驰名商标不仅发挥普通商标识别出处的基本功能,而且在吸引注意力、表彰顾客身份方面具有普通商标所不具备的作用,驰名商标的侵权认定就是要保护普通商标所不具备而驰名商标所独具的作用部分,即不是基于混淆或可能混淆出处来保护驰名商标。因此即便相关公众不会混淆,只要未经商标权人许可使用了其标识,有可能误导公众认为使用人与商标权人有某种特定的关系,或认为商标权人对使用人的商品或者服务的质量作担保,这都是搭借商标权人的良好声誉、掠夺本属于商标权人的利益的行为,是侵犯驰名商标权的行为;或者使用人的行为会淡化商标权人的商标,降低其显著性,模糊该商标与商品或服务间唯一特定的联系,这亦属于对驰名商标的侵权行为。……在本案中,作为普通消费者不会认为被告的产品是由生产水泵的原告生产的,但是由于原告商标的知名度高,社会声誉好,显著性强,当消费者看到被告的广告牌时,就会联想到原告的商标,以为原告与被告有什么特定的关系,或者认为被告的使用得到了原告的许可,而原告无法控制被告产品的质量,当消费者对被告产品质量不满意时,就会降低对原告商标的评价,这降低了原告商标的显著性,对原告的利益造成了损害,使其品牌对相关公众的吸引能力下降,所以被告的行为已经构成了对原告驰名商标的侵权。[①]

当然,商标法是否有必要在传统的反混淆之外再创设反淡化来保护商标的

---

① 该案情况见山东省淄博市中级人民法院民事判决书(2005)淄民三初字第 1 号。

广告宣传功能,这涉及商标权的定性问题,也与各国商标保护政策的定位相关。从纯粹的理论分类来看,商标反淡化保护不要求消费者发生来源混淆,但很多人之所以把该要素强行放进其构成中,首先是因为存在客观认识不足——没有认清淡化与商标广告宣传功能之间的依存关系;但也有人是主观上不愿意为商标提供反淡化这种强保护,因此,他们虽然认可商标反淡化的存在,却在构成要件上作出后退,不放弃混淆要素。在混淆要件上的彷徨以及对商标反淡化保护的不安,都是因为商标权只是一种准财产权,与专利权、著作权不同。但是,面对现实世界的经济发展状况,我们不得不考虑对商标进行反淡化保护,即使是迫于无奈。1996 年《财经世界》(*Financial World*)杂志发表了一篇题为《盲目信任》(Blind Faith)的文章,作者库尔特·班顿豪森(Kurt Badenhausen)列出了一些世界驰名商标的价值,包括高居榜首的万宝路(44.6 亿美元),紧跟其后的可口可乐(43.4 亿美元),列第三的麦当劳(18.9 亿美元),居第四的 IBM(18.491 亿美元),挤进了前五的迪斯尼(15.358 亿美元)。① 具有相当知名度的商标本身蕴涵的巨大价值,很多时候远胜于专利和作品产生的价值。从这个角度考虑,对驰名商标提供反淡化保护是历史的必然。

第七节 网络服务提供者的商标侵权行为

网络服务提供者分为网络内容服务提供者(Internet Content Provide, ICP)和网络中介服务提供者(Internet Service Provide, ISP)。网络内容服务提供者,是指通过自身组织信息,定期或不定期上传至互联网向公众传播的网络服务从业者。网络中介服务提供者主要为公众提供各种信息服务,其通常对上传的信息进行选择、编辑和修改,供公众在域名(IP 地址)范围内进行浏览、阅读或下载。狭义上的网络中介服务提供者可细分为:(1) 网络接入服务提供者(Internet Access Provider, IAP),指网络用户连接至互联网的联机系统的提供者。② 网络接入服务提供者通过租用的公用线路或自己铺设的专用线路为其用户提供接入服务,网络接入服务有拨接式与固接式两种。在我国,IAP 的典型代表就是《电信法》所规定的取得相关执照的电信公司。(2) 网络平台提供者(Internet Platform Provider, IPP),指网络用户在接通网络后使用的各项在线服务之系统的提供者。③ 网络平台提供者为用户提供服务器空间,或为用户提供网络接入服务后各项网络相关业务的服务,供用户阅读他人上载的信息和发送自己的信

---

① Kurt Badenhausen, "Blind Faith", in *Financial World*, July 8, 1996, pp. 50—64.
② 马志国、任宝明:《网络服务提供商(ISP)版权责任问题研究》,载《法律科学》2000 年第 4 期。
③ 参见张楚:《电子商务法》,中国人民大学出版社 2007 年版,第 167 页。

息,甚至进行实时信息交流,如提供电子邮件、文档传输的服务,新闻发布、论坛讨论的服务,全球信息交换、链接等服务的网络服务提供者。例如电子布告板系统(BBS)经营者、邮件新闻组(News group)及聊天室(Chat room)经营者等都属于网络平台服务提供者。这一类网络服务提供者一般是按照用户的选择传输和接收信息,但对其网上信息所担当的角色已不仅限于"传输管道",在技术上,网络平台服务提供者可以对信息进行编辑控制。

网络服务提供者可能承担商标侵权责任的主要是网络电子交易平台提供者和网络搜索链接服务提供者。

一、网络电子交易平台提供者的商标侵权问题

网络电子交易平台提供者的商标侵权问题的提出缘于网络电子商务的发展。过去,人们购物去商场,现在人们可以足不出户,通过登录到某个电子交易平台,如淘宝网、易趣拍、当当网、卓越网,先点击自己心仪的商品,很快,商品就可以直接送到自己家门。网络交易平台的迅猛发展给人们的生活带来便利的同时,也产生了假冒伪劣商品网上泛滥的后果。如何制止网上售假行为?电子交易平台提供者是否就售假行为承担侵权责任?这是商标侵权遇到的新问题。无论是国外的法院,还是国内的法院,都遇到了这个棘手的问题。

(一)美国和中国相关案例情况简介

1. 美国蒂凡尼案

2008年7月14日,美国联邦地区法院纽约南区法院对蒂凡尼诉易趣拍一案作出裁决,认定易趣拍不构成直接侵权和间接侵权。经过合议庭的审判,法院作出了长达66页的判决书,纽约南区法院的苏利文法官对该案涉及的法律问题作了详细的分析。

该案原告蒂凡尼是著名的珠宝商,起诉易趣拍在线市场,因为在其网上在线市场上销售假冒蒂凡尼商标的商品,特别是2003年至2006年间,蒂凡尼称有成千上万的假冒蒂凡尼银饰的首饰在易趣拍上出售,因此认为易趣拍构成直接和间接的商标侵权行为、不正当竞争、虚假广告、直接或间接的商标淡化行为。

蒂凡尼称,尽管是每一个销售者在网上发布销售信息且销售假冒蒂凡尼的商品,但易趣拍知道存在问题,因此,它有义务去调查和控制销售者的侵权行为,特别是应该事先拒绝为销售5件以上蒂凡尼商品的人提供发布平台,而在知道蒂凡尼认为销售者从事可能侵权行为时立即阻止销售者。

而易趣拍则认为,控制易趣拍网上的假冒行为以及通知其存在假冒行为的责任在蒂凡尼一方,而不是易趣拍。事实上,易趣拍已经在收到存在侵权的通知

后,立即将侵权销售信息删除了。

本案件的焦点问题不是蒂凡尼假冒商品能否在网上盛销,而是由谁来承担网络交易中维护蒂凡尼商标专用权的责任。

法院认为,第一,易趣拍在广告、主页以及通过雅虎和谷歌购买的赞助商链接中使用蒂凡尼商标是指明商标权人的合理使用(nominative fair use)。

第二,易趣拍不承担间接侵权责任。在确定易趣拍是否要承担间接侵权责任时,其判断标准不是易趣拍是否合理预见到存在可能的侵权,而是易趣拍是否在其知道或有理由知道销售者存在侵权行为时继续为其提供服务。易趣拍认为只要在蒂凡尼通知其某特定销售者具有侵权可能时,将该销售者进行删除的就不能够判定其承担责任;而蒂凡尼则认为,易趣拍应该在销售列表公开前事先将其删除。法院认为,尽管易趣拍能够合理预见到或者泛泛地知道网上有假冒商品在销售,但法律并不要求易趣拍如拒绝采取事前措施就承担帮助侵权责任。法律要求易趣拍在采取行动之前已经具体知晓哪些商品侵权、哪些销售者侵权。①

二审法院审理后认为,易趣拍对商标权利人商标的使用不构成直接侵权,而它泛泛地知晓自己的网站上存在侵犯商标权人权利的行为,这一事实不足以对其设定一个积极的事前义务,以纠正这些侵权行为,因此其行为亦不构成间接侵权。但是,二审法院将案件部分发回一审法院继续重审,审理易趣拍的行为是否构成虚假广告。②

2. 彪马诉淘宝案③

原告鲁道夫·达斯勒体育用品彪马股份公司,1978年就在中国注册了"PUMA"商标、"豹图形"商标和"PUMA及豹图形"商标。商标注册后,原告在中国大量使用了上述商标。由于原告产品质量上乘,加上大量的广告宣传,原告上述商标在中国运动衣、运动鞋等产品上获得了巨大的成功,成为在中国少数几个世界驰名的运动系列品牌之一。

由第一被告浙江淘宝网络有限公司享有所有权和经营管理的淘宝网为43932个PUMA产品网络商店提供支持平台,这些网络商店遍布全国,全国性地销售PUMA侵权产品。在淘宝网上由第二被告陈仰蓉所经营管理的网络商店也在广州大量销售PUMA侵权产品,侵犯了原告注册商标专用权,给原告造成了损害。原告请求法院判令:(1)第一被告赔偿原告损失人民币100万元;(2)两被告停止侵权行为;(3)两被告在《广州日报》和《南方都市报》上登文赔

---

① Tiffany (NJ) Inc. and Tiffany and Company v. eBay, Inc., 576 F. Supp. 2d 463, 2008 WL 2755787 (S.D.N.Y.).
② Tiffany (NJ) Inc. v. eBay Inc., 600 F. 3d 93 (C.A.2 (N.Y.),2010).
③ 该案具体情况见广东省广州市中级人民法院民事判决书(2006)穗中法民三初字第179号。

礼道歉,内容由法院审定。

法院认为,由于网络延伸空间的全球性,网络服务商不可能对网络商店所售商品商标的合法性进行当面审查。在这种情况下,要求网络服务商对每一个网络商店销售的每一种商品的商标合法性负责,超出了其能力范围。淘宝网在完善售假制裁规则方面作了努力,PUMA指控其违反了事前审查义务及事后补救义务,协助陈某售假,侵犯了其注册商标权,缺乏依据,法院不予支持。法院同时认定,陈某的售假行为构成侵权。

3. 宝健公司诉淘宝案[①]

原告宝健(中国)日用品有限公司诉称,原告是"宝健""宝芙""宝馨"等商标的专用权人,从事上述品牌的营养保健、美容护肤、日化等产品的研发、生产和销售。2004年始,被告浙江淘宝网络有限公司经营的www.taobao.com网站出现大量低价出售疑似原告上述品牌产品的信息。原告的产品有统一的价格和销售渠道,未授权他人在淘宝网上销售,无法证实网上产品是否为原告生产,无法得知产品质量的真假伪劣。常有消费者向原告举报网上所购产品质量问题,进而对原告产品信誉产生质疑。原告多次要求被告停止侵权未果,被告的所为侵犯了原告的商标等权利。诉请判令:(1)被告停止侵权,在其淘宝网上不再出现原告商标;(2)被告赔偿给原告损害10万元;(3)由被告承担本案诉讼费。

法院认为,从法庭调查的情况来看,没有证据显示被告是涉案网上商品的销售商;现有证据显示,被告经营的淘宝网上的网店经营者实施了涉案商品的销售行为,淘宝网为该销售行为提供销售信息平台。根据《中华人民共和国商标法实施条例》第50条第2项之规定,故意为侵犯他人注册商标专用权行为提供仓储、运输、邮寄、隐匿等便利条件的行为是侵犯注册商标专用权的行为。因此,本案被告构成商标侵权的条件是网店经营者实施了侵犯原告商标权的行为,且被告明知网店经营者实施了该商标侵权行为但仍为其提供销售信息平台等便利条件。

现有证据不能证明网上销售的涉案商品不是原告生产或者该商品的商标属于假冒、伪造或擅自制造,这使得法院在本案中很难确定网店经营者是否实施了商标侵权行为。更何况,根据程序正当原则,在网店经营者没有作为本案被告参加诉讼并对侵权指控进行抗辩的情形下,法院无权对网店经营者是否构成侵权作出认定。判断被告是否故意为网店经营者实施的商标侵权行为提供便利进而构成帮助侵权的前提条件是网店经营者的侵权责任能够确定,在网店经营者的商标侵权责任至今尚无法判定的情形下,被告作为信息服务平台的提供者因没

[①] 该案具体情况见浙江省杭州市西湖区人民法院民事判决书(2009)杭西知初字第11号。

有过错而无需承担侵权赔偿责任。被告对淘宝网上的销售信息的合法性有审查义务,但根据义务源于法定或约定原则,对该审查义务广度、深度的设定必须源于法律法规的明确规定。为被告设定审查义务,要求其对涉案商品是否构成商标侵权作出专业性判断,缺乏法律依据的支撑。原告要求停止侵权、赔偿损失的诉讼请求应予驳回。

4. 衣念(上海)时装贸易有限公司诉顾某等侵犯注册商标专用权纠纷案

该案原告衣念公司经在大韩民国注册的案外人依兰德有限公司(以下简称依兰德公司)授权而享有"Teenie Weenie"等商标的独占许可使用权。被告顾某以"amyguyuying"注册账号通过淘宝网(www.taobao.com)销售服装,在涉案商品上含有与原告注册商标相近似的标识。原告认为,被告顾某销售的涉案商品并非原告生产及销售,被告顾某的上述行为侵犯了注册商标专用权;而在被告淘宝公司经营的淘宝网上存在大量侵犯涉案注册商标的信息,被告淘宝公司允许被告顾某销售涉案商品的行为属于为被告顾某的侵权行为提供便利,也构成侵权,故应承担相应的民事责任。

法院指出:"本院认为,网络服务提供者知道网络用户利用其网络服务侵害他人合法权益或在接到被侵权人的通知后应当及时采取删除、屏蔽、断开链接等必要措施,未及时采取必要措施的,应当承担相应的侵权责任……本案中,原告未提供相应证据证明被告淘宝公司知道被告顾某的侵权行为,原告针对被告顾某销售涉案商品的行为向被告淘宝公司进行了一次投诉,被告淘宝公司收到原告的侵权投诉后,对原告提供的证据进行了初步审查,根据原告的要求暂时保留了涉嫌侵权的商品信息链接,并提供了被告顾某的身份信息。待原告提起诉讼后,被告淘宝公司即删除了相应的商品信息链接。……综上,本院认为,被告淘宝公司作为网络服务提供者已经尽到其应负的合理注意义务。"[①]

(二)网络电子交易平台提供者商标侵权责任问题分析

从上述四个案例的结果来看,不论是美国的蒂凡尼案,还是我国先后作出判决的三起诉淘宝案,法院都不判定网络电子交易平台提供者承担商标侵权责任。只不过四个案件判决的理由有所变化。蒂凡尼案中,法院首先排除了易趣拍的直接侵权责任,因为在搜索引擎提供的搜索服务中,易趣拍使用蒂凡尼商标只是为了说明商品来源,不是作为自己的商标使用,对蒂凡尼商标的使用构成指明商

---

① 衣念(上海)时装贸易有限公司诉顾某等侵犯注册商标专用权纠纷案,上海市黄浦区人民法院民事判决书(2010)黄民三(知)初字第40号。类似判决还有衣念时装贸易有限公司与刘玉侠等侵犯商标专用权纠纷案,上海市杨浦区人民法院民事判决书(2010)杨民三(知)初字第54号;衣念(上海)时装贸易有限公司与浙江淘宝网络有限公司侵犯商标专用权纠纷上诉案,上海市第二中级人民法院民事判决书(2010)沪二中民五(知)终字第40号。

标权人的合理使用。在判断易趣拍是否承担间接侵权的责任时,法院实际上适用了《千年数字版权法》中的避风港原则,认为易趣拍只要履行了通知加删除义务就不承担侵权责任。而在彪马诉淘宝网的案件判决中,法院认为,淘宝网只要在完善制裁售假的规则方面作出了努力即履行了它的审查义务,事实上它也不可能审查网络上成千上万件商品来源的合法性。在宝健诉淘宝的案件中,法院的说理很充分。它认为网络电子交易平台的提供者和物理空间的交易场所的提供者应该承担的责任一样,都应该适用2002年《商标法实施条例》第50条关于为商标侵权提供便利条件的规定,而该类行为成立的要件有两个,其一,直接侵权行为人的行为构成商标侵权;其二,提供便利条件的帮助实施人主观上是故意。在这个案件中,法院认为,宝健公司没有证明淘宝网上销售的商品就是侵犯其商标专用权的商品,而且淘宝网对网络上销售的这些商品是否是假冒商品也不知晓,法律上也没有为淘宝网设定审查商品合法性的义务。在衣念诉淘宝案中,法院实际上适用了避风港原则,认为淘宝网履行了通知加删除义务就不应该再承担间接侵权责任。

由上分析,我们可以得出网络电子交易平台提供者商标侵权问题处理的基本思路。

1. 网络交易平台不是共同销售者

目前的司法判决大都认定网络交易平台只是平台服务的提供者,不是直接交易人,也不是共同销售者。上海市第一中级人民法院在2005年的判决中就曾明确指出,被告方提供的是网络交易平台服务,该种网络交易平台服务的方式表现为在一个虚拟化的市场上通过计算机系统提供用户注册、登录、查询和浏览功能,使用户之间自行磋商并通过用户的最后确认来达成商品的买卖交易,并且这种交易的实现尤其是商品实物的交付需要交易双方下网来进行交割。在商品成交后,网络用户应当向被告方支付相应的服务费用。在这种交易过程中,被告方并非交易的一方当事人,故其对交易本身并不负责。[①] 但是,在一些特殊情况下,平台中介者和销售者的界限是如此模糊,法院在判决中也很难给出明确的判断。

在北京今日都市信息技术有限公司与株式会社迪桑特等侵害注册商标专用权纠纷案中,一审法院北京市第二中级人民法院认定提供团购活动的网站承担共同销售者的责任;而在二审中,北京市高级人民法院又推翻了一审的判决认

---

① 参见2001年11月21日公司与被告易趣网络信息服务(上海)有限公司、上海易趣贸易有限公司、亿贝易趣网络信息服务(上海)有限公司商标侵权纠纷案判决,上海市第一中级人民法院民事判决书2005年沪一中民五(知)初第371号。相似判决还可见北京宇宙星贸易有限责任公司与陈宏征、亿贝易趣网络信息服务(上海)有限公司、上海易趣贸易有限公司商标侵权纠纷案判决,山东省青岛市中级人民法院民事判决书(2005)青民三初字第404号。

定。该案一审原告为株式会社迪桑特,2003年3月21日申请注册的第2000475号商标(以下简称涉案商标)被核准注册,核定使用在第25类的运动鞋等商品上。2010年4月1日,走秀公司与亮伟鞋业有限公司(以下简称亮伟公司)签订《平台使用协议》,约定双方合作销售"LEi COQ SPORTIF"品牌运动鞋(以下简称被控侵权商品)。签订协议时,亮伟公司向走秀公司提供了两份《证明》,用以证明被控侵权商品系从DISTRINANDO股份公司购买。2011年3月11日,今日都市公司与走秀公司签订《推广合同》,约定通过今日都市公司的嘀嗒团网站销售被控侵权商品。今日都市公司审查了走秀公司提供的两份《证明》。2011年3月14日至15日,被控侵权商品的团购活动在嘀嗒团网站上进行,共有1858人参与购买。被控侵权商品鞋面上涉案商标标识、鞋垫上的标签标注"出口商Distrinando S. A"。北京市第二中级人民法院认为,被控侵权商品未经许可使用涉案商标,构成对涉案商标专用权的侵害。走秀公司并未证明其销售的被控侵权商品有合法来源,应当承担赔偿损失等法律责任。今日都市公司向消费者介绍、推荐被控侵权商品,直接向消费者收取货款,消费者也将其视为商品销售者,因此今日都市公司是被控侵权商品的销售者。今日都市公司具备相应的审查能力,但是未尽审查义务,对被控侵权商品的销售有过错,应当承担赔偿损失等法律责任。① 北京市高级人民法院在二审中没有对团购网站的地位进行明确界定,但是因为消费者确认参加团购后,进行网上支付,由今日都市公司收取消费者所付款项,在扣除技术服务费后,余款划至走秀公司账户。今日都市公司收取的技术服务费为人民币24元,如团购未成功,今日都市公司将款项退回消费者,所以法院据此认为,"团购网站经营者应当承担何种程度的知识产权合法性审查义务,取决于在符合利益平衡的原则下其在团购活动中获得的利益是否要求其应当审查团购商品的具体信息,应当审查团购商品的交易信息和交易行为是否侵权,而不取决于是否称其为'销售者'"。在本案中,今日都市公司从被控侵权商品这特定的团购活动中直接获得经济利益,就应当对此次团购活动中商品的商标合法性进行审查。在本案的特定情况下,无论是否称其为"销售者",今日都市公司应当承担的审查义务与销售者的审查义务相同。② 北京市高级人民法院该判决中的潜台词是,从交易活动中获得直接利益的则必须尽更高的注意和审查义务。

  2. 网络环境下,电子交易平台提供者没有对商品合法性进行审查的义务

  蒂凡尼案中,法官在判决最后指出,现行法律之下,蒂凡尼作为商标权人是

---

① 株式会社迪桑特与走秀公司、亮伟鞋业有限公司、北京今日都市信息技术有限公司等侵害注册商标专用权纠纷案,北京市第二中级人民法院民事判决书(2011)二中民初字第11699号。
② 北京今日都市信息技术有限公司与株式会社迪桑特等侵害注册商标专用权纠纷上诉案,北京市高级人民法院民事判决书(2012)高民终字第3969号。

商标权保护的最终承担者。政策制定者也许会认为现行法律不足以保护权利所有人，因为网络交易的飞速发展使其范围不断扩大，由此导致可能造成商标侵权的行为激增。然而，现行法律之下，究竟由谁来承担监督易趣拍网络上假冒蒂凡尼商标的行为更有效率并不被考虑——这也是本案未决的问题。

宝健公司诉淘宝网的案件中，杭州西湖区人民法院更是明确指出，现行法律中找不到为网络电子交易平台提供者施加的这样一项义务的规定，法院也不可能径行为电子交易平台提供者施加这样一个义务。

3. 网络电子交易平台提供者的主观状态是其是否承担侵权责任的关键问题

无论是适用避风港原则，还是宝健公司诉淘宝网中杭州西湖区人民法院提出的2002年《商标法实施条例》第50条中的"故意"要求，网络电子交易平台提供者在主观上知道或明知的状况下都必须承担责任。蒂凡尼案中，法官也认为关键问题要看易趣拍在知道或有理由知道假冒蒂凡尼商品的销售者之后是否继续允许它们通过易趣拍进行销售。

因此，当网络电子交易平台自己提供商品，像当当网和卓越网，它们除了为网上交易者提供一个平台服务外，自己也作为网店销售商品，在这种情况下，如果其自己配送的商品侵犯商标专用权，则它的行为构成直接销售行为，承担直接侵权的责任。

4. 网络电子交易平台提供者承担及时断开链接和删除侵权商品、防止侵权进一步发生的义务

当商标权人已经初步证明了网络电子交易平台上存在商标权侵权的情况，确定了侵权实施者，并向平台提供者发出了通知的情况下，网络电子交易平台提供者有义务及时断开侵权链接，删除侵权商品。

一般情况下，当真正权利人向网络服务提供商提出权利被侵害的主张后，网络服务提供商需要在初步核实后删除链接。此时，网络服务提供者采取措施不仅要及时，还需要进一步采取必要措施预防侵权的继续发生。如果网络服务提供商采取的措施不及时或者未能采取必要措施防止侵权进一步发生的，它就有可能承担连带责任。

在众多针对淘宝的诉讼中，目前只有两件案件法院判决原告胜诉，淘宝败诉。一案为衣念（上海）时装贸易有限公司诉浙江淘宝网络有限公司、杜国发侵害商标权纠纷案。该案基本案情与其他针对淘宝的诉讼没有太大的区别，导致判决结果不同的唯一一个情节是原告多次致函淘宝网，而淘宝网只是删除了侵权链接，而后在直接侵权人的申请下又继续为其提供网络服务。法院在判决中指出，网络服务提供者接到通知后及时删除侵权信息是其免于承担赔偿责任的条件之一，但并非是充分条件。网络服务提供者删除信息后，如果网络用户仍然

利用其提供的网络服务继续实施侵权行为,网络服务提供者则应当进一步采取必要的措施以制止继续侵权。哪些措施属于必要的措施,应当根据网络服务的类型、技术可行性、成本、侵权情节等因素确定。具体到网络交易平台服务提供商,这些措施可以是对网络用户进行公开警告、降低信用评级、限制发布商品信息直至关闭该网络用户的账户等。淘宝公司作为国内最大的网络交易平台服务提供商,完全有能力对网络用户的违规行为进行管理。淘宝公司也实际制定并发布了一系列的网络用户行为规则,也曾对一些网络用户违规行为进行处罚。淘宝公司若能够严格根据其制定的规则对违规行为进行处理,虽不能完全杜绝网络用户的侵权行为,但可增加网络用户侵权的难度,从而达到减少侵权的目的。就本案而言,淘宝公司接到衣念公司的投诉通知后,对投诉的内容进行了审核并删除了杜国发发布的商品信息。根据淘宝网当时有效的用户行为管理规则,其在接到衣念公司的投诉并经核实后还应对杜国发采取限制发布商品信息、扣分、直至冻结账户等处罚措施,但淘宝公司除了删除商品信息外没有采取其他任何处罚措施。在 7 次有效投诉的情况下,淘宝公司应当知道杜国发利用其网络交易平台销售侵权商品,但淘宝公司对此未采取必要措施以制止侵权,杜国发仍可不受限制地发布侵权商品信息。淘宝公司有条件、有能力针对特定侵权人杜国发采取措施,淘宝公司在知道杜国发多次发布侵权商品信息的情况下,未严格执行其管理规则,依然为杜国发提供网络服务,这是对杜国发继续实施侵权行为的放任、纵容。其故意为杜国发销售侵权商品提供便利条件,构成帮助侵权,具有主观过错,应承担连带赔偿责任。该案二审法院认为,淘宝公司知道杜国发利用其网络服务实施商标侵权行为,但仅是被动地根据权利人通知采取没有任何成效的删除链接之措施,未采取必要的能够防止侵权行为发生的措施,从而放任、纵容侵权行为的发生,其主观上具有过错,客观上帮助了杜国发实施侵权行为,构成共同侵权,应当与杜国发承担连带责任。二审法院判决驳回上诉,维持一审判决。[①] 另一案件的案情和判决说理与上述案件基本一致。[②]

二、网络搜索链接服务提供者的商标侵权问题

网络服务提供商提供搜索、链接服务原本是一个在网络上通过计算机处理自动完成的行为,因此,当我们打开一个搜索引擎,输入一个关键词后,点击搜索,我们就会被搜索引擎指引到与我们的搜索词相关的那些网站,而搜索的结果的排序也是电脑和网络自动处理的。一般情况下,排列在前面的网站都是和我们输入的

[①] 上海市第一中级人民法院民事判决书(2011)沪一中民五(知)终字第 40 号。
[②] 衣念(上海)时装贸易有限公司诉钱某等侵犯注册商标专用权纠纷案,上海市第一中级人民法院民事判决书(2011)沪一中民五(知)终字第 159 号。

搜索词最相关的网站,即在网站中关键词出现的频率越高,网站出现的顺序就越靠前。在这种技术安排下,当搜索引擎设置关键词供我们检索时,不会出现商标侵权的问题,因为即使关键词是由商标构成的,搜索中使用商标也是为了找到商标标识的商品。但是,当竞价排名和关键词广告服务出现后,我国常用的两大搜索引擎谷歌和百度就惹上了官司。当然,谷歌在世界范围内也是诉讼缠身。

(一) 搜索链接服务提供者商标侵权案例

谷歌关键词广告(Google AdWords)是 Google 于 2000 年启动的项目,广告客户可以通过购买与其业务相关的关键词,使自己的广告出现在 Google 搜索结果上方及侧方的赞助商链接中。Google 的广告排序是根据广告客户对词汇的出价及广告质量决定的,很有可能出现计算机用户搜索某一品牌,却在广告中出现其竞争对手的广告,排位甚至高于用户原来搜索的品牌。为此,谷歌遭遇了关键词广告诉讼门。在美国,Google 一般都与对方和解;在法国,Google 损失惨重;2004年,德国法院却认为关键词广告并没有违反德国商标法。

在我国,2007 年,"绿岛风案"中,广州白云区人民法院判决谷歌免责。该案中广东台山港益电器有限公司拥有第 1211271 号"绿岛风 Nedfon"商标,核定使用在第 11 类商品上。但它发现在 Google 搜索引擎中输入"绿岛风",搜索结果却显示"赞助商链接,绿岛风——第三电器厂",点击则进入了广州市第三电器厂的网站。而广州市第三电器厂同样以生产风幕机为主,两家的产品属于同类,并有市场竞争关系,于是一纸诉状将 Google 以及竞争对手广州市第三电器厂告上了法庭。广州白云区人民法院作出一审判决,判定广州市第三电器厂败诉,Google 则免责。广州市中级人民法院二审认为,原审法院对该案的处理结果不当,判决 Google 与广州第三电器厂共同赔偿台山港益公司经济损失 5 万元。

在"大众搬场"案中,百度全面败诉。该案中大众交通(集团)股份有限公司、上海大众搬场物流有限公司发现在三被告北京百度网讯科技有限公司、百度在线网络技术(北京)有限公司、百度在线网络技术(北京)有限公司上海软件技术分公司所有并经营的百度网站(www.baidu.com)的"竞价排名"和"火爆地带"栏目网页中,出现大量假冒原告大众搬场公司的网站链接,这些网站经营者均未经过工商登记,不具有经营相关业务的资格,却擅自使用原告大众交通公司享有专用权和原告大众搬场公司享有排他许可使用权的"大众"注册商标,并以与原告大众搬场公司的企业名称相同或近似的名称招揽搬场物流业务。之所以如此,是因为百度开展了竞价排名和火爆地带业务。百度网站的"竞价排名"服务是一种收费服务,用户在"竞价排名"栏目注册账号后,需向百度网站支付推广费,自行选定搜索关键词,并自行设定其网站链接每被点击一次需向百度网站支付的费用,该项服务的最终目的是确保以其选定的关键词进行搜索时,付费越多的用户的网站链接排名越靠前。百度网站的"火爆地带"服务也是一种收费服务,注册用户可以购买以其选定的关键词进行搜索时其网站链接在"火爆地带"栏目中的位置,该搜索结果位于网页搜索结果第1页的右侧,并且每个关键词的"火爆地带"位置为10个,每个位置的价格不同。①

审理大众搬场案的上海市第二中级人民法院认为,与搜索引擎通常采用的自然排名相比,"竞价排名"服务不仅需要收取费用,还要求用户在注册时必须提交选定的关键词,因此,百度网站有义务也有条件审查用户使用该关键词的合法性,在用户提交的关键词明显存在侵犯他人权利的可能性时,百度网站应当进一步审查用户的相关资质,例如要求用户提交营业执照等证明文件,否则将被推定为主观上存在过错。在本案中,被告百度在线公司上海分公司作为"竞价排名"服务上海地区业务的负责人应当知道"大众"商标的知名度,许多申请"竞价排名"的用户与两原告毫无关系,却以"上海大众搬场物流有限公司"或者"大众搬场"为关键词申请"竞价排名"服务,致使搜索结果中出现了两个名称完全相同、从事业务相同但其他内容和联系信息完全不同的网站。综上,法院认为,百度网站应当知道存在第三方网站侵权的可能性,就此应当进一步审查上述第三方网站的经营资质,但根据三被告的陈述,百度网站对于申请"竞价排名"服务的用户网站除进行涉黄涉反等最低限度的技术过滤和筛选以外,没有采取其他的审查措施,未尽合理的注意义务进而导致了侵犯原告大众交通公司的注册商标的第三方网站在搜索结果中排名靠前或处于显著位置,使网民误以为上述网站系与原告大众交通公司关联的网站,对原告大众交通公司的商誉造成了一定影响。法院认为,三被告未尽合理注意义务,主观上存在过错,客观上帮助了第三方网站实施商标侵权行为,并造成了损害结果,因此与直接侵权的第三方网站构成共同侵权,应当承担连带民事责任。

但是,关于关键词广告的后续判决却都是一边倒地倾向于搜索引擎服务商。例如杭州盘古自动化系统有限公司诉杭州盟控仪表技术有限公司、北京百度网讯科技有限公司侵害商标权纠纷案。该案原告盘古公司和第一被告盟控公司都是做工业自动化仪器仪表的,双方是同行,也是竞争对手。盘古公司称,在百度搜索栏中输入"盘古记录仪"等关键词时,搜索结果列表顶部出现的均是"盘古记录仪专业生产厂家 杭州盟控仪表",而且直接链接进盟控公司的网站。盘古公司认为,盟控将盘古公司的商标用于产品销售的广告宣传中,并刻意将自己描述成"盘古记录仪专业生产厂家",误导消费者,侵犯了盘古公司商标专用权。而百度公司允许盟控公司在其网站上发布类似广告信息,同样侵犯了盘古公司的商标专用权。法院认为,从搜索引擎推广服务的操作模式看,创新标题、关键

---

① 该案具体情况见上海市第二中级人民法院民事判决书(2007)沪二中民五(知)初字第147号。

词的选择均由被告推广网站实施,且原告商标的知名度还不足以导致搜索引擎服务商在合理谨慎的情况下知道或应当知道客户设置的关键词因与盘古公司的商标近似而涉嫌侵权,因此判定搜索引擎不承担责任。[①] 在深圳市捷顺科技实业股份有限公司与深圳市九鼎智能技术有限公司、深圳市安百年科技有限公司、百度(中国)有限公司商标侵权纠纷案中,深圳市中级人民法院认为,搜索引擎服务商提供的付费搜索服务在本质上仍属于信息检索技术服务,不属于内容提供服务,鉴于其仅仅通过网站为涉案付费搜索服务提供了技术平台,故对涉案侵权行为,根据"通知+移除"规则,在其接到侵权起诉后立即删除相关涉嫌侵权内容的情形之下,不应承担责任。[②]

(二)搜索链接服务提供者商标侵权问题分析

大众搬场案的判决结果一出,有肯定者,也有批判者。肯定者认为,从技术和法律两个层面综合来看,百度公司在经营竞价排名服务过程中,至少负有两方面的义务:(1)审查商标关键词是普通词汇还是知名商标。若为知名商标,则需要审查注册商标权利证书、营业执照等相关资质证件,拒绝在未经同意的情况下将他人的文字商标作为关键词进行竞价排名。(2)审查竞价排名关键词链接的目标网页是否有权利瑕疵。尽管理论界不少人认为,让搜索引擎服务商审查自己收集的所有信息是否存在权利瑕疵是不现实的,但无论是从技术实现角度还是从成本效益和投入产出角度而言,搜索引擎服务商在经营竞价排名有偿服务时必须负有审查知名商标作为关键词链接的目标网页内容合法性的义务,因为百度公司有能力做到这一点。百度搜索引擎也可以通过事前设置某些知名商标关键词字段的方式,屏蔽一些涉嫌侵权的网页。[③]

批判者认为,无论从规范分析还是从实证研究的角度分析,判决结论都是不成立的,由此导致一审判决逻辑不够严谨,判决结果难以令人信服。从现行《商标法》的规定看,将他人商标作为竞价排名关键词的行为不符合商标侵权的构成要件。竞价排名中关键词的使用不可能造成消费者混淆。从使用行为的属性上来说,对竞价排名关键词的使用不属于商标法意义上的商标使用行为。禁止将他人商标作为竞价排名的关键词,不仅对制止侵权没有实际效果,而且缺乏可

[①] 参见杭州盘古自动化系统有限公司诉杭州盟控仪表技术有限公司、北京百度网讯科技有限公司侵害商标权纠纷案,浙江省杭州市滨江区人民法院民事判决书(2011)杭滨初字第11号。

[②] 参见深圳市捷顺科技实业股份有限公司与深圳市九鼎智能技术有限公司、深圳市安百年科技有限公司、百度(中国)有限公司商标侵权纠纷案,深圳市中级人民法院民事判决书(2011)深中法知名终字第651号民事判决书。

[③] 参见黄武双:《搜索引擎服务商商标侵权责任的法理基础——兼评"大众搬场"诉"百度网络"商标侵权案》,载《知识产权》2008年第5期。

操作的现实基础。①

　　从目前情况来看,世界各国对待关键词广告和竞价排名服务的态度不一,立法规范都尚付阙如。本书认为,关键词广告与竞价排名服务实质上没有区别,探讨其责任承担问题所遵循的原理相同。在判断搜索服务提供者是否承担责任时,关键需要考虑的因素是该服务提供者的行为、服务的营利性以及服务商审查关键词的可能性。

　　1. 竞价排名服务或关键词广告服务提供商不是广告发布者

　　在台山港益电器有限公司与广州第三电器厂、北京谷翔信息技术有限公司侵犯商标专用权一案中,法院判定谷翔公司对其提供的关键词广告服务有审查义务。法院认为,国家鼓励互联网行业积极创新,鼓励其通过提高技术水平和经营管理水平来提升行业竞争力。随着互联网的迅猛发展,网络用户要在海量信息中寻找自己所需要的信息如同大海捞针,而搜索引擎作为快捷检索信息的网络工具广泛被网络用户使用,为广大网络用户带了巨大的便捷。关键词广告本身是技术创新和经营管理创新的产物,其以搜索引擎技术发展为基础,网络环境下技术和服务的创新和发展绝非脱离法律监管的理由。此外,法院还认定关键词搜索服务是广告并认为该种广告比已有的网络广告更具市场竞争力。关键词广告服务系一种新型的网络广告,根据《广告法》第 4 条及《民法通则》第 148 条的相关规定,谷翔公司因未尽审查义务,客观上对广州第三电器厂的商标侵权行为提供了帮助,应当负连带责任。② 但该案的判决关键在于谷歌公司自己承认了关键词广告是一种广告形式,而案件判决也主要是根据《广告法》第 4 条作出的。该条规定:"广告不得含有虚假的内容,不得欺骗和误导消费者。"

　　而后来的相关判决推翻了这一认识,认为关键词广告和竞价排名服务不是一种广告服务,其本质仍然是信息检索服务。在八百客(北京)软件技术有限公司与北京沃力森信息技术有限公司侵犯注册商标专用权纠纷上诉案中,法院认为:"作为搜索引擎网站的百度网站为满足为数众多的市场经营者提升自己的网站、商品、服务曝光率以及吸引网络用户注意力的需要,向市场经营者提供有偿的竞价排名服务。竞价排名服务系百度公司基于搜索引擎技术推出的一种网络推广服务方式,市场经营者在百度网站的竞价排名栏目注册账号后,通过自行选定关联到其网站的竞价排名关键词、自行撰写简要概括其网站网页内容的推广信息作为链接标题以及自行设定点击价格,来达到影响搜索关键词与该网站网页的技术相关度之目的,从而使得该网站网页在搜索结果中排序优先。竞价

---

① 参见邓宏光、易健雄:《竞价排名的关键词何以侵害商标权——兼评我国竞价排名商标侵权案》,载《电子知识产权》2008 年第 8 期。

② 参见台山港益电器有限公司与广州第三电器厂、北京谷翔信息技术有限公司侵犯商标专用权案,广东省广州市中级人民法院 民事判决书(2008)穗中法民三终字第 119 号。

排名服务已成为为数众多的市场经营者宣传推广自己的网站、商品、服务以获得更多商业机会的重要途径,但该服务在本质上仍属于信息检索技术服务,并非广告法所规范的广告服务。"①

的确,如果认定搜索引擎服务商提供的是广告服务,根据广告法的规定,它所承担的审查和注意义务会比信息检索服务提供者重。

2. 营利性

与一般搜索服务不同的是,搜索服务商从竞价排名和关键词广告业务中直接获得了利益。在美国《千年数字版权法》关于提供信息定位工具(即提供搜索服务行为)的责任限制的规定,信息定位工具将用户指引或链接到含有侵权资料或侵权活动的站点而构成侵权,具备下列条件的,不承担责任:(1)不知道资料或活动侵权,也没有意识到明显属于侵权的事实或情况,而且在知道或意识到侵权事实后,立即删除或者断开资料链接的;(2)未从有管理权限并能够管理的侵权活动中直接获得经济利益的;(3)在接到声称侵权的通知书后,立即删除被主张侵权或旨在进行侵权活动的资料的。从中可以看出,搜索服务商提出自己免除承担版权侵权责任的一个重要限制就是没有从侵权活动中直接获得经济利益。这一限制也同样适用于商标侵权的责任承担构成中。

但是,我们这里需要区别直接获利和收取服务费用。《最高人民法院关于审理侵害信息网络传播权民事纠纷案件适用法律若干问题的规定》第11条规定:"网络服务提供者从网络用户提供的作品、表演、录音录像制品中直接获得经济利益的,人民法院应当认定其对该网络用户侵害信息网络传播权的行为负有较高的注意义务。网络服务提供者针对特定作品、表演、录音录像制品投放广告获取收益,或者获取与其传播的作品、表演、录音录像制品存在其他特定联系的经济利益,应当认定为前款规定的直接获得经济利益。网络服务提供者因提

---

① 八百客(北京)软件技术有限公司与北京沃力森信息技术有限公司侵犯注册商标专用权纠纷上诉案,北京市第一中级人民法院民事判决书(2010)一中民终字第2779号。该案原审原告为沃力森公司,自成立以来一直致力于企业客户管理软件(CRM软件)的研究开发,其对"XTOOLS"注册商标享有专用权,核定使用商品为第42类。八百客公司亦从事CRM软件的研究开发业务,其与沃力森公司之间存在同业竞争关系。在网址为www.baidu.com的百度网站(以下简称百度网站)上以"XTOOLS"为关键词进行搜索,第1项搜索结果系标题为"八百客国内最专业的xtools"的链接,该链接指向网址为www.800app.com的八百客公司网站。原审原告认为,八百客公司作为同业竞争者,理应知晓"XTOOLS"系原告享有专用权的具有较高市场知名度的注册商标,但其仍故意将"XTOOLS"选定为搜索引擎网站的竞价排名关键词,撰写"八百客国内最专业的xtools"推广信息,将本拟通过"XTOOLS"关键词搜索原告网站的相关公众误导至八百客公司网站,致使相关公众对原告与八百客公司所提供的CRM软件服务产生混淆和误认,八百客公司此举已侵犯了"XTOOLS"注册商标专用权。但原审原告认为人民法院依法通知参加诉讼的无独立请求权第三人百度公司作为竞价排名服务提供者在本案中已尽合理的注意、审核和提醒义务,百度公司并不存在侵犯其注册商标专用权的行为,故对百度公司不提出任何诉讼请求。而原审被告则认为,百度公司曾擅自将"XTOOLS"添加为其选定的关键词,导致在百度网站上以"XTOOLS"为关键词进行搜索所得第1项搜索结果为其网站的链接,故应系百度公司而非原审被告实施了涉案侵权行为。

供网络服务而收取一般性广告费、服务费等,不属于本款规定的情形。"该条解释对网络商标侵权案件的处理提供了重要的参考。

3. 搜索链接服务商进行审查的可能性和程度

与一般搜索服务不同的是,搜索服务提供商在提供竞价排名和关键词广告时,用户是需要申请的。因此,搜索链接服务商能够对用户的资质、与关键词之间的关系进行审查。当然该审查只能是初步的审查,由于该服务业务对象范围广,不能对搜索链接服务提供商施加过重的审查义务,但基本的审查程序它应该完成。

在关键词广告和竞价排名服务中,搜索引擎服务提供商承担事前审查义务,过滤一些关键词,但并不对关键词承担全面、主动、事前审查义务。在美丽漂漂(北京)电子商务有限公司诉百度时代网络技术(北京)有限公司等侵犯商标权及不正当竞争纠纷案中,法院提出,关于百度公司的行为,本案中,并无证据证明百度公司在提供竞价排名服务之外,另行实施了为薄荷公司选择、添加、推荐关键词,或对薄荷公司进行教唆、帮助的行为。从其应负的注意义务来看,除对明显违反国家法律法规以及具有较高知名度的商标等关键词应予主动排除之外,一般情况下,竞价排名服务商对于选择使用的关键词并不负有全面、主动、事前审查的义务。①

而在另一起诉讼中,法院则明确列举了搜索引擎服务提供者事前审查义务的内容,其中包括:第一,百度公司应以一个合理谨慎的理性人的标准,主动过滤和删除涉及反动、淫秽等违反国家强制性法律规定的关键词,主动注意和审核与具有极高知名度的驰名商标存在冲突的关键词;第二,在与所有竞价排名服务客户签订的推广服务合同中强调和要求竞价排名服务客户提交的推广信息不得含有侵犯他人知识产权的内容,并通过设置多种投诉渠道以供发现涉嫌侵权行为的权利人能够得到及时的事后救济等事实。②

在特殊情况下,即使搜索关键词不属于驰名商标,但如果经营地域相同,竞价排名服务提供者和商标权人共处一地时,法院会推定搜索服务提供者"应该知道"推广词的选定会侵犯第三方权利。在大众交通(集团)股份有限公司、上海大众搬

---

① 美丽漂漂(北京)电子商务有限公司诉百度时代网络技术(北京)有限公司等侵犯商标权及不正当竞争纠纷案,北京市海淀区人民法院民事判决书(2011)海民初字第10473号。该案原告美丽漂漂公司从郭云绫处获得了美丽漂漂商标与向尚看齐商标独家许可使用权。美丽漂漂公司为此专门设立了美丽漂漂时尚女性购物网(网址为www.milipp.com)、投资制作《向尚看齐》《美丽魔法屋》《美丽直播间》等时尚娱乐节目,提供女性健康、美容类服务及产品,使美丽漂漂商标和向尚看齐商标成为知名商标。薄荷公司开办与美丽漂漂时尚女性购物网相竞争的薄荷时尚网(网址为www.boheshop.com),薄荷公司将"美丽漂漂""向尚看齐"选定为百度公司竞价排名关键词,使用户在百度搜索引擎中输入"美丽漂漂""向尚看齐"均能直接指向薄荷时尚网。百度公司提供"美丽漂漂"和"向尚看齐"关键词的竞价排名服务。

② 参见八百客(北京)软件技术有限公司与北京沃力森信息技术有限公司侵犯注册商标专用权纠纷上诉案,北京市第一中级人民法院民事判决书(2010)一中民终字第2779号。

场物流有限公司诉北京百度网络科技有限公司、百度在线网络技术（北京）有限公司、百度在线网络技术（北京）有限公司上海软件技术分公司侵犯商标专用权和不正当竞争案中，被告百度在线公司上海分公司作为"竞价排名"服务上海地区业务的负责人应当知道"大众"商标的知名度，许多申请"竞价排名"的用户与两原告毫无关系，却以"上海大众搬场物流有限公司"或者"大众搬场"为关键词申请"竞价排名"服务，致使搜索结果中出现了两个名称完全相同、从事业务相同但其他内容和联系信息完全不同的网站。综上，法院认为，百度网站应当知道存在第三方网站侵权的可能性，就此应当进一步审查上述第三方网站的经营资质，但根据三被告的陈述，百度网站对于申请"竞价排名"服务的用户网站除进行涉黄涉反等最低限度的技术过滤和筛选以外，没有采取其他的审查措施，未尽合理的注意义务进而导致了侵犯原告大众交通公司的注册商标的第三方网站在搜索结果中排名靠前或处于显著位置，使网民误以为上述网站系与原告大众交通公司关联的网站，对原告大众交通公司的商誉造成了一定影响。法院认为，三被告未尽合理注意义务，主观上存在过错，客观上帮助了第三方网站实施了商标侵权行为，并造成了损害结果，因此与直接侵权的第三方网站构成共同侵权，应当承担连带民事责任。[①] 法院在此类推适用的是著作权间接侵权判断中的红旗标准。

第八节　侵犯商标专用权的责任

侵犯商标专用权的法律后果是承担多重法律责任，主要有行政执法中承担的责任、民事法律责任和刑事法律责任。

一、行政执法中承担的责任

我国《商标法》第60条规定，有本法第57条所列侵犯注册商标专用权行为之一，引起纠纷的，由当事人协商解决；不愿协商或者协商不成的，商标注册人或者利害关系人可以向人民法院起诉，也可以请求工商行政管理部门处理。工商行政管理部门处理时，认定侵权行为成立的，责令立即停止侵权行为，没收、销毁侵权商品和主要用于制造侵权商品、伪造注册商标标识的工具，违法经营额5万元以上的，可以处违法经营额5倍以下的罚款，没有违法经营额或者违法经营额不足5万元的，可以处25万元以下的罚款。对5年内实施两次以上商标侵权行为或者有其他严重情节的，应当从重处罚。销售不知道是侵犯注册商标专用权的商品，能证明该商品是自己合法取得并说明提供者的，由工商行政管理部门责

---

① 本案一审判决见上海市第二中级人民法院民事判决书(2007)沪二中民五(知)初字第147号；二审判决见上海市高级人民法院民事判决书(2008)沪高民三(知)终字第116号。

令停止销售。对侵犯商标专用权的赔偿数额的争议,当事人可以请求进行处理的工商行政管理部门调解,也可以依照《中华人民共和国民事诉讼法》向人民法院起诉。经工商行政管理部门调解,当事人未达成协议或者调解书生效后不履行的,当事人可以依照《中华人民共和国民事诉讼法》向人民法院起诉。

这里,工商行政管理部门责令立即停止侵权行为,没收、销毁侵权商品和主要用于制造侵权商品、伪造注册商标标识的工具、行政罚款等就是商标行政执法中侵权人承担的责任。

关于工商行政管理部门对商标侵权人进行的行政处罚,2013年《商标法》提高了处罚额度。2002年《商标法实施条例》第52条规定,对侵犯注册商标专用权的行为,罚款数额为非法经营额3倍以下;非法经营额无法计算的,罚款数额为10万元以下。但提高后的行政罚款最高可以达到25万元。

二、民事法律责任

商标侵权中承担民事法律责任的主要方式为停止侵害、赔偿损失。承担停止侵害的民事责任,并不要求侵权人主观上具有过错。

赔偿损失的数额确定很关键,我国《商标法》第63条规定,侵犯商标专用权的赔偿数额,按照权利人因被侵权所受到的实际损失确定;实际损失难以确定的,可以按照侵权人因侵权所获得的利益确定;权利人的损失或者侵权人获得的利益难以确定的,参照该商标许可使用费的倍数合理确定。对恶意侵犯商标专用权,情节严重的,可以在按照上述方法确定数额的1倍以上3倍以下确定赔偿数额。赔偿数额应当包括权利人为制止侵权行为所支付的合理开支。人民法院为确定赔偿数额,在权利人已经尽力举证,而与侵权行为相关的账簿、资料主要由侵权人掌握的情况下,可以责令侵权人提供与侵权行为相关的账簿、资料;侵权人不提供或者提供虚假的账簿、资料的,人民法院可以参考权利人的主张和提供的证据判定赔偿数额。权利人因被侵权所受到的实际损失、侵权人因侵权所获得的利益、注册商标许可使用费难以确定的,由人民法院根据侵权行为的情节判决给予300万元以下的赔偿。

关于这几种赔偿计算方式的关系,《最高人民法院关于审理商标民事纠纷案件适用法律若干问题的解释》曾在第13条规定,人民法院确定侵权人的赔偿责任时,可以根据权利人选择的计算方法计算赔偿数额。其中,侵权所获得的利益,可以根据侵权商品销售量与该商品单位利润乘积计算;该商品单位利润无法查明的,按照注册商标商品的单位利润计算;因被侵权所受到的损失,可以根据权利人因侵权所造成商品销售减少量或者侵权商品销售量与该注册商标商品的单位利润乘积计算。侵权人因侵权所获得的利益或者被侵权人因被侵权所受到的损失均难以确定的,人民法院可以根据当事人的请求或者依职权适用法定赔偿数额。人民法院在确定赔偿数额时,应当考虑侵权行为的性质、期间、后果,商标的声誉,商标使用许可费的数额,商标使用许可的种类、时间、范围及制止侵权行为的合理开支等因素综合确定。当事人依法就赔偿数额达成协议的,应当准许。但2013年《商标法》显然已经确定了损害赔偿计算方式的顺序,即先以实际损失计算;若实际损失无法计算的,则以侵权获益计算赔偿;若损失和获益都无法确定的,则参照商标许可使用费的倍数确定;如果损失、获益和商标许可使用费都难以确定的,再通过法定赔偿额来确定。

2013年《商标法》不仅确定了损害赔偿计算方式的顺序,同时还在商标侵权责任中首次引进了惩罚性赔偿制度,在处理恶意侵权、情节严重的侵权人时,赔偿额可以提高到正常赔偿额的1到3倍。

关于法定赔偿金,2013年《商标法》也提高了上限额度,从原来的50万元,提高到了300万元。这样,商标侵权法定赔偿数额已经超过了《专利法》中规定的100万元的法定赔偿金的上限。不论是惩罚性赔偿制度的引进,还是提高法定赔偿额的上限,均显示了我国《商标法》遏制商标侵权、营建良好的市场秩序的决心。

制止侵权行为所支付的合理开支,包括权利人或者委托代理人对侵权行为进行调查、取证的合理费用。人民法院根据当事人的诉讼请求和案件具体情况,可以将符合国家有关部门规定的律师费用计算在赔偿范围内。

三、刑事法律责任

我国《商标法》第61条规定,对侵犯注册商标专用权的行为,工商行政管理部门有权依法查处;涉嫌犯罪的,应当及时移送司法机关依法处理。根据《商标法》第67条和《刑法》第三章第七节第213至215条关于侵犯知识产权罪的规定,有关商标的犯罪主要有以下几类。

(一)假冒注册商标罪

我国《商标法》第67条第1款规定,未经商标注册人许可,在同一种商品上使用与其注册商标相同的商标,构成犯罪的,除赔偿被侵权人的损失外,依法追究刑事责任。我国《刑法》第213条规定,未经注册商标所有人许可,在同一种商品上使用与其注册商标相同的商标,情节严重的,处3年以下有期徒刑或者拘役,并处或者单处罚金;情节特别严重的,处3年以上7年以下有期徒刑,并处罚金。

(二)伪造、擅自制造、销售非法制造他人注册商标标识罪

我国《商标法》第67条第2款规定,伪造、擅自制造他人注册商标标识或者销售伪造、擅自制造的注册商标标识,构成犯罪的,除赔偿被侵权人的损失外,依

法追究刑事责任。我国《刑法》第 215 条规定,伪造、擅自制造他人注册商标标识或者销售伪造、擅自制造的注册商标标识,情节严重的,处 3 年以下有期徒刑、拘役或者管制,并处或者单处罚金;情节特别严重的,处 3 年以上 7 年以下有期徒刑,并处罚金。

(三)销售假冒注册商标商品罪

我国《商标法》第 67 条第 3 款规定,销售明知是假冒注册商标的商品,构成犯罪的,除赔偿被侵权人的损失外,依法追究刑事责任。我国《刑法》第 214 条规定,销售明知是假冒注册商标的商品,销售金额数额较大的,处 3 年以下有期徒刑或者拘役,并处或者单处罚金;销售金额数额巨大的,处 3 年以上 7 年以下有期徒刑,并处罚金。

四、商标即发侵权行为的制止

商标侵权行为发生后,会给商标权人带来损害,这些损害有时是难以通过赔偿损失等责任承担方式来弥补的。因此,如果确实有证据证明侵权人即将实施商标侵权行为,而一旦发生侵权,权利人将受到难以弥补的损害,这时,商标权人就可以在起诉前请求人民法院提供诉前措施,制止即将发生的侵权行为。

《商标法》第 65 条规定,商标注册人或者利害关系人有证据证明他人正在实施或者即将实施侵犯其注册商标专用权的行为,如不及时制止,将会使其合法权益受到难以弥补的损害的,可以在起诉前向人民法院申请采取责令停止有关行为和财产保全的措施。第 66 条规定,为制止侵权行为,在证据可能灭失或者以后难以取得的情况下,商标注册人或者利害关系人可以依法在起诉前向人民法院申请保全证据。

至于哪些行为可以认定为《商标法》第 65 条规定的即将实施侵犯注册商标专用权的行为,北京市高级人民法院《关于审理商标民事纠纷案件若干问题的解答》中指出,下列行为可以认定为即将实施侵犯注册商标专用权的行为:

(1)以销售为目的持有侵权商品;

(2)以销售为目的发布侵权商品宣传广告;

(3)以制造或者销售侵权商品为目的,持有侵权标识或者带有侵权标识的包装物;

(4)其他可以认定为即将实施的侵权行为。

该解答虽然不具有规范效力,但解答的精神对我们判断商标即发侵权的构成具有重要参考价值。

思考题

1. 商标仿冒行为的构成如何?
2. 销售侵害商标专用权商品的行为人的主观状态对侵权责任承担的影响是什么?
3. 伪造和擅自制造商标标识的行为构成如何?
4. 法律为什么要给商标以反淡化保护?
5. 网络电子交易平台提供者承担商标侵权责任的情况有哪些?
6. 在什么情况下,网络搜索和链接服务的提供商要承担商标侵权责任?
7. 如何确定侵犯商标专用权的侵权人应该承担的损害赔偿的具体数额?
8. 在哪些情况下,法院应该为商标权人提供诉前保护措施?

 案例分析

1. 1980年7月,天津狗不理包子饮食(集团)公司(以下简称狗不理包子饮食公司)取得中华人民共和国工商行政管理局第138850号狗不理牌商标注册证。1991年3月,被告天龙阁饭店开业后,即在该店门上方悬挂以"正宗天津狗不理包子第四代传人高耀林、第五代传人高渊"为内容的牌匾一块,并聘请高渊为该店面案厨师。该店自1991年3月起经营包子。

哈尔滨市香坊区人民法院经审理认为,两被告签订合作协议和制作、悬挂上述牌匾的行为,是宣传"狗不理"创始人高贵友的第四代和第五代传人高耀林和高渊的个人身份,均不是在包子或者类似商品上使用与原告注册商标相同或者近似的商标、商品名称或商品装潢。故原告认为两被告侵犯其注册商标专用权证据不足。原告要求两被告停止侵权行为和在报纸上公开道歉及赔偿经济损失的请求,不予支持。判决驳回原告的诉讼请求。

狗不理包子饮食公司不服上诉。哈尔滨市中级人民法院经审理,判决驳回上诉,维持原判决。狗不理包子饮食公司仍不服,向黑龙江省高级人民法院申请再审。

黑龙江省高级人民法院经审理查明,原审被上诉人天龙阁饭店门上方悬挂的牌匾中间大字是"天津狗不理包子",上方"正宗"、下方"第四代传人高耀林、第五代传人高渊"均为小字,未悬挂天龙阁饭店牌匾。认为天龙阁饭店制作、悬挂前述牌匾已经构成了商标侵权。

思考

黑龙江省高级人民法院为什么认定天龙阁饭店对"狗不理"的使用构成商标假冒、仿冒行为中的商标"使用"? 是否具有说服力?

2. 派克笔公司将"派克""PARKER"及图形商标在国家工商总局注册,核定使用的商品为第 16 类。派克公司在东莞市中和百货有限公司发现假冒派克笔的商品在出售,于是委托广州市公证处进行证据保全。广州市公证处公证员等到东莞市中和百货有限公司以普通消费者身份购买了带有"PARKER"商标的"礼品装钢笔"一支,并获得发票一张,购物胶袋一个,发票印章显示的单位名称为"东莞市中和百货有限公司"。公证员对上述物品进行了拍照、封存。东莞市中和百货有限公司认为自己不应该承担商标侵权责任,因为真正出售假冒派克笔的不是中和公司,而是朱德华。东莞市中和百货有限公司与朱德华于 2005 年 12 月 23 日签订一份柜台租赁合同,约定朱德华从 2006 年 1 月 1 日起至 2007 年 6 月 30 日止租赁中和公司三楼柜位约 29 平方米,经营销售文具用品。合同除必要条款外,还约定朱德华"如违反下列其中任何一条款的,中和公司有权单方面解除合同,没收租赁保证金",条款包括"违法经营、销售假冒、伪劣及其他不合格商品,或因服务质量低劣,造成严重后果的"。被告中和公司认为原告公证购买的派克笔是由其出租柜台的经营人朱德华售出,并通过广州市荔湾区谊园振兴文具商行进货,自己不承担商标侵权责任。

✍ 思考

东莞市中和百货有限公司的主张能否成立?为什么?

第五编
其他类型知识产权

第二十三章 反不正当竞争法

广义竞争法在发达市场经济国家地位非常高，在美国被称为美国经济政策基石，在日本被称为经济大宪章，在德国被称为经济宪法。广义竞争法应包括反限制竞争和反不正当竞争的内容。在很多国家和地区，竞争法被称为公平交易法，反限制竞争的内容由反垄断法或者反托拉斯法规定，关于不正当竞争的内容规定在反不正当竞争法里。但是，我们这里强调反不正当竞争法是一个狭义的竞争法，它是19世纪末期产生于德国，最初就是作为著作权法、专利法、商标法保护的补充，本身不是知识产权法的一部分。这样的传统理论和做法在20世纪60年代也发生了变化，首先是《保护工业产权巴黎公约》的斯德哥尔摩文本，该文本在第1条规定工业产权的范围时强调，工业产权的保护对象是专利、实用新型、工业外观设计、商标、服务商标、商号、产地标记或原产地名称以及制止不正当竞争。同时，还在第10条之2规定了具体的不正当竞争行为。该条规定，在工商业活动中违反诚实经营的竞争行为即构成不正当竞争的行为。特别是采用任何手段对竞争对方的企业、商品或工商业活动造成混乱的一切行为；在经营商业中利用谎言损害竞争对方的企业、商品或工商业活动的信誉的；在经营商业中使用会使公众对商品的性质、制造方法、特点、使用目的或数量发生混乱的表示或说法。然后是《成立世界知识产权组织公约》，这个公约将反不正当竞争明文规定为知识产权法的一部分。在第2条定义中规定，"知识产权"包括有关下列项目的权利：文学、艺术和科学作品；表演艺术家、录音和广播的演出；在人类一切活动领域内的发明；科学发现；外型设计；商标、服务标记、商号名称和牌号；制止不正当竞争；以及在工业、科学、文学或艺术领域内其他一切来自知识活动的权利。

第一节 反不正当竞争概述

我国反不正当竞争法是由法律、法规和规章等多个层级的反不正当竞争法律规范构成的整体。由于我国加入了主要的知识产权国际公约，同时是世界贸易组织成员国，因此，遵守和执行公约的规定也是成员必须履行的义务，公约的规定也适用于解决我国的反不正当竞争问题。《保护工业产权巴黎公约》的斯德哥尔摩文本，在第10条之2规定，在工商业活动中违反诚实经营的竞争行为即构成不正当竞争的行为。

我国《反不正当竞争法》在第 2 条规定,不正当竞争,是指经营者违反关于本法的规定,损害其他经营者的合法权益,扰乱社会经济秩序的行为。第 2 条第 3 款规定,经营者是指"从事商品经营或者营利性服务(以下所称商品包括服务)的法人、其他经济组织和个人"。

竞争关系大体上可以归为三种基本类型:同业经营者之间的关系;为自己或者他人争取交易机会而产生的竞争关系;因破坏他人的竞争优势而产生的竞争关系。世界知识产权组织《反不正当竞争示范法》将不正当竞争行为概括为以下几类:混淆商品或服务的来源;以夸大方式进行欺骗,使人对所提供的商品或服务产生误解;贬损竞争对手;侵犯商业秘密;不合理地利用他人已被消费者承认的成果;以对比方式作广告;有奖销售等其他行为。我国《反不正当竞争法》第 2 章列举了 11 种不正当竞争行为,即仿冒行为(第 5 条)、公用企业限制竞争行为(第 6 条)、行政垄断行为(第 7 条)、商业贿赂行为(第 8 条)、虚假宣传行为(第 9 条)、侵犯商业秘密行为(第 10 条)、低价倾销行为(第 11 条)、搭售行为(第 12 条)、不正当有奖销售行为(第 13 条)、商业诋毁行为(第 14 条)和串通招标投标行为(第 15 条)。但是,在反不正当竞争法律规范中,与知识产权相关的不正当竞争行为才是重点,而这部分原则上在整个竞争法领域不能占过大比重。正如我国台湾学者所说,竞争法有其本身之法律体系,智慧财产权法并不应过度侵入竞争法之领域,而造成该二领域无法划分之重叠混淆现象,因此,纵使将与竞争秩序有关之规范列入智慧权法之领域,仍应尽量限缩其范围。[①] 学者们对于不正当竞争行为的分类也不尽相同。有分为四类的,即与竞争厂商之混淆,包括商标、商号、赝品等;毁谤或过分批评竞争之厂商;瓦解竞争厂商之内部组织,包括泄露竞争厂商之制造或营业秘密、诱拐其受雇人、消除其商标或广告等;扰乱市场,例如欺骗性广告、名称或品质之虚伪描述、侵害他人之奖赏、支持竞争厂商之罢工等等。也有将不正当竞争行为分为两组:削弱或瓦解竞争者在市场上之地位以及以混淆之方法创设或加强本身在市场上之地位。[②] 我国学者在论述"与知识产权有关的不正当竞争"时认为,在我国相关立法所列举的 11 种不正当竞争行为中,下列情形可归属于知识产权保护领域:商品假冒行为、虚假宣传行为、侵犯商业秘密、商业诽谤行为。[③] 本书也主要论述下列四类与知识产权有关的不正当竞争行为:假冒与仿冒行为、虚假宣传行为、侵犯商业秘密行为、商业诽谤或诋毁商业信誉行为。

---

① 谢铭洋:《智慧财产权之基础理论》(第 2 版),翰芦图书出版有限公司 1997 年版,第 34 页。
② 参见曾明汝:《专利商标法选论》,台湾大学法律学系法学丛书编辑委员会编辑,三民书局 1977 年版,第 168—169 页。
③ 参见吴汉东主编:《知识产权法》(修订版),北京大学出版社 2002 年版,第 300—302 页。

第二节 假冒、仿冒

反不正当竞争法上的假冒、仿冒行为,是指在商业经营中使用与他人商业标识相同或者近似的商业标识,使人对商品来源产生混淆的行为。由于假冒、仿冒的对象是他人的商业标识,而假冒、仿冒者之所以选择假冒、仿冒他人商业标识也是出于搭便车的考虑,因此,被假冒、仿冒的商业标识往往是具有一定知名度的。所以,虽然广义上说,任何商业标识都可能被假冒、仿冒,但重点应该是知名商品的商业标识。基于这种考虑,我国《反不正当竞争法》在第5条规定:"经营者不得采用下列不正当手段从事市场交易,损害竞争对手:(一)假冒他人的注册商标;(二)擅自使用知名商品特有的名称、包装、装潢,或者使用与知名商品近似的名称、包装、装潢,造成和他人的知名商品相混淆,使购买者误认为是该知名商品;(三)擅自使用他人的企业名称或者姓名,引人误认为是他人的商品;(四)在商品上伪造或者冒用认证标志、名优标志等质量标志,伪造产地,对商品质量作引人误解的虚假表示。"假冒他人注册商标的行为以及擅自使用他人的企业名称或姓名,引人误认为是他人的商品的行为,我们在商标法律制度中论述。在商品上伪造或者冒用认证标志、名优标志等质量标志,伪造产地,对商品质量作引人误解的虚假表示和虚假广告宣传等行为密切相关,因此,这里我们重点要论述的仿冒行为主要是仿冒知名商品特有的名称、包装、装潢的不正当竞争行为,即违反《反不正当竞争法》第5条第2项规定,擅自将他人知名商品特有的商品名称、包装、装潢作相同或者近似使用,造成与他人的知名商品相混淆,使购买者误认为是该知名商品的行为。关于仿冒行为的法律规定,除了反不正当竞争法的规定,还有1995年7月6日,国家工商行政管理局公布的《关于禁止仿冒知名商品特有的名称、包装、装潢的不正当竞争行为的若干规定》。这里,我们就这些规定的内容对仿冒行为的构成作一分析。

一、仿冒的客体

仿冒行为针对的对象是知名商品。所谓知名商品,《关于禁止仿冒知名商品特有的名称、包装、装潢的不正当竞争行为的若干规定》第3条指出,知名商品是指在市场上具有一定知名度,为相关公众所知悉的商品。这里强调的是商品的客观知名原则,也就是说,知名与否不是法院的认定,也不是商标局等机构经评定程序评定出来的荣誉称号;商品的知名是指在市场上的一种知名度,商品为相关公众所熟悉。当然,有些商品被地方政府、商标局或者企业联合会等评定为知名品牌,则是已经成为知名商品的辅助证明。

二、仿冒的构成

仿冒行为的客观行为构成是擅自将他人知名商品特有的商品名称、包装、装潢作相同或者近似使用。

首先,擅自是指未经授权而使用,从主观上讲,仿冒者是在知晓商品为知名商品的情况下而使用其名称、包装、装潢,或者其近似物。使用方式则是与名称、包装、装潢相对应的使用,也可以是在张贴、印刷、交易文书、广告等上,为商品的宣传和促销所作的使用。

其次,仿冒行为针对的是知名商品特有的商品名称、包装、装潢。特有是指商品名称、包装、装潢非为相关商品所通用,并具有显著的区别性特征。知名商品特有的名称,是指知名商品独有的与通用名称有显著区别的商品名称。但该名称已经作为商标注册的除外。包装是指为识别商品以及方便携带、储运而使用的商品上的辅助物和容器。装潢是指为识别与美化商品而在商品或者其包装上附加的文字、图案、色彩及其排列组合。特有的商品名称、包装、装潢应当依照使用在先的原则予以认定。

三、仿冒的后果

仿冒的后果是造成混淆或者误认。之所以造成混淆或者误认,是因为仿冒者使用了与知名商品相同或者近似的名称、包装、装潢。在实践中,相同是容易认定的,但如何判断近似则很困难。《禁止仿冒知名商品特有的名称、包装、装潢的不正当竞争行为的若干规定》第 5 条规定,对使用与知名商品近似的名称、包装、装潢,可以根据主要部分和整体印象相近,一般购买者施以普通注意力会发生误认等综合分析认定。一般购买者已经发生误认或者混淆的,可以认定为近似。《最高人民法院关于审理商标民事纠纷案件适用法律若干问题的解释》在第 10 条规定,人民法院依据《商标法》第 52 条第(一)项的规定,认定商标相同或者近似按照以下原则进行:(1) 以相关公众的一般注意力为标准;(2) 既要进行对商标的整体比对,又要进行对商标主要部分的比对,比对应当在比对对象隔离的状态下分别进行;(3) 判断商标是否近似,应当考虑请求保护注册商标的显著性和知名度。判断商标相同或近似的原则对判断仿冒者是否使用了与知名商品相同或者近似的名称、包装、装潢有参考和借鉴意义。

在认定是否近似时,应当注意下列原则:一般购买者施以普通注意原则、通体观察和比较主要部分原则以及隔离观察原则。关于这些原则如何运用,可参见本书在商标法律制度中关于判断商标是否相同或者近似的论述。

四、仿冒的法律责任

仿冒者承担的法律责任是多重的。《关于禁止仿冒知名商品特有的名称、包装、装潢的不正当竞争行为的若干规定》第7条规定,经营者有本规定第2条所列行为的,县级以上工商行政管理机关可以依照《反不正当竞争法》第21条第2款的规定对其进行处罚,即监督检查部门应当责令停止违法行为,没收违法所得,可以根据情节处以违法所得一倍以上三倍以下的罚款;情节严重的可以吊销营业执照;销售伪劣商品,构成犯罪的,依法追究刑事责任。第8条又规定:"经营者有本规定第二条所列行为的,工商行政管理机关除依前条规定予以处罚外,对侵权物品可作如下处理:(一)收缴并销毁或者责令并监督侵权人销毁尚未使用的侵权的包装和装潢;(二)责令并监督侵权人消除现存商品上侵权的商品名称、包装和装潢;(三)收缴直接专门用于印制侵权的商品包装和装潢的模具、印板和其他作案工具;(四)采取前三项措施不足以制止侵权行为的,或者侵权的商品名称、包装和装潢与商品难以分离的,责令并监督侵权人销毁侵权物品。"

第三节 虚假宣传

我国《反不正当竞争法》所规范的商品宣传上的不正当竞争行为包括:在商品上伪造或者冒用认证标志、名优标志等质量标志,伪造产地,对商品质量作引人误解的虚假表示;经营者利用广告或者其他方法,对商品的质量、制作成分、性能、用途、生产者、有效期限、产地等作引人误解的虚假宣传。我国台湾地区"公平交易法"第21条规定,事业不得在商品或其广告上,或以其他使公众得知之方法,对于商品之价格、数量、品质、内容、制造方法、制造日期、有效期限、使用方法、用途、原产地、制造者、制造地、加工者、加工地等,为虚伪不实或引人错误之表示或表征。事业对于载有前项虚伪不实或引人错误表示之商品,不得贩卖、运送、输出或输入。德国《反不正当竞争法》第3条规定,在营业中以竞争为目的,关于经营状态,特别是关于个别商品、服务或全部供应就性能、来源、制造方式、价格构成、关于价格表、商品采购形式或采购来源、关于得奖、关于卖货的原因或目的、或关于存货数量制作使人曲解的说明者,可请求其制止。日本《反不正当竞争法》第2条第1款第10项规定,在商品、服务或其广告上,或交易中使用的文件、信函中,就商品的原产地、品质、内容、制造方法、用途或者数量,就服务的性质、内容、用途或者数量做出使人误认的表示,或者转让、移交、或为转让、移交而展示、出口、进口作出此种表示的商品的,或者以此种表示提供服务的行为,构成不正当竞争。比较各国、各地区相关法律规定,我们得出,我国反不正当竞争法律所列举的不实项比较少,日本和德国的列举的不实项比较多,但我国属于非穷尽性列举,而德国和日本的法律规定属于穷尽性列举。我国台湾地区的公平交易法虽然也列举了很多事项,但仍然采非穷尽性列举的方式。

一、虚假宣传的方式

经营者虚假宣传的方式很多。《反不正当竞争法》将这些宣传方式归纳为三种,即"在商品上""广告"和"其他方法"。在商品之上所做的虚假宣传是通过一些虚假表示而达到的,即我国《反不正当竞争法》第 5 条第 4 项的规定,在商品上伪造或者冒用认证标志、名优标志等质量标志,伪造产地,对商品质量作引人误解的虚假表示。而广告和其他方法所做的宣传是狭义的虚假宣传行为,这是我国《反不正当竞争法》第 9 条规定的虚假宣传行为,即经营者利用广告或者其他方法,对商品的质量、制作成分、性能、用途、生产者、有效期限、产地等作引人误解的虚假宣传。采取这三种方法进行虚假宣传的,都属于《反不正当竞争法》禁止的不正当竞争行为。例如,在商品包装和说明书上做出不实表示。1995 年发生的一则关于不实药品表示的纠纷就突出反映了虚假宣传对同业竞争者的影响。该案中原告中化四平制药厂与被告敦化市华康制药厂都是生产"血栓心脉宁"的厂家,但被告华康制药厂在其产品的外包装以及说明书上使用"国内首创、独家生产"。法院审理认为,华康制药厂的行为构成不正当竞争。①

虚假宣传行为更多的是以广告的形式进行的。广告,是指商品经营者或者服务提供者承担费用,通过一定媒介和形式直接或者间接地介绍自己所生产、经销的商品或者所提供的服务的商业行为。《广告管理条例施行细则》第 2 条规定了广告的方式有:利用报纸、期刊、图书、名录等刊登广告;利用广播、电视、电影、录像、幻灯等播映广告;利用街道、广场、机场、车站、码头等的建筑物或空间设置路牌、霓虹灯、电子显示牌、橱窗、灯箱、墙壁等广告;利用影剧院、体育场(馆)、文化馆、展览馆、宾馆、饭店、游乐场、商场等场所内外设置、张贴广告。利用车、船、飞机等交通工具设置、绘制、张贴广告;通过邮局邮寄各类广告宣传品;利用馈赠实物进行广告宣传;利用其他媒介和形式刊播、设置、张贴广告。

广告是一种商业性行为,其目的就是吸引消费者的注意,在同行业中保持竞争力。广告本身无可非议,但如果对商品的特征进行虚假的宣传来误导消费者购买,则属于法律禁止行为之列。虚假广告宣传行为的构成中强调虚假要素。同时,我国法律中规定了广告等其他方法,这实际上是考虑到除了现在能够预见到的在商品之上和广告之上进行虚假宣传的方式之外,还可能在将来出现其他

---

① 该案具体情况,请参见孙建、罗东川:《知识产权名案评析》,中国法制出版社 1998 年版,第 334—337 页。

新的虚假宣传方式,因此,做此非穷尽性列举,以应时代和社会发展。以广告形式所做的虚假宣传行为也被称为"虚假广告",现实生活中,一些保健品、药品、医疗服务等都在夸大自己提供的商品或者服务的效能,来欺骗消费者。这不仅损害了消费者的利益,侵害了消费者的知情权、安全权、公平交易权①;同时也对同业竞争者构成非正常竞争,影响市场秩序。特别是在广告等媒体宣传越来越影响人们的消费倾向的今天,打击虚假宣传行为越来越具有重要的意义。目前我国立法没有对虚假广告作出定义,相关法律法规只是作出了原则性规定,例如《广告法》只是在第3、4条规定,"广告必须真实、合法";"广告不得含有虚假的内容,不得欺骗和误导消费者"。《广告管理条例》在第3条规定,广告内容必须真实、健康、清晰、明白,不得以任何形式欺骗用户和消费者。《反不正当竞争法》第9条规定了虚假的内容,即对商品的质量、制作成分、性能、用途、生产者、有效期限、产地等作引人误解的虚假宣传。在这方面,美国的立法和司法实践对我们有借鉴意义。

美国商标法,即《兰哈姆法》在43(a)1(B)中规定,如果在商业广告或者宣传中对自己或他人的商品、服务或商业活动的性质、特征、质量、地理标志做虚假陈述,则任何认为自己因此而受伤害或者有受害可能的人,都可以提起民事诉讼,要求虚假陈述人承担责任。在1982年的Coca-Cola Co. v. Tropicana Prods., Inc.一案中,可口可乐公司认为被告在广告中做了虚假宣传。该案被告Tropicana公司在为其橙汁所做的广告中使用了奥运会冠军布鲁斯·詹纳(Bruce Jenner)的形象,他在广告画面中一边挤橙子里面的橙汁,一边称"纯橙汁,用巴氏灭菌法处理后像从橙子中直接获得一样"。然后,他将挤出来的鲜橙汁直接倒入了Tropicana的包装盒里,旁白这时配音道"这是不通过浓缩后加水处理的唯一知名品牌"。可口可乐公司认为该广告是虚假的,因为橙汁用巴氏灭菌法处理时会达到二百多华氏度的高温,而且有时在包装前要经过冷冻,并不是Tropicana广告中所说的未经处理的鲜榨果汁。该案中,法院支持了可口可乐公司的请求。在该案中,法官区分了两种虚假的情况:明示(explicit)虚假和暗示(implicit)虚假,在存在明示虚假的情况下,法院可不考虑虚假对于购买者的影响而直接对相关主体进行救济;在暗示虚假的情况下,则应该通过公众的反应来确定是否会对公众造成误导、混淆或欺诈。法院认为,该案中詹纳的行为构成明示虚假。②

一旦被控虚假宣传,原告方提供了初步证据并提出了诉讼请求,则被告就需要证明自己的宣传用语和内容是符合事实情况的,以此来驳倒原告的主张。例

---

① 参见黎燕燕、杨妮、柴进:《论虚假广告对消费者权益的侵害》,载《法学杂志》2003年第6期。
② See Coca-Cola Co. v. Tropicana Prods., Inc., 690 F.2d 312 (2d Cir. 1982).

如,在北京黄金假日旅行社有限公司与携程计算机技术(上海)有限公司、上海携程商务有限公司、河北康辉国际航空服务有限公司、北京携程国际旅行社有限公司不正当竞争纠纷案中,原告黄金假日旅行社提出,被告携程公司在广告中称"2006年1月,携程荣获上海市工商局授予的'上海市著名商标'"、"截止到2005年7月,携程的机票预订、出票及送票上门的服务涵盖了国内所有重点城市。用户通过拨打携程全国免费服务电话800-820-6666,或者登录携程网站,即可在上海、北京、广州、深圳、杭州、成都、大连、青岛等43个出票城市随时随地轻松预订机票,这在全国尚属首家"等内容,构成虚假宣传。携程公司可以通过出示著名商标认定证书、销售覆盖范围等证明自己的宣传内容是真实的,从而证明不存在虚假宣传不正当竞争行为。①

我国学者解释虚假广告的含义时指出,虚假广告主要存在于四种情况下,即发布虚假的消息、作出虚假的品质和功能说明、表示虚假的价格和提供虚假的证明。② 也有人指出,虚假广告包括欺骗性虚假广告、夸大性虚假广告和误导性虚假广告三类。③ 1993年6月,《国家工商行政管理局关于认定处理虚假广告问题的批复》(工商广字〔1993〕第185号)指出,关于虚假广告,一般应从以下两个方面认定:一是广告所宣传的产品和服务本身是否客观、真实;二是广告所宣传的产品和服务的主要内容(包括产品和服务所能达到的标准、效用、所使用的注册商标,获奖情况,以及产品生产企业和服务提供单位等)是否真实。凡利用广告捏造事实,以并不存在的产品和服务进行欺诈宣传,或广告所宣传的产品和服务的主要内容与事实不符的,均应认定为虚假广告。该批复中规定的第一类行为实际上是诈骗行为,而第二类行为才属于反不正当竞争法应该规范的虚假广告行为。

二、虚假宣传的后果

虚假宣传行为应该承担的法律后果主要是停止虚假宣传行为、更正广告、行政罚款、损害赔偿。《反不正当竞争法》第24条规定,经营者利用广告或者其他方法,对商品作引人误解的虚假宣传的,监督检查部门应当责令停止违法行为,消除影响,可以根据情节处以1万元以上20万元以下的罚款。广告的经营者,在明知或者应知的情况下,代理、设计、制作、发布虚假广告的,监督检查部门应当责令停止违法行为,没收违法所得,并依法处以罚款。《广告管理条例施行细则》第17条规定,广告客户违反《条例》第3条、第8条第5项规定,利用广告弄

---

① 中华人民共和国最高人民法院民事判决书(2007)民三终字第2号。
② 黎燕燕、杨妮、柴进:《论虚假广告对消费者权益的侵害》,载《法学杂志》2003年第6期。
③ 李冰强:《虚假广告认定标准浅析》,载《山西大学学报》2005年第3期。

虚作假欺骗用户和消费者的,责令其在相应的范围内发布更正广告,并视其情节予以通报批评、处以违法所得额 3 倍以下的罚款,但最高不超过 3 万元,没有违法所得的,处以 1 万元以下的罚款;给用户和消费者造成损害的,承担赔偿责任。广告经营者帮助广告客户弄虚作假的,视其情节予以通报批评、没收非法所得、处以违法所得额 3 倍以下的罚款,但最高不超过 3 万元,没有违法所得的,处以 1 万元以下的罚款;情节严重的,可责令停业整顿,吊销营业执照或者《广告经营许可证》;给用户和消费者造成损害的,负连带赔偿责任。发布更正广告的费用分别由广告客户和广告经营者承担。以上二者在处罚金额上的规定不同,解释上应该《广告管理条例施行细则》关于罚款金额的限制规定限定在虚假广告的范围内,即非法所得 3 倍以下且不超过 3 万元,没有非法所得的为 1 万元以下;对于以其他方法做虚假宣传的,适用《反不正当竞争法》1 万至 20 万元罚款限额。

第四节 商业诋毁

商业诋毁行为就是指经营者采取的捏造、散布虚假事实,损害竞争对手的商业信誉和商品声誉的行为。如果说虚假宣传行为是间接地损害竞争对手产品的竞争优势,则商业诋毁行为直接针对对方商品的信誉。商业诋毁行为侵害的是他人商业信誉,即社会对经营的评价,该评价的好坏对经营者的生存与发展都至关重要。德国《反不正当竞争法》第 14 条规定了诽谤,其第 1 款规定,"为竞争的目的,制造或散布关于他人的经营、营业主或经理、他人的商品或服务的能伤害其经营或商业信誉的消息的,在该内容未经证实的情况下,制造或散布者应对受害人所发生的损害负赔偿责任。受害人也可以提出请求,制止制造和散布这种消息"。第 2 款规定,"如果该消息是秘密通知的,而通知或被通知的人对此有适当利益,那么仅在当违反事实真相进行造谣和散布时,才允许提出制止请求。且仅当散布人知道,或应该知道事实的不真实性时,才能提出赔偿损害"。第 15 条规定了营业上的诽谤,第 1 款规定,"确实了解情况和关于他人经营、营业主或经理、关于他人商品或服务的,但制造或散布伤害其营业或者经营者信誉的非属实消息的人,要处以一年以下的徒刑或罚金"。[①] 韩国《反不正当竞争法》第 2 条第 1 款第 6 项规定,"因竞争关系,以侵害他人经营信用,而陈述或者散布虚伪事实之行为",以同法第 3 条课行为人以民事责任。[②] 日本《反不正当竞争法》第 1 条第 1 款第 6 项规定了妨害营业信用的行为,意图侵害存在竞争关系的

---

① 参见李骏阳、江建清:《各国公平竞争国际惯例》,贵州人民出版社 1995 年版,第 267—268 页。
② 赖源河:《公平交易法新论》,中国政法大学出版社 2002 年版,第 386 页。

他人营业上的信用,而陈述或散布虚伪事实的行为,行为人要承担民事责任。台湾地区"公平交易法"第22条规定了竞争手段之限制,事业不得为竞争之目的,而陈述或散布足以损害他人营业信誉之不实情事。第37条规定,违反第22条规定对他人营业信用造成损害的,处行为人2年以下有期徒刑、拘役或科或并科新台币5000万元以下罚金。综合上述规定,我们得出商业诋毁行为的法律特征如下。

一、捏造、散布虚假事实

捏造是无中生有的意思,既包括全部捏造,又包括部分捏造;既可以是完全的子虚乌有,又可以是对真实情况的歪曲。散布则是将捏造的事实予以传播。因为商业信誉是社会公众的一个客观评价,因此,捏造的事实必须传播到消费者那里才能造成影响和损害。所以,商业诋毁行为的行为方式必须在捏造之外强调施加社会影响,即捏造并散布虚假事实。其次,传播的事实必须是虚假的,如果是真实的事情,就不能构成商业诋毁行为。再次,从主观构成要件分析,该类行为应要求主观过错,即知道其不真实而散布,或者未经证实其是否真实便散布消息的都构成主观过错。

二、可能造成商业信誉的损害

商业信誉的损害属于精神性质的损害,表现为社会评价的降低。商业诋毁行为的损害可以是实际发生了损害,也可以是有损害的可能,两者都构成损害。

三、以竞争为目的打击竞争对手

竞争对手就是与商业诋毁的行为人具有竞争关系的人。商业诋毁行为既可以是针对明确的、特定的某个竞争者,也可以是消费者通过分析能够确定的某个或者某些竞争者。

四、诋毁行为

现实生活中,直接针对竞争对手的商品做贬损性评价的情况很少,大多是片面宣传竞争对手产品的缺陷或者是通过自己产品与竞争对手产品的比较,不正当地抬高自己商品的优势,这就是比较广告的问题。1995年发生的北京市海淀区裕兴电子技术公司诉中山市小霸王电子工业公司不正当竞争案,即属于片面宣传竞争对手的产品缺陷构成不正当竞争的情况。该案中的裕兴公司和小霸王公司都是学习机类产品的经营者。小霸王公司在其内部刊物上刊登文章,指出裕兴公司生产的磁盘式普及型电脑的图表功能等远不及真正微机WPS软件等功能强,并将刊载这些内容的文章随机发送给消费者,对裕兴公司生产的产品从质量、性能等方面进行贬低。法院认为,被告的行为构成侵权,应承担停止侵害、赔礼道歉、赔偿损失的责任。① 所谓比较广告,又称为对比广告,就是在广告中对两种或者多种商品进行对比宣传。如果对比的内容真实且不会引人误解,法律并不禁止。但是,比较广告给被比较的商品的声誉造成损害,则构成商业诋毁行为。例如,在北京金山软件有限公司和北京世纪豪杰计算机技术有限公司不正当竞争纠纷案中,金山公司在《中国 DVD 时代之鲍金龙》一文中,将自身的团队精神与豪杰公司的单枪匹马对比,属于贬低竞争对手;金山公司在《播放软件综合功能性评测》一文中将自己的产品与对方的产品功能相比,由于对 DVD 产品的评测系其自行进行,不具有鉴定资质单位出具鉴定报告,因此,金山公司的对比缺乏真实性,其中对豪杰公司产品的评价已构成不当对比,贬低了豪杰公司产品;金山公司的对比会给公众造成误导,并构成商业诋毁。金山公司宣传材料还在互联网上传播,这在一定程度上加重了损害后果。法院认为,金山公司不正当竞争侵权行为成立,除承担立即停止不当言论的责任外,还判决金山公司赔偿豪杰公司损失 3 万元。② 商业诋毁行为也不必指明被诋毁者的姓名或名称,只要消费者能够确定被指对象即可。在上海百兰王贸易发展有限公司(以下简称百兰王公司)与上海大鹤蛋品有限公司(以下简称大鹤蛋品公司)商业诋毁纠纷一案中,百兰王公司发表的《声明》虽然没有指明针对的对象是大鹤蛋品公司,但当时上海仅仅有百兰王公司和大鹤蛋品公司两家公司销售"蘭王"品牌鸡蛋,百兰王公司对此是明知的,而消费者完全可以根据该声明得出这样的判断,其他"蘭王"牌鸡蛋的经营者侵犯了百兰王公司的商标权,大鹤蛋品公司作为"蘭王"牌鸡蛋的生产者,其商业信誉和商品声誉自然会因此受到损害。据此,最高法院指出,反不正当竞争法调整的商业诋毁行为并不要求行为人必须直接指明诋毁的具体对象的名称,即并不要求诋毁行为人指名道姓,但商业诋毁指向的对象应当是可辨别的。因此,百兰王公司发表的《声明》构成对大鹤蛋品公司的商业诋毁。③

第五节 商业秘密

保护商业秘密的法律目前已经呈一种专门的趋势,被认为是知识产权法中举足轻重的法律,是知识产权保护的四个基本支柱之一,其他三个是著作权法、

---

① 该案具体情况,请参见孙建、罗东川:《知识产权名案评析》,中国法制出版社 1998 年版,第 311—319 页。
② 该案具体情况参见北京市第一中级人民法院民事判决书(2003)一中民终字第 2421 号。
③ 该案具体情况参见中华人民共和国最高人民法院民事裁定书(2009)民申字第 508 号。

专利法、商标法和反不正当竞争法中保护商誉的规定。① 但是，对商业秘密的保护是经历了一个曲折的认识过程的。世界上多数国家，特别是大陆法系国家，都用不正当竞争法来保护商业秘密。例如，德国早在 1909 年实施的《反不正当竞争法》中就规定了关于商业秘密的保护，雇员故意泄露工业或者商业秘密的，处 5 年以下徒刑并可附罚金；如果雇员将秘密传往国外，或知道其将用于国外，可处 5 年以上徒刑。日本于 1990 年修改《反不正当竞争法》时加入了保护商业秘密的内容，1993 年再次修改时，又进行了某些修正。美国法律协会在 1939 年起草的《侵权法重述（第一次）》中首次规定了对商业秘密的保护；1993 年，《反不正当竞争法重述》从《侵权法重述》中独立出来，并于 1995 年进行了修订。重述把侵犯商业秘密的行为规定在"盗取他人商业价值"部分。"盗取商业价值"的概念具有极其广泛的意义，其中包括了对他人商业秘密和形象权的盗取。《反不正当竞争法重述》认为，盗取他人商业秘密而对他人造成商业性损害的，盗取者应该承担相应的法律责任，竞争者对无形的商业价值享有排他性的权利。② 值得一提的是，美国统一州法委员会于 1979 年推出了《统一商业秘密法》，并于 1985 年修订。该法虽然不是正式法律，但是，作为示范法却为很多州采用。1993 年 12 月 15 日通过的世界贸易组织《与贸易有关的知识产权协定》，即 TRIPs 协定，在第 7 节第 39 条中明文规定保护非公开信息。

一、商业秘密的范围和保护对象

关于商业秘密的法律性质学术界一直存在争议。一般而言，英美法系国家认为它是一种专有权利，而大陆法系国家则持相反的态度。后者认为，商业秘密只是一种受法律认可的正当利益，它虽可以作为交易、继承的对象，但是它的存在基本上依赖于事实上的保密（也即实际的占有）状态和交易相对人的认同，法律对它的保护是十分有限的，并没有赋予其专属排他性的权利，它的占有者无权禁止他人独立研制并使用、公开相同的技术信息和经营信息；他也无权阻止别人对相关产品作旨在揭露其秘密的剖析工作（即所谓"反向工程"）；另外，商业秘密一旦泄露，其占有者的利益便归于消失，法律也不能使之逆转。③ 但是，随着经济竞争的日趋激烈，商业秘密的作用越来越大，各国都逐渐强化了对它的保护，特别是在美国的影响下。但是，商业秘密究竟保护哪些内容，则很难做穷尽性说明。国家工商总局《关于禁止侵犯商业秘密行为的若干规定》第 2 条第 5 款规定，"本规定所称技术信息和经营信息，包括设计、程序、产品配方、制作工

---

① 张玉瑞：《商业秘密法学》，中国法制出版社 1999 年版，第 1 页。
② 参见李明德：《美国知识产权法》，法律出版社 2003 年版，第 369 页。
③ 参见韦之：《论不正当竞争法与知识产权法的关》，载《北京大学学报（哲学社会科学版）》1999 年第 6 期第 36 卷（总 196 期）。

艺、制作方法、管理诀窍、客户名单、货源情报、产销策略、招标投标中的标底及标书内容等信息"。日本《反不正当竞争法》第2条第4款规定,商业秘密是秘密管理而不公开的生产方法、销售方法以及其他于事业活动有用的技术信息或经营信息。商业秘密的主要保护对象是技术秘密与经营秘密。关于"Know-how"是否是商业秘密或者为商业秘密所保护,则没有定论。因为"Know-how"属于个人积累,处于技术的最边缘,其新颖性较低,因此,英国法院、澳大利亚法院和加拿大法院认为"Know-how"不构成商业秘密。①

如果从侵犯商业秘密的侵权行为的构成来分析的话,商业秘密法或者反不正当竞争法规范的是下列行为:

1. 以盗窃、利诱、胁迫或者其他不正当手段获取权利人的商业秘密。这是我国《反不正当竞争法》第10条第1款第1项的规定。美国《统一商业秘密法》规定,不正当手段获取商业秘密行为中的不正当手段包括窃取、贿赂、不真实表示、违反或唆使违反保密义务、利用电子计算机或其他方法侦探后获得。

2. 披露、使用或者允许他人使用以前项手段获取的权利人的商业秘密。这是我国《反不正当竞争法》第10条第1款第2项的规定。在从持有者手中获得商业秘密后,为了进行不正当竞争、获取不正当利益,或者单纯地为加害商业秘密所有人,而将信息公开或披露的行为。

3. 违反约定或者违反权利人有关保守商业秘密的要求,披露、使用或者允许他人使用其所掌握的商业秘密。这是违反保密义务而构成的侵权行为。

4. 第三人明知或者应知前款所列违法行为,获取、使用或者披露他人的商业秘密,视为侵犯商业秘密。美国《统一商业秘密法》规定了恶意第三人和事后恶意第三人。恶意第三人是指第三人在取得商业秘密时,明知或应知商业秘密是他人通过不正当行为取得或不正当披露的,而仍然予以公开或使用该商业秘密的行为。事后恶意第三人是指,第三人在取得商业秘密时对不正当取得行为或不正当公开行为是善意的、无过失的,但其后从商业秘密正当持有者处得到禁止使用的警告时,仍继续使用。

二、商业秘密的构成要件

商业秘密作为一个专门的法律术语,在我国最早出现在1991年颁布的《中华人民共和国民事诉讼法》中。该法在第120条规定:"……涉及商业秘密的案件,当事人申请不公开审理的,可以不公开审理。"其后,最高人民法院1992年在《关于适用〈中华人民共和国民事诉讼法〉若干问题的意见》中给商业秘密作了定义:"主要指技术秘密、商业情报及信息等,如生产工艺、配方、贸易联系、购销

---

① 参见张玉瑞:《商业秘密法学》,中国法制出版社1999年版,第47页。

渠道等当事人不愿公开的工商业秘密。"严格说来,这不能算作是定义,只是对商业秘密作了简单的列举,却没有涉及商业秘密的内涵。对商业秘密的内涵作出相对完整表述的定义是《反不正当竞争法》第10条第3款规定:"本法所指的商业秘密,是指不为公众所知悉,能为权利人带来经济效益,具有实用性并经权利人采取保密措施的技术信息和经营信息。"这是我国目前对商业秘密所下的最明确的法律定义。美国《反不正当竞争法重述》对商业秘密的定义是:任何可用于商业或者其他企事业经营,有价值保密的,并足以给他人带来现实或潜在经济利益的信息。美国《统一商业秘密法》在定义4中规定,"商业秘密"意指特定信息,包括配方、样式、编辑产品、程序、设计、方法、技术或工艺等,其:(1)由于未能被认可从其披露或使用中获取经济价值的他人所公知且未能被其用正当手段已经可以确定,因而具有实际或潜在的独立经济价值;且(2)是在特定情势下已尽合理保密努力的对象。TRIPs协定第7节第39条明确规定了未披露过的信息的保护,在第2款规定了受保护的未披露的信息必须符合下列三个条件:在一定意义上,其属于秘密,就是说,该信息作为整体或作为其中内容的确切组合,并非通常从事有关该信息工作之领域的人们所普遍了解或容易获得的;因其属于秘密而具有商业价值;合法控制该信息之人,为保密已经根据有关情况采取了合理措施。综合上述规定,我们得出商业秘密的构成要件如下:

（一）秘密性

这是商业秘密的首要法律特征。秘密性即不为公众所知悉。这里的秘密性指相对的秘密性,而非指绝对的秘密性。相对的秘密性指该商业秘密仅为个别人或少数人所知,而不要求仅为商业秘密权利人独自知悉,任何其他人都不知悉的绝对秘密性。例如,商业秘密转让未成功,但已被对方所知悉,只要双方已约定保密,对方承担保密和不使用义务,那么,这种知悉不能说破坏了秘密性;再如,企业内部职工因工作需要而接触了商业秘密,只要职工对此负有明示或默示的保密义务,则也不破坏其秘密性。TRIPs协定中规定"在一定意义上,其属于秘密",指的就是这个意义,"并非通常从事有关该信息工作之领域的人们所普遍了解或容易获得的",也说明商业秘密并非指绝对秘密性。

（二）价值性

商业秘密能给权利人带来竞争上的优势及现实的或潜在的经济利益。TRIPs协定规定,"因其属于秘密而具有商业价值"。价值性是商业秘密另一个重要的法律特征。价值性最本质的表现,是商业秘密的权利人使用后会产生竞争优势,从而权利人在掌握该商业秘密后能够在激烈的商业竞争中领先其竞争对手。这也是对商业秘密进行保护的基础之一。没有价值性的信息是不受商业秘密法保护的。体现价值性的商业秘密是否被要求必须在实际中成功付诸实施呢？日本以为必须付诸实施之后才能认定其价值性,美国则不要求必须付诸实施,而主要看是否存在着该商业秘密成功地付诸实施的可能性,以及实施该商业秘密是否会产生直接的有害作用。① 笔者同意后一种观点,商业秘密只要具备现实的或潜在的商业价值就可受法律保护,而不必在实施后视其结果而定。否则,一些处于研究开发阶段的商业秘密无法获得保护。

（三）采取保密措施

商业秘密的持有人对商业秘密采取了保密措施。也就是说,秘密性应当是主观与客观的结合。商业秘密权利人首先在主观上必须有保密意识,在客观上也通过实施了合理的保密措施来表现出这种主观意向。在实践中,主观秘密性通常是通过客观秘密性来认定的。在商业秘密案的诉讼中,认定一项商业秘密是否具有秘密性,首先是看权利人是否采取了客观的保密措施。例如,日本司法实践中主要根据以下几个方面来认定：(1) 是否告知雇员存在商业秘密；(2) 是否签订保守秘密合同；(3) 是否采取了措施限制进入工场、机器设备附近；(4) 是否对秘密文件进行特殊保管；(5) 是否禁止秘密材料的散发。② 美国法中"合理的保密努力"包括告诫雇员有商业秘密存在,对商业秘密的接触限定在"需要知道的范围",以及加强工厂保卫等。③ 美国普通法的判例原则认为,采取合理的保密措施应包括：(1) 把接近商业秘密的人员限制到极少数；(2) 利用物质障碍使非经授权人许可的人不能获取任何关于商业秘密的知识；(3) 在可行的情况下,限定雇员只接触商业秘密的一部分；(4) 对所有涉及商业秘密的文件,都用表示秘密等级的符号将其一一列出；(5) 要求保管商业秘密的人员采取妥善的保护措施；(6) 要求有必要得知商业秘密的第三人签订适当的保密合同；(7) 对接触过商业秘密又即将解职的雇员进行退出检查。④ 商业秘密的这种特征使其与专利区别开来。专利是通过其内容的公开获得保护的,而商业秘密则以未公开为保护前提。

也有采取主观秘密式定义的国家,主观秘密是指权利人在主观上将一种信息作为商业秘密对待,客观秘密指商业秘密在客观上不为公众所知。英国在1991年的 Lensing Linde v. Kerr 案中就将商业秘密从客观秘密的定义中解脱出来,规定了权利人限制商业秘密披露的就构成商业秘密。在该案中,上诉审法院采用的标准为：第一,商业秘密被设想用于商业经营；第二,所有者限制其扩散,或者至少不允许、不鼓励其广泛扩散；第三,向竞争者的披露将造成所有者重大

---

① 参见唐海滨主编：《美国是如何保护商业秘密的》,法律出版社1999年版,第8页。
② 参见〔日〕盛岗一夫：《商业秘密上不正当行为》,载《比较法》1992年第29号。
③ 唐海滨主编：《美国是如何保护商业秘密的》,法律出版社1999年版,第18页。
④ 同上书,第8页。

的损害。[①] 但商业秘密首先必须是一个客观秘密的观点是主流观点。

此外,有些国家将商业秘密的新颖性从秘密性中分离出来。所谓新颖性,是指该商业秘密必须与普通水平的信息保持最低限度的不相同性。[②] 这种新颖性要求的程度不高,与专利要求很高的创造性是有根本区别的。它仅仅是一种否定性的要求,即有关信息不能是行业内现成的普通信息,凡满足这一要求的,就有可能获得法律的保护。我国有关法律中没有关于商业秘密新颖性的要件规定,但解释上应该采用该要件,因为要求最低限度的新颖性,可以避免普通的信息被少数人所"垄断"。当然,从现实情况来看,只有具有一定程度新颖性的商业秘密才有被利用的可能,也才可能因此而发生侵权纠纷。这也是和价值性相关的一个要件。

三、侵犯商业秘密的不正当手段和相应的法律救济

我国现行法律和国际上的发展方向基本上保持了一致。对商业秘密作比较明确的法律规定的是1993年颁布的《反不正当竞争法》。该法第一次对商业秘密的定义、侵权行为、法律责任(刑事责任除外)作了明确的规定。该法第25条规定,违反本法第10条规定侵犯商业秘密的,监督检查部门应当责令停止违法行为,可以根据情节处以1万元以上20万元以下的罚款。其后,国家工商行政管理局于1995年发布了《关于禁止侵犯商业秘密行为的若干规定》,对《反不正当竞争法》有关商业秘密的规定作了解释和补充。但遗憾的是,该法与《规定》均未对侵犯商业秘密的刑事责任作出规定。不过,1997年3月14日修订并于1997年7月1日实施的《刑法》在第三章第七节第219条规定了侵犯商业秘密罪。该条规定:"有下列侵犯商业秘密行为之一,给商业秘密的权利人造成重大损失的,处3年以下有期徒刑或者拘役,并处或者单处罚金;造成特别严重后果的,处3年以上7年以下有期徒刑,并处罚金。"同时,对单位犯侵犯商业秘密罪的,规定了对单位判处罚金,并对其直接负责的主管人员和其他直接责任人员,依照上条进行处罚。《刑法》的规定完备了对侵犯商业秘密的法律责任制度。尽管如此,我国有关商业秘密的立法仍存在诸多问题。

首先,主体保护范围有局限。我国对商业秘密的保护体现在《反不正当竞争法》中,但学者认为,反不正当竞争法的保护是不充分的。因为权利人及侵权人均被定位为"经营者",而相当多合法持有商业秘密的人并非经营者(侵权人则多数情况下确系经营者)。按《反不正当竞争法》第20条的规定,仅仅"给经

[①] Lensing Linde ltd. v. Kerr, [1991] 1 All ER 617, 转引自张玉瑞:《商业秘密法学》,中国法制出版社1999年版,第215页。

[②] 参见张玉瑞:《商业秘密法学》,中国法制出版社1999年版,第199页。

营者造成损害",方能获赔偿。这对许多非经营的科研人员可能很不公平。如果我们注意一下,不难看到:世界知识产权组织的"示范法条"虽然其他条款均与"企业"相关联,唯独商业秘密保护这一条就不仅仅与"企业"相关了。而TRIPs协定中所提商业秘密的"持有人",保护范围比"经营者"会更广。这些都很值得我们研究与参考。

其次,保护的客体范围太窄。两个国际组织的"法条"与协议中,对受保护的要件均只提到"不为公众知悉""有商业价值"及"权利人采取了合理的保密措施"三个条件。我国《反不正当竞争法》在此之外,还提出了"具有实用性"。由于有了这一项额外的条件,一切尚处于理论研究阶段的开发资料,如被人不经许可拿走是受不到这部法保护的。在实践中,"理论研究阶段"可能与"实际应用阶段"只有一步之遥,而前一阶段可能花的时间、精力与资金更多。

再次,两个国际组织的法条与协议均要求有关主管部门按程序获得企业商业秘密者,负有保密义务;尤其禁止从主管部门那里将商业秘密流入商业渠道。我国的《反不正当竞争法》却偏偏把这一部分"漏"掉了。而在中国的诚实经营者,实际上比在有些外国更加关心主管部门是否会利用其职权从事这类(或其他类)不正当竞争。[①]

最后,商业秘密保护的法律制度不够完善。商业秘密的法律保护涉及多项法律制度。如在程序法方面的制度中,只在民诉法中规定可以不公开审理,但商业秘密纠纷能否通过仲裁解决,如何保证商业秘密在仲裁和诉讼中不致二度伤害,对禁令的条件、种类、时间等均没有具体的规定,导致在执法中较大的随意性。再如,对商业秘密无形价值的评估、对职工侵犯本单位的商业秘密行为以及竞业禁止等均没有具体的可操作的规定。

第六节 域 名

域名是互联网络上识别和定位计算机的层次结构式的字符标识,与该计算机的互联网协议(IP)地址相对应。在物理空间里,我们为了准确实现互相之间的通讯联系,依赖于各种以数字、文字为代号的通讯代码,如电话号码、通讯地址等。这些代码必须是全球唯一的。在网络虚拟空间中,人们也需要这样一个地址或者代码进行交流和联系。其解决的办法在于:给予用户的计算机一个全世界独一无二的通讯代号。于是,技术上就发明了"互联网协议地址"(Internet Protocol,简称IP地址),这个地址的作用是代表着世界上某一地方的特定的一

[①] 参见郑成思:《反不正当竞争——知识产权的附加保护》(第13卷),载《知识产权》2003年第5期。

台计算机,它由互联网依据一定的规则自动生成。最初,该地址由一串十进制数字来代表,例如,世界知识产权组织(WIPO)官方网站的 IP 地址为 192.91.247.53。用户在网上要寻找该组织的网站时,只需输入上述数字串,互联网就会自动转接。但是,由于 IP 地址难以记忆,使用起来不方便,互联网发明者为此发明了 IP 地址翻译系统,把数字翻译成文字、数字或符号的组合,这就是"域名"(Domain Name)。如世界知识产权组织域名为 http://www.wipo.int。当然,用户在计算机上输入域名后,互联网在技术上还必须将该域名还原为 IP 地址然后才转接。只是这个过程是由计算机完成的,而且是在瞬间完成的,我们肉眼看不到,也感觉不到。

域名通常是以英文为标准语言,因为互联网发源于美国,域名的注册和解析软件也是由美国人写就的。自互联网进入中国,中文域名的研究工作就同步开始了。2000 年 1 月 18 日,中国互联网信息中心(英文简称 CNNIC)正式推出了中文域名试验系统。2000 年 5 月 19 日,海峡两岸四地的域名注册机构在北京正式成立了中文域名联合会(CDNC)。2000 年 11 月 2 日,CNNIC 发布《中文域名注册管理办法(试行)》和《中文域名争议解决办法(试行)》,并自 2000 年 11 月 7 日起接受注册中文域名。同时,北京因特国风网络软件科技开发有限责任公司(因其网址为 www.3721.com 而被俗称为 3721),也推广与中文域名相同类型的"网络实名"的开发和研究。

由于互联网最早发明在美国,多年以来,美国在互联网的发展和建设上投入了大量的人力物力,所制定的技术标准在全世界的互联网上沿用至今。因此,域名系统发展的历史其实就是美国控制下的历史。

1992 年,美国开始立法规定由国家科学基金会(即 NSF, National Science Foundation)管理互联网。同年 12 月 31 日,NSF 与网络方案公司(即 NSI, Network Solutions, Inc.)签订了五年期合同,委托其管理域名体系及域名注册。由此掌管了域名注册和解析权,成为域名注册管理机构。

在中国,负责管理和注册中国国家代码顶级域名的机构是国务院信息化工作领导小组。该机构根据国务院于 1997 年 6 月制定的《中国互联网络域名注册暂行管理办法》,授权中国互联网络信息中心(即 CNNIC)具体负责 .cn 顶级域名下的域名的注册、管理和运行。该办法及其实施细则规定,域名不得与注册商标权、商号权等现存权利相冲突,也不得侵害第三者的其他合法利益。但在实际运作中,注册机构对于上述冲突是否存在的问题,仅要求申请人作出保证,而不进行实质性审查,因此域名与商标权的冲突仍然存在。2000 年 8 月 15 日,北京市高级人民法院办公室发布的《关于审理因域名注册使用而引起的知识产权民事纠纷案件的若干指导意见》则主要参考了互联网名称与数字地址分配机构(The Internet Corporation for Assigned Names and Numbers,简称 ICANN)及美国的法律,具有鲜明的时代特性。2000年11月1日,CNNIC发布了《中文域名争议解决办法(试行)》,并授权中国国际贸易仲裁委员会(China Internationa Economic and Trade Arbitration Comenission,简称CIETAC)作为我国国内第一家中文域名争议解决机构。2001年7月17日,最高人民法院发布了《最高人民法院关于审理涉及计算机网络域名民事纠纷案件适用法律若干问题的解释》,该司法解释自2001年7月24日起施行,这标志着中国域名法制建设进入了一个崭新的阶段。2002年3月14日,信息产业部公布了新的《中国互联网络域名管理办法》,自2002年9月30日起施行。该办法对与域名有关的一些基本概念、域名的注册和管理以及域名争议的解决、违反域名管理办法的罚则等作出了详细的规定。为满足互联网发展的需要,根据《中国互联网络域名管理办法》第6条的规定,2006年2月6日,信息产业部对中国互联网络域名体系进行了局部调整,在顶级域名CN下增设了.MIL类别域。调整后的中国互联网络域名体系自2006年3月1日起施行。这样,在顶级域名CN之下,设置"类别域名"和"行政区域名"两类英文二级域名。设置"类别域名"7个,分别为:AC—适用于科研机构;COM—适用于工、商、金融等企业;EDU—适用于中国的教育机构;GOV—适用于中国的政府机构;MIL—适用于中国的国防机构;NET—适用于提供互联网络服务的机构;ORG—适用于非营利性的组织。设置"行政区域名"34个,适用于我国的各省、自治区、直辖市、特别行政区的组织。[①] 2006年3月17日起,新的《中国互联网络信息中心域名争议解决办法》废止了2002年9月30日施行的原《中国互联网络信息中心域名争议解决办法》。该办法对解决域名纠纷的专家组人员构成、管辖范围、纠纷处理原则和方式都作出了详细的规定。

由于域名系统诞生于民间,具有非官方和无强制性的特点,所以NSI对域名注册长期奉行"先申请、先注册"(first come,first served)原则,不对域名申请作任何实质审查,也不考虑域名与其他知识产权如商标、商号等现实权利的冲突问题。

(一)域名的法律特征

最初,域名仅仅是为了方便实现网络通讯的需要,但由于它是网站在互联网上的指示标志,而且简单易记,所以至今实际上已经成为上网者宣传自己、提高知名度的有力武器,短短数年间,已经发展成为与商标、商号并驾齐驱的知识产

[①] 这些域名分别为:BJ—北京市;SH—上海市;TJ—天津市;CQ—重庆市;HE—河北省;SX—山西省;NM—内蒙古自治区;LN—辽宁省;JL—吉林省;HL—黑龙江省;JS—江苏省;ZJ—浙江省;AH—安徽省;FJ—福建省;JX—江西省;SD—山东省;HA—河南省;HB—湖北省;HN—湖南省;GD—广东省;GX—广西壮族自治区;HI—海南省;SC—四川省;GZ—贵州省;YN—云南省;XZ—西藏自治区;SN—陕西省;GS—甘肃省;QH—青海省;NX—宁夏回族自治区;XJ—新疆维吾尔自治区;TW—台湾省;HK—香港特别行政区;MO—澳门特别行政区。

权之一,越发凸显它的巨大商业潜力和经济价值。虽然域名的经济价值日益显现,但它"非官方出身"和技术特点就决定了它与商标、商号等知识产权制度之间,缺乏共同点和必要的沟通。但是,两者在经济生活中的作用类似,因此造成的冲突越来越明显。要解决域名纠纷,首先必须给它在法律上定一个名分,尤其是研究它与传统的知识产权有何异同,这样才能准确地在法律上定位。"如果域名真的具有了知识产权的价值,就应当考虑给予它知识产权的地位和法律保护。这样不仅解决了域名与知识产权的冲突,而且丰富了知识产权的内容,遵循了知识产权制度随着社会经济文化进步不断发展的规律。"①

域名与其他知识产权的冲突因其与其他知识产权的区别而产生,概括起来,域名与知识产权的区别如下②:

1. 域名的全球有效性与知识产权的地域性

商标权等其他知识产权,都只能在特定国家或地区的区域内受到法律保护。然而,由于网络无国界,域名基于其本身的技术特点,域名却是全球性的,因此在域名与知识产权权利重叠的地域,就会产生诸如"域名抢注"等法律问题。

2. 域名的唯一性与知识产权的多重性

知识产权虽然有专有性,但是,商标因其保护范围限于相同或者类似商品,所以,相同的商标或商号可以被为不同行业的人使用。因此,红旗既可以作为轿车的商标,也可以作为粉笔的商标使用。但是,就同一个标志注册了域名以后,却不可能在网络上使用第二个相同的标志,因此,也会发生"域名抢注"等法律问题。

3. 域名的分毫必较与知识产权的禁止相似性

商标权作为传统社会当中的一种商业识别标志,不仅禁止抄袭,还禁止模仿,这是基于传统社会当中的人们认知程度决定的。那么,如果有人申请注册和 KODAK 相近的 KODARK 商标,则 KODAK 商标权人会提出异议,商标局也会驳回商标申请。因为虽然商标有所区别,但足以引起人们的误认。但在互联网上,由于技术本身的特点,无论两个域名多么相似,哪怕只有一个字母、大小写不同、标记符号或者顺序不同,计算机也能精确识别开来,不会产生"误认"的情况,这本来是技术进步提高人类认知世界水平的好事,但反而给现实世界的秩序造成了麻烦:有人就利用这种相似来注册域名,利用他人的著名域名"搭便车"宣传自己,由此带来"域名混淆"或"淡化"等法律问题。如,在互联网上注册 www.kodark.com,这足以使人误认为是 KODAK 的网站。

---

① 薛虹:《网络时代的知识产权法》,法律出版社 2000 年版,第 297 页。
② 同上书,第 324—327 页。

（二）域名纠纷的主要类型

《最高人民法院关于审理涉及计算机网络域名民事纠纷案件适用法律若干问题的解释》第 4 条规定："人民法院审理域名纠纷案件，对符合以下各项条件的，应当认定被告注册、使用域名等行为构成侵权或者不正当竞争：（一）原告请求保护的民事权益合法有效；（二）被告域名或其主要部分构成对原告驰名商标的复制、模仿、翻译或音译；或者与原告的注册商标、域名等相同或近似，足以造成相关公众的误认；（三）被告对该域名或其主要部分不享有权益，也无注册、使用该域名的正当理由；（四）被告对该域名的注册、使用具有恶意。"该条实际上列明了认定域名注册、使用等行为构成侵权或不正当竞争的四个必备要件，即原告请求保护的权利合法有效；被告域名同原告要求保护的权利客体之间具有相似性；被告无注册、使用的正当理由；被告具有恶意。关于什么情况下构成恶意，该《解释》第 5 条规定，这些情形包括：为商业目的将他人驰名商标注册为域名的；曾要约高价出售、出租或者以其他方式转让该域名获取不正当利益的；注册域名后自己并不使用也未准备使用，而有意阻止权利人注册该域名的；为商业目的注册、使用与原告的注册商标、域名等相同或近似的域名，故意造成与原告提供的产品、服务或者原告网站的混淆，误导网络用户访问其网站或其他在线站点的；具有其他恶意情形的。现行《中国互联网络信息中心域名争议解决办法》第 8 条规定："符合下列条件的，投诉应当得到支持：（一）被投诉的域名与投诉人享有民事权益的名称或者标志相同，或者具有足以导致混淆的近似性；（二）被投诉的域名持有人对域名或者其主要部分不享有合法权益；（三）被投诉的域名持有人对域名的注册或者使用具有恶意。"[1]第 9 条规定："被投诉的域名持有人具有下列情形之一的，其行为构成恶意注册或者使用域名：（一）注册或受让域名的目的是为了向作为民事权益所有人的投诉人或其竞争对手出售、出租或者以其他方式转让该域名，以获取不正当利益；（二）多次将他人享有合法权益的名称或者标志注册为自己的域名，以阻止他人以域名的形式在互联网上使用其享有合法权益的名称或者标志；（三）注册或者受让域名是为了损害投诉人的声誉，破坏投诉人正常的业务活动，或者混淆与投诉人之间的区别，误导公众；（四）其他恶意的情形。"上述规定吸取了包括 1999 年 9 月的《WIPO 保护驰名商标联合建议》等在内的国际立法成果，它的核心可以归结为："一个前提，两个要件"："一个前提"是指原告必须具有与域名相对应的合法有效的商标权，以有

---

[1] 该规定与前述最高人民法院的司法解释有区别，它采取的是三个要件，而最高人民法院的司法解释规定的是四个要件。其不同就在于《中国互联网络信息中心域名争议解决办法》的规定省略了前提要件：原告对域名或者域名相对应的商标等享有合法有效的权利。解释上，《中国互联网络信息中心域名争议解决办法》之所以省略这个前提，因为这样一个要件要求应该是理所当然的。

关政府部门颁发的商标证书为凭。"两个要件"分别是客观行为要件和主观意志要件。第一，客观行为要件，这是判断侵权是否成立的一般要件，它是外在的，可以通过观察行为的外在特征来确定，即如果被告域名与原告商标、域名等客观上具有模仿、翻译、音译等现象时，才构成"足以导致混淆"的相似性；第二，主观意志要件，即被告行为在主观上具有恶意，恶意要件是主观的、内在的，不容易掌握，所以，上述司法解释第 5 条、《中国互联网络信息中心域名争议解决办法》第 9 条以列举的方式列明了判定恶意的五种情况以及两种不构成恶意的例外情况，这使原来难以掌握的主观要件有了客观认定标准。在纠纷处理中，原告要胜诉，获得救济，除了要充分证明自己的商标合法有效外，还要证明被告存在的种种具体行为构成恶意注册。因为这种案件尚不属于举证责任倒置的情形，因此，原告收集和举证是关键。在"福兰德诉弥天嘉业"案中，虽然原告的商标权合法有效，但"PDA"名称被法院认定为商品的通用名称，故此与被告注册的域名不存在相似问题；同时，被告使用"PDA"域名开展了一定的商业活动，没有闲置、高价出售或者故意与原告的商标混淆，故此不构成恶意抢注。①

域名与反不正当竞争的联系主要体现在两种域名纠纷中，域名抢注和域名混淆。

1. 域名抢注

国际商标协会在 1995 年提出的域名抢注的定义是："出于从他人商标（商业标志）中牟利的恶意注册并出卖域名"的行为。域名作为网络时代的重要商业识别标志，对于企业至关重要，巨大的经济利益诱使有些人打起了低价抢注域名然后高价出售牟利的主意，这就是网络界非常著名的"域名抢注"行为。

这种行为盛行的原因首先是因为现行的域名注册服务遵循"先申请先注册"原则，而不问域名与商标权、名称权等现实权利是否有冲突。在我国，这种现象尤为突出。荷兰英特艾基公司诉北京国网信息有限责任公司域名纠纷案被称为中国历史上域名抢注的典型案例。但是，当时缺乏明确的立法依据，法院认为，被告国网公司将原告"IKEA"驰名商标注册为自己的域名，该行为不仅违反了《中国互联网域名注册暂行管理办法》的有关规定，还有悖《保护工业产权巴黎公约》的精神和《中华人民共和国反不正当竞争法》的基本原则，侵害了原告作为驰名商标权人的合法权益，其应承担相应的民事法律责任。② 根据《最高人民法院关于审理涉及计算机网络域名民事纠纷案件适用法律若干问题的解释》以及《中国互联网络信息中心域名争议解决办法》的规定，我们可以得出该行为的下列特征：

---

① 该案具体情况参见北京市第一中级人民法院民事判决书（1999）一中知初字第 48 号。
② 该案具体情况参见北京市第二中级人民法院民事判决书（1999）二中知初字第 86 号。

第一,被告域名或其主要部分构成对原告驰名商标的复制、模仿、翻译或音译;或者与原告的注册商标、域名等相同或近似,足以造成相关公众的误认;

第二,被告对该域名或其主要部分不享有权益,也无注册、使用该域名的正当理由;

第三,曾要约高价出售、出租或者以其他方式转让该域名获取不正当利益的;

第四,注册域名后自己并不使用也未准备使用,而有意阻止权利人注册该域名的。

北京国网信息有限责任公司从1997年起,已经在CNNIC上注册了两千多个域名,包括姓氏、职业、爱好、属相、星座、"I"系列(与互联网相关)、"E"系列(与电子技术相关)。而且,它抢注的域名大多是国际上颇有影响的跨国性大公司,比如像美国宝洁、运通、雨果博斯股份有限公司等,国网公司无可避免地成为了中国"域名抢注官司"中的反角。

在另一起典型的域名抢注案中,普罗克特和甘布尔公司(The Procter & Gamble Company,即宝洁公司)诉上海晨铉智能科技发展有限公司不正当竞争纠纷一案,案件被告上海晨铉科贸有限公司,在1999年1月18日向中国互联网络信息中心申请注册了safeguard.com.cn域名。2000年1月3日,上海晨铉科贸有限公司更名为上海晨铉智能科技发展有限公司。同年2月1日,safeguard.com.cn域名注册人变更为被告晨铉公司。被告晨铉公司的经营范围包括"弱电系统及安防系统工程的设计安装维修"等。终审法院认为:

第一,晨铉公司注册的三级域名与被上诉人的SAFEGUARD英文商标、safeguard英文和图形组合商标及safeguard/舒肤佳文字和图形组合商标中的英文字母相同。因此,上诉人的域名注册行为足以造成公众对双方当事人关系的误认。

第二,晨铉公司在注册系争域名前对safeguard本身不享有正当的权利或合法利益。晨铉公司的企业名称、商标等商业标志均与safeguard一词没有联系。

第三,晨铉公司注册系争域名具有明显过错。首先宝洁公司使用在香皂商品上的safeguard/舒肤佳文字和图形组合商标构成驰名商标。其次,晨铉公司在域名注册前应当进行而没有进行必要的商标查询。

第四,晨铉公司的域名注册行为违反了有关法律的规定。其域名注册行为具体违反了下列法律的规定:《保护工业产权巴黎公约》第6条之2关于保护驰名商标的规定;该《条约》第10条之2(2)的规定,"凡在工商业事务中违反诚实的习惯做法的竞争行为构成不正当竞争的行为";《中华人民共和国民法通则》第4条的规定,"民事活动应当遵循诚实信用的原则";《中华人民共和国反不正当竞争法》第2条第1款的规定,"经营者在市场交易中,应当遵循诚实信用的原则,遵守公认的商业道德"。①

2. 域名混淆

一般认为,"域名混淆"包括了"盗用"和"淡化"两种方式。"盗用"是指利用权利人的商标、商号或域名注册成相同或相似的域名,企图利用被盗域名的知名度或者其他优势来为宣传自己的网站,取得不正当利益,其实质是属于"搭便车"的不正当竞争行为。"域名模仿之战:真假东方网"案就是此类行为的典型案例。② 在该案中,原告上海东方网股份有限公司诉称:原告的前身上海东方网股份有限公司(筹备组)与解放日报社达成协议,委托解放日报社分别于2000年2月20日和3月24日申请注册了"eastday.com"和"eastday.com.cn"的域名,原告对该域名享有独占性的使用权。原告使用该域名于2000年5月28日正式开通了名称为"EASTDAY东方网"的大型综合性信息服务网站。在网站的筹备阶段,从2000年3月26日起,原告就投入巨资宣传自己的企业形象和"eastday.com""eastday.com.cn"域名及"EASTDAY东方网"的服务品牌,并凭借其强大的资源优势和先进的设备、技术手段,使之成为上海和全国的知名网络服务品牌。然而被告在原告网络开通不久即开始经营名称为"EASTDAYS东方网"、域名为"eastdays.com"和"eastdays.com.cn"的网站。被告网站的首页页面及其他频道页面与原告极其相似,其九个频道名称与原告网站开通时的频道名称一字不差,且每个频道的页面风格、布局、文字、色彩、字体等选用也仿照原告网站,或者完全相同,或者十分相似。被告网站的许多内容也来自原告网站,却赫然注明"东方网版权所有,未经授权禁止复制与建立镜像",且在自我介绍栏目中声称,"东方网是中国地区最大的提供新闻媒介服务和相关信息服务的媒介网站之一",并据此在网上进行公开的广告招商。此外,被告还注册了"soohu.com.cn""suhoo.com.cn"等与其他知名网站相似的域名,实施恶意抢注的不正当行为。法院审理后认为,被告未经原告许可,擅自使用了原告网站7个频道页面的系争样式,尤其是页头部分的系争样式以及链接图标,作为其网站相关页面的组成部分,与原告进行同业竞争,造成两个网站服务内容的混淆,导致普通网民误认。与此同时,被告不具有从事互联网新闻发布和转载的资质,仍在其网站上发布和转载新闻,同时,在其"广告招商"和"致网友"信中发布违背客观事实、内容不实的信息,对其网站实施虚假宣传。被告的上述行为构成综合性的不正当竞争行为,损害了原告的合法利益。据此,法院支持了原告的诉讼请求。其法律依据为《中华人民共和国民法通则》第4条、第5条、第134条第1款第1项、第7项、第9项、第10项,《中华人民共和国反不正当竞争法》第2条、第9条第

---

① 上海市高级人民法院民事判决书(2001)沪高知终字第4号。
② 该案具体情况请参见上海市第二中级人民法院民事判决书2000沪二中知初字第109号。

1款之规定。

该案的判决也是根据《民法通则》的一般原则和《反不正当竞争法》的具体规定作出的,现在针对与该案类似的域名混淆情况,《中国互联网络信息中心域名争议解决办法》第9条第3项作出了明确的规定,"注册或者受让域名是为了损害投诉人的声誉,破坏投诉人正常的业务活动,或者混淆与投诉人之间的区别,误导公众,其行为构成恶意注册或者使用域名"。《最高人民法院关于审理涉及计算机网络域名民事纠纷案件适用法律若干问题的解释》第5条第2项规定,为商业目的注册、使用与原告的注册商标、域名等相同或近似的域名,故意造成与原告提供的产品、服务或者原告网站的混淆,误导网络用户访问其网站或其他在线站点的,人民法院应当认定其具有恶意。第5条解释的是第4条规定的恶意的情形,该《解释》第7条又规定,"人民法院在审理域名纠纷案件中,对符合本解释第四条规定的情形,依照有关法律规定构成侵权的,应当适用相应的法律规定;构成不正当竞争的,可以适用《民法通则》第四条、《反不正当竞争法》第二条第一款的规定。"这样,对于域名混淆案件,人民法院仍然可以援引《民法通则》和《反不正当竞争法》的规定作出判决。

思考题

1. 虚假宣传行为的构成如何?
2. 商业诋毁行为的构成如何?
3. 域名与商标的区别和联系是什么?
4. 商业秘密的概念和特征是什么?

案例分析

"3Q 大战"

原告腾讯公司是提供互联网综合服务的互联网公司,腾讯 QQ 即时通讯软件和腾讯 QQ 即时通讯系统是原告的核心产品和服务。2010 年 10 月 29 日,原告发现两被告通过其运营的 www.360.cn 网站向用户提供"360 扣扣保镖"软件(以下简称扣扣保镖)下载,并通过各种途径进行推广宣传。两被告系关联公司,被告奇虎公司系扣扣保镖的开发者和著作权人,同时也是 www.360.cn 域名的注册人和实际运营人,被告奇智公司系扣扣保镖的发行人。该软件直接针对腾讯 QQ 软件,自称具有"给 QQ 体检""帮 QQ 加速""清 QQ 垃圾""去 QQ 广告""杀 QQ 木马""保 QQ 安全"和"隐私保护"等功能模块,实质上是打着保护用户利益的旗号,污蔑、破坏和篡改腾讯 QQ 软件的功能,同时通过虚假宣传,鼓励和诱导用户删除腾讯 QQ 软件中的增值业务插件、屏蔽原告的客户广告,同时将其产品和服务嵌入原告的QQ软件界面，借机宣传和推广自己的产品。被告的上述行为不仅破坏了原告合法的经营模式，导致原告产品和服务的完整性和安全性遭到严重破坏，原告的商业信誉和商品声誉亦遭到严重损害。被告的上述行为违反了公认的商业道德，构成不正当竞争，减少了原告的增值业务交易机会和广告收入，给原告造成了无法估量的损失，亦导致用户不能再享受优质、安全、有效的即时通讯服务，最终损害用户的利益。

一审法院认为，被告以保护用户利益为名，推出扣扣保镖软件，诋毁原告QQ软件的性能，鼓励和诱导用户删除QQ软件中的增值业务插件、屏蔽原告的客户广告，其主要目的是将自己的产品和服务嵌入原告的QQ软件界面，依附QQ庞大的用户资源推销自己的产品，拓展360软件及服务的用户。被告在给原告造成了严重经济损失的同时推销自己的产品，增加自己的交易机会，违反了诚实信用和公平竞争原则，构成不正当竞争。

最高人民法院维持了一审法院的判决。

✎ **思考**

两审法院的判决是否合理？

第二十四章 集成电路布图设计权

集成电路布图设计权,又称拓扑图权,它保护的是半导体芯片的布局。目前很多国家都对集成电路布图设计的保护专门立法,如美国1984年颁布了《半导体芯片产品保护法》,该法虽然被编入《美国法典》第17编"版权法"的最后一章,但它实际上是一个既不属于版权法体系,也不属于专利法体系的独立的体系。日本于1985年5月31日颁布了《半导体集成电路的线路布局法》,是一部单行法规。2001年,我国国务院和国家知识产权局分别颁布《集成电路布图设计保护条例》及《集成电路布图设计保护条例实施细则》,对集成电路布图设计权提供保护。

第一节 集成电路布图设计的概念

集成电路,是指半导体集成电路,即以半导体材料为基片,将至少有一个是有源元件的两个以上元件和部分或者全部互连线路集成在基片之中或者基片之上,以执行某种电子功能的中间产品或者最终产品。集成电路布图设计(以下简称布图设计),是指集成电路中至少有一个是有源元件的两个以上元件和部分或者全部互连线路的三维配置,或者为制造集成电路而准备的上述三维配置。集成电路布图设计至少要符合以下几个条件:

1. 它是一个关于线路互联的三维配置。三维配置可以通过复制件、含有配置信息的图样和含有布图设计的样品体现出来。

2. 它含有两个以上元件,而且其中必须有至少一个有源元件。有源元件是指能够控制能量的元件,如晶体管、场效应管等。无源元件则与有源元件相对。

第二节 集成电路布图设计权的取得

一、取得集成电路布图设计权的实质要件

不是所有的集成电路布图设计都能获得专有权的保护,其实质构成要件有两个:

1. 独创性要件

受保护的布图设计应当具有独创性,即该布图设计是创作者自己的智力劳动成果。也就是说,布图设计来源于布图设计人的自己创造。

2. 非常规性

非常规性是指该布图设计在布图设计创作者和集成电路制造者中不是公认的常规设计。非常规性与创造性的概念要求不同,非常规性强调设计布局不是技术领域内的通常设计,不像创造性那样对技术的进步性要求很高。

如果是由常规设计组合起来的布图设计,则只有这个组合作为整体具有独创性和非常规性时,才能获得保护。

3. 对集成电路布图设计的保护,不延及思想、处理过程、操作方法或者数学概念等。

二、取得集成电路布图设计权的程序要件

不同的国家对集成电路布图设计权的获得的程序规定不同,有的采用自动取得原则,有的采用使用取得制,有的则采用登记制度。我国采用登记取得制,登记主管机关为国家知识产权局。

（一）申请

向国家知识产权局申请布图设计登记的,应当提交布图设计登记申请表和该布图设计的复制件或者图样;布图设计在申请日以前已投入商业利用的,还应当提交含有该布图设计的集成电路样品。

中国单位或者个人在国内申请布图设计登记和办理其他与布图设计有关的事务的,可以委托专利代理机构办理。在中国没有经常居所或者营业所的外国人、外国企业或者外国其他组织在中国申请布图设计登记和办理其他与布图设计有关的事务的,应当委托国家知识产权局指定的专利代理机构办理。申请人委托专利代理机构向国家知识产权局申请布图设计登记和办理其他手续的,应当同时提交委托书,写明委托权限。

（二）审查

收到设计人的集成电路布图设计登记申请后,国家知识产权局要对申请进行审查,审查内容如下：

1. 申请材料是否齐全、符合规定；

2. 布图设计登记申请的提出是否符合时间要求。无论是否登记或者投入商业利用,集成电路布图设计自创作完成之日起15年后,不再受保护。而且集成电路布图设计自其在世界任何地方首次商业利用之日起2年内,未向国务院知识产权行政部门提出登记申请的,国务院知识产权行政部门也不再予以登记。

3. 申请是否符合集成电路布图设计权的独创性、非常规性要件,是否属于不应该登记为集成电路布图设计的思想、操作过程、数学概念等。

（三）登记、公告

布图设计登记申请经初步审查没有发现驳回理由的,国家知识产权局应当

颁发布图设计登记证书,并在国家知识产权局互联网站和中国知识产权报上予以公告。布图设计专有权自申请日起生效。布图设计登记申请人对国务院知识产权行政部门驳回其登记申请的决定不服的,可以自收到通知之日起3个月内,向国务院知识产权行政部门请求复审。

布图设计登记公告后,发现登记的布图设计专有权不符合《集成电路布图设计保护条例》规定的集成电路或集成电路布图设计的定义,外国人创作的布图设计首先不在中国境内投入商业利用的,不具有独创性、非常规性,属于思想、处理过程、操作方法或数学概念的,自创作完成之日起超过15年的或者自首次商业利用之日起超过2年的,由专利复审委员会撤销该布图设计专有权。撤销布图设计专有权的,应当首先通知该布图设计权利人,要求其在指定期限内陈述意见。期满未答复的,不影响专利复审委员会作出撤销布图设计专有权的决定。

国家知识产权局专利复审委员会负责对国家知识产权局驳回布图设计登记申请决定不服而提出的复审请求的审查,以及负责对布图设计专有权撤销案件的审查。专利复审委员会复审后,作出决定,并通知布图设计登记申请人。布图设计登记申请人对专利复审委员会的复审决定仍不服的,可以自收到通知之日起3个月内向人民法院起诉。

综合上述信息,集成电路布图设计权的取得流程如下图所示①:

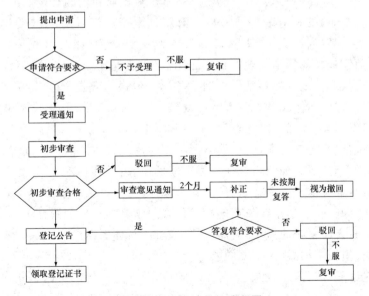

集成电路布图设计登记流程图

---

① 图片来源于http://baike.baidu.com/picview/2965039/2965039/0/7dd98d1001e939015459bd1379-ec54e736d19647.html?fr=lemma#albumindex=0&picindex=0,2015年4月15日访问。

第三节 集成电路布图设计权的内容

一、集成电路布图设计权的内容

《集成电路布图设计保护条例》第 7 条规定:"布图设计权利人享有下列专有权:(一)对受保护的布图设计的全部或者其中任何具有独创性的部分进行复制;(二)将受保护的布图设计、含有该布图设计的集成电路或者含有该集成电路的物品投入商业利用。"

1. 复制权

复制权是指重复制作布图设计的全部或部分,或者含有该布图设计的集成电路的行为。因此,未经集成电路布图设计权人的许可,复制受保护的布图设计的全部或者其中任何具有独创性的部分的,或者制作含有该布图设计的集成电路的,都是侵犯集成电路布图设计权利人复制权的行为。关于集成电路布图设计的复制,有两点需要说明。

第一,复制是重复制作布图设计的全部或部分,或对含有布图设计的基础电路进行重复制作。判断复制的重点在于三维配置是否相同,在实现相同配置的过程中采取了少许的改变,不影响整个三维配置实质相同的认定。因此,在钜泉光电科技(上海)股份有限公司等与上海雅创电子零件有限公司侵害集成电路布图设计专有权纠纷案中,上海市高级人民法院认为,涉案 RN8209、RN8209G 芯片的"数字地轨与模拟地轨衔接的布图"的特征与钜泉公司"数字地轨与模拟地轨衔接的布图"的主要特征——对应相同。但锐能微公司提出,两者在 M2 层布线不同,因此,不构成复制。上海市高级人民法院指出,互联线路虽然是集成电路布图设计考量时的参考因素之一,但布图设计的侧重点更在于有源元件和元件与互连线路的三维配置,也就是说除了考虑互连线路的三维配置外,互连线路连接着的元件所呈现的组合在三维空间的配置在判断布图设计是否相同或实质性相似时更为重要。本案中,虽然在考虑 M2 层后,双方布图设计中一条布线的走向会有区别,但是布线与互连的元件之间组合的三维配置并未实质性改变。至于锐能微公司主张的衔接处位置、轨的宽度、具体布图的布局、尺寸、形状的差异等不同,均属于细微的、次要的差异,也未实质性改变布线与互连的元件之间组合的三维配置。因此,法院认可了鉴定专家的结论,即两者的不同均属于细微差异、不足以改变涉案 RN8209、RN8209G 芯片的对应布图设计与钜泉公司"数字地轨与模拟地轨衔接的布图"实质性相似。[①]

[①] 该案具体情况参见上海市高级人民法院民事判决书(2014)沪高民三(知)终字第 12 号。

第二，复制的量要求很低，即使是对很小的部分的独创性的复制也构成侵权。这和专利侵权已经著作权侵权的判断不同。专利侵权判断要求遵循全面覆盖原则，但是集成电路布图设计保护中，只要复制了受保护的布图设计中任何具有独创性的部分，侵权都会成立。在钜泉光电科技（上海）股份有限公司等与上海雅创电子零件有限公司侵害集成电路布图设计专有权纠纷案中，上海市高级人民法院强调指出，受保护的布图设计中任何具有独创性的部分均受法律保护，而不论其在整个布图设计中的大小或者所起的作用。如果具有独创性的部分布图设计仅因为其在整个布图设计中所占比例很低或者并非核心部分而无法获得保护，那么对于这些部分的复制将会肆意而为，进而将无法鼓励对布图设计非核心部分的创新，《集成电路布图设计保护条例》鼓励集成电路技术的创新也将成为空谈，最终将无法通过有效竞争来促进整个集成电路行业的设计创新。因此占整个集成电路布图设计比例很小的非核心部分布图设计的独创性也应得到法律保护。上海市高级人民法院又进一步说明，布图设计中任何具有独创性的部分的相同或者实质性相似与整个布图设计的相同或者实质性相似是两个不同的判定标准。只有在判定被控侵权行为是否属于复制布图设计的全部的情况下，才需要对整个芯片的布图设计是否相同或者实质性相似进行判断，从而才可能涉及锐能微公司所主张的两项集成电路布图设计整体相似度的问题。被控侵权布图设计部分在整个芯片中所占的比例、所起的作用，仅属于侵权情节的考量因素，并不影响布图设计专有权侵权的判定。[①]

2. 商业利用权

商业利用权是指专有权人为商业目的而利用布图设计或含有布图设计的集成电路的权利。因此，未经集成电路布图设计权人的许可，为商业目的进口、销售或者以其他方式提供受保护的布图设计、含有该布图设计的集成电路或者含有该集成电路的物品的，属于侵犯集成电路布图设计权利人商业利用权的行为。

二、集成电路布图设计权的行使

集成电路布图设计权的权利人可以自己行使布图设计专有权，也可以许可他人实施，或者将权利转让给他人。

1. 布图设计权的转让

布图设计权的转让，就是权利人将其全部权利转让给其他人所有。根据我国《集成电路布图设计保护条例》的规定，转让布图设计权的，当事人应当订立书面合同，并向国务院知识产权部门登记并公告。集成电路布图设计专有权的转让自登记之日起生效。

[①] 该案具体情况参见上海市高级人民法院民事判决书（2014）沪高民三（知）终字第12号。

2. 布图设计权的许可

集成电路布图设计专有权人也可以通过订立书面合同,许可他人使用布图设计。

第四节 集成电路布图设计权的限制

一、保护期

和专利及作品的保护一样,集成电路布图设计权也设有保护期限。布图设计专有权的保护期为10年,自布图设计登记申请之日或者在世界任何地方首次投入商业利用之日起计算,以较前日期为准。

二、不视为侵权的情况

在法律规定的特殊情况下,行为人可以不经布图设计权利人许可,不向其支付报酬,而使用布图设计。

(一)个人合理使用

为个人目的或者单纯为评价、分析、研究、教学等目的而复制受保护的布图设计的,可以不经布图设计权利人许可,不向其支付报酬,而使用布图设计。

(二)反向工程

在依据前项评价、分析受保护的布图设计的基础上,创作出具有独创性的布图设计的,可以不经布图设计权利人许可,不向其支付报酬,而使用布图设计。在这一点上,集成电路布图设计权的保护与商业秘密的保护相同,而与专利保护不同。但集成电路布图设计反向工程的成果不能用于商业利用。

(三)独立构思

对自己独立创作的与他人相同的布图设计进行复制或者将其投入商业利用的,不构成侵权。在这一点上,集成电路布图设计权与著作权的保护思路是相同的。

(四)权利穷竭

受保护的布图设计、含有该布图设计的集成电路或者含有该集成电路的物品,由布图设计权利人或者经其许可投放市场后,他人再次商业利用的,可以不经布图设计权利人许可,并不向其支付报酬。

(五)善意使用

在获得含有受保护的布图设计的集成电路或者含有该集成电路的物品时,

不知道也没有合理理由应当知道其中含有非法复制的布图设计,而将其投入商业利用的,不视为侵权。但行为人得到其中含有非法复制的布图设计的明确通知后,可以继续将现有的存货或者此前的订货投入商业利用,但应当向布图设计权利人支付合理的报酬。

三、非自愿许可

在国家出现紧急状态或者非常情况时,或者为了公共利益的目的,或者经人民法院、不正当竞争行为监督检查部门依法认定布图设计权利人有不正当竞争行为而需要给予补救时,国务院知识产权行政部门可以给予使用其布图设计的非自愿许可。

第五节　集成电路布图设计权的侵权及救济

除非行为人有免责事由,否则,未经布图设计权利人许可,复制受保护的布图设计的全部或者其中任何具有独创性的部分,或者为商业目的进口、销售或者以其他方式提供受保护的布图设计、含有该布图设计的集成电路或者含有该集成电路的物品的,行为人要承担责任。

行为人承担责任的方式主要有民事责任的停止侵害及赔偿损失。侵犯布图设计专有权的赔偿数额,为侵权人所获得的利益或者被侵权人所受到的损失,包括被侵权人为制止侵权行为所支付的合理开支。

当侵权纠纷交由国家知识产权局解决时,或国家知识产权局发现并查处侵犯集成电路布图设计权的行为时,除责令侵权人立即停止侵权行为外,国家知识产权局还可以没收、销毁侵权产品或者物品。

思考题

1. 集成电路布图设计是什么?
2. 集成电路布图设计权的取得程序如何?
3. 不视为侵犯集成电路布图设计权的行为有哪些?

案例分析

华润矽威科技(上海)有限公司与南京源之峰科技有限公司侵犯集成电路布图设计专有权纠纷

2007年8月8日,原告矽威公司完成了PT4115芯片的布图设计创作,于2008年1月1日首次投入商业利用,同年7月4日获得国家知识产权局颁发的

《集成电路布图设计登记证书》，登记号为 BS.08500231.3 号。2008 年 4 月，被告源之峰公司（甲方）与华润半导体国际有限公司（乙方，以下简称华半公司）订立 ZXLD1360 集成电路（以下简称 1360）《产品开发协议书》。协议约定：甲方负责产品的设计开发，提供产品的电路和版图；乙方负责产品的制版和工程批流片，以及其后的中测、封装和成测。

协议订立后，被告对原告销售的 PT4115 芯片进行了反向剖析，获取其具体电参数、元器件结构、尺寸和内部构造等数据，形成 1360 的电路与版图。庭审中被告自认，该 1360 布图设计与原告 PT4115 布图设计相同。

原告诉前委托上海市科技咨询服务中心，就其生产的 PT4115 芯片是否含有不为公众所知的技术信息、源之峰公司生产的 PE6808A 芯片与 PT4115 芯片是否属于相同产品、PE6808A 芯片的有关技术是否反映了 PT4115 芯片相关技术点等专业技术问题进行鉴定。2009 年 6 月 30 日上海市科技咨询服务中心出具(2009)鉴字第 14 号技术鉴定报告书。鉴定报告认定："两公司芯片产品的整体布图和尺寸及布线结构的设计基本相同；相应抽检部分局部区域除个别部位存在细节上的差异外，两芯片的布图、布线及图形结构的设计无明显差别；相关关键单元结构除在个别部位存在细节差异外，两公司芯片产品的布图、布线结构的设计和关键图形尺寸无明显差别。"结论是："1. 矽威公司生产的 PT4115 芯片含有高压模块隔离环的设计等 6 项不为公众所知悉的技术信息；2. 源之峰公司生产的 PE6808A 芯片与矽威公司生产的 PT4115 芯片的整体布图设计及关键技术内容基本相同，反映了矽威公司不为公众所知悉的 6 点技术信息，上述两芯片产品属相同的产品。"矽威公司为此支付了 5.5 万元技术鉴定费。

法院认为，1360 管芯与 PT4115 集成电路两者的元件、元件空间布局、元件连接关系、连接线路排布与走向、元件及线路的尺寸规格等等均相同，亦即两集成电路全部元件与连线的三维配置相同，1360 管芯及其封装后的 PE6808、6807 系列集成电路与 PT4115 集成电路布图设计相同。被告接受委托制作的布图设计及其销售的集成电路含有的布图设计均与原告享有专有权的涉案布图设计相同。《集成电路布图设计保护条例》规定，权利人对授权布图设计享有专有权，其他任何单位或者个人未经布图设计权利人许可，不得复制受保护的布图设计的全部或者其中任何具有独创性的部分，或者为商业目的进口、销售或者以其他方式提供受保护的布图设计、含有该布图设计的集成电路或者含有该集成电路的物品。因此，被告依其与华半公司的协议开发 1360 集成电路，通过反向剖析的手段，复制了原告涉案 PT4115 布图设计的全部，并提供给华半公司进行商业利用，未经原告许可，其行为构成对原告 PT4115 布图设计专有权的侵害；同时，被告为商业目的，销售了含有其非法复制的布图设计的集成电路，也构成对原告 PT4115 布图设计专有权的侵害。原告要求被告停止侵权、赔偿损失有事实和法律依据，应予支持。[①]

✎ 思考

本案中，被告的行为为什么构成侵权？

[①] 参见江苏省南京市中级人民法院(2009)宁民三初字第 435 号民事判决书。

第二十五章　植物新品种权

专利法对植物新品种不提供保护,但是,这并不意味着植物新品种不受保护。1961年通过的第一个《保护植物新品种国际公约》(UPOV)规定,成员国可以选择对植物种植者提供特殊保护或给予专利保护。多数成员国均选择给予植物品种权保护。我国通过《植物新品种保护条例》对植物新品种提供保护。《植物新品种保护条例》于1997年3月20日公布,于2013年1月31日修订。林业植物新品种的保护由国家林业局植物新品种保护办公室负责,包括林木、竹、木质藤木、木本观赏植物(包括木本花卉)、果树(干果部分)及木本油料、饮料、调料、木本药材等植物品种。农业植物新品种的保护由农业部植物新品种保护办公室负责,农业植物新品种包括粮食、棉花、油料、麻类、糖料、蔬菜(含西甜瓜)、烟草、桑树、茶树、果树(干果除外)、观赏植物(木本除外)、草类、绿肥、草本药材、食用菌、藻类和橡胶树等植物的新品种。两个机构又都制定有细则。《中华人民共和国植物新品种保护条例实施细则(农业部分)》于1999年发布,2007年修改,修改后的《细则》于2008年1月1日起实施。国家林业局于1999年发布了《中华人民共和国植物新品种保护条例实施细则(林业部分)》。

第一节　植物新品种的概念

植物新品种,是指经过人工培育的或者对发现的野生植物加以开发,具备新颖性、特异性、一致性和稳定性并有适当命名的植物品种。《植物新品种保护条例》所规定的植物新品种具有以下特征。

一、新颖性

新颖性,是指申请品种权的植物新品种在申请日前该品种繁殖材料未被销售,或者经育种者许可,在中国境内销售该品种繁殖材料未超过1年;在中国境外销售藤本植物、林木、果树和观赏树木品种繁殖材料未超过6年,销售其他植物品种繁殖材料未超过4年。

与专利新颖性的要求不同,植物新品种的新颖性不通过公开来判断,而是通过"销售"来衡量。植物新品种的新颖性又被称为"商业新颖性"。

二、特异性

特异性,是指申请品种权的植物新品种应当明显区别于在递交申请以前已知的植物品种。国际植物新品种保护联盟根据不同的植物品种类别发布《特异性、一致性和稳定性测试指南》(Guidelines for The Conduct of Tests For Distinctness, Uniformity and Stability),指导相关测试。

三、一致性

一致性,是指申请品种权的植物新品种经过繁殖,除可以预见的变异外,其相关的特征或者特性一致。

四、稳定性

稳定性,是指申请品种权的植物新品种经过反复繁殖后或者在特定繁殖周期结束时,其相关的特征或者特性保持不变。

五、适当命名

授予品种权的植物新品种应当具备适当的名称,并与相同或者相近的植物属或者种中已知品种的名称相区别。该名称经注册登记后即为该植物新品种的通用名称。

2012年农业部发布《农业植物品种命名规定》,规范农业植物新品种命名问题。下列名称不得用于品种命名:

(1) 仅以数字或者英文字母组成的;
(2) 仅以一个汉字组成的;
(3) 含有国家名称的全称、简称或者缩写的,但存在其他含义且不易误导公众的除外;
(4) 含有县级以上行政区划的地名或者公众知晓的其他国内外地名的,但地名简称、地名具有其他含义的除外;
(5) 与政府间国际组织或者其他国际国内知名组织名称相同或者近似的,但经该组织同意或者不易误导公众的除外;
(6) 容易对植物品种的特征、特性或者育种者身份等引起误解的,但惯用的杂交水稻品种命名除外;
(7) 夸大宣传的;
(8) 与他人驰名商标、同类注册商标的名称相同或者近似,未经商标权人同意的;
(9) 含有杂交、回交、突变、芽变、花培等植物遗传育种术语的;

（10）违反国家法律法规、社会公德或者带有歧视性的；
（11）不适宜作为品种名称的或者容易引起误解的其他情形。

第二节　植物新品种权的取得

和专利权一样，植物新品种权需要经过审查才能获得授权。审查授权同样遵循一品种一项权利原则和先申请原则。但与专利不同的是，植物新品种的申请在遵循先申请原则的同时，还考量先育种，即两个以上的申请人分别就同一个植物新品种申请品种权的，品种权授予最先申请的人；同时申请的，品种权授予最先完成该植物新品种育种的人。

植物新品种权的取得需要经过申请、初步审查、实质审查和公告四个阶段。

一、申请

申请必须以中文形式提出，向审批机关提交符合规定格式要求的请求书、说明书和该品种的照片。中国的单位和个人申请品种权的，可以直接或者委托代理机构向审批机关提出申请。外国人、外国企业或者外国其他组织在中国申请品种权的，应当按其所属国和中华人民共和国签订的协议或者共同参加的国际条约办理，或者根据互惠原则办理。

申请人自在外国第一次提出品种权申请之日起12个月内，又在中国就该植物新品种提出品种权申请的，依照该外国同中华人民共和国签订的协议或者共同参加的国际条约，或者根据相互承认优先权的原则，可以享有优先权。申请人要求优先权的，应当在申请时提出书面说明，并在3个月内提交经原受理机关确认的第一次提出的品种权申请文件的副本；未依照本条例规定提出书面说明或者提交申请文件副本的，视为未要求优先权。

二、初步审查

自收到申请之日起1个月内，申请受理机关应该通知申请人缴纳申请费。申请人缴纳申请费后，审批机关对品种权申请进行初步审查。审批机关应当自受理品种权申请之日起6个月内完成初步审查。初步审查有以下事项：

（1）是否属于植物品种保护名录列举的植物属或者种的范围。国家农业部和林业局负责公布植物新品种保护名录，凡是不属于已经公布的名录范围的植物新品种不能获得植物新品种权保护。

（2）外国人或外国企业申请植物新品种权保护的，是否符合互惠规定、该外国同中华人民共和国签订的协议或者共同参加的国际条约的规定。

（3）是否符合新颖性的规定。

（4）植物新品种的命名是否适当。

对经初步审查合格的品种权申请，审批机关予以公告，并通知申请人在3个月内缴纳审查费。对经初步审查不合格的品种权申请，审批机关应当通知申请人在3个月内陈述意见或者予以修正；逾期未答复或者修正后仍然不合格的，驳回申请。

三、实质审查

申请人按照规定缴纳审查费后，审批机关对品种权申请的特异性、一致性和稳定性进行实质审查。

启动实质审查的前提条件是申请人按照规定缴纳审查费。申请人未按照规定缴纳审查费的，品种权申请视为撤回。

实质审查的主要依据是申请文件和其他有关书面材料。审批机关认为必要时，可以委托指定的测试机构进行测试或者考察业已完成的种植或者其他试验的结果。若审查需要，审批机关可以要求申请人提供必要的资料和该植物新品种的繁殖材料。

四、登记、公告、复审和诉讼

对经实质审查符合本条例规定的品种权申请，审批机关应当作出授予品种权的决定，颁发品种权证书，并予以登记和公告。对经实质审查不符合本条例规定的品种权申请，审批机关予以驳回，并通知申请人。

对审批机关驳回品种权申请的决定不服的，申请人可以自收到通知之日起3个月内，向植物新品种复审委员会请求复审。植物新品种复审委员会应当自收到复审请求书之日起6个月内作出决定，并通知申请人。申请人对植物新品种复审委员会的决定不服的，可以自接到通知之日起15日内向人民法院提起诉讼。

五、宣告无效或更名

自审批机关公告授予品种权之日起，植物新品种复审委员会可以依据职权或者依据任何单位或者个人的书面请求，对不具有新颖性、特异性、稳定性、一致性的植物新品种，宣告品种权无效；对不符合适当命名规定的，予以更名。宣告品种权无效或者更名的决定，由审批机关登记和公告，并通知当事人。对植物新品种复审委员会的决定不服的，可以自收到通知之日起3个月内向人民法院提起诉讼。

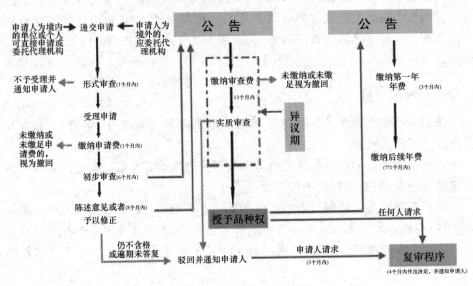

植物新品种权审批流程①

第三节 植物新品种权的内容和限制

完成育种的单位或者个人对其授权品种,享有排他的独占权。除法律法规另有规定的除外,任何单位或者个人未经品种权所有人许可,不得为商业目的生产或者销售该授权品种的繁殖材料,不得为商业目的将该授权品种的繁殖材料重复使用于生产另一品种的繁殖材料。

但是,植物新品种权作为一种知识产权,同样要受到诸多类型的限制。

一、保护期限

品种权的保护期限,自授权之日起,藤本植物、林木、果树和观赏树木为20年,其他植物为15年。

二、合理使用

在下述情况下,行为人可以对植物新品种进行合理使用。行为人可以不经品种权人许可,也不必向其支付使用费,但是不得侵犯品种权人享有的其他权利:

---

① 资料来源国家林业局网站 http://www.cnpvp.net/root/iitemview.aspx?id=182,2014年4月5日访问。

(1) 科研使用：利用授权品种进行育种及其他科研活动。
(2) 农民自繁自用：农民自繁自用授权品种的繁殖材料。

三、强制许可

为了国家利益或者公共利益，审批机关可以作出实施植物新品种强制许可的决定，并予以登记和公告。强制许可只是免除了实施单位或个人取得许可的程序，但是，实施单位或个人仍然需要向植物新品种权人支付合理的使用费，其数额由双方商定；双方不能达成协议的，由审批机关裁决。品种权人对强制许可决定或者强制许可使用费的裁决不服的，可以自收到通知之日起3个月内向人民法院提起诉讼。

思考题

1. 植物新品种的概念是什么？
2. 植物新品种的取得程序如何？
3. 植物新品种的权利内容及权利限制有哪些？

案例分析

湖南洞庭高科种业股份有限公司与被上诉人湖南活力种业科技股份有限公司侵害植物新品种权纠纷

原告洞庭高科公司诉称，"岳4a"和"岳恢9113"是具有植物新品种权的两个水稻品种，品种权号分别为 cna20000077.2、cna20040299.4。"岳优9113"是以"岳4a"为母本、"岳恢9113"为父本繁殖出来的农作物品种，先后通过了湖南等多个省市的农作物品种审定，其选育和应用曾获多个奖项，多次被湖南、江西等省区农业技术推广部门列为重点推广品种和主导品种。"岳优9113"及其亲本"岳4a"和"岳恢9113"均为岳阳市农业科学研究所选育，该所对其享有相应品种权益。2004年6月18日，岳阳市农业科学研究所将该品种权及其他技术成果一并向原告转让，原告依法享有"岳4a"和"岳恢9113"的植物新品种权和"岳优9113"品种科技成果权及合法经营权。2012年5月，原告得知湖南省岳阳县的市场上出现包装显示为"活力农种"的"旺农优722"水稻品种。经原告购买后鉴定，该"旺农优722"品种的种子就是原告拥有品种权益的"岳优9113"品种。据此，原告于2012年6月2日向湖南省农业厅行政执法总队提出举报，该执法总队在接举报后查处并扣押了"旺农优722"违法种子和销售台账，并对该批种子与"岳优9113"品种种子进行了鉴定得出同一性的结论。被告未经原告许可，以商业目的生产或销售享有品种权的"岳4a"和"岳恢9113"种子，并将

"岳4a"和"岳恢9113"重复使用于生产"岳优9113"种子,侵犯了原告植物新品种权。

一审而二审法院经审理后认为:(1)被告将"岳优9113"品种包装后以"旺农优722"水稻品种进行销售的行为,不构成涉案保护的两个新品种的生产行为。(2)《植物新品种保护条例》第6条规定,完成育种的单位或者个人对其授权品种,享有排他的独占权。任何单位或者个人未经品种权所有人(以下简称品种权人)许可,不得为商业目的生产或者销售该授权品种的繁殖材料,不得为商业目的将该授权品种的繁殖材料重复使用于生产另一品种的繁殖材料;但是,本条例另有规定的除外。但本案中,被告没有从事该条规定的行为。因为"岳优9113"是以"岳4a"为母本、"岳恢9113"为父本繁殖出来的农作物品种,但被告仅仅从事了销售"岳优9113"农作物品种的行为,并没有进行生产。①

✎ 思考

本案中,被告从事了哪些行为?为什么两审法院都没有认定被告的行为构成侵犯原告植物新品种权?

---

① 参见湖南省高级人民法院民事判决书(2014)湘高法民三终字第5号。

第六编
知识产权国际保护

第二十六章　知识产权国际保护制度的发展

知识产权国际保护制度，是随着知识产权制度在西方国家确定及全球贸易的展开而出现的。从知识产权国际保护制度的成因来看，贸易的全球化是根本动因。知识产权贸易突破疆域限制，从一国疆域流向另外一个国家的疆域时，在生产国受到知识产权保护的知识产品，对目标国会提出知识产权保护要求。但因知识产权制度具有很强的地域性，一国的知识产权制度不能决定和改变另外一个国家的知识产权制度。这样，在知识产权保护方面的国与国之间的合作就成为必然，知识产权国际保护制度产生。在知识产权国际保护制度发展的初级阶段，其表现主要是两个国家之间的互惠安排或双边条约。但是，随着制度本身影响到的国家越来越多，知识产权国际保护演变为地区性的，甚至全球性的实体保护规定和程序要求，地区性条约和国际公约越来越多，知识产权国际保护制度逐渐发展壮大。

从意识形态角度观察，知识产权国际保护制度的形成和发展演变就是西方国家向全世界推销知识产权概念，将知识产权保护标准从国内推向全球的过程。从内容来看，知识产权国际保护制度又是发展中国家和发达国家谈判妥协的结果。发展中国家希望以更低的成本获得发达国家的先进技术和文化成果，而发达国家则希望发展中国家不断提高知识产权的保护水平，以维持自己以知识产权主导世界经济的地位。这在《保护工业产权巴黎公约》《保护文学和艺术作品伯尔尼公约》以及 TRIPs 协定的制定过程中得以充分体现。

1873 年，奥地利邀请各国参加维也纳国际发明博览会，但各国都因为担心自己所展览的技术得不到有效的保护而拒绝参加。美国驻维也纳大使约翰·杰伊向奥地利外交部提出照会，表示对奥地利政府所提供的知识产权保护的不满。奥地利制定了专门的法律《关于展览会展品临时保护法令》，承诺对所有参展的外国人的发明、商标和工业品外观设计等知识产权提供临时的保护，并且为召开外交会议做准备工作。11 个国家的代表参加了外交会议，详细讨论了对发明采取有效国际保护的必要性和基本原则，并敦促各国政府尽早缔结保护工业产权的国际公约，知识产权的多边合作开始酝酿。经过数轮外交会议谈判，最终在 1883 年，《巴黎公约》诞生，原始签字国共十五个。①

TRIPs 协定，则是以美国为首的发达国家，为了保持它在国际贸易中的垄断

---

① 参见刘振江：《论保护工业产权的巴黎公约》，载《西北政法学院学报》1985 年第 1 期。

地位和产品优势,并且为了扭转其在国际贸易中日渐增多的有形货物贸易逆差的不利局面,而向发展中国家施压下签订的。美国为首的发达国家意识到贸易领域处处充满了专利、商标、版权、技术秘密等知识产权问题,而且这些已经成了影响贸易产品质量和贸易额以及反映一个国家综合国力的关键因素,于是,他们要求在关税与贸易总协定第七轮东京回合谈判中第一次将知识产权问题列入谈判议题。由于发展中国家的反对,谈判没有结果。到1987年关税与贸易总协定第八次乌拉圭回合谈判时,美国以强硬的态度要求将知识产权、服务贸易和投资贸易三个问题同时列为谈判内容,否则美国就拒绝参加。经过讨价还价,最后的《乌拉圭回合部长宣言》同意将知识产权纳入谈判内容,并确定"谈判的目标应该考虑到总协定已经进行的工作,制定出一套有关冒牌货国际贸易的原则、规则和惩罚的多边框架"。在这个目标的指导下,经过了5年的谈判,在1991年12月18日,关贸总协定各缔约方同意了总干事邓克尔提出的《与贸易有关的(包括假冒商品贸易)知识产权协议》(草案),到1993年11月它被"一揽子"载入乌拉圭回合谈判的最后文件。

知识产权国际保护制度以《巴黎公约》和《伯尔尼公约》的诞生为标志性起点,后经发展演变,世界知识产权组织体制形成。

《巴黎公约》于1884年生效,当时有14个成员国,成立了国际局来执行行政管理任务。1886年,《伯尔尼公约》缔结,同《巴黎公约》一样,《伯尔尼公约》也成立了国际局来执行行政管理任务。1893年,这两个小的国际局合并,成立了被称为保护知识产权联合国际局的国际组织。1967年7月14日,"国际保护工业产权联盟"(巴黎联盟)和"国际保护文学艺术作品联盟"(伯尔尼联盟)的51个成员在瑞典首都斯德哥尔摩共同建立了世界知识产权组织,以便进一步促进全世界对知识产权的保护,加强各国和各知识产权组织间的合作。1967年7月14日签订的《成立世界知识产权组织公约》于1970年4月26日生效,经历了机构和行政改革并成立了对成员国负责的秘书处之后,保护知识产权联合国际局变成了世界知识产权组织。1974年成为联合国的专门机构之一,肩负着管理知识产权事务的任务,这一任务得到了联合国会员国的承认。我国于1980年3月正式参加《成立世界知识产权组织公约》。

世界贸易组织将知识产权贸易纳入到一揽子协议后,因其影响范围巨大,对世界知识产权组织体制带来了冲击。但1996年,世界知识产权组织同世界贸易组织(WTO)签订了合作协定,世界知识产权组织扩大了其在全球化贸易管理中的作用,并借助世界贸易组织的平台进一步证明了知识产权的重要性。而世界贸易组织因世界知识产权组织的合作而强化了知识产权贸易中的知识产权保护。这样,二者实现了强强联合,使得知识产权国际保护制度越来越有影响,管理体制逐渐完善,影响范围也越来越大。

世界贸易组织具有庞大的成员国体系,以一个平台、多边对话的方式解决了知识产权的国际保护问题。多边对话的民主机制有其利弊。其利在于民主谈判一旦形成结论,则会在对话体成员中获得一体遵守。其弊则体现为民主本身的低效率。由于世界贸易组织成员国的经济发展水平和创新能力都各不相同,对知识产权保护的内生需求不同。发达国家的高保护标准对发展中国家的国内产业发展形成巨大的压力。知识产权被纳入贸易谈判体系以后,发展中国家出于对发达国家市场的需要,在发达国家的高压下被迫不断提高知识产权保护水准。这不仅给发展中国家的经济上扬带来打击,在很多层面上也与其本土文化形成了剧烈冲突。例如南亚传统文化的精髓为集体知识产权,缺乏个体意识。智力成果的创造主要在于进行传承,而不是用于金钱交换。因此,整个地区的传统文化氛围与强调产权意识的知识产权保护思想格格不入。[①] 为此,发展中国家为了能够在"篝火文化"对抗网络主的博弈中争取优势,便极力推进传统知识、遗传资源、地理标志的保护等。而发达国家一方面对这些谈判缺乏热情,另一方面又不满足于TRIPs协定的成果,希望进一步提高知识产权保护水平,并保证知识产权保护在全球范围内的切实实现。WTO的知识产权谈判就在成员国"各怀心事"的僵局下陷入了停滞状态。

在这种情况下,发达国家便又开始机制转换(regime shifting)或平台转换(forum shifting)。发达国家在知识产权国际保护中使用机制转换的手法最初体现在从WIPO到WTO的转换。当时,因为发达国家不满意WIPO亲发展中国家的态度以及全球知识产权保护的实效,便发起了乌拉圭回合谈判。在第一次机制转换中,美国和欧盟从三个方面获益,即在WTO中他们有更大的谈判优势、将知识产权问题与其关系的诸多贸易问题联系在一起以及非常有效的WTO争端解决机制。[②]第二次机制转换的目的就是要避开WIPO抑或WTO这种多边组织在正当性和责任方面的束缚,在多边组织之外达成新的协议。[③] 为此,以美国为首的西方发达国家避开WTO,通过双边谈判抑或与很容易达成谈判一致意见的志同道合者进行诸边谈判,以自由贸易协定、知识产权协定、投资协定等形式,

---

[①] 〔英〕罗伯托·沃左拉:《新兴信息经济:综述》,载〔澳〕普拉蒂普·N.托马斯、简瑟韦斯编:《亚洲知识产权与传播》,高蕊译,清华大学出版社2009年版,第122页。其实,发达资本主义国家的文化也略有不同,如美国的盎格鲁-萨克森型资本主义认为,在机会均等、获得同样机会时,胜者和败者的能力不同,难免会造成一方富有,一方贫穷。德国的莱茵型资本主义则认为平等是对成果的平等分配,优秀企业即使取得了成功、扩大了市场,其他企业也有延续生存的权利,也不允许被扼杀(参见〔日〕富田彻男:《市场竞争中的知识产权》,廖正衡、金路、张明国译,商务印书馆2000年版,第47页)。这种差异都会体现在知识产权具体制度的设计中。

[②] See Laurence R. Helfer, "Regime Shifting: The TRIPs Agreement and New Dynamics of International Intellectual Property Lawmaking", 29 *the Yale Journal of International Law* 1, 21—22 (2004).

[③] See Margot Kaminski, "Recent Development: The Origins and Potential Impact of the Anti-Counterfeiting Trade Agreement (ACTA)", 34 *The Yale Journal of International Law* 247, 247 (Winter, 2009).

设定更高水准的知识产权保护。并意图通过知识产权的"棘轮(rachet)效应"[1],将他们设定的新标准在全球范围内推开。第二次机制转换与第一次机制转换是不同的,第一次机制转换是水平机制转换(horizontal forum shifting),是从一个多边组织向另外一个多边组织转换,即从 WIPO 到 WTO。垂直机制转换(vertical forum shifting)则是从多边转向诸边、双边、单边甚至是地区的。水平机制转换有可能给弱势谈判者带来利益,而垂直机制转换则只会使强者更强,弱者更弱。[2] 据统计,自 1995 年 TRIPs 协定生效后至 2014 年,美国共签订了 41 个双边条约,[3]这些条约形式不同,内容也差异。双边投资协定(Bilateral investment treaties, BITs)对知识产权规定的保护最弱,自由贸易协定(Free trade agreements, FTAs)则规定了知识产权的强保护,通常会专设知识产权一章,并设专利保护分章,规定详细的超 TRIPs 保护标准。知识产权协定(Intellectual property rights agreements, IPRAs)则介于两者之间。[4] 这些双边协定中有近半数的协定在形式上规定了超 TRIPs 协定的知识产权保护标准。

诸边协定(plurilateral agreement),亦称复边协定,是在多边机制(multilateralism)和双边机制(bilateralism)之外采用的一种居中方式。诸边协定的成员人数通常少于 WTO 多边机制的成员国[5],是在志同道合者之间达成的一种协议(Agreements among the Willing)。[6] 诸边协定的谈判成员不受 WTO 机制的束缚,也不局限于某一个特定的地理经济区域,他们在 WTO 之外就货物、服务、知识产权等贸易问题磋商共同关心和受益的措施。知识产权诸边谈判中影响比较大的谈判就是《反假冒贸易协定》(Anti-Counterfeiting Trade Agreement,以下简称

---

[1] 所谓棘轮效应的作用过程,实际上是知识产权保护的国内标准先以某国国内法的形式确定,再通过双边条约拓展,然后在国际多边层面再吸收双边条约保护标准的循环过程。一旦相当多的贸易伙伴认可了美国和欧盟国内法设定的标准,就没有可能再回头采用被广泛接受的相当宽松的保护规则了。知识产权保护标准就是一个不断循环往复螺旋式上升的过程。See Henning Grosse Ruse-Khan and Annette Kur, "Enough is Enough—The Notion of Binding Ceilings in International Intellectual Property Protection"(December 8, 2008). Max Planck Institute for Intellectual Property, Competition & Tax Law Research Paper Series No. 09-01. Available at SSRN: http://ssrn.com/abstract=1326429

[2] See Susan K. Sell, "TRIPs was Never Enough: Vertical Forum Shifting, FTAS, ACTA, and TPP", 18 *Journal of Intellectual Property Law* 447, 451 (spring, 2011).

[3] See Katrina Moberg, "Private Industry's Impact on U.S. Trade Law and International Intellectual Property Law: A Study of Post-TRIPS U.S. Bilateral Agreements and the Capture of the USTR", 96 *Journal of the Patent and Trademark Office Society* 228, 232 (2014).

[4] Katrina Moberg, "Private Industry's Impact on U.S. Trade Law and International Intellectual Property Law: A Study of Post-TRIPS U.S. Bilateral Agreements and the Capture of the USTR", 96 *Journal of the Patent and Trademark Office Society* 228, 236—237(2014).

[5] See Rafael Leal-Arcas, "Proliferation of Regional Trade Agreements: Complementing or Supplanting Multilateralism?" 11 *Chicago Journal of International Law* 597, 627 (Winter, 2011).

[6] David A. Gantz, "World Trade Law After Doha: Multilateral, Regional, and National Approaches", 40 *Denver Journal of International Law & Policy* 321, 333 (Winter, 2011 / Spring, 2012).

ACTA)和《跨太平洋伙伴关系协定》(Trans-Pacific Partnership Agreement,以下简称 TPP)和《跨大西洋贸易与投资伙伴协议》(Transatlantic Trade and Investment Partnership,以下简称 TTIP)。① 这些谈判有的是直接的知识产权谈判,如 ACTA,有的则是包括知识产权谈判在内的贸易谈判,如 TPP 和 TTIP。但其基本方向都是为知识产权提供超 TRIPs 标准的保护,并切实有效地保障知识产权制度在各谈判国的有效实施。尽管 ACTA 的批准程序受阻,但是它所代表的国际知识产权保护的机制转换趋势不会变。从目前 ACTA 受到的抵制程度和广泛批评来看,ACTA 设定的知识产权保护标准短期内也不会被吸收进 WTO 的多边框架下。但是,美国等西方发达国家会不遗余力地以各种形式推行其在 ACTA 中设定的标准,并终将会使其以最低标准的形式呈现在多边机制中。这也许就是 ACTA 目前所体现出来的重要意义。② 所以,在今后可预见的一段时间内,WTO 多边对话平台逐渐被零散分布的多个对话机制替代,国际知识产权保护便以双边条约、诸边条约的形式呈现出多极化发展的局面。

 思考题

简述知识产权国际保护制度的发展历程。

---

① 2013 年 7 月 8 日,美欧正式宣布启动 TTIP 的谈判,将创造世界最大的自由贸易区,覆盖全球 50% 的经济产值,See Mark Weaver, "The Proposed Transatlantic Trade and Investment Partnership (TTIP): ISDS Provisions, Reconciliation, and Future Trade Implications", 29 *Emory International Law Review* 225, 226 (2014).

② See Bryan Mercurio, "Beyond the Text: The Significance of the Anti-Counterfeiting Trade Agreement", *Journal of International Economic Law* (2012) 15 (2): 361 (1 June 2012).

第二十七章　知识产权保护国际公约

按照本国的国内法,保护本国权利人与外国权利人的知识产权,主要是国内法对涉外法律关系的调整问题。而按照国际公约的最低要求,调整国内的知识产权保护制度,则涉及国际法问题。知识产权的国际保护在一百多年前主要是通过互惠安排,甚至弱小的国家通过单方承担保护义务去实现的。今天,知识产权国际保护则主要是通过国际双边与多边条约来实现了,特别是那些成员国数量多,影响范围大的国际公约。

第一节　有关知识产权保护的国际公约

今天,国际上对各国(包括我国)知识产权法影响最大的,主要有联合国的世界知识产权组织(WIPO)与世界贸易组织管理的知识产权领域的世界性多边公约。

一、《保护工业产权巴黎公约》

《保护工业产权巴黎公约》签订于1883年3月20日,1884年7月7日正式生效,简称《巴黎公约》。《巴黎公约》多指1967年斯德哥尔摩文本。《巴黎公约》于1985年3月19日对中国生效。保护内容为工业产权,包括驰名商标和厂商名称。

二、《专利合作条约》

1970年6月19日,在华盛顿召开的《巴黎公约》成员国外交会议上通过了《专利合作条约》(PCT),于1978年1月24日生效。现行有效的是1998年9月15日修订,2000年1月1日施行的版本。

《专利合作条约》是封闭性条约,只有《巴黎公约》的成员国才有资格参加。中国于1994年1月1日起成为该条约的成员国。

三、《商标国际注册协定》

1891年4月14日,由当时已实行了商标注册制度的法国、比利时、西班牙、瑞士和突尼斯等国发起,在马德里缔结《商标国际注册协定》,简称《马德里协定》。于1892年7月生效,现指1967年斯德哥尔摩文本。

《马德里协定》是《巴黎公约》框架内的一个程序性协定,只对《巴黎公约》成员国开放。中国自1989年10月4日起成为《马德里协定》的成员国。

四、《伯尔尼公约》

《伯尔尼公约》自1886年缔结以来,历经多次修改与补充,形成了多个文本。中国于1992年10月15日加入该公约,适用1971年巴黎文本。

五、《保护表演者、录音制品制作者与广播组织公约》

1961年,在联合国劳工组织、教科文组织以及世界知识产权组织的共同主持下,在罗马订立了《保护表演者、录音制品制作者与广播组织罗马公约》,即《罗马公约》。我国未参加该公约。

六、《保护录音制品制作者防止未经许可复制其制品公约》

世界知识产权组织主持下于1971年10月29日于日内瓦缔结,简称《录音制品公约》或《唱片公约》。中国于1993年4月30日成为该公约的成员国。

七、《世界知识产权组织版权条约》和《世界知识产权组织表演与录音制品条约》

1996年12月20日,世界知识产权组织为解决互联网带来的版权保护问题,通过了《世界知识产权组织版权条约》和《世界知识产权组织表演与录音制品条约》,这即是知识产权界所称的《因特网条约》。《世界知识产权组织版权条约》是在《伯尔尼公约》的基本原则和规则基础上明确了公约中不明确的问题,并补充了一些新规定,如公共传输权是针对网络传输等新的作品传播方式和手段而规定的一项权利。《世界知识产权组织表演与录音制品条约》规定了录音制品制作者的四项基本权利:复制权、发行权、出租权和提供录音制品的权利。

两条约分别于2002年3月6日和5月22日生效。中国于2007年3月9日参加了这两个条约。

八、《与贸易有关的知识产权协定》

关税与贸易总协定乌拉圭回合谈判取得的重大成果主要表现在两个方面:一是就各项谈判议题达成了"一揽子协议",二是建立了世界贸易组织(WTO),结束了《关税与贸易总协定》的临时适用状态。一揽子协议就是将"货物买卖""服务贸易"与"知识产权"都纳入世界贸易体制,其中与知识产权有关的就是《与贸易有关的知识产权协定》。1994年4月15日,乌拉圭回合谈判最后文件在摩洛哥的马拉喀什签署,1995年生效。TRIPs协定对版权及相关权、商标、地理标记、工业品外观设计、专利、集成电路布图设计、未披露信息的保护作出了规定。2001年12月11日,我国正式加入世界贸易组织,该协定适用于我国。

TRIPs协定的最大特点在于突出自由贸易性,因此它不涉及知识产权人的精神权利,而且在具体规定中考虑促进自由贸易的发展,例如在商标领域,不要求商标与营业一起转移。

第二节 知识产权国际公约确定的一些原则

知识产权国际公约主要规定的是知识产权保护的最低标准,各成员国可以在本国设定高于这个标准的保护标准,但如果低于这些保护标准,则会违反公约承担的义务。这些最低标准通常是通过一些具体原则来体现的。上述知识产权国际公约条约确定的主要原则如下。

一、国民待遇原则和最惠国待遇原则

知识产权具有地域性特征,为寻求知识产权保护方面的国家之间的合作,国民待遇原则是必然结果。该原则的内容是:

1. 在保护知识产权方面,各成员国必须在法律上给予其他成员国的国民以本国国民能够享受到的同样待遇。这是人身标准,它以是否拥有一国的国籍为标准。

2. 即使是非成员国国民,只要他在某一成员国内有住所,或者实际上从事工商业活动的营业所,就应该享有同该成员国国民同样的待遇。这是地点标准,它以住所或营业场所为依据。

在《罗马公约》中还规定了录制标准和发行标准。主要是针对音像制品的,只要在《罗马公约》的成员国首次录制或发行,即享有国民待遇。

最惠国待遇是TRIPs协定规定的一项原则,也就是在知识产权的保护上,一个成员国给予任何另一个成员国的利益、优惠、特权、豁免之类,均必须立即无条件地给予所有其他成员。

国民待遇原则消除了本国国民与外国国民之间的待遇差别,而最惠国待遇原则则消除了不同外国国民之间的待遇差别。将这两个原则结合适用的话,成员国各国国民在其中某个特定成员国享有的待遇就是平等的。

二、优先权原则

享有国民待遇的人,如果其智力成果在任何一个成员国提出了知识产权申

请,那么,只要是他自该申请提出之日起的 12 个月(或 6 个月)内,向其他成员国提出同样的申请,则这些成员国都必须承认该申请案在第一个国家递交的日期为本国申请日。这是外国优先权的规定。

我国知识产权法律制度也规定了外国优先权,如《专利法》规定发明专利和实用新型专利提出优先权的期限是 12 个月,而外观设计专利和商标提出优先权的期限则是 6 个月。

三、宽限期原则

宽限期原则就是要求对于撤销一项知识产权给予一定的宽限期,如未及时交费等原因导致的撤销注册,宽限期一般为 6 个月;未在商标续展期间申请商标续展的,商标不立即时效,而是再给权利人 6 个月的宽展期,方便其续展权利。

四、知识产权的独立性原则

知识产权的独立性原则,是指同一项知识产权在不同成员国享有的权利是彼此独立的。一国对知识产权进行无效宣告或撤销,不影响另一国对它作出相反或相同的处理。

五、追溯力条款

国际公约对提供知识产权保护方面的最低要求,是否既适用于各成员国参加公约之后,来源于其他国家的知识产权,也适用于其参加公约之前已经存在于其他成员国且未过保护期的知识产权,这就产生了有无追溯力的区别。如果同时适用,则有追溯力,《伯尔尼公约》是有追溯力的。如果只适用于后来发生的知识产权保护,则是无追溯力的。《伯尔尼公约》就是无追溯力的,它规定,公约的规定不影响各国对于以前存在的权利的保护,也不要求成员国对加入前不保护的表演、广播或录音制品提供保护。

六、权利的自动保护与非自动保护原则

权利的自动保护是指享有一项知识产权不需履行任何手续,也不加注任何表示主张权利的标示,即享有国民待遇等。《伯尔尼公约》即采用此原则。

权利的非自动保护原则是指对权利人的权利保护提出了形式上的要求。如《罗马公约》对录制者权的保护,要求在受保护的音像制品的一切复制件上都必须标有:表示录制品邻接权保留的符号 P(外加一圈);首次发行的年份;主要表演者及权利人姓名。

思考题

1. 知识产权国际公约主要有哪些?
2. 知识产权国际公约确定的主要原则有哪些?

21世纪法学系列教材书目

"21世纪法学系列教材"是北京大学出版社继"面向21世纪课程教材"（即"大红皮"系列）之后，出版的又一精品法学系列教科书。本系列丛书以白色为封面底色，并冠以"未名·法律"的图标，因此也被称为"大白皮"系列教材。"大白皮"系列是法学全系列教材，目前有15个子系列。本系列教材延续"大红皮"图书的精良品质，皆由国内各大法学院优秀学者撰写，既有理论深度又贴合教学实践，是国内法学专业开展全系列课程教学的最佳选择。

- **法学基础理论系列**

  英美法概论：法律文化与法律传统　　　　　　彭　勃
  法律方法论　　　　　　　　　　　　　　　　陈金钊
  法社会学　　　　　　　　　　　　　　　　　何珊君

- **法律史系列**

  中国法制史　　　　　　　　　　　　　　　　赵昆坡
  中国法制史　　　　　　　　　　　　　　　　朱苏人
  中国法制史讲义　　　　　　　　　　　　　　聂　鑫
  中国法律思想史（第二版）　　　　　李贵连　李启成
  外国法制史（第三版）　　　　　　　　　　　由　嵘
  西方法律思想史（第三版）　　　　　徐爱国　李桂林
  外国法制史　　　　　　　　　　　　　　　　李秀清

- **民商法系列**

  民法学　　　　　　　　　　　　　　　　　　申卫星
  民法总论（第三版）　　　　　　　　　　　　刘凯湘
  债法总论　　　　　　　　　　　　　　　　　刘凯湘
  物权法论　　　　　　　　　　　　　　　　　郑云瑞
  侵权责任法　　　　　　　　　　　　　　　　李显冬
  英美侵权行为法学　　　　　　　　　　　　　徐爱国
  商法学——原理·图解·实例（第四版）　　　朱羿锟
  商法学　　　　　　　　　　　　　　　　　　郭　瑜
  保险法（第三版）　　　　　　　　　　　　　陈　欣
  保险法　　　　　　　　　　　　　　　　　　樊启荣
  海商法教程（第二版）　　　　　　　　　　　郭　瑜
  票据法教程（第二版）　　　　　　　　　　　王小能

票据法学 　　　　　　　　　　　　　　　吕来明
物权法原理与案例研究 　　　　　　　　　王连合
破产法（待出） 　　　　　　　　　　　　许德风

- **知识产权法系列**

  知识产权法学（第六版） 　　　　　　　　吴汉东
  知识产权法学 　　　　　　　　　　　　　杜　颖
  商标法（第二版） 　　　　　　　　　　　杜　颖
  著作权法（待出） 　　　　　　　　　　　刘春田
  专利法（待出） 　　　　　　　　　　　　郭　禾
  电子商务法 　　　　　　　　　李双元　　王海浪

- **宪法行政法系列**

  宪法学（第三版） 　　　　　甘超英　傅思明　魏定仁
  行政法学（第三版） 　　　　　　　　罗豪才　湛中乐
  外国宪法（待出） 　　　　　　　　　　　甘超英
  国家赔偿法学（第二版） 　　　　　　房绍坤　毕可志

- **刑事法系列**

  刑法总论 　　　　　　　　　　　　　　　黄明儒
  刑法分论 　　　　　　　　　　　　　　　黄明儒
  中国刑法论（第五版） 　　　　杨春洗　杨敦先　郭自力
  现代刑法学（总论） 　　　　　　　　　　王世洲
  外国刑法学概论 　　　　　　　　　　李春雷　张鸿巍
  犯罪学（第三版） 　　　　　　　　　康树华　张小虎
  犯罪预防理论与实务 　　　　　　　　李春雷　靳高风
  犯罪被害人学教程 　　　　　　　　　　　李　伟
  监狱法学（第二版） 　　　　　　　　　　杨殿升
  刑事执行法学 　　　　　　　　　　　　　赵国玲
  刑法学（上、下） 　　　　　　　　　　　刘艳红
  刑事侦查学 　　　　　　　　　　　　　　张玉镶
  刑事政策学 　　　　　　　　　　　　　　李卫红
  国际刑事实体法原论 　　　　　　　　　　王　新
  美国刑法（第四版） 　　　　　　　　储槐植　江　溯

- **经济法系列**

  经济法学（第七版） 　　　　　　　　杨紫烜　徐　杰

经济法学原理(第四版)	刘瑞复
经济法概论(第七版)	刘隆亨
经济法理论与实务(第四版)	於向平等
企业法学通论	刘瑞复
商事组织法	董学立
反垄断法	孟雁北
金融法概论(第五版)	吴志攀
金融监管学原理	丁邦开 周仲飞
银行金融法学(第六版)	刘隆亨
证券法学(第三版)	朱锦清
中国证券法精要:原理与案例	刘新民
会计法(第二版)	刘燕
劳动法学(第二版)	贾俊玲
消费者权益保护法	王兴运

- **财税法系列**

财政法学	刘剑文
税法学(第四版)	刘剑文
国际税法学(第三版)	刘剑文
财税法专题研究(第二版)	刘剑文
财税法成案研究	刘剑文 等

- **国际法系列**

国际法(第二版)	白桂梅
国际私法学(第三版)	李双元 欧福永
国际贸易法	冯大同
国际贸易法	王贵国
国际贸易法	郭瑜
国际贸易法原理	王慧
国际投资法	王贵国
国际货币金融法(第二版)	王贵国
国际经济组织法教程(第二版)	饶戈平

- **诉讼法系列**

民事诉讼法(第二版)	汤维建
刑事诉讼法学(第五版)	王国枢

外国刑事诉讼法教程（新编本）	王以真	宋英辉
民事执行法学（第二版）		谭秋桂
仲裁法学（第二版）		蔡　虹
外国刑事诉讼法	宋英辉　孙长永	朴宗根
律师法学		马宏俊
公证法学		马宏俊

- **特色课系列**

　　世界遗产法　　　　　　　　　　　　　　　刘红婴
　　医事法学　　　　　　　　　古津贤　强美英
　　法律语言学（第二版）　　　　　　　　　　刘红婴
　　民族法学　　　　　　　　　　　　　　　　熊文钊

- **双语系列**

　　普通法系合同法与侵权法导论　　　　　　　张新娟
　　Learning Anglo-American Law：A Thematic
　　　　Introduction（英美法导论）（第二版）　李国利

- **专业通选课系列**

　　法律英语（第二版）　　　　　　　　　　　郭义贵
　　法律文献检索（第三版）　　　　　　　　　于丽英
　　英美法入门——法学资料与研究方法　　　　杨　桢
　　模拟审判：原理、剧本与技巧（第二版）
　　　　　　　　　　　廖永安　唐东楚　陈文曲

- **通选课系列**

　　法学通识九讲（第二版）　　　　　　　　　吕忠梅
　　法学概论（第三版）　　　　　　　　　　　张云秀
　　法律基础教程（第三版）（待出）　　　　　夏利民
　　人权法学　　　　　　　　　　　　　　　　白桂梅

- **原理与案例系列**

　　国家赔偿法：原理与案例　　　　　　　　　沈　岿
　　专利法：案例、学说和原理　　　　　　　　崔国斌

2015 年 4 月更新

教师反馈及教材、课件申请表

尊敬的老师：

您好！感谢您一直以来对北大出版社图书的关爱。北京大学出版社以"教材优先、学术为本"为宗旨，主要为广大高等院校师生服务。为了更有针对性地为广大教师服务，满足教师的教学需要、提升教学质量，在您确认将本书作为教学用书后，请您填好以下表格并经系主任签字盖章后寄回，我们将免费向您提供相关的教材、思考练习题答案及教学课件。在您教学过程中，若有任何建议也都可以和我们联系。

书号/书名	
所需要的教材及教学课件	
您的姓名	
系	
院校	
您所主授课程的名称	
每学期学生人数	学时
您目前采用的教材	书名_____ 作者_____ 出版社_____
您的联系地址	
联系电话	
E-mail	
您对北大出版社及本书的建议：	系主任签字 盖章

我们的联系方式：

北京大学出版社法律事业部

地　　址：北京市海淀区成府路205号　　联系人：李锋
电　　话：010-62752027　　　　　　　　传　真：010-62556201
电子邮件：bjdxcbs1979@163.com
网　　址：http://www.pup.cn
北大出版社市场营销中心网站：www.pupbook.com